中国哲学社会科学学科年鉴
CHINESE ACADEMIC ALMANAC

主办　中国社会科学院大学中国古典社会学（群学）研究中心
　　　云南师范大学法学与社会学学院
　　　云南师范大学群学研究院
编审　《群学年鉴》编委会

群学年鉴 2022

景天魁　徐珺玉　尤伟琼　主编

中国社会科学出版社

图书在版编目（CIP）数据

群学年鉴.2022/景天魁，徐珺玉，尤伟琼主编.—北京：中国社会科学出版社，2023.11

ISBN 978-7-5227-2744-8

Ⅰ.①群… Ⅱ.①景…②徐…③尤… Ⅲ.①社会学—中国—2022—年鉴 Ⅳ.①C91-54

中国国家版本馆 CIP 数据核字（2023）第 214866 号

出 版 人	赵剑英
责任编辑	姜阿平
责任校对	李　惠
责任印制	张雪娇

出　　版	中国社会科学出版社
社　　址	北京鼓楼西大街甲 158 号
邮　　编	100720
网　　址	http://www.csspw.cn
发 行 部	010-84083685
门 市 部	010-84029450
经　　销	新华书店及其他书店
印　　刷	北京君升印刷有限公司
装　　订	廊坊市广阳区广增装订厂
版　　次	2023 年 11 月第 1 版
印　　次	2023 年 11 月第 1 次印刷
开　　本	650×960　1/16
印　　张	23
插　　页	2
字　　数	332 千字
定　　价	138.00 元

凡购买中国社会科学出版社图书，如有质量问题请与本社营销中心联系调换
电话：010-84083683
版权所有　侵权必究

《群学年鉴》编委会

编委会主任 景天魁

编委会委员 (按姓氏笔画排序)

刁鹏飞　马　援　王处辉　王建民　王俊秀　尤伟琼
文　军　邓万春　田毅鹏　冯　时　冯　波　毕天云
成伯清　曲凯音　吕庆春　刘少杰　李　炜　李凌静
杨　典　杨善民　何　健　宋国恺　金民卿　张志敏
张曙晖　苑仲达　林聚任　岳天明　赵一红　赵万里
郝彩虹　宣朝庆　秦开凤　徐　磊　徐珺玉　高和荣
黄龙光　温莹莹　谢立中　楚　刃

《群学年鉴》编辑部

主　　编 景天魁　徐珺玉　尤伟琼
编辑部主任 徐珺玉（兼）
编辑部成员 景乔雯　王翰飞　刘见齐　王　媛　陈剑飞　任发林

《群学年鉴》发起单位

中国社会科学院社会学研究所
中国社会科学院大学社会与民族学院
中国社会科学院大学中国古典社会学（群学）研究中心
云南师范大学法学与社会学学院
云南师范大学群学研究院
中国社会科学杂志社哲学社会科学部
中国人民大学社会学理论和方法研究中心
中国社会科学出版社年鉴与文摘分社
中国社会学会社会思想史专业委员会
中国社会学会社会福利专业委员会
中国社会学会时空社会学专业委员会
北京大学社会学系
南京大学社会学院
南开大学周恩来政府管理学院
华东师范大学社会发展学院
吉林大学哲学社会学院
北京工业大学科学技术发展学院
厦门大学公共事务学院
山东大学哲学与社会发展学院
山东理工大学法学院
中央财经大学社会与心理学院
中国传媒大学文化产业管理学院
中华女子学院社会工作学院

西南大学国家治理学院
武汉理工大学法学与人文社会学院
贵州民族大学社会学院
《社会学研究》编辑部
《人文杂志》编辑部
《北京工业大学学报（社会科学版）》编辑部
《西北师大学报（社会科学版）》编辑部
《云南师范大学学报（哲学社会科学版）》编辑部

目　录

群学专论

专题一　群学源流研究

中国社会学源流辨 ………………………………… 景天魁（3）
中国社会学崛起的历史基础 ……………………… 景天魁（17）
论群学复兴——从严复"心结"说起 …………… 景天魁（33）
"中国本土社会学"辨析 …………………………… 谢立中（60）
"推"与中国人行动的逻辑
　　——社会学本土化视野下的理论与方法论思考 …… 王建民（76）
从文化自觉到学科自信：社会学学科的本土构建 …… 郝彩虹（92）
中国社会学对本土历史、文化和思想资源发掘的使命与
　　路径 …………………………………… 王处辉　谷　莎（104）

专题二　群学基本概念研究

仁：社会建构的理念基础 ………………… 高和荣　张爱敏（125）
礼：社会运行的基本规范 ………………………… 毕天云（139）
载心之身
　　——中国轴心时代的身体思想 ………………… 邓万春（154）
关于"天下"的思与构
　　——一种社会学视角 …………………………… 何　健（166）

专题三　群学演进与传统社会建设

从修己到治人
　　——自我技术视角下儒家伦理的早期嬗递 …… 成伯清（184）
与人为善：中华民族传统良序互动的社会学诠释 …… 张曙晖（209）

保养万民：先秦儒家的社会福利思想初探 …………… 徐珺玉（225）
秦汉群学制度化的研究主题、客观原则和叙事
　　方式 …………………………………………… 刘少杰（242）
秦汉群学制度化的历史地位 …………… 杨善民　马迎凤（256）
《袁氏世范》与宋代民间社会建设 ……………… 景乔雯（275）

著作推介

景天魁等著《中国社会学：起源与绵延》 ………… 王　媛（295）
景天魁主编《中国社会学史（第一卷）：
　　群学的形成》 ………………………………… 鲁　霜（300）

会议综述

"学科自信：走进世界的中国社会学"学术研讨会
　　综述 …………………………………………… 苑仲达（307）
《群学年鉴》创刊仪式暨"中国社会学：历史、当代与未来"
　　学术研讨会综述 ……………………………… 徐珺玉（318）

群学简报

云南师范大学群学研究院大事概述 ………… 陈剑飞　任发林（329）
将群学作为山东理工大学社会学学科人才培养的
　　必修课 ………………………………… 牛喜霞　孙翊铭（338）
青年学人持续发力　获批国家社科基金青年项目 …… 张辰西（341）
景天魁关于《中国社会学史》和《群学年鉴》通信选录 ……（346）
　　一　取其精华　舍其糟粕
　　　　——2019年9月19日致《中国社会学史》课题组
　　　　　同仁的信 ………………………………………（346）

二　以学问之乐为生活之乐
　　——2020 年春节致《中国社会学史》课题组
　　同仁的信 ……………………………………………（350）

三　孜孜不倦　精益求精
　　——2020 年 4 月 1 日致《中国社会学史》课题组年轻
　　同道的信 ……………………………………………（352）

四　增强学科自信　承担历史重任
　　——2020 年 7 月 10 日致《中国社会学史》课题组
　　年轻同道的信 ………………………………………（354）

五　"十年奋战"感言
　　——2022 年 3 月 28 日致《中国社会学史》课题组
　　全体同仁的信 ………………………………………（358）

六　办好《群学年鉴》　引领群学研究
　　——2022 年 9 月 11 日致徐珺玉的信……………（359）

群学专论

专题一　群学源流研究

中国社会学源流辨[*]

景天魁[**]

摘　要　对实现中国社会学崛起这一目的而言，只有重新认识西方社会学与中国社会学的关系，明辨何者为源何者为流，才能找到实现中国社会学崛起的路径。中国社会学应以"群学"所代表的本土社会学传统资源为"源"，将本土学术传统之"流"与近代以来传入的西方社会学之"流"展开流与流之间的会通，立足于中华复兴的现代社会实践，进行概念提炼和理论创新，方能迎来具有中国特色的中国社会学的崛起。

关键词　中国社会学；本土化；学术源流；中西会通

中国社会学如要崛起，必须重新思考和对待其与西方社会学的关系，厘清一些关键疑问，辨识什么是中国社会学之源，正确理解中国社会学的源流关系。认定这些问题关乎中国社会学的学科定位和发展前途。

---

[*]　文章原载于《中国社会科学评价》2015年第2期"学科反思"专栏。
[**]　景天魁，1943年生人，中国社会科学院学部委员，中国社会科学院大学特聘教授，主要从事社会科学方法论、发展社会学、福利社会学和中国社会学史研究。

一 关于"中国历史上有没有社会学"的疑问

长期以来,我们不假思索地相信社会学只在西方有,中国传统学术中没有,即使有也只能叫"社会思想"。笔者以为未必。在中国社会学的重建过程中,费孝通一再提到 20 世纪 30 年代在燕京大学讲授社会学的拉德克利夫-布朗(Radcliffe-Brown)的论断——中国早在战国时代已由荀子开创了中国社会学,比西方的孔德和斯宾塞要早 2500 多年,[①] 就是证明之一。

与费孝通年龄相仿的丁克全早在 1940 年在日本帝国大学学习社会学时,就思考社会学作为一门学科为什么是西方首先创立的,难道作为世界文明古国之一的中国就没有"社会学"吗,汉语中的"社会学"一词以及在日语中的含义是什么。他查阅大量资料,构思了《汉字"社会学"名单字和"社会"复合词的本义及其引申义》一文,并在帝国大学社会学部作了一次报告,引证大量古代文献,证明中国是最早使用"社会"一词的国家,在古汉语中"社会"就是群居会合之意。[②]

青年丁克全敢于独立思考,他所提出的问题,在当时是很少有人想到的,就是在今天,这样一个重要问题也并没有引起学术界的足够重视。究其原因,在基本概念的理解上确有需要辨识的地方。

第一,关于"学"的时间界限。

说"由荀子开创了中国社会学,比西方的孔德和斯宾塞要早 2500 多年",似乎令人难以置信。但"学"并非始于文艺复兴以后。"学"也未必只能从西方学科分化算起。说一门科学、一门学术,只从学科分化始,是不恰当的。科学、学术有分门别类的形态,也有浑

[①] 费孝通:《从实求知录》,北京大学出版社 1998 年版,第 232 页。
[②] 丁克全(1914—1989),1937—1942 年留学日本,1943 年任北平师范大学哲学和社会学教授,1948 年任东北师范大学教授,1979 年以后积极参与中国社会学恢复重建,担任吉林省社会学会会长。引文参见回清廉《回族社会学家——丁克全传略》,《回族研究》1992 年第 1 期。

然一体的综合形态。有长于分析的,有长于综合的,绝不能说长于分析的是科学、是学术,长于综合的就不是科学和学术。笼统地说,西方学术长于分析,中国学术长于综合。只要翻一翻经史子集,就不难看到大部分都是极为丰富的社会科学、人文学科成果,只不过采取了古代的形态而已。所以,我们可以这样提问,为什么与西方的学科形态不同就不能称为"学"。中国之"学"历来与西方之"学"有所不同。为什么中国社会有那么丰富的"社会思想",有那么多的思想和学说的派别,却不能称为"学"?!我们不能像许多西方国家不承认中医是医学那样,对中国古代学术采取虚无主义的态度。

同样的,在学科起源问题上,"欧洲中心论"者的地域性偏见是完全站不住脚的。现代考古发现已经证明,世界几大文明各有独立的起源,包括学术,在后来有条件实现交流与会通之前,很多学科都各自形成了,并且形态各异。更重要的是,与"欧洲中心论"者所宣扬的相反,在从野蛮到文明的变革中,中国的道路和形态不仅与西方不同,而且更早、更为主流。哈佛大学著名考古学家张光直指出:"中国文明起源形态很可能是全世界向文明转进的一个主要形态,而西方的形态实在是个例外。因此社会科学里面的自西方经验而来的一般法则不能有普遍的应用性。"① 中华文明的起源和变革,遥遥领先于欧洲,早已形成了规模巨大、结构复杂的文明社会,我们的先人又特别重视社会关系和人际交往,说荀子(其实不仅仅是荀子)的社会思想也可以称为"学",是"中国社会学"的"早熟"形态,② 是有据可依、站得住脚的。

第二,关于"学"的用法和学科化问题。

中国古代对"学"的用法,与近现代西方确有不同。中国古代,确实学科分化不足,但也不是完全没有分化。所不同者,是中国古代

---

① 参见李学勤《中国古代文明研究》,华东师范大学出版社2009年版,"代前言"第18—19页。

② 关于中国社会学"早熟形态"的问题,牵涉甚广,争论犹大,难以一时说清,容后另文再谈。

所谓"学",多指"学说""学派",如"儒学"(儒家之学说)、"老学"(道家、老子之学说)、墨学(墨家之学说),以及经学、玄学、理学、实学等,但也有地道学科意义上的"学",如"算学"就是数学。从严格学科分化的意义上看,所谓"群学"并没有与政治、历史、文化诸学科明显区分开,这是事实。比较而言,西方社会学确实是学科分化意义上的一个学科。然而,一门学问实质性的内容是其理论和方法,当然它也有表现形式问题。在19世纪的欧洲,出现了学科分化的高潮。但是,能够说在大学里有了讲授一门学问的职业之前,有了一门课程之前,这门学问就不能算"有"吗?或者不以一种职业、一种课程出现,一门学问就不能以别的形式出现吗?

社会学作为专业、作为职业,确实在中国出现较晚。在学科化的社会学传入中国之前,中国社会学并没有完全学科化,但这主要指的是形式方面,不等于"中国社会思想"中就没有社会学的内容。

对于一门学问来说,专业化是重要的,但同时,综合化、非专业化也是重要的。专业化有利于一门学科的发展,非专业化其实也有利于一门学科的发展,因为任何一个学科都需要从别的学科补充知识、获得启发、开阔眼界。如果一个人,单纯到只有社会学的专业知识,没有其他学科的知识,例如历史学、人类学、法学、哲学、地理学和许多自然科学的知识,那他对社会学的专业知识其实是理解不好甚至掌握不了的。各门知识归根结底是相通的。在学校里,知识需要一门一门地学,但出了校门,面对复杂的社会现象,任何一门专业知识都是不够用的,综合知识和综合运用知识的能力可能更重要。常常见到在学校里专业学得好的人,工作以后成就不一定大,也许可以由此得到一定程度的解释。

第三,关于"学"起源的条件。

从各个学科的情况来看,有一些"学"的出现,是依赖特定技术、特殊事件的,例如,量子力学、微电子学之类,我们不具备那种技术前提,当然这种学科就不可能在本土产生。对于这类学科来说,它从异域的传入,也就是它在本土的开端,这是一致的。但是,像哲学、数学、法学,也包括社会学这样的学科,它们的起源不依赖特定技术和特殊事件，实践发展到一定程度，经验积累到一定程度，单单是生计、沟通和交流的需要，就能够促使知识积累到比较丰富的程度，就可能刺激一门学问的产生。这样，我们才能承认和理解世界文明的多元性、多向性、多样性。

我国在春秋战国时期已经有了丰富的学术实践。孔子在教学中已经划分了"专业"，他的弟子三千，"身通六艺者七十有二人"，"六艺"相当于六个专业。墨子办学，"从属弥众，弟子弥丰，充满天下"。他划分了谈辩、说书、从事三科，每科又有许多专科。其中，"说书"一科，培养各类学者、教师；"从事"一科，培养农、工、商、兵各种实用人才。① 到了荀子生活的年代，最具代表性的当属齐国的稷下学宫，创办于公元前4世纪中叶，止于秦灭齐即公元前221年。它是战国时期最著名的正规高等学府，大师云集，有孟子等杰出人物，荀子三次出任"祭酒"；教师有职称，如"上卿""客卿""上大夫""大夫"等；学生数千，有学制、学规、学生守则（《弟子职》）；设立了世界上最早的博士制度，培养出了不少名震天下的学生，如李斯、韩非等。其论辩之自由、思想之碰撞、学派之林立、影响之深远，引得梁启超盛赞"非特中华学界之大观，抑亦世界学史之伟迹也"②。一个稷下学宫就能够鼎盛到如此程度，学术发达的盛况在当时的世界上应是无与伦比的。其百余年间热烈开展的大辩论，诸如义利之辨、名实之辨、天人之辨、王霸之辨等，即使不单单属于社会学的议题，也明显具有社会学的面向，事实上产生了许多现代意义上的社会学概念和命题。

再退一步，就说"社会学"是孔德1838年在《实证哲学教程》中正式提出的，我们在现代社会学的研究上是落后了，这是事实，但只能说严复译书《群学肄言》是中国介绍西方社会学的"开端"，不

---

① 参见孙中原《墨子及其后学》，中国国际广播出版社2011年版，第9—11页。
② 梁启超：《论中国学术思想变迁之大势》，上海古籍出版社2006年版，第13页。

好说是整个"中国社会学的开端",因为中国社会学实质性的内容早就存在了,不然,严复也不会刻意把它译为"群学"。

以上几条,可能给人以称谓之争、用词之争的印象,其实不然。这是对社会学这个学科性质的理解问题。在孔德等人那里,是在实证主义的意义上理解"社会学"的,但是社会学讲实证,也不是唯一的,甚至在许多流派那里不一定是主要的,也不是可否称为社会学的必要条件。

其实,何止对社会学,何止对社会科学,对中国包括自然科学在内的众多学科的否定,并不少见。西方人曾经说中国古代没有数学。获得首届国家最高自然科学技术奖的中国科学院吴文俊院士曾经证明了"从记数、以至解联立线性方程与二次方程,实质上都是中国古代数学家的发明创造,早就见之于中国的九章算术甚至是周髀算经等书"①。《九章算术》完成于公元50—100年,《周髀算经》更是成书于公元前100年前后。而很多成果在西欧迟至14世纪才出现。尽管比中国少说晚了1500年,但却硬说中国古代没有数学。

偏见是与无知相伴的。欧洲人就不说了,我们回头反省自己。吴文俊院士写道:"西方的大多数数学史家,除了言必称希腊以外,对于东方的数学,则歪曲历史,制造了不少巴比伦神话与印度神话,把中国数学的辉煌成就尽量贬低,甚至视而不见,一笔抹杀。在半封建半殖民地社会中生活过来的一些旧知识分子,接触的数学都是'西方'的,看到的数学史都是'西方史家'的,对于祖国古代数学十分无知,因而对于西方数学史家的一些捏造与歪曲无从辨别,不是跟着言必称希腊,就只好不吭声。"②对于社会学,对于今天的我们,是否需要对号入座?

总之,说社会学产生于19世纪中后期的欧洲,那是说的西方社会学。换言之,对于西方社会学来说,那是一个公认的事实。说西方社会学是研究现代社会的,它的主题是关于现代性的,甚至说它的出

---

① 吴文俊:《吴文俊文集》,山东教育出版社1986年版,第3页。
② 吴文俊:《吴文俊文集》,山东教育出版社1986年版,第2—3页。

现是对现代性的回应，它本身就是"现代性的方案"，西方社会学家都这么说，也有合理性。说西方社会学是19世纪末才传入中国的，这也是一个历史事实。但不能把西方社会学的传入与中国社会学的产生简单地画上等号。中国学术自古以来就不是踩着西方学术的"点"（节奏）走的。不同文明自有其起源，其中的不同学术，有不同的概念、不同的形式、不同的传统，是很正常的，不是什么奇谈怪论。

二 关于"中国社会学"之"源"

笔者认为，中国社会学之"源"，是以荀子"群学"为代表的本土社会学传统资源。它是以墨子"劳动"（"强力""从事"）概念为逻辑起点，以荀子"群"概念为核心，以儒家"民本"概念为要旨，以礼义制度、规范和秩序为骨架，以"修齐治平"为功用，兼纳儒墨道法等各家之社会范畴，所构成的中国社会学"早熟"（早期）形态。

提出"中国社会学"之"源"问题，意在争取中国社会学的崛起。康有为、谭嗣同、梁启超以及梁漱溟等先辈，都曾经预言中国学术、中国文化的复兴，其中也包括中国社会学的崛起。这是清末引入西方社会学的先贤们抱持的期许。他们引入西方社会学不是为了用来替代和终结中国学术，而恰恰是为了复兴中国学术，由学术复兴，而带动文化复兴，而促进社会复兴，而实现中华复兴，这一思路不论今天作何评价，争取中国社会学的崛起总是题中应有之义。

以荀子"群学"为代表的本土社会学传统资源，作为现今中国社会学崛起的源头，理由至少有以下几点。

第一，一门学科之"源"，不仅仅指学术本身，根本之"源"当然是社会实践、社会历史和文化传统。中国社会学崛起，根本原因是中国的崛起、中华民族的复兴，如果没有这个巨大的实践动能的推动，恐怕所谓中国社会学"崛起"很可能可望而不可即。

既然中国社会学的实践之源，毫无疑问是中国社会的本土过程，是中国社会发展史，是中国自己的社会"土壤"，那么，怎样能够说中国社会学的学术之源倒必须到西方去认祖归宗？中国如果没有自己的学术传统，也就罢了，我们有以"群学"为代表的本土社会学传统资源，不管它有什么不足，"早熟"也罢，专业化程度不高也罢，那里总是有我们中国学术最基本的文化基因，那就是中国社会学的根。

第二，中国的本土文化、本土学术、本土概念，在表达和理解中国实践方面具有得天独厚的优势。费孝通曾经这样解释社会学家吴文藻的话："中国人研究中国（本社会、本文化）必须注意中国特色，即中国社会和文化的个性。"① 而本土概念本身就是从中国人自己的实践中提炼出来的，它能够更为贴切地彰显本土实践的特色。习近平主席曾在纪念孔子诞辰2565周年国际学术研讨会暨国际儒学联合会第五届会员大会开幕会上讲道："'小康'这个概念，就出自《礼记·礼运》，是中华民族自古以来追求的理想社会状态。使用'小康'这个概念来确立中国的发展目标，既符合中国发展实际，也容易得到最广大人民理解和支持。"② 像"小康"这样的概念，其实正是以"群学"为代表的本土社会学传统的基本概念之一。法国人在振兴他们本国的文化时，为什么强调推行"法语纯洁运动"，德语也有"语言纯洁主义运动"，抵制外来语的"语言侵略"。不管对这类"运动"作何评价，总是表明即使在西方文化和学术内部，都视本土传统为自己的灵魂。语言尚且如此，何况学术？西方国家之间尚且如此，何况在中西之间？中国社会学的崛起，即使从概念语言上讲，也应该发挥以"群学"为代表的本土社会学传统的优势。当然，我们反对全盘搬用西方概念，并不是反对借鉴和吸收西方概念，不是主张也要搞什么"纯洁运动"，这是不应被误解的。

第三，强调以"群学"为代表的本土社会学传统资源为今日中国社会学崛起之源，也是因为它对于回答世界发展遇到的新问题、新

---

① 费孝通：《从实求知录》，北京大学出版社1998年版，第15页。
② 习近平：《在纪念孔子诞辰2565周年国际学术研讨会暨国际儒学联合会第五届会员大会开幕会上的讲话》，《人民日报》2014年9月25日，第2版。

挑战具有特殊的意义。

费孝通曾经指出:"布朗曾说,社会学的老祖应当是中国的荀子,我一直想好好读一遍《荀子》来体会布朗这句话,但至今还没有做到,自觉很惭愧。布朗提醒我们,在我国的传统文化里有着重视人文世界的根子。西方文化从重视自然世界的这一方向发生了技术革命称霸了二百多年。……自然世界要通过人文世界才能服务于人类,只看见自然世界而看不到人文世界是有危险的。这一点在人类进入21世纪时一定会得到教训而醒悟过来,到了那时,埋在东方土地里的那个重视人文世界的根子也许会起到拯救人类的作用了。"① 他还强调说,不光是荀子,"实际我们中国历代思想家思考的中心一直没有离开过人群中的道义关系。如果目前的世界新秩序正好缺乏这个要件,我们中国世代累积的经验宝库里是否正保留着一些对症的药方呢?""找到这问题的答案也许正是我们中国社会学者值得认真思考并去追求的目标。我已年老,这只能作为我的希望留给新的一代了。"② 费老认为:"不管我们是否同意他(指拉德克利夫-布朗。——引者注)的看法,我们都不容否认,对人际关系的重视,一直是中国文化的特点。在这样长的历史里,这样多的人口,对人和人相处这方面所积累的经验,应当受到我们的重视,而且在当今人类进入天下一家的新时期的关键时刻,也许更具有特殊的意义。"③

笔者认为,这正是点出了以"群学"为代表的本土社会学传统资源之所以可以作为今日中国社会学崛起之源的理由:片面重视自然世界、技术工具的西方文化必会给人类带来危机,中国文化重视人际关系、重视人文世界,必将在21世纪发挥独特作用,而这一大势关乎"中国社会学的前途"。

那么,在中国社会学的崛起过程中,面对中国社会学丰富的历史之源,及传入我国并影响中国社会学至深的西方社会学,如何处理二

---

① 费孝通:《从实求知录》,北京大学出版社1998年版,第347—348页。
② 费孝通:《从实求知录》,北京大学出版社1998年版,第244页。
③ 费孝通:《从实求知录》,北京大学出版社1998年版,第232页。

者的关系?

三 关于"中国社会学"之"流"

以"群学"为代表的本土社会学传统资源是正在崛起的中国社会学之"源",西方社会学不论多么辉煌、多么重要,只是我们需要会通的"流"。

学术之"源"是指的一个学科的文化基因、文化之魂。它是本色,是基质,是历史确定并延绵下来的,是不可移易的。尽管它也需要"苟日新,日日新",那是指的它的生机,不是指的它的本质,其本质基本上是不可改变的。学术之"流",不论多么强大,都不具有基因的意义,它是可以移易的。"流"不具有规定一物之为何物的意义,它只具有影响一物的存在和发展状态的意义,尽管这种意义也很重大,但仍不足以颠倒"源"与"流"的地位。

中国社会学之源与西方社会学之源未能会通,它们都保持了自己的独立地位,那是历史事实。此二"源"是通过各自的"流",在19世纪末20世纪以来交汇了。交汇以后,就只有主流与非主流之别,早入流与晚入流之分,没有宗主与派生的关系。一方断无必要去将对方之"流",视为自己之"源"。

西方社会学的引入,只是一个"流",我们自己原来的"流"不畅了,西学之"流"冲击了一下,但不能取代原来的"源"。正如我们不能因为汉江的加入,就把汉江的发源地(汉中的玉带河)说成是长江的源头一样。

对于一门学问来说,"学科化"的发生一般都不在源头,只在"流"上。往往是一门学问已经产生了,到一定阶段,才被"学科化"。大的学科、基础性学科一般都是这样,只有一些分支学科、新兴学科才可能一出现就是专科化的。但那也一般是以大的学科、基础性学科为"源"的。社会学是一个大的基础性学科,中国社会学的学科化是在西方社会学传入之后,但中国社会学的源头老早就有了。割断了"源"与"流"的关系,将无法理解中国社会学。

由此看来，康有为、严复、谭嗣同、梁启超等人，做的不是"源"（创造源泉）的工作，而是做的"流"与"流"会通的工作。这样评价他们的历史功绩，并不会贬低他们的贡献，而是把他们的工作放在更广阔的历史脉络上给予更高的定位——他们拉开了中国社会学实现现代转型的序幕，在中西会通中奠定了中国社会学未来发展的基础。他们开的是此一会通的"端"，而非中国社会学之"源"意义上的"开端"。

流与流相遇，有一个会通的问题。怎么会通？会通不是搬用、套用，不是以西方社会学取代中国社会学。可是，从西方社会学以往在世界的传播史来看，客观上表现为强势扩张的过程——是唯一的"公认理论""经典理论"，以西代中，大行其道。长期以西代中，成为积习，成为定见，成为常态——只知道有西方社会学，不知道有中国社会学；说中国古代就有社会学，倒成了奇谈怪论。社会学只能是"舶来品"，中国社会学史只能等于西方社会学在中国的传播史，① 在西方社会学传入之前，中国历史上一片空白——此种谬论，堂而皇之，横行无阻。我们泱泱大国，有几千年的文明，那么复杂的社会是怎么形成的、怎么治理的，人和人怎么相处的？有人说中国自古只有"社会思想"，没有"学"。我们有复杂的制度，有丰富的治理经验、治理技术，有从"礼"到习俗等有效的社会规范，这些不只是"思想"，难道都不是"学"？对这一切视而不见，不予承认，照此下去，哪里谈得到中国社会学的崛起？

如果说"以西代中"是结果，那么，"以西释中""以西鉴中"则是手段。中国事物、中国历史、中国实践，必须经过西方社会学概念的解释，变成洋词、洋话、洋理，才能登上社会学的大雅之堂。只有"以西释中"，才算学术研究，才是有学问。至于西方概念、西方

---

① 参见韩明谟《中国社会学应用的历史传统》，《北京大学学报（哲学社会科学版）》1986 年第 3 期；陈树德《中国社会学的历史反思》，《社会学研究》1989 年第 4 期；韩明谟《中国社会学史不等于西方社会学在中国的传播和发展史——三与陈树德同志商榷》，《社会学研究》1994 年第 4 期。

道理，出了校门用不用得上，适用不适用，全然不顾。更有甚者，是以西鉴中。中国事物、中国历史、中国实践，只有符合西方概念、符合西方逻辑，才算正理；如不符合，则判为歪理，判为不正常、不够格、不算数。中国人重视家庭，那是落后观念；西方人搞家族政治，那可是现代民主；中国人搞家族企业，就断不能是现代企业制度；如此等等。这哪里是什么会通？

真正的会通，是平等对话、互学互鉴的过程，是取长补短、相互借鉴，是融合创新。不仅要各美其美，还要美人之美。只有平等对话，才能有效沟通，找到一个大家都认可的衡量标准，才能达成共识，达到美美与共。

学术本质上不承认霸权，学科也不承认什么独占权。学术在本质上是开放的，是要交流、对话、讨论、沟通的。否则学术就没有生命力，或者被异化为一种文化侵略的工具，也就是林南所称的"文化殖民"。可是，我们如果自己手里什么都没有，就只好去把别人的传统认作自己的传统，把别人的理论尊为"公认理论""普遍真理"，哪还有什么"对话""交流"？迄今为止，全国高校至少半数社会学系根本不开中国社会思想史课程，教师中能够讲授中国社会思想史的更是一"将"难求。作为替代课程的"中国社会学史"，也都是以严复译介西方社会学为"开端"。这就致使许多学生根本不知道中国社会学的学术传统为何物，自然就只能拉来西方社会学理论或概念生搬硬套，这是误导的结果，是怪不得学生们的。

没有自己的学术之源，也就没有自己的传统，也就不可能有真正的会通。我们要认真总结在会通史上的经验教训，这关系到中国社会学能不能真正崛起，以及可能崛起的是什么样的中国社会学。

四 两条路径，两种结果

尽管如前所述，中国社会学的崛起是顺天应时，但也不见得只要中国崛起了，每一门中国学术就都能够崛起，还要看能否选对路径。

要实现崛起，必须具备三个条件。其一，树立起中国社会学自己的问题意识。如果没有自己的问题意识，所围绕的问题还是西方社会学提出来的，甚至在很大程度上是已经回答了的，那中国社会学实现崛起的必要性就不充分。其二，积累起自己的优势资源。即使有了自己独立的问题意识，能不能回答问题，取决于有没有优势的学术资源。学术资源是需要长期积累的，平地一跳，就想触及天际，不过是想象而已。学术资源的积累程度决定着实现崛起的可能性。其三，建立起自己的概念体系。没有自己的见识和判断，那么，就只能说是西方社会学在中国的"崛起"和扩展，而不是中国社会学的崛起。

要满足和创造上述三个条件，有两条路径，也就有两种结果，根本的区别，在于选取何者为源。一种是以西方社会学为源，把它在中国的传入作为中国社会学的开端；另一种是以以"群学"为代表的本土社会学传统资源为源，依托着中华民族在世界学术史上长期占据优先地位的极为丰厚的学术积累。源既不同，流就不同，途径自然不同。

前一路径的优势，在于它倚重西方社会学已经拥有的优先权，在国内和者甚众，在国际容易沟通，容易得到认可。这条路径走起来比较省劲。所忧的是，这样取得的结果，到底不过是西方社会学在中国的运用、扩张，还是确实能够崛起真正具有中国特色的"中国社会学"？

西方社会学因其只是"关注'发达的'或现代的社会"，故而对于全世界大多数发展中国家如何处理传统与现代的关系，特别是像中国这样的有着悠久历史传统的国家如何对待自己的历史资源，往往关注不够，或者只能给出过于简单的答案，不太贴切实际需要，解释力也就大打折扣。这也许是在新兴经济体和大量的发展中国家社会发展迅速的当代，西方社会学却显得活力不足的一个可能的原因。就连吉登斯等人也意识到了西方社会学的局限性，或者至少看到了这种局限性所产生的效果——"今天，世界各地要求学习社会学的学生日趋减少，社会研究项目受到足够资助的数量也比以前在减少。社会学可能已经在一些主要的知识发展和成就方面丧失了中心地位。"① 当今世界经济和社会发展的最新、最大的变化发生在欧美以外的广大"非发达"的社会。这也是需要我们反思的。

后一路径的优势有两个。首先是它符合世界学术发展的未来大趋势。未来社会学发展的多元性，必然彰显多源性，这是文明发展的必然趋势。其次，我们说中国社会学的崛起，并非取决于主观选择，而是取决于"天时""地利"。在中华民族陷入亡国灭种之灾的危难之际，我们的学术前辈尚且寄望于中国社会学的振兴，当今之世，我们对中华民族伟大复兴的前景期待越宏伟，就越倾向于选择后一路径。

后一路径的劣势也有两个。一个是我们的自信心不强，缺乏理论自觉。笔者在20世纪90年代给研究生讲授"发展社会学"，从西方学者的现代化理论，讲到主要由拉美学者创立的依附理论，再讲到主要由沃勒斯坦等人创立的世界体系理论，可是，在世界体系理论之后呢？没有了答案。苦恼了好几年，才慢慢有点醒悟——全世界都在说21世纪是亚洲世纪，这是什么意思？包括我国在内的亚洲国家，及其他一些大洲的发展中国家，已经充当了世界经济发展的引擎，难道像发展社会学这样的学科，还要继续指望着西方社会学家来替我们书写吗？

第二个劣势，是这条路径太过艰难，需要从一个一个概念开始，长期地探索和创新。且与西方社会学的沟通、会通需要一个漫长的过程。从学者个人来说，见效慢，成绩难以预期。

恰逢21世纪中国崛起的宏伟实践的伟大机遇，重新思考西方社会学与中国社会学的关系，明确中国社会学的源与流，奠基于几千年的优秀学术传统，立足于吸收西方社会学已有的丰富成果，回答新时代社会发展的重大问题，中国社会学的崛起才可以顺利实现。

---

① ［英］安东尼·吉登斯：《社会理论与现代社会学》，文军、赵勇译，社会科学文献出版社2003年版，"前言"第1页。

中国社会学崛起的历史基础*

景天魁**

摘　要　从实现中国社会学的崛起出发,探讨实现崛起所依赖的历史基础是什么以及应该如何认识、对待和探索这一历史基础。通过对学科标准及其前提性假设的辨析,论证了群学之为中国社会学的事实根据;通过梳理群学概念体系,证明中国社会学的历史存在性和绵延性,从而回答了为什么实现中国社会学崛起必须探寻其历史基础的问题。

关键词　中国社会学;群学;历史基础;概念体系;学科标准;学术传统;荀子

所有的中国社会学人都期盼中国社会学的崛起,这是毫无疑问的;大多数中国社会学人都相信中国社会学在21世纪能够实现崛起,虽然笔者对此并没有做过调查统计,但基本上也是用不着怀疑的。因为,以中国历史之辉煌,中国文化之璀璨,"崛起"本在情理之中。虽然近代以来遭遇数千年未有之大变局,然而奋发图强的力量积蓄几百年了,已到全面爆发之期,当此之时的中国学术,正所谓"给点阳光就灿烂"。而在中国的崛起中,必有中国社会学的崛起。中国社会学者的使命,就是努力推动和实现中国社会学的崛起。如果说到

---

* 文章原载于《北京工业大学学报(社会科学版)》2017年第4期"当代社会研究"专栏。
** 景天魁,1943年生人,中国社会科学院学部委员,中国社会科学院大学特聘教授,主要从事社会科学方法论、发展社会学、福利社会学和中国社会学史研究。

"理论自觉",这就是最义不容辞的理论创新的自觉行动。

2014年3月,笔者先后在南开大学和华中科技大学的两次演讲中,提出中国社会学不可回避的根本问题是中西古今问题①。中西会通,这是空间性的一维;传承和弘扬中国社会学的优秀传统,这是时间性的一维。二者结合起来就是实现中国社会学崛起的两翼。促使二者结合的现实基础,是实现中华民族伟大复兴的当代实践以及这一伟大实践给社会学提出的时代性课题。尽管时间性和空间性都有很广泛的含义,但在这里实现了时空的高度统一。在此统一过程中,延续和弘扬中国社会学自己的传统,与实现中西社会学在更高水平上的会通,成为二而为一的任务。

中国社会学的崛起,有现实基础,也有历史基础。本文探讨的重点是其历史基础。那么,实现中国社会学的崛起,为什么必须探寻它的历史基础——这是首先需要回答的问题。而历史基础也包括政治的、经济的、文化的、社会的诸多方面,所谓探寻其历史基础,这里当然是指中国社会学的本土起源和历史。可是,如果中国社会学果真如百年来已成习惯的说法那样,完全是西方社会学在中国的传播和应用,那就无须探寻它的本土起源。这样,探寻中国社会学崛起的历史基础问题,就聚焦到了它的学科史基础问题上,所要回答的问题也就转换为:应该怎样认识、怎样对待中国社会学的学科史。

一 怎样认识中国社会学的学科史

说到中国社会学的"学科史",就会碰触到一个不可回避的问题:多少年来都是说中国社会学是"舶来品",那就是说只是从西方社会学传入之时才开启了中国社会学的学科史。如果说,在此之前中国本土没有社会学,何来"学科史"?照此说来,中国社会学只能以

---

① 景天魁:《中国社会学不可回避的根本问题——从"社会学的春天"谈起》,《学术界》2014年第9期。

西方社会学史为自己的历史，此外并无本土的学科史。此一说法风行百年，俨然成了"定论"。

然而，这种说法符合历史实际吗？果真具有站得住脚的理由吗？为了讨论清楚这个问题，需要首先对所谓"中国社会学"作出区分，将其区分为"中国（本土）社会学"和"中国（现代）社会学"。"中国（本土）社会学"研究，是要回答中国历史上是否存在可以称为"社会学"的学问，如果存在，它的内容和特点有哪些以及它的发展脉络和实际作用、它的现代转型和创新等问题；"中国（现代）社会学"，内容就更为复杂，可以区分为3个部分，即西方社会学在中国的传播和扩张、中西社会学的会通、"本土社会学"自身的转型和更新。所谓"中国社会学的现代转型"，其实包含了这3条路径。这3条路径或3个方面，在不同时期有所侧重，在不同学者那里也有所侧重或偏好。就研究者个人而言，可以选择其中的一条路径或一个方面，也可以不局限于此；就整体而言，不论单用哪条路径或方面来概括"中国社会学的现代转型"和"中国现代社会学"都是不全面的。

本文所称的"中国社会学"，是指"中国本土社会学"，在此仅限于研究它的起源和绵延，回答中国历史上是否存在可以称为"社会学"的学问这个问题以及研究它的内容和特点。

做这样一项研究的前提，是突破并否定自清末民初以来100多年间流行的几个"定论"：中国社会学的开端是西方社会学的传入，中国社会学史等同于西方社会学在中国的传播史，中国古代只有"社会思想"没有社会学。要突破并否定这些"定论"绝非易事。首先遇到的就是确认或否认"群学的历史存在"这个基本的历史事实的问题。

（一）关于群学的历史存在

确认荀子"群学"就是社会学的第一人，当推严复。他在译介斯宾塞的《社会学研究》一书时，特意将"sociology"译为群学。严复此举的高明之处，不只在于翻译，更在于确定西方社会学这门学问其实中国古已有之，正所谓"古人之说与西学合"①。此后，梁启超则盛赞荀子是"社会学之巨擘"，并且指出群学的内容"与欧西学者之分类正同"。②另一位早在 1940 年就独立地肯定中国古代就有社会学的，是后来担任吉林省社会学会会长的东北师范大学教授丁克全③。不光是中国学者，在西方学者中，首先明确肯定中国早在战国时期已由荀子开创了中国社会学的，当推英国功能主义大师拉德克利夫－布朗（Radcliffe-Brown），费孝通先生晚年曾经多次提到并肯定他的此一论断，并且表示很想好好研究研究荀子④。

以上诸位先贤所肯定的荀子群学即为中国社会学，凿凿有据。这证据就是群学的内容与西方社会学相"合"。而关于群学的基本内容，严复和梁启超都从核心概念（"群""分""义"）和基本命题（"人生不能无群""明分使群""义为能群之本原"⑤）等方面，对荀子"最为精审"的群学做过概括；笔者在表述"中国社会学之源"时，也曾冒昧地做过一个扩展，认为，以荀子"群学"为代表的本土社会学传统资源，是以墨子"劳动"（"强力""从事"）概念为逻辑起点，以荀子"群"概念为核心，以儒家"民本"概念为要旨，以礼义制度、规范和秩序为骨架，以"修齐治平"为功用，兼纳儒墨道法等各家之社会范畴，所构成的中国社会学"早熟"（早期）形态⑥。尽管这些表述精确与否当然可以讨论，但其中所指的每一项事实在历史上是确实存在的，这应该不成问题。

但是，群学不成问题的历史存在性，却因何故在今人所谓的"中国社会学"学科史上不被承认，从而成了问题呢？换言之，既然

---

① ［英］赫伯特·斯宾塞：《社会学研究》，严复译，世界图书出版公司 2012 年版，第 3 页。
② 梁启超：《中国法理学发达史论》，中华书局 1989 年版，第 1317 页。
③ 回清廉：《回族社会学家——丁克全传略》，《回族研究》1992 年第 1 期。
④ 费孝通：《从实求知录》，北京大学出版社 1998 年版，第 232 页。
⑤ 梁启超：《中国法理学发达史论》，中华书局 1989 年版，第 1317 页。
⑥ 景天魁：《中国社会学源流辨》，《中国社会科学评价》2015 年第 2 期。

从来未见有人出来否认群学的历史存在性，却为何所谓"中国古代没有社会学"竟能无须论证而被想当然地默认为不易之论呢？可见，问题主要不在于群学是否是真实的历史存在，而在于对这个历史存在如何评价。这里有一道认知上和心理上难以迈过去的"坎"——西方人异口同声地说社会学是1838年由法国人奥古斯特·孔德创立的，现在说中国荀子早就创立了中国社会学（群学），比西方早了2000多年，这靠谱吗？

在此，我们暂且搁置背后的文化自信问题，也暂不批评背后的西方中心主义，而是讨论一个更具学术性的问题——学科标准。显然，这里要靠的"谱"，不再指事实性的存在，而是一种价值性的评价，即所谓"学科标准"——群学符合西方的"学科标准"吗？这样一来，所谓"中国古代是否存在社会学（群学）"的问题，也就转换为所谓"学科标准"问题了。

（二）关于"学科标准"及其前提性假设

所谓"学科标准"，并未有公认的严格规定。有过一些说法，也并不具备绝对的意义。例如，说是作为一个学科，在学校里要开设专门的课程，要设立相应的专业，要办专科的杂志之类。其实，很多学科，尤其是在其初始阶段，未必齐全具备这些形式性的条件。更何况在历史上，受教育制度、出版设备和职业分工等条件的限制，那些所谓"标准"，达到了当然好，达不到也无伤大雅。西方人承认古希腊的亚里士多德（公元前384—前322年）创立了政治学、逻辑学、伦理学等，他那时候办有这种杂志吗？设有相应的专业和系科吗？为什么无人深究即予承认？而对于生卒年代比亚里士多德还要晚一点的荀子（生卒不详，其学术活动约在公元前298年至公元前238年①）却无端苛求呢？要知道，荀子曾三次出任当时的最高学府稷下学宫的"祭酒"（首席教授），是有正规专业"职称"的。

事实上，在那些所谓的形式性条件背后，真正起作用的是未予明

---

① 孔繁：《荀子评传》，南京大学出版社2011年版，第1页。

言、未加讨论的"前提性假设",对"中国古代是否存在社会学(群学)"不论是肯定还是否定,背后所依据的都是各自的"前提性假设"。

持否定意见的前提性假设:(1)西方的学科标准具有唯一性,是不容置疑的;(2)社会学只能有一种起源;(3)社会学只能有一种形态。

持肯定意见的前提性假设:(1)学科标准是相对的、可以讨论的;(2)社会学可以有多种起源;(3)社会学可以有多种形态。

这里,有认知层面的问题,更主要的是价值层面的问题,如果非要认为西方的学科标准具有唯一性,只有孔德才创立了社会学,社会学只能有西方社会学一种形态,尽管其实孔德只是在《实证哲学教程》中创造了"社会学"这个词,而那本书明显是哲学,算不上社会学,但非要一口咬定这里有什么"唯一性",除此之外,不能再由别人创立这个学科。既然非要以西方的标准为金科玉律,那还有什么道理可讲呢?而严复、梁启超、费孝通、丁克全以及布朗先生之所论,除了认知层面之外,确实也有价值层面的"前提性假设",那就是认为学科有标准,但不绝对。所谓不绝对,一是可以有差异,二是可以不固定,三是不唯形式。如果坚持学科标准可以有差异,可以具有多元性,那么,承认荀子群学就是中国社会学,岂不是顺理成章吗?更何况他们还指出了荀子群学与西方社会学在内容上相"合"、"正同",具有实质上的一致性,并不是完全相异的东西,那称为"社会学"不是天经地义的吗?然而,就是这样一个易于理解的道理却不被理解,就是这样一个易于接受的结论却不被接受,就是这样一个易于承认的事实却不被承认,除了前面被搁置的"文化自信"和"西方中心主义"之外,又能到哪里去寻找背后的原因呢?

的确,属于价值选择层面的问题,是不容易做理性讨论的,在这个层面可以讨论的主要是怎样对待学术传统的问题。

二 怎样对待中国社会学的学科史

"对待"是一种态度。讨论这样的问题,难免对往事品头论足。

但本文对这一问题的讨论完全是出于推动和实现中国社会学崛起的需要,无意于评价既往和现在的社会学研究。在不得不做某种"评论"的时候,也绝对不是针对某人某事,而是总结经验和教训,不论是经验还是教训都是宝贵的。这里想要谈的只是一个观点:对于中国社会学来说,立足于自己的历史基础,有助于实现崛起,也只有如此,才能实现崛起。

(一)立足于自己的历史基础,才能遵照学术积累规律,使中国社会学具备实现中西会通的必要条件①

我们强调中国社会学需要珍视自己的历史基础,绝不是出于好古,也不是守旧,首先是基于对既往经验教训的反思。中国社会学自1979年开始恢复重建,在至今将近40年的时间里,却主要是延续了西方社会学的传统,中国社会学自己的传统没有受到应有的重视,基本上没有建立起来。这样一个估计是否恰当?笔者觉得基本上符合事实。我们要敢于承认和面对这个事实,目的倒不是论什么功过,而是为了探讨中国社会学当前以及今后的发展问题。

漠视和贬低中国本土社会学,非自1979年社会学恢复重建始。民国时期,在"全盘西化"的思潮下,作为"舶来品"的西方社会学已经一家独尊,中国不仅被认为没有社会学,就是所谓"社会思想"也被贬为农耕文明的遗存,是必须抛弃的落后的"包袱"。在所谓"体用之争"中,不论是主张"西体中用",还是主张"中体西用",反正实际结果是中国社会学之"体"被取代了,"西用"变成了"西体"——中国之学以西方之学为"体","中体"既不存在,就连"中用"也就谈不上了。于是,中国社会学也就只好认西方社会学为自己的传统了。

---

① 为纪念著名社会学家丁克全教授诞辰100周年,东北师范大学丛晓波教授于2014年10月11日专程到京采访笔者,这一谈话的部分内容后来在同年11月8日华中农业大学召开的讨论会、11月15—16日中国社会科学院社会学研究所召开的课题讨论会、11月22—23日中山大学召开的中国社会思想史年会等会议的发言中,笔者都重复讲过。本节文字节选自上述发言的记录稿。

现在回过头看，早在明代，徐光启（1562—1633年）就提出了"欲求超胜，必须会通"的主张，指明了会通与超胜的关系。可就社会学来说，尽管有潘光旦等老前辈认真研究过儒家社会思想，但对于荀子群学的研究，与历史学界、法学界、政治学界相比，实在是冷落得很。这就可以明白为什么百年来虽也偶尔有人提倡中西会通，却总是难以实现。因为我们没有传承自己的传统，没有自己的概念、自己的理论。我们把西方社会学的传统认作自己的传统，满嘴讲的是西方的概念、西方的理论，这就不可能形成中西之间的平等对话，也就不可能有真正意义上的中西会通。显然，确立和弘扬中国社会学自己的传统是开展中西会通的必要前提。

那么，中国社会学到底有没有自己的传统？必须肯定，中国社会学一向具有自己的优秀传统。这个传统是什么——这是一个需要认真研究、科学总结、准确表述的问题。笔者在前面提到的那两次演讲中，不揣冒昧，把这个传统的主要特征概括为融通和担当。这很可能是不全面的，实为一孔之见。

"融通"是说群学自创立之始，就具有与其他学科互补共生的特质；而自清末引入西方社会学之时，先贤们就不是打算用西学来替代中国学术，恰恰相反，他们的目的很明确，是希望由此能够引致中国学术的复兴。康有为、谭嗣同、严复都有中国的复兴"自中国学术始"的期许。他们引入西方社会学不是为了把中国学术思想虚无化，终结中国学术，而是为了振兴中国学术。而振兴的道路，就是会通中西，贯通古今，是为融通。

"担当"是说群学在战国末年诞生时，就有重建社会秩序、建纲立制之志。严复译介西方社会学更是为了寻求富强。对于之所以选择社会学作为重点推介的一个学科，他有过明确的说明："今夫中国，非无兵也，患在无将帅。中国将帅，皆奴才也，患在不学而无术。"[①] 振兴学术可以救亡图存。而在诸种学问中，"以群学为要归。唯群学

---

① 严复：《救亡决论》，载黄克武编《中国近代思想家文库·严复卷》，中国人民大学出版社2014年版，第29页。

明而后知治乱兴衰之故，而能有修齐治平之功"①。循着"由中国社会学的崛起，进而实现中国整体学术的复兴，从而实现中国的富强和复兴"这样的思路，可以清楚地理解"担当"这一中国社会学的传统。

中国社会学的优秀传统当然不止融通和担当这两个方面，但这二者相当突出，并且对今天以及今后的中国社会学发展具有重大意义。笔者认为，严复、梁启超、费孝通、丁克全以及潘光旦等诸位先贤以他们的卓越学识，为中国社会学事业做出的宝贵贡献，就是为中国社会学优秀传统增色添彩，在融通和担当这两个方面为我们树立了杰出的榜样。

中国知识分子骨子里有一种潜意识："为天地立心，为生民立命，为往圣继绝学，为万世开太平。"自宋代张载（1020—1077年）做了这一概括之后，一直成为此后历代士大夫追求的"圣贤气象"。为往圣继绝学，是作为中华文化之子的每一位知识分子的责任担当。笔者理解费孝通先生晚年疾呼"文化自觉"，其中就包括这个意思。如果我们数典忘祖，只知传播、继承西方的东西，对自己祖宗的东西没有兴趣，那中华文化传统真有到我们这一代不得不断了香火的危险。中华文明是世界上唯一延续下来的古代文明，现在却在向现代社会的转型中遇到了历史上从未遇到的危机：主要是中华文明所赖以生存的社会基础正在转型或者瓦解。随着农民进城和农村城镇化，原来在农村地区保留的较为浓厚的孝道等传统文化几近消失，东部地区的农村本来是传统文化的发源地或核心区域，现在保留下来的优秀传统竟然不如西部一些民族地区。同样，像社会学这样本来很"接地气"的学科，中国社会思想史学科的地位在业内却很低，"为往圣继绝学"的自觉意识很淡薄，好像那些"老古董"断绝与否，有什么关系？与我何干？如果不知道韦伯、涂尔干，很多社会学专业的人会深以为耻，但如果不知道荀子，则觉得无所谓。我们的数典忘祖达到了

---

① 严复：《原强修订稿》，载黄克武编《中国近代思想家文库·严复卷》，中国人民大学出版社2014年版，第29页。

史无前例的程度。与清末比，那个时候译介西方社会学，还是努力与中国本土的社会思想"接地气"的。与民国时期相比，即使那时主张"西化"的人，其行为却可能是地道中国传统的，例如胡适就是如此。而那时一些学得了西方社会学的学者却鲜明地提出"社会学中国化"的主张。而近40年来，连这个口号也不够响亮，倡者不众，信者不笃。学界好像已经习惯于漠视中国社会学自己的历史基础，甚至认为社会学只有西方一个传统，西方社会学传统的独尊地位好像是理所当然的，现在提出社会学的中国历史基础倒是很突兀的、很奇怪的，甚至可能是感觉很别扭的，不大愿意接受的。

慢说是对待古人，对待今人又何尝不是如此？就说中国社会学恢复重建以来，也将近40年了。如果在西方国家，这么长的时间应该积累为学科发展的一个阶段了，可是我们积累了什么传统？试问在西方社会学家那里，有哪个理论比费孝通的小城镇理论对中国城镇化的现实更有解释力？有哪个理论比陆学艺先生的"三农"理论对中国的城乡关系和发展更有解释力？2014年11月9日逝世的郑杭生教授，学术上贡献良多，仅以他的"社会互构论"来说就很有创新性。现在还活跃在社会学前沿的宋林飞教授在社会学理论和社会政策领域多有建树，他的"率先现代化或区域现代化"理论回答了在一个统一的制度体系下，一个区域如何率先实现现代化的问题，无疑是丰富了世界的现代化理论。当代中国社会学家独创的成果还有很多，这里只是列举。问题在于：这些成果都是从中国的实践中概括出来的，中国的实践有丰富的成功经验，作为中国经验结晶的学术成果为什么不可以进课堂、进教科书？在西方，早就这样做了。中国人自己创造的理论以及大批中国学者立足于中国实际所做的研究，即使理论概括不够成熟、不够全面，只要是正确地提出了问题，做了踏踏实实的调查和思考，也是应该充分肯定、认真对待的。学术发展要遵循积累规律，一个人的智慧，相对于一个学科来说，总是微小的；一代人的智慧，相对于一个学科来说，也是有限的。要克服这个有限性与无限性的矛盾，靠的是学术积累。好在学术本身具有可积累性，问题在于是否具有积累的自觉意识。没有积累，就谈不上中西会通，更谈不上中国社会学走向世界,争取什么学术话语权了。

可见,如果不建立和弘扬中国社会学自己的传统,那就谈不上中西会通,就只好以西方社会学传统为自己的传统,那就不可能建立起真正具有中国特色的社会学。如果不实现中西会通,那就或者自珍自爱地讲述"中国社会思想史",或者简单地照搬西方社会学传统,中国社会学的崛起就难以实现,就难以崛起一个能够回答中国和世界的时代性问题的中国社会学。

(二)立足于自己的历史基础,才能明确中国社会学的基因和特色

延续自己的学术传统是开展中国社会学学术创新的基础。自己没有传统,以别国的传统为遵循,自己脚下就没有根。近日读到北京大学乐黛云教授的文章,是回忆北京大学原副校长、著名哲学家、佛学家汤用彤先生的。汤先生说:作为一个中国学者,做什么学问都要有中国文化的根基。① 这个话,中国社会学者应该引为教训。传承和创新的关系,对任何学科都是一个根本问题,具有普遍意义。对中国社会学这样一个长期自称为"舶来品"的学科来说就更是如此。

其实,中国人历来是重视传承的,只是到了近现代以后,由于文化自信的丧失,对传统的态度才发生了巨变,从而,对于中国社会思想的学术传统也就有了很大的争论。是延续传统还是抛弃传统?在此,我们不是要做一般化的争论,也不是一般地讨论如何有利于中国社会学的发展和创新,而是要明确中国社会学的基因和特色。

继承和积累传统不是因循,而是奠立创新的基础。看看外国人是怎样搞学科建设的,就可以清楚积累传统和学术创新是统一的。法国人高度重视学术传统,坚称孔德是"社会学之父",其实他不过是起了一个"社会学"之名。这还不算,法国人生怕德国人抢去社会学的创始权,还想把自己的社会学传统追溯到孟德斯鸠(1689—1755

---

① 乐黛云:《我心目中的汤用彤先生》,凤凰网国学·国学大讲堂,http://sd.ifeng.com/chinese/guoxuejiangtang/list_0/7.shtml,2017年3月2日。

年）的《法的精神》，甚至更早。英国人也想把它的社会学传统追溯到霍布斯（1588—1679 年）的《利维坦》，也是越早越好。他们在建立自己的传统时，完全不在意《实证哲学教程》、《法的精神》和《利维坦》是否是称得上符合"学科标准"的社会学著作。我们为什么就那么心甘情愿地承认我们没有社会学，社会学只是"舶来品"呢？诚然，中国古代没有西方那种形态的社会学，但是中国作为泱泱大国，有几千年的文明，那么复杂的社会是怎么形成的、怎么治理的、人和人怎么相处的？说中国自古只有"社会思想"，没有"学"。可是中国有复杂的制度，有丰富的治理经验、治理技术，有从"礼"到习俗等有效的社会制度和规范，这些显然不只是"思想"，难道都不是"学"？

可是，西方人正是在积累传统的同时，成就了学术创新和学科建设——实证研究形成了，功能主义、结构主义创立了，经典大师涌现了，代表性著作传世了。后来被认为是"学科标志"的什么教职、专业、杂志之类形式性的东西也就不在话下了。于是，社会学的定义、研究范式、学科地位就确定了，历史就这样写出来了。

在中国，群学在创立以后，其实也一直在传承、绵延和发展。只不过采取的形式与西方社会学不尽相同而已。群学的要义，在于合群、能群、善群、乐群，这就是中国社会学的基因。梁启超曾经指出："苟属有体积有觉运之物，其所以生而不灭存而不毁者，则咸恃合群为第一义。"[①] 中国形成了如此伟大的中华民族，如此繁盛的社群，这不就是"合群"吗？中国建立了长城内外、大河东西、长江南北如此伟大的国家，这还不是"能群"吗？中国铸就了各美其美、美人之美、美美与共的融合 56 个民族的大家庭，这能不是"善群"吗？中国"四海之内若一家"[②]，天涯海角如比邻，倡导"人类命运共同体"，这还称不上"乐群"吗？荀子曰："道者，何也？曰：君

[①] 参见梁启超《说群一：群理一》，载《饮冰室合集》（文集第 2 册），中华书局 2015 年版，第 137 页。

[②] 方勇、李波译注：《荀子》，中华书局 2011 年版，第 124 页。

之所道也。君者，何也？曰：能群也。能群也者，何也？曰：善生养人者也，善班治人者也，善显设人者也，善藩饰人者也。善生养人者，人亲之；善班治人者，人安；善显设人者，人乐之；善藩饰人者，人荣之。四统者俱而天下归之，夫是之谓能群。"① 这里说的是君者之道，善于解决人民的生产生活问题，善于治理（班治）、善于任用（显设）、善于给人们有差等的待遇（藩饰），人民则亲之、安之、乐之、荣之。于是天下归心，这叫"能群"。其实，合群、善群、乐群，与能群的具体要求、做法不同，道理确是相通。为君之道如此，为臣之道、为民之道，亦道理相通。由此生发开来，"群道"之基因，贯通于修身、齐家、治国、平天下各个层次，规制于君臣、父子、长幼、夫妻、亲朋、邻里、族群等各种关系，体现于礼、法、家训、乡规、民约等各种制度和规范，融汇于家国、朝野、士农工商，发挥于族群间、民族间、国家间、天下世间，"群道"之理至大至微，群学之功至高至伟！舍此，难以解释中国社会之形成，难以揭示中国发展之奥秘，难以说明中国社会学是什么、为什么、能干什么。这是中国社会之根，没有这个根，中国靠什么立足于昆仑山下、大洋西岸这块广袤的黄土地、红土地、黑土地之上？这是中国社会学之根。凭仗这个根，中国就可以傲立于社会学的世界殿堂！

三 怎样探寻中国社会学崛起的历史基础

以上在认知层面、价值层面所做的讨论，为在事实层面讨论中国社会学崛起的历史基础准备了必要条件。历史经验表明：如果缺乏这种必要条件，即使事实确凿，也未必得到承认。因为历史事实与现实事物不同，现实事物可以呈现在眼前，可以用经验去感知它，用科学方法去鉴定它。共同的经验可以成为得到共识的基础，科学方法的可靠性，可以作为研究结论可信性的根据。历史事实就不同了，它的呈现本身就需要发掘、整理、加工和解释。特别是对于群学这样的非实

---

① 方勇、李波译注：《荀子》，中华书局2011年版，第197页。

物的存在，对于概念这样的思维产物，就只能依靠解释和理解了。因此，认知方法和价值选择，对于确认这种非实物的存在性，就具有近乎前提性的意义。

探寻中国社会学崛起的历史基础，具体地说，从何处着手？从梳理概念着手。这是因为：

第一，概念特别是基础性概念，是一个学科存在的最根本的标志。我们知道，学科内容是由一组命题构成的。一个重要命题，可能构成一个理论。但一般情况下，一个学科是通过一组或一束命题构成的。命题是由什么构成的？针对某一问题做出论断，形成命题，都需要界定概念，并通过概念及其关系来表达命题。例如，见到平行线概念，就知道那是欧几里得几何学；见到讲虚实症，就知道这是中医学。可见，梳理出概念和概念体系，应该是一个学科存在性的确凿证据。

第二，群学是以概念的形式得以在长期的历史过程中持续绵延的。关于中国社会学的绵延，由于中国学科分法不同，群学不是以单科形式流传的，它以单科形式只是到了清末民初才复出。在此之前的学术历史长河中，群学是以概念形式深入生活、潜入民间、形塑社会、规范人生，对中国社会制度体制的生成、稳定和演变，生活样态的形成和延续起着重要作用，从中展开了中国社会学的绵延过程。

第三，前面讲到的学术积累，主要就是积累概念，学术传承也主要就是传承概念；中国学术的基因和特色主要也是经由概念表现出来的；学术优势也是依靠概念的表达力彰显出来的。可见，梳理出概念和概念体系，立足于历史基础也就可以落实了。如果没有自己的概念（话语）体系，中国社会学也就立不起来。

第四，概念的使用，特别是被普遍接受和承认，也就是学术话语权的确立。如果光讲争取学术话语权，却不致力于提炼自己的概念，那是空谈。概念和概念体系的形成，需要一个长期积累的过程。提炼概念，亦非一日之功。我国台湾学者汤志杰提出要"从一砖一瓦炼起"。他指出："当今通行的学术分析概念……几乎皆源起于西方，因此，当我们使用这些概念或语汇时，常暗地为西方的观念和认知方式所笼罩而不自知。""如果我们的目标与理想在盖一栋本土理论的大厦,那恐怕就得从头好好烧炼自己的一砖一瓦开始,而不能贪图方便地全盘接受既有的社会学概念。"因此,要"从最基础的概念工作做起"。① 我国台湾学者陈其南也指出:"在基本的术语和概念尚未能给予正确的界定和了解之前,即引进西方社会学的研究技巧,并无法妥当地掌握到中国社会的本质。"必须"以中国社会现象的本身为起点,重新界定和分析中国传统制度的特质,进一步厘清一些基本用语和概念"。②

总之,梳理中国社会学的概念体系,既是对中国自古就有社会学的证明,也是对群学绵延问题的回答。同时,这也是传承中国学术、确立中国社会学话语权的基础性工作。

在中国社会学悠悠2000年的源流中,我们以"淘宝"的方式,精选出34个概念。将其中4个(群、伦、仁、中庸)确定为基础性概念,其余30个为基本概念。能够贯通基本概念各个层次的为基础性概念。受严复启发(群学"有修齐治平之功"③),我们将30个基本概念区分为修身、齐家、治国、平天下4个层次。修身层次的基本概念是身、己、性、气、心态、"社"与"会"、天、自然;齐家层次的基本概念是家、宗族、孝、礼、义、信、利;治国层次的基本概念是国与民、国土、士、王道与霸道、贤与能、科举、公与私、秩序、位育;平天下层次的基本概念是天下、势、变、和合、多元一体、小康和大同。

我们探讨中国社会学崛起的历史基础,既不是好古,也不是泥古,更不是要复古。具体点说,不是对目前盛行的"国学热"的跟风,而是从实现中国社会学崛起的客观需要出发的。从宏观背景说,

---

① 汤志杰:《本土观念史研究刍议:从历史语意与社会结构摸索、建构本土理论的提议》,载邹川雄、苏峰山《社会科学本土化之反思与前瞻:庆祝叶启政教授荣退论文集》,台湾南华大学社会所2009年版,第337页。

② 参见陈其南《台湾的传统中国社会》,台湾允晨文化出版社1994年版。

③ 严复:《原强修订稿》,载黄克武编《中国近代思想家文库·严复卷》,中国人民大学出版社2014年版,第29页。

实现中国的崛起,迫切需要汲取中国的历史智慧。从学科发展看,不重视中国本土的学术资源,怎么可能解决中国的学术话语权问题?从中国社会学的历史基础,可以找到中国特色、中国风格、中国气派的基因和源头;可以找到厘清当代发展来龙去脉的头绪,找到建构新的发展逻辑的深厚根基;可以找到与西方社会学对话,并能弥补其不足的中国话语基础。

论群学复兴——从严复"心结"说起*

景天魁**

摘　要　本文依据笔者带领的研究团队建构的群学概念体系和正在建构的群学命题体系,论证了群学的要义是合群、能群、善群和乐群,其特质是人本性、整合性、贯通性和致用性。群学既有与西方社会学"相合"的研究对象和研究领域,也有以经验证实理论的研究视角和方法。本文认为群学必将在21世纪世界性百家争鸣中"浴火重生"。

关键词　群学概念体系;中国古典社会学;世界性百家争鸣;群学复兴

1903年3月25日,严复在《群学肄言》译后感叹:"惜乎中国无一赏音","吾则望百年后之严幼陵(严复字幼陵。——引者注)耳!"① 现在,距严复先生1921年逝世已近百年,我们应当如何理解并力图解开他的这一"心结"呢?依笔者愚见,严复译介斯宾塞《社会学研究》一书正值甲午战争惨败,中国人的民族自尊、文化自信丧失殆尽之时,严复译书的初衷本是希冀借西学之火种,让群学成为团结人心、鼓动民力民智的火炬,却眼见得西学之涌入大有湮没群

---

* 文章原载于《社会学研究》2018年第5期"马克思主义社会学"专栏。
** 景天魁,1943年生人,中国社会科学院学部委员,中国社会科学院大学特聘教授,主要从事社会科学方法论、发展社会学、福利社会学和中国社会学史研究。
① 孙应祥、皮后锋编:《〈严复集〉补编》,福建人民出版社2004年版,第12页。

学之势，故而感叹。果然，1903年之后的百余年间，先是群学之"名"被"社会学"所取代，继而群学之"实"不仅鲜被提及，就连"中国古代没有社会学"这样一个从来未被论证过的说法也被莫名其妙地默认为"定论"，以致"中国古代有没有社会学"早已不成其为一个话题了。

那么，到底"中国古代有没有社会学"？近年来，笔者与研究团队从浩瀚的历史文献中整理出了群学概念体系①，并进一步梳理出包括100多个命题的群学命题体系，据此证明了群学的历史存在性，论证群学即为中国古已有之的社会学或曰中国古典社会学。在这一研究基础上，对群学有了几点新认识：（1）荀子不只提出了"群"的概念，也不仅是创立了"'群'论"，而是创立了"群学"；（2）群学既与西方社会学在内容上"相合"，又具有自己的鲜明特质；（3）群学作为合群、能群、善群和乐群之学，既包含了破译中国社会之所以繁盛绵延的密码，又内藏着促进中华民族实现伟大复兴的基因；（4）群学虽是"旧学"，但在当代和未来堪当大任，负有新的重大使命，因而必将复兴。

一　群学要义

不仅荀子关于"群"的概念与"社会"的字词义、概念义相合，而且他还以群为核心概念，构建了群学的原初体系。换言之，严复将西方社会学译为"群学"，不只是找到了"群"这一个适切的翻译用词，更是肯定了群学这一学科的存在。

打开《荀子》一书，最直接讲到"群"的首先是在《王制》篇中："水火有气而无生，草木有生而无知，禽兽有知而无义；人有气、有生、有知，亦且有义，故最为天下贵也。力不若牛，走不若马，而牛马为用，何也？曰：人能群，彼不能群也。"② 然而，《荀

---

① 景天魁等：《中国社会学：起源与绵延》，社会科学文献出版社2017年版。

② 方勇、李波译注：《荀子》，中华书局2015年版，第127页。

子》全书不仅直接讲到分群、合群、能群、使群、善群、为群、利群、乐群和安群等，就是那些没有直接讲到"群"的篇章，其实也是与"群"密切相关的。关于群学的要义，涂可国将其概括为"人而能群的社会本质论、能难兼技的社会分工论、群居合一的社会理想论和明分使群的社会治理论四个层面"①，很有见地；王处辉、陈定闳、谢遐龄、吴根友、庞绍堂和季芳桐、杨善民等在他们各自所著的《中国社会思想史》或类似著作中都对荀学有专门论述，各有洞见，兹不一一介绍。笔者在《中国社会学崛起的历史基础》一文中，将"群学要义"概括为"合群、能群、善群、乐群"②。做这样一个概括，准确与否、全面与否，是重要但不是最重要的。重要而且应当强调的是，我们努力将群学作为一门"学科"而不仅仅是作为"社会思想"来概括其内涵。群学作为"社会思想"并无争议，而我们将群学作为"学科"却是直面了争议的焦点，翻了百余年来的"旧案"，这一言说是有很大风险的。

为什么说"群学"可称为"学"呢？不仅因为其作为"社会思想"的丰富性，还因为其具有"学科性"。理由正在于群学概念体系的内在逻辑之中。这其实是严复和梁启超早已提示过的，即所谓群学与西方社会学"节目枝条""暗合"③，"与欧西学者之分类正同"④。可惜他们对这一重要提示并未加以展开，群学的具体内涵到底是什么也一直不甚了了。如果说，作为一门学科的"学科性"，首先在于其是否具有相对独立的"研究对象和研究领域"，那么我们认为群学是符合这一"标准"的。

---

① 涂可国：《社会儒学视域中的荀子"群学"》，《中州学刊》2016年第9期。
② 景天魁：《中国社会学崛起的历史基础》，《北京工业大学学报（社会科学版）》2017年第4期。
③ 黄克武编：《中国近代思想家文库·严复卷》，中国人民大学出版社2014年版，第37页。
④ 梁启超：《饮冰室合集》第五册，中华书局2015年版，第1317页。

（一）群学的研究对象与西方社会学"正同"

群学当然就是研究"群"。"群"既然是"人道所不能外也"①，那么"群"也就是"社会"。具体地说，荀子群学所研究的"群"主要是以人伦为基础的社会关系。所谓"以人伦为基础"，是因为"人伦"乃社会关系之"大本"。何谓"人伦"？荀子说，能够让不齐变得整齐，让弯曲变得有顺序，让不同得以统一的，就是"人伦"。"'斩而齐，枉而顺，不同而一。'夫是之谓人伦。"② 荀子所说的"人伦"，已经不是如他的前人那样仅停留于君臣、父子、夫妻、兄弟、亲友这些表层的关系，也不是血缘、地缘、业缘、友缘这些"分类"的关系，而是由社会分工造成的社会关系、社会地位、社会名分。这样理解的"人伦"也超出了一般所谓伦理道德的含义，而彰显了"群性"，亦即"社会性"。孔繁认为，荀子对社会的理解要比孔孟高明得多，此可为一佐证。③

"以人伦为基础的社会关系"有别于政治的社会关系、经济的社会关系、法律的社会关系、文化的社会关系等。但这种区分只具有相对的意义。粗略地说，与孔子长于教人、孟子长于议政、老子崇尚自然、墨子兼爱尚同相比，荀子长于知世治世，更加专注于社会关系和社会治理。正如梁启超所言："我国数千年学术，皆集中社会方面，于自然界方面素不措意，此无庸为讳也。"④ 平心而论，荀子能够凸显对于群性（社会性）的关注，在诸子百家中已属难能可贵。然而更为可贵之处集中体现在荀子对群学要义的论述上。我们说，群学是合群、能群、善群、乐群之学，而此四群都是社会关系的不同形式和状态。

第一，合群是群性在"分"的基础上达到的原初社会形式和社

---

① 黄克武编：《中国近代思想家文库·严复卷》，中国人民大学出版社2014年版，第373页。
② 方勇、李波译注：《荀子》，中华书局2015年版，第51页。
③ 孔繁：《荀子评传》，南京大学出版社2011年版，第39页。
④ 梁启超：《清代学术概论》，中华书局2010年版，第43—44页。

会状态。它不是依靠动物性的本能而来的"合群性",而是由"分"而来的社会性。"分"字在《荀子》全书中出现了113次①,是贯穿群学的一个重要概念。不论是作为"名分""职分"等含义,还是作为分工、分类、分配等含义,其表现的是最根本的"群理":"人之生,不能无群,群而无分则争,争则乱,乱则穷矣。故无分者,人之大害也;有分者,天下之本利也。"② 荀子还说:一个人不能同时掌握多种技艺,一人也不能同时身兼数职,必须分工合作,如果离群独居不相互依赖就会穷困,群居但没有名分等级就会争夺。穷困是忧患,争斗是灾祸,要救患除祸,没有比明确名分、使人们组成群体再好的了。③

荀子认为,"明分使群"可以"使有贵贱之等,长幼之差,知愚、能不能之分,皆使人载其事而各得其宜,然后使悫禄多少厚薄之称,是夫群居和一之道也。故仁人在上,则农以力尽田,贾以察尽财,百工以巧尽械器,士大夫以上至于公侯,莫不以仁厚知能尽官职,夫是之谓至平"④。如果按照字面含义,"分"与"合"是相反的,"分"可能是化解"群"的。然而,由于有分工,社会成员之间必须合作,必须"合群"。荀子在距今2200多年前就洞悉了这个因"分"而"合"、由"合"而"群"、相辅相成的道理,联想到马克思的劳动分工理论在社会学中的基础性地位,涂尔干的第一本代表作即为《社会分工论》,将荀子的"明分使群"视为群学即其社会学的"第一原理"不为过矣!

第二,能群是在"义"的基础上达到的高一层级的社会形式和社会状态。荀子曰:"人何以能群?曰:分。分何以能行?曰:义。故义以分则和,和则一,一则多力,多力则强,强则胜物,故宫室可得而居也。故序四时,裁万物,兼利天下,无它故焉,得之分义

---

① 陈光连:《荀子"分"义研究》,东南大学出版社2013年版,第1页。
② 方勇、李波译注:《荀子》,中华书局2015年版,第142页。
③ 方勇、李波译注:《荀子》,中华书局2015年版,第138页。
④ 方勇、李波译注:《荀子》,中华书局2015年版,第51页。

也。"① 在这里，荀子是在群得以形成的机制这个意义上讲"义"的。"义"不论是作为日常词语还是作为概念都有多种含义。而作为概念，它经过了从观念到行为准则和社会联结机制，再到社会组织和社会制度的演变过程。在荀子之前，"义"主要是在伦理观念的意义上表达"应当""正当""当然"等基本含义；而在荀子之后，秦汉以降，"义"逐渐表现为社会制度，以及义仓、义社、义田、义学等社会组织和社会实体。在荀子所处的战国晚期，"义"不但指社会生活中的规范，还代表着社会阶层化的秩序。它作为阶层化的社会秩序，要求各人善尽自身角色的义务、职责和责任，服从长上的权威和社会等级秩序②。作为这一时期承前启后的大思想家，荀子的"义"的概念成为一个上下接续的转折点，即把"义"从观念转化为"群"的社会联结机制。特别是在群学里，"义"的基本含义是明确"分"的准则，因为只有"分"得合理，才有秩序，才能团结一致，从而形成"群"。就个人而言，"义"决定荣辱，"先义而后利者荣，先利而后义者辱；荣者常通，辱者常穷；通者常制人，穷者常制于人，是荣辱之大分也"③。就家庭而言，以"义""事亲谓之孝"，以"义""事兄谓之弟"。就国家而言，以"义""事上谓之顺"，以"义""使下谓之君"④。作为士仕者，尊"义"方为"合群者"⑤；作为君主，则可"义立而王"⑥。而就"天下"而言，荀子认为使天下富足之道全在明确职责名分（"兼足天下之道在明分"⑦）。正如耕种田地要划分田界一样，只有明确了职责名分，农民才会依据农时除草施肥，做好农夫分内之事；而促进生产，让百姓和睦，这是将帅之事；

---

① 方勇、李波译注：《荀子》，中华书局2015年版，第127页。
② 景天魁等：《中国社会学：起源与绵延》，社会科学文献出版社2017年版，第411页。
③ 方勇、李波译注：《荀子》，中华书局2015年版，第42页。
④ 方勇、李波译注：《荀子》，中华书局2015年版，第127页。
⑤ 方勇、李波译注：《荀子》，中华书局2015年版，第76页。
⑥ 方勇、李波译注：《荀子》，中华书局2015年版，第163页。
⑦ 方勇、李波译注：《荀子》，中华书局2015年版，第146页。

寒暑符合节令，让五谷按时成熟，这是上天之事；普遍地保护百姓，爱护百姓，管理百姓，让百姓安居乐业，这是圣君贤相之事。如此"明分"，即为治群之道。

荀子之谓"能群"是因"义"而"明分"，因"分"而"能群"。由是将"义"作为人们社会行为的普遍准则："遇君则修臣下之义，遇乡则修长幼之义，遇长则修子弟之义，遇友则修礼节辞让之义，遇贱而少者，则修告导宽容之义。"① 如此，"义"就是维系社会关系的纽结。我们也可以说"义以明分"是群学的第二原理。

第三，善群是在"礼"的基础上达到的更高一级的社会形式和社会状态。如果说"义"主要是指行为规范和社会形式的内在方面，则"礼"不论是礼制、礼仪和礼俗，主要是外在的制度和规则。因为"礼"与"义"互为表里，荀子常常将二者连用作"礼义"；又由于"礼"对人的约束相对于刚性的"法"而言显得柔和一些，而其实"礼""法"互通，因此荀子也常常"礼法"连用，强调"礼法"是纲纪。② 正因为"礼"与"义"和"法"都有如此紧密的通连关系，所以"礼"在群学里居于至高的地位，"君臣上下，贵贱长幼，至于庶人，莫不以是为隆正"③。不论是什么人，莫不把"礼"作为最高标准。不论什么事、什么领域都要遵从礼，用荀子的话说就是"礼以定伦"。《荀子》首篇《劝学》即以明礼为学习的最高目的，以"亲师"和"隆礼"为根本途径，"《礼》者，法之大分、类之纲纪也"④。第二篇《修身》又写道"人无礼则不生，事无礼则不成，国家无礼则不宁"⑤，"礼者，所以正身也"⑥。讲到富国强兵，更是把礼的地位强调到极致。"人之命在天，国之命在礼。"⑦ "礼者，

---

① 方勇、李波译注：《荀子》，中华书局2015年版，第75页。
② 方勇、李波译注：《荀子》，中华书局2015年版，第179页。
③ 方勇、李波译注：《荀子》，中华书局2015年版，第179页。
④ 方勇、李波译注：《荀子》，中华书局2015年版，第7页。
⑤ 方勇、李波译注：《荀子》，中华书局2015年版，第15页。
⑥ 方勇、李波译注：《荀子》，中华书局2015年版，第21页。
⑦ 方勇、李波译注：《荀子》，中华书局2015年版，第250页。

治辨之极也，强国之本也，威行之道也，功名之总也。"① 处处把礼的地位提升到无以复加的高度。

荀子强调，作为君主必须善群，而欲善群，关键在于谨遵"群道"，做到群道得当。群道得当，则万物就能各得其宜，六畜都能得以生长，一切生物可以尽得其寿命。荀子显然认为"群道"如同自然法则一样具有必然性，运用到人类社会，政令得当，百姓就会团结一心，贤良就会心悦诚服。"君者，善群也。群道当则万物皆得其宜，六畜皆得其长，群生皆得其命。故养长时则六畜有，杀生时则草木殖，政令时则百姓一，贤良服。"② 而群道当与不当，决定于"礼"。

"礼"之所以居于如此高的地位，主要是因为它可以"定伦"。首先，所谓"定伦"，是要定规矩。荀子曰："国无礼则不正。礼之所以正国也，譬之犹衡之于轻重也，犹绳墨之于曲直也，犹规矩之于方圆也，既错之而人莫之能诬也。"③ 一旦礼仪规矩设置好了，就没有人能进行欺骗了。

其次，"定伦"重在定名分和职责。"君臣、父子、兄弟、夫妇，始则终，终则始，与天地同理，与万世同久，夫是之谓大本。"④ "君君、臣臣、父父、子子、兄兄、弟弟一也，农农、士士、工工、商商一也。"⑤ 君要像君，臣要像臣，父要像父，子要像子，兄要像兄，弟要像弟，都是一个"礼"；农民要像农民，士人要像士人，工匠要像工匠，商人要像商人，也都是一个"礼"。

荀子讲"礼"，并不是绝对地只讲差序、只讲贵贱。在当时的历史条件下，承认差别，讲有贵贱，是为了形成秩序。虽有贵贱，但可以无偏贵贱。荀子曰："人主胡不广焉无恤亲疏，无偏贵贱，惟诚能之求？若是，则人臣轻职业让贤而安随其后，如是，则舜、禹还至，

---

① 方勇、李波译注：《荀子》，中华书局2015年版，第242页。
② 方勇、李波译注：《荀子》，中华书局2015年版，第127页。
③ 方勇、李波译注：《荀子》，中华书局2015年版，第170页。
④ 方勇、李波译注：《荀子》，中华书局2015年版，第126页。
⑤ 方勇、李波译注：《荀子》，中华书局2015年版，第126页。

王业还起。功壹天下，名配舜、禹，物由有可乐如是其美焉者乎？"①如是则"农分田而耕，贾分货而贩，百工分事而劝，士大夫分职而听，建国诸侯之君分土而守，三公总方而议，则天子共己而止矣。出若入若，天下莫不平均，莫不治辨，是百王之所同而礼法之大分也"②。后来被指代表封建主义的"三纲五常"并不是荀子提出的，而是到了汉代董仲舒才正式确定的③，虽然不能说与荀子没有继承关系，但处于战国末期的荀子志在总结几百年间战国纷争的经验教训，他不是只知强调"贵贱""差等"，他的目的是强调秩序，实现"大治"，达到"至平"。诚然，荀子当年所讲的"礼"的具体内容是有阶级局限和时代烙印的，这些随着社会的发展、时代的变迁而被克服和抹掉，但"礼"的某些形式和功能是可以被"抽象继承"的，否则，中国自古至今何以能称得"礼仪之邦"！

总之，以"礼"定了规矩，也就定了名分和职责，这样就有了秩序，有了秩序才称得上"善群"。在这个意义上，群学就是"礼以定伦"的秩序之学。由此我们可以说，"礼以定伦"是它的第三原理。

第四，乐群是在"和"的基础上达到的最高层级的社会形式和社会状态。

首先，在群学中，"乐群"是有目标、有标准的。作为在"合群""能群""善群"基础上才能达到的最高层次，对于个人和家庭而言，"乐群"是对"修身""齐家"的最高要求；对群即社会而言，"乐群"是其治理要达到足以让人乐在其中的状态。这种理想状态怎样才能达致呢？在春秋战国时期，经过长达数百年的战乱纷争之后，人们体会到和平的可贵，故而以"和"为乐。荀子出于对人有欲、有欲必争、争则乱、乱则穷的社会过程的观察，也深深体验到以"和"为乐的真谛。因而"乐群"的目标就是"和"——"群居和

---

① 方勇、李波译注：《荀子》，中华书局2015年版，第176页。
② 方勇、李波译注：《荀子》，中华书局2015年版，第179页。
③ 方勇、李波译注：《荀子》，中华书局2015年版，第305—306页。

一",这是群学的第四原理,也是最高原理。因为作为社会状态,"乐群"要达到的"标准",荀子常用"至平""大治""大形""大神"来形容。而对于"天下",荀子则用"和则一""四海之内若一家"① 来表达"乐群"的思想内涵。"乐群"在中国乃至世界思想史上,都是很早升起而永远指引人们向往追求的理想明灯。

其次,"和"是有前提、有条件的,也是要有办法和途径的。分可止争,不争则和;荀子曰:"调和,乐也。"② 协调和谐,是乐的表现。怎么"调和"?要有"法度"。"法度"何来?"礼义生而制法度。"③ 荀子坚信:"礼义之谓治,非礼义之谓乱也。"④

荀子的群学强调等级名分的一面虽然与汉初《礼记·礼运》篇所表述的"大同社会"并不合拍,但《荀子》中多次提到的"尚贤使能""无恤亲疏""无偏贵贱",以及"选贤良,举笃敬,兴孝弟,收孤寡,补贫穷",都为"小康""大同"思想的形成作出了贡献。

(二)群学研究领域与西方社会学"暗合"

首先,群学的研究领域具有专门性。与其他学科相较而言,群学研究领域的专门性主要表现为基础性。所谓"基础性"是说合群、能群、善群、乐群是人们从事各种活动必须依赖的基础。欲要修身,重在合群;欲要齐家,重在能群;欲要治国,重在善群;欲要平天下,重在乐群。群是人们从事政治、经济、文化与社会各种活动的基本形式,换言之,人的各种活动都是在群的基础上进行的。这种基础性既渗透于又相对独立于各种活动,因而,群学相对于分门别类的研究社会的其他"学科"就具有相对独立的基础性学科地位。荀子作为先秦学术思想的集大成者,不仅创立了群学,在其他学科领域也多有建树,例如有的学者就对荀子在"名学"(逻辑学)方面的成就给

---

① 方勇、李波译注:《荀子》,中华书局2015年版,第124页。
② 方勇、李波译注:《荀子》,中华书局2015年版,第218页。
③ 方勇、李波译注:《荀子》,中华书局2015年版,第379页。
④ 方勇、李波译注:《荀子》,中华书局2015年版,第30页。

予了很高评价。荀子也是杰出的哲学家、政治学家,作为"赋"体的创始人,他当然也是优秀的文学家。但是群学创立者的这种跨领域、多学科的博学特点,并不能成为否定群学研究对象和研究领域具有相对独立性的理由。事实上,不论是孔德、斯宾塞,还是马克思、涂尔干和韦伯,他们的研究都是跨领域、多学科的。

其次,群学研究领域与其他学科具有交叉性。各门社会科学学科的研究领域有所交叉、重合是正常现象,否则何来诸如政治社会学、经济社会学、法律社会学等分支学科和交叉学科?

再次,群学关注的问题与西方社会学具有共同性。春秋战国时期,周代建立的礼乐制度已经崩坏,强国称霸争雄,弱国生灵涂炭,社会失序久矣,如何重建秩序,就成为群学的根本关切。荀子每每讲到群,都是针对"争则乱,乱则穷"的痼疾,希望找到破解之策,以定分止乱。可以说,合群、能群、善群、乐群都是为了重建良好的社会秩序。这在宗旨上,恰与孔德2000多年后提出的"社会学"不谋而合,尽管所处时代不同但问题却相同,所"宗"(学术源头)不同而"旨"(意图)相同。不光是秩序问题,荀子对群己关系、家国关系、治理问题、变易问题、制衡问题、天下问题的探讨,至少与孔德、斯宾塞时期的西方社会学相比,不仅毫不逊色,而且理论更为丰富;就是与经典的西方社会学相比,许多基本概念和命题也已具备,只是表现形态多为论辩式,而非陈述式;表述形式上更为实用化,非纯学理化而已。

最后,群学的进路与西方社会学具有相似性。荀子讲群学从劝学、修身切入,紧扣的是个人与社会的关系,其所讲的群己关系、身心关系、身性关系、形神关系、天人关系,都是在说如何培养合群性,亦即个人如何实现社会化。个人如何合群,也就是个人如何社会化。个人进入社会之后怎么办?要定分,按技能分工,按职业分层,按名分定序。涂可国认为,荀子可能是"最早提出'职业'范畴的人",他非常重视职业分工对于社会秩序的调节作用①。事实上,荀

---

① 涂可国:《社会儒学视域中的荀子"群学"》,《中州学刊》2016年第9期。

子关于士农工商等的分层研究与今天的职业分层也是极为类似的。荀子如何分层？必须"制礼义以分之"，唯其如此，"故序四时，裁万物，兼利天下，无它故焉，得之分义也"①。

荀子群学由"明分使群"而"义以定分"，由"礼以定伦"而"群居和一"，相应地开辟出由修身而齐家、由齐家而治国、由治国而平天下的进路，这与西方社会学由个人而社会、由分层而结构、由组织而制度的进路异曲同工。如果说有什么不同，应该是另有中华文明的深厚意蕴在其中。对此，后文再加以论述。

由以上的论证可以得出结论：不论荀子在他所处的时代是否具有今天所谓的"学科意识"，尽管《荀子》一书不是按照单一学科体例编排的，但群学的实际内容却表明其在研究对象和研究领域上是可以与其他学科相对区分开来的。它与伦理学不同，与哲学也并不属于同一个研究层次（后文还会谈到），而与西方社会学的"节目枝条""暗合"（亦称"冥合"），因此，说群学具有相对独立的研究对象和研究领域是有其内在理据的。

二　群学特质

在所谓"学科性"中，"学科对象"很重要，但并不具有绝对的意义，有很多交叉学科、综合学科可能有相同或者相近的学科对象，但它们仍然是"学科"，对此我们这里不做讨论。所谓"学科性"除了要有确定的"学科对象"之外，还要有学科"视角"和"方法"。那么，群学的研究视角和方法是怎样的？我们认为，在此方面群学与西方社会学相比可以说是有相同也有不同。

（一）群学的视角和方法

群学重视经验分析，善于历史比较，长于逻辑论证，承认在社会人事中存在像自然法则那样的客观法则，这在先秦时期是难能可贵

---

① 方勇、李波译注：《荀子》，中华书局2015年版，第127页。

的。这些特点表明，其达到了相当高的"科学性"水平。

第一，荀子重视经验分析。面对复杂的研究对象，他擅长先将其划分为不同类型，然后做经验性的比较和分析。例如，荀子把"人臣"划分为四种类型：态臣（阿谀奉承的臣子）、篡臣（篡权的臣子）、功臣和圣臣。不仅用具体的经验性特征刻画他们的形象，还逐一举出可以验证的典型，"足以稽矣"。"故齐之苏秦、楚之州侯、秦之张仪，可谓态臣者也。韩之张去疾、赵之奉阳、齐之孟尝，可谓篡臣也。齐之管仲、晋之咎犯、楚之孙叔敖，可谓功臣矣。殷之伊尹、周之太公，可谓圣臣矣。"① 荀子论述以"礼义""为人君""为人臣""为人父""为人子""为人兄""为人弟""为人夫""为人妻"，都不只是讲道理，还多有征引，使得"此道也，偏立而乱，俱立而治，其足以稽矣"。"足以稽矣"就是说它们是被经验事实完全证实了的。②

第二，荀子善于历史比较。他对三代以来的史实了然于胸，对《诗》《书》等典籍典故运用自如，每每论证一个观点，都能引用前朝旧事做历史比较分析；几乎每个重要论述之后，都能引述"《诗》曰""《书》曰""故曰"以为佐证。

第三，荀子长于逻辑论证。作为战国末期优秀的逻辑学家，荀子对群学原理的论证之严密，远胜于《论语》《孟子》的逻辑水平。他能够三次出任齐国最高学府——稷下学宫的"祭酒"（类似于"教务长"的论辩主持人），应该与他的逻辑和论辩才能不无关系。

第四，荀子承认在社会人事中存在像自然法则那样的客观法则。他认为"人伦"是"与天地同理，与万世同久"；强调"礼有三本：天地者，生之本也；先祖者，类之本也；君师者，治之本也"③；认为"群居和一"是"上取象于天，下取象于地，中取则于人，人所

---

① 方勇、李波译注：《荀子》，中华书局2015年版，第209—210页。
② 孙应祥、皮后锋编：《〈严复集〉补编》，福建人民出版社2004年版，第192页。
③ 方勇、李波译注：《荀子》，中华书局2015年版，第303页。

以群居和一之理尽矣"①。荀子讲"群道",取法于自然之理,"群道"当与不当,要看其是否符合客观法则,由此说荀子接近于承认并得出"社会规律"的认识恐不为过;孔德、斯宾塞等人依据生物进化推断社会进化,荀子与此何其相似乃尔。

由上可见,群学对于社会关系、社会现象的研究是具有经验性的,或者说其理论是依据经验事实的,研究方法也是重视实证("可稽")的。人的职业分工、技能分工、利益分配是实实在在经验性的,不是思辨的。总之,荀子的群学所讨论的基本上还是人与人、人与群、群与群、家国社稷等具象问题,而不是世界本原之类的抽象的哲学问题。也许正因如此,哈佛大学本杰明·史华兹(Benjamin Schwartz)教授肯定荀子在儒家学派中是"最富于'社会学色彩的'"②。他认为,荀子的观点是"以自然的实证化技术为导向的思想范式。假如诸如此类的观点在科学事业中多少也占有主导地位,那么,荀子可以勉强被说成是中国古代的科学倾向的先驱"。"荀子的科学是完全以对于自然所作的具体观察为基础的,不过是依照自然自发呈现在日常经验中的样子进行观察而已。"③ 以研究中国科学技术史著称于世的英国剑桥大学李约瑟教授甚至认为,作为科学方法的先驱,"荀子的观点也许是过于实证化和技术化了"④。

(二)群学的方法论特质

群学在内容上与西方社会学有"相合"的一面,也有相异之处。然而尽管相异,却仍是社会学,不过是具有自己的特质。"视角""方法"的不同,并不能决定一个学科是否存在,因为一个学科内会

---

① 方勇、李波译注:《荀子》,中华书局2015年版,第319页。
② [美]本杰明·史华兹:《古代中国的思想世界》,程刚译,江苏人民出版社2008年版,第405页。
③ [美]本杰明·史华兹:《古代中国的思想世界》,程刚译,江苏人民出版社2008年版,第421页。
④ [美]本杰明·史华兹:《古代中国的思想世界》,程刚译,江苏人民出版社2008年版,第421页。

有不同的视角和方法,但会决定学科特质的不同。那么,群学有什么特质呢?

说到"特质",实证社会学、解释社会学、理解社会学均有其特质。在一定的时空条件下,具有某种特质的社会学可能成为主流,甚至有某种"代表性",然而这种"代表性"不但没有唯一性,也在正确性、可信性上没有什么绝对的意义。并不是实证的就是最高明的,更不能说非实证的就是不高明、不正规、不正确的;并不是经验研究就是真实可靠的,理论研究就是不真实可靠的。在学术发展史上,之所以区分实证与非实证、经验研究与理论研究,是因为没有很好的办法把它们统一起来。因而只好或者实证,或者非实证;或者为经验的,或者为理论的。渐渐地就形成了"二元对立"的局面。而社会对象本身是整体性的、紧密联系的,社会学这个学科本来是以综合研究见长的,可以说,真正高明的办法是找到将实证与非实证、经验与理论统一起来的方法和途径,将来高明的社会学应该是费孝通先生所说的科学性与人文性相统一的社会学。而群学正是坚持科学性与人文性相统一的古典样本,这是我们有必要重视群学的原因之一。

群学的这一特质,表现在四个方面:人本性、整合性、贯通性和致用性。①

第一,人本性是群学的最高原则。所谓人本性,首先是以人为主体。荀子之前,在天人关系上占绝对主导地位的观念是"尊天""敬天"。天神、天命、天道、天理、天心是必须顺从的,"天"是主宰人的,人是依附于"天"的,必须"唯天命而从之",只能"以德配天"。唯独荀子敢于喊出"制天"的口号,提出"制天命而用之"的命题,这在当时即使不说是"大逆不道",也无疑是"石破天惊"之论。荀子说,天有四时变化,地有丰富资源,人有治理之方,人能与天地相匹配。"天有其时,地有其财,人有其治,夫是之谓能参。"②

---

① 景天魁:《中国社会学崛起的历史基础》,《北京工业大学学报(社会科学版)》2017年第4期。

② 方勇、李波译注:《荀子》,中华书局2015年版,第266页。

"参"古义同"叁",肯定人是天地之外的独立主体,不管是否能与天地并立为"叁",总是能与天地互动的一方,这极大地抬升了人的地位。之所以可以赋予人如此之高的地位,是因为人有智慧。《荀子》歌颂人的智慧其广大可以与天地相匹配,道德比尧禹还高尚,其小可以比毫毛还细微,其大可以充满整个宇宙。"大参天地,德厚尧禹,精微乎毫毛,而充盈乎大宇。"①

人本性还指以人为本位。众所周知,天人关系是中国学术的最高问题,落实到人与物的关系上,荀子始终坚持人的自主性、能动性。正如胡适所言,荀子论天,极力推开天道,注重人治。荀子论性,也极力压倒天性,注重人为。他认为先秦思想以孟子、荀子为转折,儒家从极端的伦常主义转向突出个人(个人的知性和德性);从重君权转到民本主义;从关注外界转向关注人的心理。② 这也都是以人为本位、以人为中心的体现。

就群学而论,这一"转折"的关键是人的完整性——有感、有知、有情、有义。荀子不把"社会"看作一种外在于人的实在,如同自然界一样只是一种"对象",只能"把社会事实作为物来考察",认为社会事实必须用社会事实来解释。③ 群学所讲的"群"是人的社会性存在,人是有性情、有温度、有理性的。人不同于"物",人之所以"最为天下贵",是因为"能群",而能群之本在于"礼""义"。④ 荀子坚持以人为中心、以人为本位、以人为主体,这是群学的最高原则。

第二,整合性是群学的基本方法。人以及人的社会毕竟不是自然物,离开了与整体的联系,其性质就发生变化,其功能就会丧失。因此,研究人和社会,整合性方法应该是最适当的。当然也需要分析性

---

① 北京大学《荀子》注释组:《荀子新注》,中华书局1979年版,第18页。
② 参见胡适《中国哲学史大纲》,商务印书馆2011年版。
③ [法] E. 迪尔凯姆:《社会学方法的准则》,狄玉明译,商务印书馆1995年版,第35页。
④ 方勇、李波译注:《荀子》,中华书局2015年版,第127页。

方法，但整合性高于分析性，分析必须在整合的统摄下进行，不能流于片面的分析。群学坚持不走分析主义之一途，不将主体与客体、个体与整体、能动者与结构、结构与功能、事实与价值等一律二分，更不把它们二元对立起来。群学坚持从整体上把握社会，以整体统摄分析，在分析的过程中保持研究对象的整体联系。这样似乎不够清晰，但却保持了原本的真实性；而单纯的分析，割断了整体联系，其实就失真了。

当然，整合性方法也是要进行分析的。荀子倡导的做法是"以类行杂"①，就是以整体性的法则来观照和整合细微杂多的分析。人就个体而言是千差万别的，荀子"人论"，先是分类，"众人者，工农商贾也"，以上则是小儒、大儒，他们在"志""行""知"三个方面各有特点并有明显差别，但都可以用"礼"这个尺度去衡量，用"礼"去统合，使他们各就其位、各司其职。大儒可以做天子的三公（太师、太傅、太保），小儒可以做诸侯的士大夫，民众则当工匠、农民和商人。这既是治理社会的方法，也是认识社会的方法。如此，则"人伦尽矣"②，就是说这是最符合社会真实而又最适合人伦准则的研究方法。在这里，本体论与认识论是统一的。

第三，贯通性是群学的主要逻辑。"贯通性"相当于荀子所说的"以一行万"。"仁"贯通于合群、能群、善群、乐群四个环节，而这四者又通达于修身、齐家、治国、平天下各个层次，渗透于经济、政治、文化、社会各个领域。贯通于所有这些环节、层次和领域的就是"群道"。"群道当"则一通百通。我们的先人不偏好于把各门学问区隔起来，搞得知识界高墙林立，而是执着于贯通，领域通、门类通、概念通、学理通；通则明，通则行，通则成，通则盛。③

总之，在认识方法和研究方法上，荀子主张要"以类行杂，以

---

① 方勇、李波译注：《荀子》，中华书局2015年版，第126页。
② 方勇、李波译注：《荀子》，中华书局2015年版，第112页。
③ 景天魁：《中国社会学崛起的历史基础》，《北京工业大学学报（社会科学版）》2017年第4期。

一行万,始则终,终则始,若环之无端也,舍是而天下以衰矣"①。要从整体上把握纷杂的事物,相当于我们今天所讲的"整合";用统一、合一的原则统摄万事万物,也就是"贯通"。综合来说,我们可以将之称为"整合—贯通逻辑"。荀子强调,如果舍弃了这个原则,天下就要衰亡了。那是因为这个认识方法和原则与"天下"通行的法则相一致。自然的本性是怎样的、社会的本性是怎样的,就应该按照它们的本性去对待它们、认识它们,这就是最高明的方法。这样,主观认识与客观实在就符合了,知与行就统一了。对荀子的"整合—贯通逻辑",虽然没有必要与2000年后黑格尔第一次正式表述的本体论、认识论和逻辑的三者统一的观点曲为比附,然其方法论实质确有相通之处。

第四,致用性是群学的最终目的。贯通总的方向是达到实用。群学这门学问不是像西方社会学那样以"描述""解释""实证"为目的,它是为了用,致力于用,使之有用,达致其用。既然重在致用,就会重视综合,因为实际事物的存在形态总是综合的,要在实践上解决比较重要的问题,往往需要动用多方面的整合性的知识,过于细分的知识难免显得片面,于事无补。② 群学的致用性,体现了自夏商周以来"礼乐教化"的传统,"厚人伦,美教化,移风俗"③,且一直延续到当代。

基于以上论证,我们可以说,群学的原则是以人为本,方法是整合—贯通法——各个方面相整合,各个环节、各个层次相贯通。这与西方的区隔—分析法是很不同的。群学概念体系和命题体系的内在逻辑表明,合群、能群、善群、乐群就是中华民族生生不息、繁茂盛大的基因,群学的内在逻辑——"以类行杂,以一行万"的整合—贯通就是中华文明绵延不绝的密码;群学可以为中国社会、中国历史发

---

① 方勇、李波译注:《荀子》,中华书局2015年版,第126页。
② 景天魁等:《中国社会学:起源与绵延》,社会科学文献出版社2017年版,第14页。
③ 过常宝:《制礼作乐与西周文献的生成》,中国社会科学出版社2015年版,第2页。

展乃至中华民族的兴盛和复兴提供最接地气的解释。这是群学之本，是现代中国社会学之源，如果"伐其本，竭其源"，"则其倾覆灭亡可立而待也"。①

群学的这些特质不能成为否认其为社会学的理由。恰恰相反，这些特质是群学的巨大优势，不仅可以弥补西方社会学在方法上的不足，还可以推动社会学在整体上的发展。特别是面对未来世界的新问题、新挑战，群学必将发挥不可估量的作用。

三 群学新命

是否承认群学是中国古典社会学，可以讨论，一时达不成共识，可以存疑。现在已经是被称为"信息爆炸"的时代了，世界上有许多标榜为"现代""后现代"的新理论、新学说，为什么还要眷念2200多年前产生的群学，本文还要对"旧学"做出"新说"呢？因为"周虽旧邦，其命维新"②，"如将不尽，与古为新"③。中华文化精神历来是志在"旧邦""与古"的传统基础上创新和开拓未来。群学亦然，虽是"旧学"，其命复兴。群学新命有四。

（一）重振科学的人文主义

费孝通先生曾经深情地说道："布朗曾说，社会学的老祖应当是中国的荀子，我一直想好好读一遍《荀子》来体会布朗这句话，但至今还没有做到，自觉很惭愧。布朗提醒我们，在我国的传统文化里有着重视人文世界的根子。西方文化从重视自然世界的这一方向发生了技术革命称霸了二百多年。……自然世界要通过人文世界才能服务于人类，只看见自然世界而看不到人文世界是有危险的。这一点在人

---

① 方勇、李波译注：《荀子》，中华书局2015年版，第156页。
② 周振甫译注：《诗经译注》，中华书局2013年版，第392页。
③ （唐）司空图：《二十四诗品》，罗仲鼎、蔡乃中注，浙江古籍出版社2013年版，第13页。

类进入21世纪时一定会得到教训而醒悟过来,到了那时,埋在东方土地里的那个重视人文世界的根子也许会起到拯救人类的作用了。"①他还强调说,不光是荀子,"实际我们中国历代思想家思考的中心一直没有离开过人群中的道义关系。如果目前的世界新秩序正好缺乏这个要件,我们中国世代累积的经验宝库里是否正保留着一些对症的药方呢?"费孝通教授认为:"不管我们是否同意他(指拉德克利夫-布朗。——引者注)的看法,我们都不容否认,对人际关系的重视一直是中国文化的特点。在这样长的历史里,这样多的人口,对人和人相处这方面所积累的经验,应当受到我们的重视,而且在当今人类进入天下一家的新时期的关键时刻,也许更具有特殊的意义。"②

费先生的以上论述,指明了群学所代表的中国传统学术以其独具优长的视角和方法,可以作为今后中国社会学崛起之宝贵资源。片面重视自然世界、技术工具的西方文化难免给人类带来危机,而中国文化重视人际关系,重视人文世界,必将在21世纪发挥匡正扶危的独特作用。这对中国社会学来说是一个难得的机遇。抓住这个机遇,发扬中国整合性思维之所长,促进科学与人文的统一,纠正西方二元对立的分析性思维之偏差,回归到以人为本的社会学,即以完整的人、全面的人、人的世界为基点的社会学。这种"回归"就是具有时空跨度和历史意义的"创新"。

研究群学,其重要目的之一是探索支持中国社会学实现崛起的方法论。西方社会学尤其是实证主义社会学,过于偏重"物",偏重于外在,偏重于理性,偏重于描述,偏重于分析,需要用"科学的人文主义"对之起到纠偏和平衡的作用。而群学所体现的中国传统的方法论,一向坚持人与物、外在与内在、理性与感性、描述与解释、分析与综合的统一,对于滋养和丰富"科学的人文主义",从而推进社会学方法的均衡发展,可以起到以古鉴今、以古贯今的作用。

在社会学方法论上,确实到了蓦然回首的时候了。而在"灯火

---

① 费孝通:《从实求知录》,北京大学出版社1998年版,第347—348页。
② 费孝通:《从实求知录》,北京大学出版社1998年版,第232页。

阑珊处"的，正是科学性与人文性的统一。中国社会学乃至全部社会科学若要在21世纪实现崛起，必须抓住西方社会科学没有解决的根本性问题——科学性与人文性的统一，并力争有所突破。要实现这个突破，就必须坚持整合性思维、贯通性逻辑、综合性方法，由此奠定我们自己的方法论基础，实现古今贯通，才能真正做到既总结西方社会学的经验又克服其局限，从而实现中西会通，在科学性与人文性的统一上有所突破，闯出新路。

以荀子群学为学术史基础的中国社会学，是科学性与人文性相统一的社会学，它不纠结于实证性与非实证性的二元对立，不把人当作物来研究；也不纠结于"价值中立"与否的两难困境，而主张研究者通过加强本身的修养以及随着认识的深入，逐渐逼近客观的真实。因此，群学是科学性与人文性相统一的元典。

要创建科学性与人文性相结合的现代社会学，第一个古典范本就是荀子群学，它是最早体现科学性与人文性相统一的古典社会学。因此，我们今天之所以必须讨论中国社会学的起源问题，第一个目的当然是为群学正名，确立其作为古已有之的社会学的历史地位，第二个目的就是创立科学性与人文性相结合的新型现代社会学。这样，面对独霸社会学制高点已有180年之久的西方社会学，才可能真正争取到中国社会学的话语权，从而赢得中国社会学的崇高地位。

中国社会学欲要崛起，有两条路可选。一条是"跟跑"之路。西方社会学在科学与人文"二分"的路上已经走了很远，学术积累很厚，这条路是现成的，我们要"上路"很容易，但要想摆脱"跟跑"的局面，就很难了，想要超越就更难。另一条是有望"领跑"之路，就是实现科学性与人文性的统一，我们有群学创立以来至今2200多年的历史积累，走这条路是以己之长克彼之短，难固然也难，但有望超越。

(二) 为中国社会学崛起奠定学术史基础

我们今天正在实现中华民族伟大复兴，不仅创造了经济奇迹，而且在实现政治稳定、促进社会和谐、推动文化繁荣等方面也积累了丰富的经验,这些鲜活的实践经验无疑为实现中国社会学的崛起提供了充足的基础条件,那为什么还要探寻其学术史基础呢?

2003年在《试谈扩展社会学的传统界限》一文中,费孝通教授明确指出:"中国丰厚的文化传统和大量社会历史实践,包含着深厚的社会思想和人文精神理念,蕴藏着推动社会学发展的巨大潜力,是一个尚未认真发掘的文化宝藏。从过去二十多年的研究和教学的实践来看,深入发掘中国社会自身的历史文化传统,在实践中探索社会学的基本概念和基本理论,是中国学术的一个非常有潜力的发展方向,也是中国学者对国际社会学可能作出贡献的重要途径之一。"[1] 他还明确指出研究中国社会思想的路径和意义:"'人'和'自然'、'人'和'人'、'我'和'我'、'心'和'心',等等,很多都是我们社会学至今还难以直接研究的东西,但这些因素常常是我们真正理解中国社会的关键,也蕴涵着建立一个美好的、优质的现代社会的人文价值。社会学的研究应该达到这一个层次,不达到这个层次不是一个成熟的'学'(science)。"[2] 特别值得重视的是,费孝通教授满怀着对人类必将走向美美与共的"大同世界"的坚定信念,并非常清楚西方社会学的单向性思维、二元化逻辑、过分强调对立和冲突的局限性,因而预见中国社会学正是在建立这一美好社会中可以大显身手的成熟的"学"。

中国社会学如果完全按照西方社会学的路子走,也许可以有所发展、有所壮大,但很难有真正的崛起。所谓"崛起",必须有自己的概念、命题和学术体系,必须有自己的特质,有自己的特长和优势,要么能够弥补西方社会学的重大不足,要么能够彰显新的视野、开辟新的领域、回答和解决西方社会学未能解决或未能很好解决的问题。

---

[1] 费孝通:《试谈扩展社会学的传统界限》,《北京大学学报(哲学社会科学版)》2003年第3期。

[2] 费孝通:《试谈扩展社会学的传统界限》,《北京大学学报(哲学社会科学版)》2003年第3期。

对此，我们的多位前辈创造了成功经验，他们基于本土经验提炼概念、形成理论，与西方概念和理论相会通。例如，梁漱溟的"乡村建设"概念和理论、潘光旦的"位育"概念和理论、费孝通的"差序格局"概念和理论即是如此。"位育"也好，"差序"也好，以及梁先生的"伦理本位"也好，都基于以"人伦"为基础的社会关系，如前所述，在中国学术中，对此做出专门研究的当推群学。

上述这些成功的经验告诉我们，确立荀子群学作为中国社会学的学术史基础具有根本性的意义。我们确定群、伦、仁、中庸为基础性概念，在修身、齐家、治国、平天下四个层次，还有30个基本概念，这样就构成了群学概念体系。① 尽管这个概念体系还会有许多不完善之处，甚至不当和错误也难以避免，但是自此之后，群学不再只是一个模糊的概念，而是具体呈现为概念体系，并进而呈现为命题体系了。不论承认不承认群学就是中国古典社会学，总算有了一个批评的"靶子"。换言之，不能再不讲理由就说中国没有社会学了，不能再不加论证就说群学不是社会学了。同样，自此以后，中西会通也不再只是一个无法具体着手的愿望，而是可以明确：我们拿什么去与西方社会学会通？以群学去切实地与西方社会学会通。社会学中国化怎么"化"？不再停留在抽象的议论，就可以深入概念和命题的层次了。怎么建立中国社会学的话语权？不再是一个口号，而是可以从具体概念着手了。

总之，构建了群学概念体系和命题体系，明确了群学即为中国社会学实现崛起的学术史基础，起码成为一个可以具体评判、展开争论和批评的对象了。

（三）为实现中华民族伟大复兴提供社会学的学理支撑

实现中华民族伟大复兴，当然首先要把我们自己的国家建设好。在当今世界，中国离不开世界，世界也离不开中国。以中国的体量、

---

① 参见景天魁等《中国社会学：起源与绵延》，社会科学文献出版社2017年版。

中国的文化、中国的影响力，中华民族伟大复兴必定是一个世界性现象，必定会影响到世界格局。换言之，我们实现中华民族伟大复兴，不仅要解决国内的发展问题，也要回答世界面临的共同性问题，拿出中国方案、贡献中国智慧。

正如国家主席习近平在2014年纪念孔子诞辰2565周年国际学术研讨会上所指出的："当今世界，人类文明无论在物质还是精神方面都取得了巨大进步，特别是物质的极大丰富是古代世界完全不能想象的。同时，当代人类也面临着许多突出的难题，比如，贫富差距持续扩大，物欲追求奢华无度，个人主义恶性膨胀，社会诚信不断消减，伦理道德每况愈下，人与自然关系日趋紧张，等等。要解决这些难题，不仅需要运用人类今天发现和发展的智慧和力量，而且需要运用人类历史上积累和储存的智慧和力量……对传统文化中适合于调理社会关系和鼓励人们向上向善的内容，我们要结合时代条件加以继承和发扬，赋予其新的涵义。"[①] 我们如能通过古今贯通、中西会通，立足于中华民族伟大复兴的实践，创造出自己的一系列理论——例如，以中国式的"伦"和"关系"理论对应西方的结构理论，以中国式的"群分"理论对应西方的分层理论，以中国式的尚贤理论对应西方的流动理论，以中国式的"礼"论对应西方的社会制度和规范理论，以中国式的"中庸"理论对应西方的均衡理论，以中国式的"中和"理论对应西方的冲突理论，以中国式"位育"理论对应西方的治理理论，如此等等——就能够下接"地气"，上应"天时"，为实现中华民族伟大复兴提供社会学的学理支撑。

我们坚信，中华文明之所以成为世界上唯一绵延不绝的文明，必有其独特的机理；中国之所以能形成这样一个人口最多、结构最复杂、生生不息的社会，必有其深层的逻辑。这个机理、这个逻辑，部分地深藏在群学之中。群学在历史上曾经参与建设古老中国的社会秩

---

① 《习近平在纪念孔子诞辰2565周年国际学术研讨会上的讲话》，新华网，http://www.Xinhuanet.com/politics/2014－09/24/c_1112612018.htm，2014年9月24日。

序，建立中国的基本社会制度，塑造中国传统的社会生活，对未来的中国和世界也必然有所启发。

我们研究群学，并不是发思古之幽情；复兴群学，更不是"复古"，而是为了实现中国社会学的崛起。因为群学作为合群、能群、善群、乐群之学，包含着中国社会学的基因，深藏着解释中华民族之所以长盛不衰的密码。因此，它对世界面临的问题必能做出有启发意义的解答。我们要建设人类命运共同体，不就是要合群、能群、善群、乐群吗？我们自己想过好日子，也希望大家都活得好；未来世界岂能靠霸权逻辑去塑造！既然群学这一合群、能群、善群、乐群之学在历史上曾经对形成和延续中华民族的繁盛起到重要作用，既然在中国走向民族复兴、走向建设人类命运共同体之时恰恰需要解决合群、能群、善群、乐群的问题，那就很显然，群学的复兴是顺天应时的。今天的家庭是长期历史演变的产物，今天的社会也是悠久历史过程的延续，没有历史根基、历史眼光，就没有充足的解释力，就不知道从哪里来、往哪里去，就只能描述现状，无法预测未来。

（四）参与"世界性的百家争鸣"

"世界性的百家争鸣"是两位睿智的老人在20世纪八九十年代提出的预见。在哲学家中，已故的华东师范大学冯契教授早在1989年8月出版的《中国近代哲学的革命进程》一书的"小结"中，就有关于"我们正面临着世界性的百家争鸣"的论断。他认为，"从世界范围来看，今天我们正处于一个东西文化互相影响、趋于合流的时代。为此，需要全面而系统地了解西方文化，也需要全面而系统地了解东方文化，并深入地作比较研究……要通过世界范围内的百家争鸣发展自己"①。到了1993年，冯先生在为赵修义和童世骏合著的《马克思恩格斯同时代的西方哲学》一书所写的"序言"中

---

① 冯契：《中国近代哲学的革命进程》，上海人民出版社1989年版，第597—598页。

又重申了这一判断①。在社会学家和人类学家中,费孝通先生做出了同样的前瞻。1993年他在《略谈中国社会学》一文中指出,21世纪,"这个世界还要经过一个战国时期,全世界的战国时期"。"我们社会学要在第三个秩序的建立上有所作为。这第三个秩序即道义的秩序,是要形成这样一种局面:人同人相处,能彼此安心,安全,遂生,乐业,大家对自己的一生感到满意,对于别人也能乐于相处。我们必须要造就这样一个天下,这个天下要看在21世纪里造得出来还是造不出来了。我们的任务就是要以这个作为主要的轴心问题进行研究。"②

现在,"世界性的百家争鸣"事实上已经在许多领域蓬勃展开:全球化与反全球化的争论,坚持还是退出《巴黎气候协定》的分歧,维护还是推翻自由贸易规则的争议,如何对待以《联合国宪章》为代表的国际秩序的讨论,一国"优先"还是合作共赢的原则之争,霸权主义与"建立人类命运共同体"的目的之争,共商、共建、共享还是动辄以制裁和武力相威胁的方式之争,如此等等。这些争论,不仅存于政治、经济、军事、文化、外交各领域,也势必在学术上、在理论上引出一系列空前深刻的话题。

对于社会学来说,有一些争论在西方社会学界内部已经展开,而在中西社会学之间也必将形成真正平等而深刻的大讨论、大争鸣。其话题之广泛、论争之激烈,恐怕是难以预料的。中国社会学要参与这场大讨论、大争鸣,就必须首先明确自己立足的基础,否则怎么可能形成真正平等的对话?怎么可能开展真正有意义的"会通"?

中华民族在历史上曾长期是优秀文化和伟大文明的代表,群学则是这一社会历史过程及其宝贵经验的学术升华之一。战国末期之前,中华民族已有至少3000年的文明史,群学是早期发展的第一批学术结晶之一,是春秋战国时期长达数百年百家争鸣的集成性成果之一,是中国学术第一个百花齐放发展高峰的优秀代表。第一次百家争鸣奠

---

① 赵修义:《世界性的百家争鸣,冯契先生对后学的期望》,http://guoxue.ifeng.com/a/20151105/46118635_0.shtml,2015年11月5日。

② 费孝通:《从实求知录》,北京大学出版社1998年版,第230页。

定了中国学术的基础，创造了诸如天人合一、道法自然、以人为本、与人为善、和而不同、和谐共生、中和位育、天下大同等光耀古今的命题和理论；现在已经拉开序幕的"世界性的百家争鸣"将实现文明互鉴、会通、共生、合一。正如费孝通教授所预见的，应该出现一个与20世纪不同的"新的版本"。社会学要在新的社会秩序的建立上有所作为，特别是建立大众认同的"道义的秩序"。他深刻发问，中华民族历史上建立了这样的"大众认同"，能否在全世界也出现这样一种认同呢？"全世界五大洲能不能一起进入大同世界呢？这是社会学与人类学在21世纪一起要解决的大问题。"[1]

历史的逻辑奇妙无比，中国优秀文化仿佛是为21世纪以后的世界准备的。中华文化复兴正是"应天顺时"。在"世界性的百家争鸣"中，中华民族建立"道义秩序"的历史经验势必大放异彩。这是我们建设中国特色社会科学体系及其话语体系所应该具有的大视野、大气度、大胸怀。从"工具理性"到"健全理性"，从片面理性到理性与感性相统一，从科学与人文的原初统一，经过二者的分裂与对立，重回更高阶段的统一，不仅是可以期待的，而且具有必然性。片面的发展、分裂和对立已有很长的历史了，而历史总是螺旋式发展的，必定是一个不可抗拒的否定之否定的过程。这个过程将在从春秋战国的"百家争鸣"到21世纪"世界性的百家争鸣"的历史大轮回中得到呈现。

群学自创立至今2200多年遭遇了诸多挫折和劫难，它必将"浴火重生"。它将成为科学性与人文性相统一的社会学，这是能够在21世纪参与塑造人类命运共同体的新型社会学。它将是21世纪世界社会学的制高点，是世界性的百家争鸣必将铸就的学术高峰。

回到本文开篇提到的严复"心结"，那恐怕不是靠一篇或几篇文章，而是要靠我们几代人的奋发努力才能解开的。待到中国社会学实现崛起之时，我们就可以告慰诸位先贤。相信严复"心结"解开了，中国历代社会学人不但可以"心结"顿消，而且定然会"心花"怒放。

---

[1] 费孝通：《从实求知录》，北京大学出版社1998年版，第230—231页。

"中国本土社会学"辨析[*]

谢立中[**]

摘 要 中国古代是否存在一种完全源自本土思想的"社会学"系统,学界对此问题有着两种不同的回答;对这两种不同的回答进行辨析则可以发现,虽然使用了"社会学"这同一个词语,但各自在使用这个词语时所涉及的含义却是完全不同的;对这些含义的"社会学"概念之间的是非对错虽没有办法来加以判断,但能够确定的是,以此为基础,可以形成几种不同的、且是非对错同样无法加以终极判断的"社会学"及"社会学史"话语体系。

关键词 社会学;群学;本土社会学;中国社会学

近年来,景天魁教授发表了一系列的著述,明确地提出中国古代存在一种完全源自本土思想的社会学系统,这个社会学系统,严复等人后来称之为"群学"。景教授呼吁中国社会学家对这一源自本土的社会学系统进行研究,用它来作为中国社会学的本体,在吸收、消化西方社会学的基础上,构建出具有高度本土色彩的现代中国社会学。景教授的研究向中国社会学家提出了一个值得认真探讨的问题,即中国古代思想家真的提出过一种完全源自本土思想的"社会学"吗?本文拟对此问题做一简要讨论。

---

[*] 文章原载于《北京工业大学学报(社会科学版)》2020年第2期"当代社会研究"专栏。

[**] 谢立中,1957年生人,北京大学社会学系教授,博士生导师,主要从事社会学理论、社会发展和现代化、社会政策研究。

一　何谓"中国本土社会学"

何谓"中国本土社会学"？

"中国本土社会学"是景天魁教授在《中国社会学：起源与绵延》等著述中使用的一个概念，其基本含义是：在西方社会学引入中国之前，中国历史上由荀子等古代中国学者加以构建，由严复、梁启超等近代学者以"群学"名称加以确认的一套研究人的社会关系、社会行动、社会制度、社会规范的学说。这是一套源自中国本土的、与后来引进的西方社会学完全不同的社会学。

在《中国社会学：起源与绵延》等著述中，景天魁教授从基本概念、基本命题和基本特征等方面对"群学"这一"中国本土社会学"进行了系统论述。

按照景天魁教授的论述，"群学"的概念系统包括"基础性概念"和"基本概念"两大类。所谓"基础性概念"指的是贯穿于"基本概念"各层次的概念，主要是"群""伦""仁""中庸"四个。"基本概念"则是群学家用来构建群学基本命题的概念。按照儒家"修身、齐家、治国、平天下"的内容逻辑，"基本概念"又分成四个层次：第一，是"修身"层次上的基本概念，包括身、己、性、气、心态、社与会、天、自然等；第二，是"齐家"层次上的基本概念，包括家、宗族、孝、礼、义、信、利等；第三，是"治国"层次上的基本概念，包括国与民、国土、士、王道与霸道、贤与能、科举、公与私、秩序、位育等；第四，是"平天下"层次上的基本概念，包括天下、势、变、和合、多元一体、大同等。

荀子曰："道者，何也？曰：君之所道也。君者，何也？曰：能群也。能群也者，何也？曰：善生养人者也，善班治人者也，善显设人者也，善藩饰人者也。善生养人者，人亲之；善班治人者，人安之；善显设人者，人乐之；善藩饰人者，人荣之。四统者俱而天下归之，夫是之谓能群。"景天魁教授等学者据此认为，群学的基本命题也可以分成四个方面。第一，是"合群"方面的基本命题；第二，是"能群"方面的基本命题；第三，是"善群"方面的基本命题；第四，是"乐群"方面的基本命题。"群学的要义，在于合群、能群、善群、乐群。这就是中国社会学的基因。"这一基因"贯通于修身、齐家、治国、平天下各个层次，规制于君臣、父子、长幼、夫妻、亲朋、邻里、族群等各种关系，体现于礼、法、家训、乡规、民约等各种制度和规范，融汇于家国、朝野、士农工商，发挥于族群间、民族间、国家间、天下世间"①。构成了一具至大至微之理、至高至伟之功的"群学"及"群道"。②

与西方现代社会学相比，群学具有几个方面的基本特征。第一，人本性。"群学并不像西方社会学那样，把'社会'看作一种外在于人的实在……它以人为中心、以人为本位、以人为主体。"③ 第二，整合性。"群学不像西方社会学那样，将主体与客体、个体与整体、能动者与结构、结构与功能、事实与价值，如此等等，一律二分，并常常将其二元对立起来。群学坚持从整体上把握社会……以整体统摄分析，保持研究对象的整体联系。"④ 第三，贯通性。"群学通达了修身、齐家、治国、平天下各个层次。""渗透于经济、政治、文化、社会各个领域，君臣父子、士农工商、丧祭、朝聘、师旅、贵贱、生杀、予夺，都适用于群道这一道理。"⑤ 第四，致用性。"群学这门学问不是像西方社会学那样以'描述''解释''实证'为目的，而是

---

① 景天魁等：《中国社会学：起源与绵延（上册）》，社会科学文献出版社2017年版，第11—12页。
② 景天魁：《中国社会学崛起的历史基础》，《北京工业大学学报（社会科学版）》2017年第4期。
③ 景天魁等：《中国社会学：起源与绵延（上册）》，社会科学文献出版社2017年版，第13—14页。
④ 景天魁等：《中国社会学：起源与绵延（上册）》，社会科学文献出版社2017年版，第13—14页。
⑤ 景天魁等：《中国社会学：起源与绵延（上册）》，社会科学文献出版社2017年版，第13—14页。

为了用,致力于用,使之有用,达致其用。"① 中国社会学的这些基本特征与西方社会学在研究对象上的物化性、研究方法上的分析性、研究视角上的区隔性、研究目的上的描述性(或实证性)既形成鲜明对照又相互补充。景天魁教授认为,由此可以预期,在未来参与塑造世界新文明的过程中,中国社会学必将凸显独特的学术优势。

二 究竟是"中国本土社会学",还是"中国古代社会思想"

毋庸置疑,景天魁教授对中国古代"群学"思想系统所作的归纳,对于我们理解中国古代学者关于"群"或"社会"的思想或学说显然具有很高的启发性和参考价值。问题在于,中国古代学者提出的这一套关于"群"或"社会"的思想或学说,到底应该是被称为"中国(本土)社会学"呢,还是应该被称为"中国(古代)社会思想"?

正如景天魁教授所指的,当今,中国社会学界对于此问题流行的观点认为,中国古代学者提出的关于"群"或"社会"的思想/学说只能被称为"中国古代社会思想",而不能被称为"中国本土社会学"。景天魁教授描述说:"自清末民初以来一百多年间流行的几个'定论':中国社会学的开端是西方社会学的传入,中国社会学史等同于西方社会学在中国的传播史,中国古代只有'社会思想'而没有社会学。"② 而认同这一观点的学者用来支持这一观点的主要理由是,所谓"社会学"通常是指现代科学意义上的一门关于"社会现象"的"学科"("作为一个学科,在学校里要开设专门的课程,要

---

① 景天魁等:《中国社会学:起源与绵延(上册)》,社会科学文献出版社2017年版,第13—14页。
② 景天魁等:《中国社会学:起源与绵延(上册)》,社会科学文献出版社2017年版,第3页。

设立相应的专业,要办专科的杂志之类。"①),而这种现代科学意义上的"社会学",中国古代是不存在的。中国古代存在的只是一些可供现代社会学参考借鉴的有关"社会"的"思想"。即使是"群学"概念,其实也是严复等人参照西方社会学概念提出来的。因而,中国古人并不存在现代科学意义的"社会学"。

与此不同,景天魁教授等人则明确认为,中国古代学者提出的关于"群"或"社会"的思想/学说不能只称为"中国古代社会思想",且仅放在中国古代社会思想史的课程里加以叙述,而应该称为"中国本土社会学"。景天魁教授明确地指出,"需要对中国社会学做出区分,将其区分为'中国(本土)社会学'和'中国(现代)社会学'"②。"中国(本土)社会学"是指中国历史上存在过的社会学;"中国(现代)社会学"则包括三个方面的内容,即西方社会学在中国的传播和扩张、中西社会学的会通、"本土社会学"自身的转型和更新。所谓"中国社会学的现代转型"就包含这三种路径或方面,单用其中任何一种来概括"中国社会学的现代转型"或"中国现代社会学"都是不全面的。③ 景天魁教授等人为支持这一观点而提出的理由主要有三方面的观点。④

第一,"群学"是一种历史性的存在。严复、梁启超、拉德克利夫-布朗、费孝通、丁克全、卫惠林等中外社会学家都曾经明确肯定古代荀子的"群学",以及其"与西学合"。因此,群学即为中国社会学滥觞,就是中国社会学,荀子是"中国第一位社会学者"⑤。

---

① 景天魁等:《中国社会学:起源与绵延(上册)》,社会科学文献出版社2017年版,第4页。

② 景天魁等:《中国社会学:起源与绵延(上册)》,社会科学文献出版社2017年版,第2页。

③ 景天魁等:《中国社会学:起源与绵延(上册)》,社会科学文献出版社2017年版,第2页。

④ 景天魁:《中国社会学话语体系建设的历史路径》,《北京工业大学学报(社会科学版)》2019年第5期。

⑤ 景天魁:《中国社会学话语体系建设的历史路径》,《北京工业大学学报(社会科学版)》2019年第5期。

第二,所谓的"学科标准"是相对的,不具有唯一性。景天魁教授明确指出:"学科有标准,但不绝对。所谓不绝对,一是可以有差异,二是可以不固定,三是不唯形式。如果坚持学科标准可以有差异,可以具有多元性,那么,承认荀子群学就是中国社会学,岂不是顺理成章吗?更何况……荀子群学与西方社会学在内容上相'合'、'正同',具有实质上的一致性,并不是完全相异的东西,那称为'社会学',不是天经地义吗?"①

第三,只有立足于自己的历史基础,才能真正实现中国社会学的崛起。首先,我们只有立足于自己的历史基础,才遵照学术积累规律,使中国社会学具备实现中西贯通的必要条件;其次,只有立足于自己的历史基础,才能明确中国社会学的基因和特色(合群、能群、善群、乐群);最后,只有立足于自己的历史基础,有利于形成和彰显中国社会学的独特优势(人本性、整合性、贯通性、致用性)。

那么,究竟这两种观点到底谁更有道理呢?本文对此问题试做初步分析。

三 几种不同的"社会学"概念

如果我们对上述两种观点进行仔细分析,可以发现,虽然这两种观点都使用了"社会学"这同一个词语,但实际上,两者在使用这同一个词语(能指)时所涉及的含义(所指)是完全不同的。可以说,他们使用的实际上是一些完全不同的"社会学"概念。

学界流行的第一种观点认为,"社会学"的"学"指的是现代科学意义上的学说。参照孔德的解说,现代科学是一种与神学和形而上学不同的知识类型,其核心特征是以确定的经验事实来对知识的可靠性进行检验,凡不符合该核心特征的知识就不属于现代"科学"。

景天魁教授等人所持的第二种观点认为,"社会学"的"学"则

---

① 景天魁等:《中国社会学:起源与绵延(上册)》,社会科学文献出版社2017年版,第5页。

指的是"学术""学问",或各种不同意义上的"科学"及"学科",而非单纯指西方类型的现代科学。景天魁教授明确地质疑道:"所谓现代学科只发源于西方,是'欧洲中心论'的偏见。为什么与西方的学科形态不同就不能称为'学'?中国之'学'历来与西方之'学'有所不同。为什么有中国社会,有那么丰富的'社会思想',有那么多的思想和学说的派别,却不能称为'学'?"①"'学'并非始于文艺复兴以后,也未必只能从西方学科分化算起。说一门科学、一门学术,只从学科分化算起,是不恰当的。科学、学术有分门别类的形态,也有浑然一体的综合形态。有长于分析的,有长于综合的,绝不能说长于分析的是科学、是学术,长于综合的就不是科学和学术。笼统地说,西方学术长于分析,中国学术长于综合。"②"所谓'群学'并没有与政治、历史、文化诸学科明显区分开,这是事实。……但是,在大学里,在有讲授一门学问的职业之前,在有一门课程之前,这门学问就不算'有'?或者不以一种职业、一门课程出现,一门学问就不能以其他形式出现?中国古代往往是学派之中分学科,西方是学科之中分学派,比较而言,中国古代确实是学科分化不足,但是学派之中分学科,与学科之中分学派,不过是学科呈现的形态不同,难道呈现形态不同就一定不是学科。"③

针对有人将"实证性"界定为"社会学"的基本特征这种做法,景天魁教授也明确地表示了异议。他说:"社会学的形式又是什么?是实证性吗?形式其实未必具有决定的意义。……马克思被承认是社会学经典大师之一,但马克思根本反对'社会学'这个名词,他的一些作品也只有社会学内容,而不符合所谓'社会学学科化形式'。如果说社会学是实证的,那么被称为社会学学科化奠基者的涂尔干之

---

① 景天魁等:《中国社会学:起源与绵延(上册)》,社会科学文献出版社2017年版,第57页。
② 景天魁等:《中国社会学:起源与绵延(上册)》,社会科学文献出版社2017年版,第56页。
③ 景天魁等:《中国社会学:起源与绵延(上册)》,社会科学文献出版社2017年版,第58页。

后，又有多个社会学学派，许多社会学家根本反对实证化，更不用说拒绝实证主义，那为什么不把他们逐出社会学之门？"① "西方社会学经过一百多年的探索，已经证明社会学讲实证是可以的，但实证主义是行不通的。而且，社会学虽然是一门经验学科，但不能没有理论，就是讲实证，也不是唯一的，甚至在许多流派那里不一定是主要的，也不是可否称为社会学的必要条件。"②

从表面上看，这些争论只是涉及两种不同的"社会学"概念的差异，但若更为仔细地梳理两种观点之间的分歧，则可以发现，这些分歧（包括景天魁教授的相关论述）所涉及的"社会学"概念类型非常复杂，远不止以两种为限。本文简单地做一梳理阐释。

第一种"社会学"概念，是现代西方"实证科学"意义上的"社会学"概念。景天魁教授质疑说："社会学的形式又是什么？是实证性吗？……如果说社会学是实证的，那么被称为社会学学科化奠基者的涂尔干之后，又有多个社会学学派。许多社会学家根本反对实证化，更不用说拒绝实证主义，那为什么不把他们逐出社会学之门？"③ 这里的质疑对象就是"实证科学"意义上的"社会学"概念。这种"实证社会学"的基本特征是，不仅要求能够从事物的外部特征可以直接观察到客观"经验事实"，并且对社会学的研究结论加以验证（需要说明的是，这并不意味着一种经验主义或归纳主义的科学发现观。在经验事实和科学理论孰先孰后的问题上，即使是"实证科学家"们也有着无尽的争论）。因此，凡不符合这一特征的社会学说就都不被纳入"科学"的社会学说之列。

第二种"社会学"概念，是"经验科学"意义上的"社会学"概念。这种概念依然强调现代社会学的科学属性，但不再把"科学"

---

① 景天魁等：《中国社会学：起源与绵延（上册）》，社会科学文献出版社2017年版，第59页。
② 景天魁等：《中国社会学：起源与绵延（上册）》，社会科学文献出版社2017年版，第59页。
③ 景天魁等：《中国社会学：起源与绵延（上册）》，社会科学文献出版社2017年版，第58页。

等同于"实证科学",而是泛指一切以经验事实为基础构建起来的各种"学说"。就社会学而言,除了实证科学意义上的社会学之外,景天魁教授认为,所谓涂尔干之后出现的多个社会学学派中有许多学派,如韦伯的"理解社会学"、舒茨的"现象学社会学"、米德和布鲁默等的"符号互动主义"、加芬克尔的"常人方法学"等,以及马克思主义社会学。它们也都属于这种意义上的"社会学"。这些社会学派的共同特点是,都反对实证主义的社会观和社会科学观,主张一种与实证主义不同的社会观与社会科学观。但在这些"学派"中,马克思主义与其他那些"学派"又有根本不同。其他那些"学派"与实证主义的对立主要体现在,前者反对后者将社会现象与自然现象相等同、将社会科学与自然科学相等同的"统一世界观"和"统一科学观";主张社会现象与自然现象之间、社会科学和自然科学之间存在根本区别;社会科学不能是自然科学那样的"实证科学",而只能是一种"人文科学"或"精神科学"。然而,马克思主义与实证主义的对立则体现在,后者将包括社会现象在内的全部实在都看作由一些孤立的、同质性的事物所构成,以及可以通过对直接观察到经验事实进行归纳,就可以得到有关这些事实的规律性知识这种"实证"科学思想;马克思主义则主张,要从事物的相互联系和矛盾运动中去把握支配它们存在和变化的辩证规律等,在马克思主义者看来,其他那些"学派"虽然在社会现象与自然现象之间的关系,以及社会科学与自然科学之间的关系问题上与实证主义对立,但其把社会现象看作由一些孤立的、同质性的事物所构成,因而在不能用辩证方法去对社会现象加以考察等方面,则与实证主义是一致的。因此,本质上和实证主义一样都是一种"资产阶级科学"。

然而,尽管如此,无论是马克思主义社会学,还是其他那些反实证主义的社会学的"学派",在主张我们关于社会现象的研究活动应该是一种与神学和形而上学不同的现代"科学"活动这一点上,与实证主义者之间应该说并无根本差异。因此,我们又可以把反对实证主义的那些"社会学"派别区分为两大类。按他们的拥戴者的称呼,一类可以称为"人文科学"(马克思主义以外的那些"社会学"),

另一类可以称为"辩证科学"(马克思主义社会学)。由此,我们便可以区分出三种现代科学意义上的西方社会学:"实证科学"意义上的社会学、"人文科学"或"精神科学"意义上的社会学,以及"辩证科学"意义上的社会学。对这三种现代科学意义之社会学的认同者来说,所谓"科学"一词的含义就是,能够以客观经验事实为依据来对研究结论加以检验。但对于不同类型"科学"概念的认同者来说,各自所谓的"经验事实"在类型上也有所不同:"实证科学"所说的"经验事实",主要是指从事物的外部特征可以直接观察到一些孤立的、同质性的"经验事实";"人文科学"或"精神科学"所说的"经验事实",主要是指从个人的内在精神世界中领悟到的"经验事实";而"辩证科学"所说的"经验事实",则主要是指与其他事物处于历史的联系当中,具有高度历史性、但需要借助于一种辩证理论体系才能加以把握和理解的各种"经验事实"。

第三种"社会学"概念,就是景天魁教授所使用的"社会学"概念。这种概念将"社会学"的"学"解读为任何一种"学术""学说","社会学"便等同于任何时代、任何地区、任何人以任何"学术性"方式形成的一些关于"社会"的"学说"。现代科学意义上的"社会学"不过是各种"社会学说"中的一些种类而已。

对于这几种不同的"社会学"概念,我们有一种公认的办法或理由来判断它们之间孰是孰非、孰对孰错吗?笔者认为,依多年来从事多元话语分析方面研究的经验,以及对这三种不同概念之理据的实际分析,这种公认的办法或理由恐怕是不存在的。

对于第一种"社会学"概念的认同者,可以提出一系列说法来为自己辩护。如将"社会学"的"学"界定为一种与神学和形而上学知识不同的实证科学知识体系,是为了便于我们能够获得一种可以用确凿无疑的客观经验事实来进行检验的、关于"社会"的可靠知识。如果我们将"学"笼统地、泛泛地界定为"学术""学问",那么就无法将神学、形而上学类型的知识与现代意义上的实证科学知识区别开来。所以,只有将符合现代实证科学意义上的社会学知识称为"社会学"才是适当的,否则我们关于社会的知识就将永远停留在主观臆测、真假莫辨的那些前科学形式上。

对于第二种"社会学"概念的认同者，则会对实证主义者将"经验科学"等同于"实证科学"的说法表示质疑。他们同意科学知识必须以经验事实为依据，要有经验事实来加以检验，但反对将"经验事实"等同于实证主义者所说的从事物的外显特征可以直接观察到的"经验事实"。他们或者认为，社会现象与自然现象有若干本质区别，社会科学知识可以引以为据的"经验事实"应该是通过自己的行动参与，及建构社会现象的行动者在个人主观世界中体验到的那些"经验事实"（对于"人文科学"或"精神科学"的认同者而言）；或者认为，无论是自然现象，还是社会现象，其性质都是由其与事物所处的历史性联系来决定的，作为某种特定"事实"的根本性质并不能由其直观呈现出来的特征来判定，而需要借助于一种能够对事物的整体联系和辩证运动过程加以说明的理论体系为中介，才能加以把握和理解，因此，社会历史研究引以为据的"经验事实"应该是，我们以这种理论体系为中介才得以把握到的那些"经验事实"（对于马克思主义者而言）。

对于这些反实证主义的"科学"概念，实证主义者自然是不乐意接受的。他们会坚持认为，科学知识赖以为据的"经验事实"只能是那些从事物的外显特征可以直接观察到的"经验事实"，而不能是"人文科学"或"精神科学"的认同者，或者马克思主义者所说的一些"经验事实"。因为我们只有从事物的外显特征可以直接观察到的"经验事实"，才具有真正的客观性（或唯一性、可重复性）；以这种具有高度"客观性"的经验事实为据，才能形成真正与神学和形而上学不同的确定性知识；而后二者所谓的"经验事实"都缺乏这种唯一性、可重复性意义上的客观性，以此为据所形成的知识也就难以具有确定性，因而也难以将自己与神学和形而上学知识相区别。而对于实证主义者的这种说法，反实证主义者的"科学"认同者们又会加以反驳说，虽然以从事物的外显特征可直接观察到的"经验事实"为据所形成的社会科学知识的确具有较高的确定性，但由于这些"经验事实"并不反映社会现象的本质，因而以此为据所形成的社会科学知识也就不能真正揭示社会现象的本质特征，不具有真正的"客观性"。

而对于第三种"社会学"概念的认同者，则完全可以对以上两种社会学概念都加以质疑。他们会问，为什么只有实证科学意义上的学问才能称为"学"？或者，为什么只有经验科学意义上的学问才能称为"学"？我们把一切学问、学说都称为"学"，而把实证科学意义或经验科学意义上的那些学问、学说视为各种学问、学说中的一种特定类型，有什么不可以吗？

对于这些不同社会学概念的认同者们所可能做出的自我辩护或相互驳难，我们有办法对他们之间的是非对错做出绝对的判断吗？笔者认为，这是极其困难的。我们唯一能够确定的结论是，他们所认同的那些"学"及"社会学"概念是几种不同的、其是非对错无法加以终极判断的关于"学"及"社会学"的概念。对于这些概念，我们每个人只能根据是非对错以外的标准来对它们进行取舍。

四 几种不同的"社会学"及"社会学史"话语体系

笔者认为，各种不同的社会学概念各有自己的理据。我们不仅难以对它们之间的是非对错做出绝对判断，而且以此为基础，同样将形成几种不同的、且是非对错同样无法加以终极判断的"社会学"及"社会学史"话语体系。

（一）以第一种"社会学"概念为基础

第一，将自19世纪首先在西方形成，然后传播到世界各地的实证性"社会学"知识类型称为"社会学"。这样，不仅此前即使是西方思想家们，如苏格拉底、柏拉图、亚里士多德、霍布斯、卢梭等提出的关于"社会"的学说，只能被称为"西方古代社会思想"，而不能被称为"社会学"，而且此后，凡是不遵循实证科学的理念所形成的各种关于"社会"的知识，也不属于真正的"社会学"。它们可以被称为"社会哲学"或"社会理论"（实际上就是属于形而上学），可以和"西方古代社会思想"一样,为科学意义上的"社会学"研究提供有价值的思想资源,但却不能归入"社会学"(即使是"西方社会学")的组成部分。

第二,中国的社会学史也就只能从19世纪末20世纪初西方"社会学"的引进开始算起,不仅此前与"社会"相关的知识就只能称为"社会思想"(学说、学术等),而且此后,凡是不遵循实证科学的理念所形成的各种关于"社会"的知识也不属于真正的"社会学",而只能被称为"社会哲学"或"社会理论"。它们同"中国古代社会思想"一道,可以为中国"社会学"的建构和发展提供概念、思想方面的启发或素材,但本身尚不能被称为"社会学"。

第三,"社会学中国化"或"中国社会学"发展的目标就是要在引进、吸收源自西方的实证"社会学"知识的基础上,以有关中国社会的实证性意义上的"客观经验事实"为依据,参考借鉴古今中外各种有关社会的思想资源,形成既符合现代实证科学规范的、又能适用于描述和解释中国社会历史和现实的、具有普适性的实证"社会学"知识体系。

(二)以第二种"社会学"概念为基础

第一,将"社会学"概念扩展到自19世纪首先在西方形成、然后传播到世界各地的"实证社会学"知识类型范围之外,但并不将人类历史上任何时代、任何地方以任何"学术"形式形成的关于"社会"的学说、学问都称为"社会学",而是仅将那些以经验研究为基础形成的有关"社会"的学说归于"社会学"。这样,虽然西方现代实证科学意义上的"社会学"诞生之前的那些"社会学说",如苏格拉底、柏拉图、亚里士多德、霍布斯、卢梭等提出的关于"社会"的学说,仍然不属于"社会学",而只能被称为"西方古代社会思想",但在与实证社会学同时或之后形成的那些反实证主义的经验社会科学,如理解社会学、现象学社会学、符号互动主义、常人方法学、批判社会学等,就可以被归入现代科学意义上的"社会学"之列。

第二，中国的社会学史也就只能从19世纪末20世纪初西方"社会学"的引进开始算起。虽然此前与"社会"相关的知识还是只能被称为"社会思想"（学说、学术等），但此后，凡是不按实证科学理念所形成的各种反实证主义的经验社会科学知识，也可以被归于现代科学意义上的"社会学"知识之列，而非同"中国古代社会思想"一样，被认为是仅可以为中国"社会学"的建构和发展提供思想素材，但本身不能被称为"社会学"的知识形式。

第三，"社会学中国化"或"中国社会学"发展的目标就是要在引进、吸收西方各种"社会学"知识的基础上，以有关中国社会的"经验事实"为依据，参考借鉴古今中外各种有关"社会"的思想资源，形成一些既符合现代经验科学规范的、又能适用于描述和解释中国社会历史和现实的、具有普适性的"社会学"科学知识体系。

景天魁教授在其相关论述中，其实已经朦胧地涉及第二种意义上的"社会学"概念。景天魁教授在论述中交替使用了"学术""学问"和"科学""学科"这几个概念，似乎它们是一些同义词。但其实，人们在通常的用法中，"科学"和"学科"两词的含义比较接近（但其实也有差别，"科学"主要指与神学、形而上学等不同的知识形式，"学科"则主要指"科学"的不同领域），而它们与"学术""学问"两词的含义则差别较大，"科学"当然属于"学术""学问"，但"学术""学问"并不限于"科学"。如果我们意识到这一差别，再读景天魁教授将中西"科学、学科"之间加以对比时所说的，"科学、学术有分门别类的形态，也有浑然一体的综合形态。有长于分析的，有长于综合的，绝不能说长于分析的是科学、是学术，长于综合的就不是科学和学术。笼统地说，西方学术长于分析，中国学术长于综合"①，我们就会自然地在心中产生一个问题，除了西方人提出的各种社会"科学"模式之外，从悠久的中华文化的思想或知识传统中，有没有可能提炼或发展出一种（甚至多种）与西方现

---

① 参见景天魁等《中国社会学：起源与绵延（上册）》，社会科学文献出版社2017年版，第56页。

有的社会"科学"模式不同的、具有中国特色的社会"科学"模式？如果能，那我们就能够形成这种既符合现代经验科学规范的、又能适用于描述和解释中国社会历史和现实的、具有普适性的"社会学"科学知识体系。既然西方社会学的历史已经表明，现代经验科学的形态也是不断变化的（如从实证科学到人文科学、辩证科学），不能将现代经验科学限定在某一种形态上，那么源自中国古代的"群学"有无可能转化成为一种与西方经验科学形态不同的、具有中国特色的经验科学意义上的"社会学"？所谓"中国社会学的现代转型"是否就意味着，从中国古代形而上学意义上的关于社会（"群"）的"学问"转变为现代经验科学意义上的"社会学"？笔者以为，这或许是我们在建构"中国本土社会学"的道路上可以去尝试探索的一个方向。

（三）以第三种"社会学"概念为基础

第一，将"社会学"概念扩展到自19世纪首先在西方形成、然后传播到世界各地的那些"社会学"知识类型范围之外，即将人类历史上任何时代、任何地方以任何"学术"形式形成的关于"社会"的学说、学问都称为"社会学"。"社会学"就等于关于"社会"的学说或学问。

第二，中国的社会学史也就不是只能从西方"社会学"的引进开始算起，此前与"社会"相关的知识，如荀子的"群学"论述，以及古代许多其他思想家的相关论述，均可以被归为"社会学"。它们本身就是"中国本土社会学"，而非只是可以为中国现代社会学的建构和发展提供启发和素材的概念或思想内容。不过，与此相同，所谓"西方社会学"的历史由此也将从孔德向前延伸到更为古老的年代，如苏格拉底、柏拉图、亚里士多德生活的时代；"西方社会学"也将分成"现代西方社会学"和"古代西方社会学"，以及更多的阶段。换言之，无论是西方社会学，还是中国社会学，都将拥有一部漫长的历史，只是这些历史将各具特色。

第三，"社会学中国化"或"中国社会学"发展的目标就是，可以中国本土社会学知识为"根基",参考借鉴古今中外各种有关社会的思想资源,实现"中国社会学的现代转型",形成广泛意义上的、甚至与西方各种经验科学意义上的社会学都可能完全不同的、具备高度中国本土特色的"社会学"知识体系。

显然,这几种社会学话语体系将各有自己的特色和优劣(不同的问题意识、概念体系、资源优势等)[①],其是非对错同样无法加以终极判断,每个人同样只能根据是非对错以外的标准来对它们进行取舍。但是,我们只有意识到它们各自的优点和不足,才可以摒弃那种要在它们当中"择优汰劣"的想法,让它们和平共处,从而使我们在中国社会学发展的道路上拥有更多的选择。

---

① 景天魁等:《中国社会学:起源与绵延(上册)》,社会科学文献出版社2017年版,第69—71页。

"推"与中国人行动的逻辑
——社会学本土化视野下的理论与方法论思考[*]

王建民[**]

摘 要 在理解"差序格局"概念时,除了"结构视角"还需要"行动视角"。"推"为理解差序格局背后的行动逻辑提供了一个切入点。在儒家社会思想的视野中,与生俱来的恻隐之心是"推"的人性基础;亲亲与尊尊是"推"的基本人伦依据;能近取譬是"推"的日常路径;由己及人"推"而展开的群己关系形成具有独特文明内涵的差序格局。"推"具有重要的方法论意涵,运用的关键在于:对生活世界的浸淫与体会、社会圈子"中心"的确定,以及关系链条的梳理。对社会学研究而言,关于"推"的理论和方法论思考具有"明伦"和"自省"的意义。

关键词 儒家思想;推;推己及人;仁义;差序格局

引言:差序格局背后的"推"

近年来,关于中国社会学本土化的讨论,越来越重视对早期中国社会学经典著作以及中国传统思想的深入研究。其中,对费孝通先生提出的"差序格局"概念的研究,成为中国社会学本土化的重要成

---

[*] 文章原载于《天津社会科学》2020年第1期"社会学理论与方法研究"专栏。

[**] 王建民,1980年生人,中央财经大学社会与心理学院社会学系教授,主要从事理论社会学、社会学史和网络社会学研究。

果,许多学者围绕"差序格局"做了进一步阐发和讨论。就相关文献来看,在谈及差序格局是一种"社会结构"时,意味着差序化不单是就生物血缘关系而言的(尽管它与生物血缘关系密不可分),而是侧重于其社会文化内涵,其背后是中国独特的文明传统和制度精神①。那种认为"差序化是每个人应对和想象其生活世界的自然倾向","人类个体普遍分享的这一主观倾向不足以构成一种客观的社会格局"②的观点,则可能是对"差序格局"的一种误解。因此,深入理解"差序格局",并推及关于中国社会学本土结构之中,便会深受其影响。或者说,差序格局不是一时一地的社会情境,而是具有普遍性的结构性力量。费孝通说:

> 以"己"为中心,像石子一般投入水中,和别人所联系成的社会关系,不像团体中的分子一般大家立在一个平面上的,而是像水的波纹一般,一圈圈推出去,愈推愈远,也愈推愈薄。在这里我们遇到了中国社会结构的基本特性了。我们儒家最考究的是人伦,伦是什么呢?我的解释就是从自己推出去的和自己发生社会关系的那一群人里所发生的一轮轮波纹的差序。③(着重号为本文作者所加)

这段文字除形象地呈现了差序格局作为社会结构的特征外,实际上还论及其源起和动力问题("波纹"的发生和扩散)——差序格局是以"己"为中心"推"出去而形成的,这就涉及一个以往人们鲜有讨论的概念——"推"。关于"推"字,许慎《说文解字》的解释是"排也",意为"用手排物(使移动)"④,这也是现代汉语中该

---

① 周飞舟:《差序格局和伦理本位 从丧服制度看中国社会结构的基本原则》,《社会》2015年第1期。
② 苏力:《较真"差序格局"》,《北京大学学报(哲学社会科学版)》2017年第1期。
③ 费孝通:《乡土中国 生育制度》,北京大学出版社1998年版,第27页。
④ (汉)许慎:《说文解字》,中国书店2011年版,第1968页。

字的主要意思。本文主要取"推"的象征意义,指人与人之间的相互影响。我们可以从三个方面初步诠释"推"的意涵。首先,"推"是"己"在人我之间建立关联的动力,借用费孝通的比喻,是"石头"丢在水面上所产生的能激发出"水波纹"的"力量"。其次,"推"是社会圈子的"辐射力",即激发水波纹的力量的大小和方向之不同,会在群己之间形成或大或小的辐射范围,这是一种"态势","范围的大小也要依着中心的势力厚薄而定"①,也和潜在社会圈子相对于"中心"所处的层级有关。当然,这种辐射不一定是"己"直接行动的结果,而是通过各种社会圈子间接产生影响。相对而言,前者是"己"的自觉行动,而后者可能是个体行动的非预期后果。最后,"推"不只是外显的态势,还是一种内心的"权衡""度量",这一点本文下一节将讨论,此处不赘。

简而言之,讨论"差序格局"除了"结构视角"之外还需要"行动视角",但这一考察不是仅仅借用结构化理论之"结构是行动的结果,也是行动进一步开展的前提"② 所能简单解释的,因为不仅"结构"和"行动"是现代的概念,而且它们在不同文明传统和社会情境中所指代的事实也各不相同。对此,我们需要进入中国传统社会思想中,以辨识"人伦"是如何"推"并产生"差序"的。我们将讨论的问题是,"推"的力量源自何处;其所遵循的基本社会性原则和路径是什么;关于"推"的讨论有怎样的理论和方法论意义。

一 人者仁也:"推"的人性基础

在中国传统儒家思想中,一切政治制度与人伦秩序都以对人性的理解为基础。孔子言"性相近也,习相远也",孟子则明确阐释了"性善说":

---

① 费孝通:《乡土中国 生育制度》,北京大学出版社1998年版,第27页。
② 参见[英]安东尼·吉登斯《社会的构成:结构化理论大纲》,李康、李猛译,生活·读书·新知三联书店1998年版。

> 人皆有不忍人之心。先王有不忍人之心,斯有不忍人之政矣。以不忍人之心,行不忍人之政,治天下可运之掌上。所以谓人皆有不忍人之心者,今人乍见孺子将入于井,皆有怵惕恻隐之心——非所以内交于孺子之父母也,非所以要誉于乡党朋友也,非恶其声而然也……恻隐之心,仁之端也;羞恶之心,义之端也;辞让之心,礼之端也;是非之心,智之端也。人之有是四端也,犹其有四体也。①

在孟子那里,"怵惕恻隐之心"是人与生俱来的良知良能。"人之所不学而能者,其良能也;所不虑而知者,其良知也。"(《孟子·尽心章句上》)对此,朱子的解释是,所谓"不忍人之心",是因为"天地以生物为心,而所生之物因各得夫天地生物之心以为心,所以人皆有不忍人之心",又说,所谓"四心",在于"恻隐、羞恶、辞让、是非,情也。仁、义、礼、智,性也。端,绪也。因其情之发,而性之本然可得而见,犹有物在中而绪见于外也"。② 根据孟子和朱子的观点,"恻隐之心"或"不忍人之心"乃与生俱来的禀赋,是内在的"仁"的生发和外显。

人心之"怵惕恻隐"不是理性或逻辑的问题,而是类如看到"孺子将入于井"时人人皆会产生的内在反应。《孟子·梁惠王章句上》所言的"见牛未见羊"也是这个道理。"见牛"是目之所及触发了内在的怵惕恻隐之心,而"未见羊"只是因为未看到杀羊的场景,内在的怵惕恻隐之心暂未被激发出来而已。如果以形式逻辑论辩或现代"动物权利主义"的角度看,祭祀时杀牛或杀羊似乎没有本质区别,因为牛羊同命,在"权利"上是"平等"的,不杀牛而杀羊反而可能是一种虚伪的表现。在这个问题上,如果照搬概念、以今释古,会带来很多误解。

---

① 参见杨伯峻译注《孟子译注》,中华书局2008年版。
② (宋)朱熹:《四书章句集注》,中华书局2011年版,第220—221页。

从根本上讲，正因为人皆有"怵惕恻隐"之"良知良能"，人之间"将心比心"才有可能。其中的道理在于，人皆知自己有耳目口鼻之欲，当知他人亦有耳目口鼻之欲，此乃"人之常情"；人皆能自发地感受自己的好恶趋避和喜怒哀乐，也有能力体会到他人的类似处境。就像孟子劝喻齐宣王那样——"王如好货，与百姓同之"，"王如好色，与百姓同之"；行仁政者，能"乐民之乐""忧民之忧"，才会有"民亦乐其乐""民亦忧其忧"的结果。钱穆先生在论及儒家人生观时说："人必成伦作对而后始成其为人，则我亦必与人成伦作对而后始成其为我。成伦作对，乃由心见，非由身见……我之所以为我……乃由我此心对于我之伦类之心之相感相知而后始成其为我。"人心之同然的道理，可概括为"我心即人心，人心即我心"①。

这种心与心相通、由己而知人的过程，便是"推"，所谓"推己及人"。《孟子·梁惠王章句上》明确谈到"推"的地方是：

老吾老，以及人之老；幼吾幼，以及人之幼……故推恩足以保四海，不推恩不足以保妻子。古之人所以大过于人者，无他焉，善推其所为而已矣。（着重号为本文作者所加）

根据朱子的看法，"推恩"是基于自然的骨肉至亲，并能够扩展开来。"盖骨肉之亲，本同一气，又非但若人之同类而已。故古人必由亲亲推之，然后及于仁民；又推其余，然后及于爱物，皆由近以及远，自易以及难。"② 在政治上，"推恩"便是施行仁政。"保民而王天下，其道唯仁而已矣。仁者，人所固有不忍人之心也。因此不忍之心而推之以及于事，则为仁政。"③ 所谓"善推其所为"，是将"恩"从自然骨肉之亲推至更多他人乃至天下。前文曾简要提及，"推"也

---

① 钱穆：《人生十论》，生活·读书·新知三联书店2012年版，第81、83页。
② （宋）朱熹：《四书章句集注》，中华书局2011年版，第195页。
③ （明）王夫之：《四书训义》，岳麓书社2011年版，第67页。

是一种内心的"权"和"度",或可用"将心比心"理解之。"按物有轻重长短,以权度度之;心之轻重长短,即以心度之。物之轻重长短,不度犹可;心之轻重长短,不度则不知推恩以保四海。"①

在儒家社会思想中,无论是日常的人伦关系,还是施仁政于天下,在根本上"推恩""善推其所为"皆源于人性所固有的向善力量。"善推其所为"的"推力",可能不被人意识到,也可能暂被外物所遮蔽,但却无法否认其存在和力量。《孟子·告子章句上》中"牛山之木"的比喻讲的就是这个道理。人心就如"牛山",可长出茂美的草木,这是人性所固有的,"非由外铄我也,我固有之也"。但如果过度砍伐和放牧,青山也会变成荒山,这时便要"求其放心",所谓"学问之道无他,求其放心而已矣"。也就是说,仁义是人心所固有的,当仁义被遮蔽,就要重新找回来。欲找回自己的心,就需要教化和学习。这就是《中庸》所言的"天地之谓性,率性之谓道,修道之谓教"。天所给予人的禀赋叫作性,遵循天性而行叫作道,修明此道而加以推广叫作教。顺应人的自然天性,不懈地以推己及人的恕道来实践,便是寻找和存养"本心",如是,"学而时习之"便会"不亦说乎"。

二 亲亲尊尊:"推"的基本人伦依据

基于人性所固有的仁义而产生两种最基本的人伦关系,即亲亲(亲其所亲)和尊尊(尊其所尊)。《中庸》有云:"仁者,人也,亲亲为大;义者,宜也,尊贤为大。亲亲之杀,尊贤之等,礼所生也。"大体意思是,对亲属的亲情,远近有异亲疏有别;对贤人的尊重,尊卑不同大小有等。反映亲疏尊卑关系的礼就是从这里产生的。《中庸》的这句话,王夫之给出了精辟的诠释:

> 仁者,即夫人之生理,而与人类相为一体者也。相为一体,故

---

① (清)焦循:《孟子正义》,中华书局2017年版,第73页。

相爱焉。而爱之所施，惟亲亲为大；一本之恩，为吾仁发见之不容已者，而民之仁，物之爱，皆是心之所函也。乃仁者人也，而立人之道，则又有义矣。义者，即吾心之衡量，而于事物酌其宜然者也。酌其宜然，必有尊焉。而尊之所施，惟尊贤为大；尚尊贤之义，行为而又自有其条理者，则亲亲之杀出焉。推而上之以及乎远祖，推而下之以及乎庶支，厚薄各有其则，尊贤之等出焉。①

亲亲与尊尊是两种最基本的社会关系，在根本上，体现这两种关系的制度规范并非是外在的，只是顺应人固有的自然禀赋而已。正是在父子、兄弟、夫妻之间，包含了人伦之中最自然、最基本的情义——父子、夫妻、兄弟乃"一体之亲"，是为至亲，亲亲首先是在这几对人伦关系中体现的，而父子、兄弟则在亲亲之外又多了尊卑长幼。有子曰："孝悌也者，其为仁之本与。"（《论语·学而》）可理解为孝顺父母和尊敬兄长，是为仁的基础工作。需要说明的是，这里的"尊卑"并无价值评判，主要是上下高低之意，类如"登高必自卑"中的用法，而非"高贵"与"卑贱"之别。

亲亲之杀与尊贤之等，是顺应自然人性而出的人伦秩序和行动伦理，差序格局的社会结构在根本上便源于此，并经由宗法、丧服等一系列礼仪教化而确立起来。《礼记·大传》言："亲亲也，尊尊也，长长也，男女有别，此其不可得与民变革者也。""四者乃人道之大故，不可得而变革"②，说的也是亲亲尊尊的首要地位。费孝通先生在《差序格局》一文中引述了《礼记》中的这句话，并解释说："意思是这个社会结构的架格是不能变的，变的只是利用这架格所做的事。"③ 而在丧服制度中，"服术有六：一曰亲亲，二曰尊尊，三曰名，四曰出入，五曰长幼，六曰从服"（《礼记·大传》），也是突出了亲亲尊尊的核心地位。

---

① （明）王夫之：《四书训义》，岳麓书社 2011 年版，第 173 页。
② （清）孙希旦：《论语集解》，中华书局 1989 年版，第 907 页。
③ 费孝通：《乡土中国　生育制度》，北京大学出版社 1998 年版，第 28 页。

周飞舟在对"差序格局"的研究中,通过对丧服制度内"父子"关系的分析,指出了中国社会差序格局"核心层"的一个重要特征,即"慈孝一体",此行动伦理以亲亲、尊尊为基本要素,以"仁至义尽"为行动原则,是中国传统社会人际关系的核心纽带。① 这一研究在一定程度上揭示了亲亲尊尊之于"推"的基本人伦依据,及其对"推"力所及范围之广狭的影响机制。

三 能近取譬:"推"的日常路径

传统中国人的行动伦理以亲亲、尊尊为基本要素,而亲子关系中便包含了基本的亲亲尊尊之道。这意味着,人人可在日常的饮食起居中实践亲亲尊尊之道,既不必向外寻求,也不必径直追求高不可攀的目标。《论语》中的"弟子入则孝,出则悌",说的也是从日常实践中见德行修养。

在《论语·雍也》中,子贡问孔子:"如有博施于民而能济众,何如?可谓仁乎?"子曰:"何事于仁,必也圣乎!尧舜其犹病诸!夫仁者,己欲立而立人,己欲达而达人。能近取譬,可谓仁之方也已。"大体意思是:"博施于民而能济众哪里仅是仁道!那一定是圣德了!尧舜或者都难以做到!仁是什么呢?自己要站得住,同时也使别人站得住;自己要事事行得通,同时也使别人事事行得通。能够就眼下的事实选择例子去做,可以说是实践仁道的方法了。"也就是说,行仁德不必好高骛远,从己身耳目所及之处做起即可,所谓"仁远乎哉?我欲仁,斯仁至矣"(《论语·述而》)。

儒家仁恕思想的社会学意味是,所谓"仁之方",不是纯粹的道德内省,而是体现为"仁者人也,义者宜也",即亲亲尊尊的人伦之道,可在日常生活中实践之。刘宝楠《论语正义》曰:"譬者,喻也。以己为喻,故曰'近'。《大学》言'君子絜矩之道'……矩

---

① 周飞舟:《慈孝一体:论差序格局的"核心层"》,《学海》2019 年第 2 期。

者，法也。即此所云'譬'也。絜，结也，挈也，即此所云'取'也。"① 虽然"能近取譬"作为"仁之方"意味着人人都有机会为之、都有能力为之，但不等于说人人都只能安于柴米油盐的日常生活或个人的狭小天地，在由己身向外"推"的链条中，有齐家者，有治国者，有平天下者。也不是所有人都能够由己身"推"至天下，因为"物之不齐，物之情也"，每个人所处的"位"不同，其所"推"之范围便各不相同。如黄式三《论语后案》所言：

> 夫子以行仁之方，不论大小广狭。天子之仁，厚诸夏而薄四夷；诸侯之仁，厚境内而薄诸夏；递而推于卿大夫之仁，一介士之仁，凡己之所不得辞者，即施济之所及。仁者之于人，分有所不得辞，情有所不容遏，相感以欲而专责于己焉，所谓能近取譬也。②

钱穆先生也有一段精彩的譬喻，可以用来诠释"仁之方"："尽人皆可为尧舜，并不是说人人皆可如尧舜般做政治领袖、当元首、治国平天下。当换一面看，即如尧舜处我境地，也只能如我般做，这我便与尧舜无异，我譬如尧舜复生。""心广体胖，仰不愧俯不怍，职也尽了，心也安了，此也是一种德。纵说是小德，当知大德敦化，小德川流。骥称其德，不称其力。以治国平天下与运水搬柴相较，大小之分，分在位上，不分在德上。位与力人人所异，德人人可同。"③ 普通人可以在日常交往中尽己之心、推己及人，而圣人的境界是在不离凡俗世界的伦理实践中透射出神圣光辉，所谓"即凡而圣"④。

---

① （清）刘宝楠：《论语正义》，中华书局1990年版，第250页。
② （清）黄式三：《论语后案》，凤凰出版社2008年版，第166页。
③ 钱穆：《人生十论》，生活·读书·新知三联书店2012年版，第73、75—76页。
④ 参见［美］赫伯特·芬格莱特《孔子：即凡而圣》，彭国翔、张华译，江苏人民出版社2002年版。

四 以己及人:"推"的差等秩序

如前所述,差序格局之所以成为一种社会结构,而不是表面上的人际关联方式,是因为它来源于中国特有的文明传统和制度精神。晚清民国以降,一些思想家致力于在中西比较中认识中国社会的特点。1915 年杜亚泉先生在《东方杂志》发表《差等法》一文,其所言的"差等法"是在"东西文明比较"的意义上谈的,与后来的"差序格局"概念颇有几分相似:

> 东西洋文明之差别,言者各有所见:予以为东洋社会中,有一普遍之法则,为其组织社会之基础,固结深藏于个人之心里,以为应付社会之标准,此法则予号之为差等法……差等之法,以自己为社会之中心,由亲以及疏,由近以及远,若算学中差等之级数然。①

当说差序格局具有文明内涵时,意味着它所体现的差序关系远不止于家庭,以己为中心向外发出的"推力"会持续不断,"辐射范围"也会逐渐扩大。对此,梁漱溟先生在《中国文化要义》中有一段精彩表述:

> 人一生下来,便有与他人相关系之人(父母、兄弟等),人生且将始终在与人相关系中而生活(不能离社会),如此则知,人生实存于各种关系之上。此种关系,即是种种伦理。伦者,伦偶,正指人们彼此相与。相与之间,关系遂生。家人父子,是其天然基本关系,故伦理首重家庭。父母总是最先有的,再则有兄弟姊妹。既长,则有夫妇,有子女,而宗族戚党亦由此而生。出来到社会上,于教学则有师徒;于经济则有东伙;于政治则有君

---

① 许纪霖、周建业编:《杜亚泉文存》,上海教育出版社 2003 年版。

臣官民；平素多往返，遇事相扶持，则有乡邻朋友。随一个人年龄和生活之开展，而渐有其四面八方若近若远数不尽的关系。是关系，皆是伦理；伦理始于家庭而不止于家庭。①

需要说明的是，这个推己及人的社会结构包括互为表里的两个方面：一是伦理本位，二是差序格局。"如果说费孝通所说的差序格局是中国社会结构的基本特征，那么梁漱溟所说的伦理本位则是这种社会结构背后的基本精神。"② 所谓"伦理本位"，意味着差序格局的社会结构不是一个松散的原子化的个体联结，也不是毫无价值与情感的临时相遇的人群聚集，而是包含了多种人伦关系以及其中的道义、情感和彼此期待。正如梁漱溟先生所言：

> 吾人亲切相关之情，发乎天伦骨肉，以至于一切相与之人，随其相与之深浅久暂，而莫不自然有其情分。因情而有义。父义当慈，子义当孝，兄之义友，弟之义恭。夫妇、朋友乃至一切相与之人，莫不自然互有应尽之义。伦理关系，即是情谊关系，亦即是其相互间的一种义务关系。伦理之"理"，盖即于此情与义上见之。更为表示彼此亲切，加重其情与义，则于师恒曰"师父"，而有"徒子徒孙"之说；于官恒曰"父母官"，而有"子民"之说；于乡邻朋友，则互以伯叔兄弟相呼。举整个社会各种关系而一概家庭化之，务使其情益亲，其义益重。由是乃使居此社会中者，每一个人对于其四面八方的伦理关系，各负有其相当义务；同时，其四面八方与他有伦理关系之人，亦各对他负有义务。③

---

① 梁漱溟：《中国文化要义》，上海人民出版社2005年版，第72页。
② 周飞舟：《差序格局和伦理本位 从丧服制度看中国社会结构的基本原则》，《社会》2015年第1期。
③ 梁漱溟：《中国文化要义》，上海人民出版社2005年版，第72—73页。

不过，常有评论者指出，在差序格局的社会结构中，这种伦理本位似乎常常遇到尴尬的局面。如金耀基在论及中国传统文化的"特殊取向与人情味"时说，凡中国人活动范围接触所及，他都会不知不觉间以"亲人"目之，因此亦以"亲人"相待，而显出殷勤与关怀，乃充满一片人情味，可是，在一个亲属或拟亲属关系圈之外的人即属"外人"，外人则人际关系中断，而不免显出无情。① 再如，乔健谈及中国人建立"关系"的几种方式：袭（世袭、继承）、认（认亲）、拉（拉关系、拉交情）、钻（钻营）、套（套交情、套近乎）、联（联络）等，其中的一些方面常为人所诟病。② 肖瑛认为，在市场经济条件下出现了一种基于理性意志的"新差序格局"，这种悖论性结合使得中国的现代化道路变得至为艰难和漫长。③

对于这种亲疏不定的矛盾性状况，周飞舟给出一种较为合理的分析："在社会结构中，'仁'与'义'表现为亲亲与尊尊之道。中国传统社会的繁文缛节并非只是象征性的压抑个性和激情的社会控制手段，它也是一种人在社会中达到'深情而文明'的文质彬彬的生活之道。中国人在这样的社会结构中行动，等而下者追求以利为利，等而上者讲究有情有义，两者其流虽异，其源则同。"④ 对于差序格局的性质和原则，如果简单地评判其是非优劣似乎太过于草率，我们需要以充满温情和敬意的态度面对中国的历史和思想传统，而社会研究的方法也需以对中国思想传统和社会结构特质的把握为前提。

五 "推"的方法论内涵

在根本上，社会科学的方法论和具体方法，都是基于对社会本体

---

① 金耀基：《从传统到现代》，中国人民大学出版社1999年版，第41页。
② 参见杨国枢主编《中国人的心理》，江苏教育出版社2006年版。
③ 参见肖瑛《差序格局与中国社会的现代转型》，《探索与争鸣》2014年第6期。
④ 周飞舟：《差序格局和伦理本位 从丧服制度看中国社会结构的基本原则》，《社会》2015年第1期。

的认识而总结出来的，关于中国社会学本土化的讨论，自然也绕不开"何谓中国社会"这一根本问题。对中国人而言，"推己及人"所形成的是一个个关系网络或"社会圈子"以及相应的行动伦理和心灵秩序，其中包含了中国人的"社会生命"和生活意义。就此而言，适用于"个人本位"和"团体格局"社会的方法论原则便不一定适用于"伦理本位"和"差序格局"的社会。例如翟学伟在比较东西方人际模式时指出，西方的背景是宗教观、个人主义、正义平等，相应的方法原则是基于"心相异、心相隔"的实证方法；中国（传统）的背景是天命观、家族主义、等级伦常，相应的方法原则是基于"心相同、心相通"的体验方法①。相比之下，逻辑实证主义的研究方法可能长于发现社会事实客观外显的态势，却未必适合揭示关系网络的动态变化及其情理特质。

反观当下，随着社会科学方法的演进和复杂化，"方法"似乎越来越以"自我运行"的面目呈现，它甚至会带有一定的神秘色彩，而与其最初的社会本体根据相隔"遥远"，也可能与社会生活的"真实"相脱离。尤其是，当一套方法和技术从一种社会文化环境被移用到另一种社会文化环境时，如果未经反思和修正，相关的研究实践便可能无法揭示社会运行的机理，甚至可能带来对社会事实的误读和歪曲，对以面向事实为突出特点的社会学研究来说更是如此。

关于中国人行动逻辑的研究，需以对中国社会之差序格局的本体构成的认识为基础。在这方面，潘光旦先生曾论及："在中国的传统思想里，个人与社会并不是两个对峙的东西……群己之间的关系是一种'推广'与'扩充'关系，即从自我扩充与推广至于众人。"② 费孝通先生晚年重提"差序格局"概念时也提出类似的观点："传统意

---

① 翟学伟：《中国人行动的逻辑》，生活·读书·新知三联书店2017年版，第226页。

② 潘乃穆、潘乃和编：《潘光旦文集》第9册，北京大学出版社2000年版，第339页。

义的中国人,对于'人'、'社会'、'历史'的认知框架……中国的世界观,更像是一种基于'内'、'外'这个维度而构建的世界图景:一切事物,都在'由内到外'或'由表及里'的一层层递增或递减的'差序格局'中体现出来。"① 尽管中国传统思想和世界观在现代化的过程中已发生巨大变化,但对其的认知和把握仍是研究中国社会和中国人行动逻辑的基础。

基于前文的讨论,本文认为,如果说"推"是一种中国人独特的行动逻辑、人际关联方式,甚至生命展开模式,那么,在社会研究中运用"推"的方法论,至少有三点需要强调:

首先,对生活世界的浸淫与体会。在中国社会尤其是基层社会中,社会圈子、家庭伦理、人情面子等是人们日常生活较为核心的构成。换言之,推己及人的差序格局和行动伦理依然广泛地弥散在人们的日常生活中。对于这种社会构成,只有浸淫于其中,切身感知和体会"社会底蕴",才能具体而微地捕捉到人们习以为常、视而不见、不曾言说的生活细节,也才能推己及人、将心比心地理解"普通人"的工作与生活。例如,孙立平和郭于华关于"正式权力非正式运作"的研究,实际上就是基于对农民生活世界的洞察和体会,揭示基层权力是如何通过日常的人情伦理完成政治任务的,回应和修正了关于共产主义的极权主义范式和"国家—社会"二元对立模式。② 对生活世界的浸淫与体会,既入乎其中又超乎其外,有助于破除抽象概念对日常生活的遮蔽。

其次,社会圈子"中心"的确定。在差序格局和伦理本位的社会里,如费孝通所言,任何人都处在以己为中心向外推而形成的社会圈子里,而且每个人往往属于不同的圈子,不同情境下所动用的圈子也不尽相同。就社会研究而言,识别社会圈子和关键人物非常重要,

---

① 费孝通:《文化的生与死》,上海人民出版社2009年版,第250页。
② 参见孙立平、郭于华《"软硬兼施":正式权力非正式运作的过程分析——华北B镇收粮的个案研究》,《清华社会学评论:特辑》,鹭江出版社2000年版。

可由此提纲挈领地引出行动和事件的发生与演进逻辑。例如，林耀华的《金翼：一个中国家庭的史记》就是围绕中心人物铺展出一部由一系列人物和事件构成的家族生命史和地方社会史①。再如，黄树民的《林村的故事：1949年后的中国农村变革》以福建农村党支部书记叶文德的生命史为主轴，牵引出的不仅是其所关联或辐射的关系网络，还有时间意义上的个人与群体的生命历程，乃至宏观的社会文化变迁。② 当然，差序格局的社会结构可能包含多重叠合的社会圈子，因此圈子"中心"也会随着时间、人物、事件的变化而变化。另外，"中心"未必只是一个人，也可能是一个家族或一个群体。不管怎样，"中心"之所以成为中心，在于其承载了较为丰富的社会历史内涵，其特质在于"总体性"，可牵引出丰富的人物、事件和社会过程。

最后，关系链条的梳理。对于"关系社会"，识别社会圈子中心人物和梳理关系链条往往是同一过程，是由"中心"向外"推"的过程。梳理关系链条，实际上不是简单地罗列人物及其角色（因为"角色"往往不是外在规范而是随情境变化的相对性身份），而是试图进入人物的理智、情感和精神世界中，感知和洞察其行动所依托的社会生命基础。例如，在林耀华笔下的金翼黄村，人物形象和关系是"表"，其行动的意义和伦理则是"里"，并且是更为根本的方面。再如项飙以"同乡"身份进入北京"浙江村"，细致呈现了其落地、发展和变化中的诸多细节，其中对"生意圈""大人物""关系丛""帮派组织"等的分析，或可看作"推"的方法的运用③。相比较而言，以工具和技术性手段所呈现的复杂烦琐的关系网，虽然看似揭示了关系的复杂性，并化繁为简，但却可能将关系网络中最有血有肉的

---

① 参见林耀华《金翼：一个中国家族的史记》，庄孔韶、方静文译，生活·读书·新知三联书店2015年版。

② 参见黄树民《林村的故事：1949年后的中国农村变革》，素兰、纳日碧力戈译，生活·读书·新知三联书店2002年版。

③ 参见项飙《跨越边界的社区：北京"浙江村"的生活史》（修订版），生活·读书·新知三联书店2018年版。

部分忽略了,进而也离"人"越来越遥远。这里有必要提及潘光旦先生关于社会学"人化"的观点:"所谓社会之学的最开宗明义的一部分任务在这里,就在明伦,所谓社会学的人化,就得从明伦做起。注意到了这样的一个起点,社会学才可以幸免于'人之为道而远人,不可以为道'的讥评。"①

"推"不仅具有社会科学研究方法论的意涵,也和社会科学研究所追求的目标或伦理特质相关。在社会科学领域,任何理论和方法论的运用者都需要在丰富的日常生活面前保持谦恭的态度,所谓"己所不欲,勿施于人""己所甚欲,慎施于人"。如果社会科学研究者急于"表达自我"或"传经送宝",就会枉顾真实的生活;反之,时常以对象的生活世界修正自身的"利刃偏锋",更有助于提升社会研究的实质意义。在这个意义上,对社会研究者而言,"推"实际上是一种推己及人的忠恕之道。正如在潘光旦先生诞辰100周年纪念会上费孝通先生所评价的那样:"潘先生这一代人的一个特点,就是懂得孔子讲的一个字:己,推己及人的己。懂得什么叫作'己',这个特点很厉害。……儒家不光讲'推己及人',而且讲'一以贯之',潘先生是做到了的。"② 就此而言,社会研究本身也是研究者的自我塑造过程。为学为人,其道一也。

---

① 潘乃穆、潘乃和编:《潘光旦文集》第10册,北京大学出版社2000年版,第157页。
② 费孝通:《费孝通人生漫笔》,同心出版社2001年版,第52—55页。

从文化自觉到学科自信：社会学学科的本土构建[*]

郝彩虹[**]

摘　要　在当前广泛而深刻的社会变革时代，重温中国社会学发展历程，总结社会学学科本土构建过程中的规律和经验，对于学科发展具有重要意义。回顾中国现代社会学百余年的发展历史发现，正是不同时代对"中西古今"问题的不同回应，勾勒出本学科总体的发展和转型轨迹。进一步分析发现，无论是百余年来中国现代社会学的发展轨迹，还是近年来从荀子群学思想体系出发的本土社会学的重构，都表明同时了解、理解、反思自身文明和其他文明的文化自觉是中国社会学学科自信的起点，而践行"关怀""融通""创新"是实现中国社会学学科贡献、彰显学科自信的途径。

关键词　学科自信；中国社会学；文化自觉；荀子群学思想体系

习近平总书记2016年5月17日在哲学社会科学工作座谈会上的讲话中指出："当代中国正经历着我国历史上最为广泛而深刻的社会变革，也正在进行着人类历史上最为宏大而独特的实践创新。这种前无古人的伟大实践，必将给理论创造、学术繁荣提供强大动力和广阔空间。这是一个需要理论而且一定能够产生理论的时代，这是一个需

---

[*]　文章原载于《哈尔滨工业大学学报（社会科学版）》2020年第3期"社会理论与社会建设"专栏。

[**]　郝彩虹，1984年生人，中华女子学院社会工作学院讲师，社会学博士，主要从事劳动社会学、家庭社会学研究。

要思想而且一定能够产生思想的时代。"① 随后，在庆祝中国共产党成立95周年大会的讲话中，习近平总书记又提出"文化自信"，强调："文化自信，是更基础、更广泛、更深厚的自信。在5000多年文明发展中孕育的中华优秀传统文化，在党和人民伟大斗争中孕育的革命文化和社会主义先进文化，积淀着中华民族最深厚的精神追求，代表着中华民族独特的精神标识。"② 社会学是哲学社会科学的重要组成部分，以上两次讲话，前者对社会学在当前大变革时代的历史使命担当提出了要求，后者指明了社会学建立学术自信和学科自信进而以中国话语走向世界的文化基础。在此时代背景下，回顾、梳理、反思中国社会学的发展和学科构建，总结其中的规律和经验，对于丰富社会学的学科贡献，彰显社会学的学科自信，具有重要意义。

一 重温清末民初以来社会学发展的两段历程

自西方社会学清末民初传入中国以来，中国现代社会学共出现了两个大发展阶段。第一阶段是自晚清到1949年新中国成立的早期社会学发展时期；第二阶段是20世纪80年代以来社会学的恢复重建时期。两个时期所处时代背景、历史条件和文化背景的差异，使得中国现代社会学的学科发展表现出不同的特征。然而百余年来，中国作为现代化后来者和西方现代文明学习者的角色，又决定了现代社会学发展两段历程的相似性。

（一）早期社会学的发展：背景、使命、路线

20世纪前半叶的中国社会学，是在清末民初西学东渐的历史背

---

① 习近平：《在哲学社会科学工作座谈会上的讲话》，人民出版社2016年版，第8页。
② 习近平：《在庆祝中国共产党成立95周年大会上的讲话》，人民出版社2016年版，第13页。

景下，伴随西方社会学的传入而发展起来的。半殖民地半封建的社会现实和救亡图存的思想潮流，使得社会学在学科自立过程中逐渐担当起"救中国"的学科使命，正如费孝通先生所言的，"我初进燕京大学的时候，中国的社会学正在酝酿走这样的一条路子，一种风气。就是要用我们社会科学的知识、方法来理解中国的社会文化，来改造它，找到一条出路，来使得我们不要走上亡国的道路"①。

在这种使命担当的统领下，社会学界发展出了不同的学派，包括以陶孟和、李景汉为代表的"社会调查学派"，以孙本文等为代表的"社会学学院派"，以晏阳初、梁漱溟为代表的"乡村建设学派"，以吴文藻和费孝通等为代表的"社区学派"（又称"社会学中国学派"），以及以李大钊、瞿秋白、李达等为代表的马克思主义社会学学派。虽然学派不同，对当时中国问题本质的判断和中国出路的选择不同，但这些学派中的大多数都深受西方社会思潮影响，在西方社会学理论和方法的介绍以及本土实践方面作出了重要贡献。

难能可贵的是，在西方文化强势进入的洪流中，社会学界的很多人依然坚持了"社会学中国化"的自觉。例如，吴文藻留学回国后，力推社会学中国化的学术运动，并将研究中国国情作为社会学中国化的路径，将社区研究作为社会学中国化的核心议题。② 再如，费孝通一生的研究也实践了"用科学方法找到一条比较符合实际的社会发展道路"的学术使命。③ 景天魁将其概括为坚持从"中国故事"中提出"中国问题"的问题设定，坚持用中国话语说"中国故事"的话语选择以及坚持扎根乡土、层层扩展的学术路线的路径笃守。④

---

① 费孝通：《我对中国农民生活的认识过程》，《中国农业大学学报（社会科学版）》2007年第1期。

② 李培林：《20世纪上半叶社会学的"中国学派"》，《社会科学战线》2008年第12期。

③ 费孝通：《我对中国农民生活的认识过程》，《中国农业大学学报（社会科学版）》2007年第1期。

④ 景天魁：《中国学术话语体系创新三部曲——费孝通先生的足迹》，《探索与争鸣》2017年第2期。

当时"社会学中国化"的自觉,除了源于"救中国"的学科使命外,还与当时整体的社会生活背景和学术共同体内部中国社会思想史和社会史研究的贡献有关。换句话说,对于当时接受新式教育并从西方留学回国的学者而言,即便完全没有受过传统教育,但其所处的生活情境以及与学术同道之间的交流,必然使其对中国的乡土社会和传统文化不感陌生,所以在学习和引介西方社会理论时,自发的中西比较便成为可能,比如中国差序格局对应西方团体格局、中国家庭亲子轴对应西方家庭夫妻轴、中国礼治社会对应西方法治社会等。所以,这一时期的自觉具有整体社会文化背景下的无意识自觉的意涵。景天魁认为这一"社会学中国化"的实践,是对清末维新派和革命派融通、担当两大传统的继承、深化和发展。①

(二)社会学的恢复重建:过程、特征、贡献

对于改革开放后社会学的恢复重建这段历史,是人们比较熟悉的。学界通常把1980年至今中国社会学的学科建设和学术发展作为一个连贯的历史来介绍,但事实上,这段历史本身是动态发展的,并表现出明显的分期特征。

李强通过分析,提出社会学恢复重建初期的四个基本特征,包括具有突出的学习和开放特征、完成了中国社会学基础建设、创建了比较完整的中国特色社会学学科体系以及探讨解决改革开放面对的诸多社会问题。② 应该说,这一概括是很中肯客观的。然而,"先有后好"的重建原则使得社会学在迅速完成学科体系建设任务的同时,先天地存在学术发展的短板。③

重建早期任务紧急,所以在专业人才培养方面采用"速成"方

---

① 景天魁等:《中国社会学:起源与绵延(上册)》,社会科学文献出版社2017年版,第29页。
② 李强:《改革开放40年与中国社会学的本土化、发展及创新》,《社会科学战线》2018年第6期。
③ 费孝通:《重建社会学与人类学的回顾和体会》,《中国社会科学》2000年第1期。

法，即通过短期培训和在边学边干中培养人才。这有利于社会学学科体系的快速建立，但学术基础不够扎实，学术水平难以提高。到 20 世纪末重建近 20 年的时候，学界对社会学重建中的学术发展问题有所自觉，并明确提出中国社会学重建的主要任务和主要困难不在于扩大队伍、开辟新的领域和形成新的分支学科，而"在于加强学术建设"，"而学术建设的灵魂是学术意识"，并提出"学科视角、概念语言和学术定位，是社会学的学术意识的几个基本要素"，只有"自觉地意识到这些要素，运用它们，遵循它们，在它们的引导下从事研究所取得的成果，才能被称作社会学的成果"。① 费孝通晚年也在各种场合多次强调社会学人类学的"补课"和"队伍建立"问题，认为只有如此才能真正实现国际接轨，"学术成果是要在国际上拿出来，硬碰硬作比较的，我们要有自知之明，要有一点自觉，好好补课，努力追上去，赶上和力求超过国际水平"②。

  除了缺乏学术意识，缺少文化自觉和理论自觉也是社会学重建早期的另外两个突出问题。中国社会学的重建恰逢美国实证社会学风头无两之时，并深受其影响，实证主义传统以其"科学性"外衣在中国社会学界获得了强势话语，客观上导致社会学其他传统的沉寂。③ 而 20 世纪上半叶中国早期社会学的积累，除了社区学派的研究获得些许重视外，其他学派的学术思想很少被提及。其结果是，重建后的社会学几乎完全等同于西方社会学、尤其是美国社会学，大学课堂上中国社会思想史或中国社会学史课程一直处于边缘位置，以致学生的学科知识结构严重西方化。④ 更甚之，即便学习美国社会学，也只重形式学习而轻理论建构。正是在此种情形下，费孝通提出社会学重建

---

① 景天魁：《中国社会学的学术意识》，《社会学研究》1998 年第 1 期。

② 费孝通：《重建社会学与人类学的回顾和体会》，《中国社会科学》2000 年第 1 期。

③ 田毅鹏：《新时代中国社会学的志向》，《中国社会科学报》2019 年 1 月 16 日第 6 版。

④ 应星、吴飞、赵晓力、沈原：《重新认识中国社会学的思想传统》，《社会学研究》2006 年第 4 期。

的指导思想和本土化的问题、补课和队伍建设的问题，强调理论和实际相结合、教学和研究相结合，重视"文化自觉"与中国学者的历史责任以及知识分子的正气和第二次创业等。①

费孝通 2000 年在《重建社会学与人类学的回顾和体会》中的教诲，对于学科发展具有"拨乱反正"的关键意义。费孝通不仅为社会学重建指明了路径，即认识和理解中西方历史和传统，找出差别和差距——批判地继承本土文化和吸收外来文化，剔除糟粕，留下精华，树立追赶和竞争意识——创新、开拓、前进，建立中国特色的社会科学，而且提供了具体的方法指导，即研究者要回归生活本身，通过实地调查和观察体验，在反复实践中认识社会发生发展的规律。②此外，费孝通还反复强调文化自觉，强调扩展社会学的传统界限，为后继者指明了研究方向。③

进入 21 世纪以后，在文化自觉和理论自觉的呼吁声中，社会学研究议题趋于多元，公共学科资源和研究规范化建设得到越来越多的关注，④研究者的自我反省意识不断增强。⑤社会学内部虽然尚未形成各方一致承认的学派、研究范式和宏观理论，但在学科规范化、学术的科学性和人文性兼顾以及解释具体社会问题的中层理论建构等方面，还是取得较为丰硕的成果。此外，社会学的国际化和本土化同步推进，在国际对话和合作交流中向世界传递中国社会学的声音，社会学本土化和本土社会学的构建再次成为学术实践议题。

---

① 费孝通：《重建社会学与人类学的回顾和体会》，《中国社会科学》2000 年第 1 期。
② 费孝通：《重建社会学与人类学的回顾和体会》，《中国社会科学》2000 年第 1 期。
③ 费孝通：《试谈扩展社会学的传统界限》，《北京大学学报（哲学社会科学版）》2003 年第 3 期。
④ 边燕杰、杨洋：《改革开放 40 年中国社会学的发展历程》，《社会科学文摘》2018 年第 11 期。
⑤ 李友梅：《40 年来中国社会学的成长发展》，《中国社会科学报》2018 年 6 月 28 日第 1 版。

综上所述，中国现代社会学发展的两段历程虽然有差别，但西方社会学在中国的传播和扩张、中西社会学的会通，以及"本土社会学"的探索、转型和更新三条路径，共同构成中国社会学发展和转型的统一画卷。① 郑杭生将中国现代社会学发展的百年轨迹提炼为"立足现实，开发传统，借鉴国外，创造特色"②。几代学人前赴后继，为实现社会学作为一个学科的应有担当而不懈努力。

二 作为社会学学科自信起点的文化自觉

纵观中国现代社会学百余年历史可以发现，当学术研究和学科建设有文化自觉，能立足本国文化情境和社会现实时，就能取得较好的发展；反之，脱离文化和社会现实的研究，则难免流于形式或陷入方法展示，难以触及社会问题的根本，更难以构建原创理论。学科自信是以学科贡献为前提的，或是创新、发展理论，或是回应现实需要。如果社会学学科，在学术上无法贡献有价值的理论，在社会问题解决和人类发展方面无法提供独到科学的见解，在人的群己关系方面无法给出规律性的分析，那么其存在的合法性尚且存疑，又谈何学科自信。社会学兼具科学精神和人文精神的性质，决定了其学科逻辑除了遵循科学性的一般规律外，还要植根于具体的社会文化情境，这样才能产生真正的学科贡献。从这个角度讲，文化自觉甚至可以被称为社会学学科自信的起点。

"文化自觉"是费孝通在1997年提出的，"指生活在一定文化中的人对其文化有'自知之明'，明白它的来历、形成过程、所具有的特色和它的发展趋向，不带任何'文化回归'的意思，不是要'复旧'，同时也不主张'全盘西化'或'全盘他化'"。费孝通倡导文

---

① 景天魁：《中国社会学崛起的历史基础》，《北京工业大学学报（社会科学版）》2017年第4期。

② 郑杭生：《中国社会学百年轨迹的启示》，《中国特色社会主义研究》2000年第2期。

化自觉,能够加强对文化转型的自主能力,取得文化选择的自主地位,在多元文化的世界中确立自己的位置,并在此基础上"和其他文化一起,取长补短,建立一个有共同认可的基本秩序和一套与各种文化能和平共处、各抒所长、联手发展的共处条件"①。文化自觉不是好古、泥古甚或复古,而是以对自身文化处境的认识和把握为基础,增强文化辨识和选择的能力。② 在一个日益扁平化的世界,这种文化辨识和选择的能力,对社会学、人类学的学术发展和学科建设具有根本意义,对国家和民族道路的选择、对芸芸大众获得更好的活法,具有重要的指导意义。那么,如何实践文化自觉呢? 费孝通指出,首先要认识和反思自己的文化,其次要理解和反思所接触到的多种文化。③ 对自身的反思是理解不同文明之间关系的前提,文化自觉的"含义应该包括对自身文明和他人文明的反思,对自身的反思往往有助于理解不同文明之间的关系"④。反思的前提是对本土文化的了解和理解。

事实证明,文化自觉推动了中国社会学学术自尊的回归和学术气象的相对繁荣,是社会学确立其学科地位、实现学科自信的先决条件。20 世纪前半叶早期社会学的文化自觉(无论是否有意识),或有力推动了社会学的学术成果创新,或直接影响了社会改造实践,很大程度上帮助中国早期社会学确立了其在国内外的学科地位。

进入 21 世纪以后,当文化自觉成为很多中国社会学者的共识后,学界的自觉主要表现在四个方面。一是对中国历史、传统和现实有了越来越多的观照,问题意识、概念体系、分析框架等本土特色越来越突出,社会学研究不再超然现实社会文化情境去简单移植或嫁接西方社会学的分析框架、概念体系和理论命题等。二是开始重视发掘中国

---

① 费孝通:《对文化的历史性和社会性的思考》,《思想战线》2004 年第 2 期。
② 景天魁等:《中国社会学:起源与绵延(上册)》,社会科学文献出版社 2017 年版,第 21 页。
③ 费孝通:《"美美与共"和人类文明:上》,《群言》2005 年第 1 期。
④ 费孝通:《"美美与共"和人类文明:下》,《群言》2005 年第 2 期。

早期社会学的思想遗产，或通过学术研讨、出版著作等大力推动中国社会学经典的普及，或对中国现代社会学的发端和传统作本源性讨论，或专门介绍早期社会学代表人物的思想，等等。三是从强调社会学的人文性出发倡导社会学研究方法的扩展，呼吁学界走出对数据和模型的迷恋，扎根社会底蕴，锻造田野技艺，实践学科的人文精神和社会关怀。四是回到中国自身的历史变迁、社会继替和文化更迭中，从中国社会学的优秀思想传统出发，回溯传统，解释传统，以荀子的群学概念体系和群学命题体系为骨架，重构中国社会学史，构建完全生发于本土历史和土壤的中国社会学的话语。虽然这些努力尚处于初步发展甚或发端阶段，但其成果不仅丰富了中国社会学的学术脉络，而且回归社会学的人文性格、历史视野和价值关怀，为理论创新和发展提供了更多可能。

三 以关怀、融通、创新彰显社会学学科自信

学科自信是以学科贡献为前提的。社会学学科只有不负学科使命，在学术理论构建和现实问题回应方面作出本学科的贡献，才有可能得到共同体外部的承认和共同体内部的自信。没有学科贡献的学科自信，难免落入妄自尊大的陷阱。那么，社会学如何作出学科贡献以彰显学科自信呢？笔者认为，除在以文化自觉作为起点外，还应践行关怀、融通、创新。

彰显社会学学科自信的第一步是践行"关怀"。景天魁认为中国社会学的优秀传统特征之一是"担当"。[①] 笔者深以为然。这种"担当"背后是作为知识分子的社会学前辈对于天下苍生的慈悲和关怀。这种慈悲和关怀不仅是中国传统知识分子"天下兴亡，匹夫有责"的担当和"为天地立心，为生民立命，为往圣继绝学，为万世开太平"的风骨，也不仅是早期社会学前辈"救亡图存"和费孝通先生

---

① 景天魁等：《中国社会学：起源与绵延（上册）》，社会科学文献出版社2017年版，第7页。

"志在富民"的学术使命,还是知识分子的立身之本,是知识分子之"己"的天然属性,即"良知"。作为"良知"具体体现的学科人文关怀和社会关怀,是社会学学科超越"担当"工具理性的价值理性,是社会学学科方向的内在指引。践行"关怀"即身体力行社会学的学科使命。

彰显社会学学科自信的第二步是践行"融通"。景天魁将"融通"定义为"会通中西、贯通古今"①。景天魁认为,中国社会学的根本问题是中西古今问题,中西会通和古今贯通分别从空间性维度和时间性维度,构成了中国社会学崛起的基础条件。② 田毅鹏也提到新时代中国社会学应"总结挖掘本土社会学资源,实现多重的学术对话,使社会学在植根本土的同时,实现新的世界意义上的发展"③。具体到对社会学学人的学力和学养的要求来说,就是既要有中国社会思想史和中国社会学优秀传统的扎实储备,又要通晓西方社会学的发展脉络和理论思想,还要立足当代中国现实的社会条件和话语体系,在中西、古今思想精髓的对话、比较、辨识和筛选中,实现"融通",为学科创新打好知识基础。近年来,景天魁带领研究团队从荀子的群学思想出发,通过对群学概念体系和命题体系的梳理,构建中国本土社会学史,并与西方社会学进行对话,不失为"融通"的典范。④

彰显社会学学科自信的第三步是践行"创新"。学科自信的根本是学术自信,而学术自信的根本是学术创新,包括理论创新和实践创新。在理论创新方面,社会学除了要有理论自觉或理论创新意识,还

---

① 景天魁等:《中国社会学:起源与绵延(上册)》,社会科学文献出版社2017年版,第7页。
② 景天魁:《中国社会学崛起的历史基础》,《北京工业大学学报(社会科学版)》2017年第4期。
③ 田毅鹏:《新时代中国社会学的志向》,《中国社会科学报》2019年1月16日第6版。
④ 景天魁:《论群学复兴——从严复"心结"说起》,《社会学研究》2018年第5期。

需要在"融通"的基础上,走进现实社会,观察社会现象,体验实实在在的社会生活,以具有本土特色的概念和话语解释社会,并进行跨文化交流,在此基础上实现理论创新。费孝通先生将之称为"从实求知""务实求新",并强调这个"知"是要运用"理性""把普通寻常的东西讲出个道理来"①,实现由经验事实到理论思想的转化。在学术实践创新方面,社会学要突破西方社会学学科脉络和研究方法的局限,探索学科知识生产的更多源头和路径。景天魁带领的"中国社会学的起源、演进与复兴"课题组,回到荀子的群学思想源头重构中国社会学史的学术活动,体现了社会学学科实践创新的大胆尝试。②

结　论

本文通过回顾、梳理、反思中国社会学的发展历程,发现无论是百余年来中国现代社会学的发展轨迹,还是近年来从荀子思想体系出发的本土社会学的重构,都表明只有将文化自觉作为中国社会学学科自信的起点,践行"关怀""融通""创新"的学科路径,才能实现中国社会学的学科贡献,彰显学科自信。

对于笔者这样一个学术新人来说,这一认识对于自身为人为学都有极为重要的启示。近些年通过阅读中西社会学经典,在与先贤们跨越时空的对话和交流中,方向一点点清晰起来。在这个过程中,最重要的收获不在于知识的增加,而在于字里行间所感受到的先贤们超越名利以学术为最大的学术品格。受此潜移默化之影响,工作和生活的琐碎就不再是学术道路上的羁绊,因为只要发自内心地热爱,就没有什么能真正构成障碍。而对于为学的具体启示,就是坚持文化自觉,

---

① 费孝通:《我对中国农民生活的认识过程》,《中国农业大学学报(社会科学版)》2007年第1期。
② 景天魁:《欲兴其学 先正其史——略谈中国社会学史研究》,《人文杂志》2019年第6期。

带着知识分子的人文关怀和社会关怀,认识和了解本国、本民族和世界其他国家、民族的历史传统和思想宝库,理解本土文化和"异文化",融通中西古今,从实求知,务实求新,带着理论自觉观察和体验社会生活,创新学术知识生产实践,做出真正有价值的学问。

中国社会学对本土历史、文化和思想资源发掘的使命与路径[*]

王处辉[**] 谷 莎[***]

摘 要 社会学在初创时期即致力于解决西方社会的现代性问题以重建社会秩序。社会学思想由西方传入中国以来，经历了与中国本土文化会通的过程，取得了较为丰富的成果，但理论发展仍相对缓慢，亟须从中国历史、文化、思想中汲取本土社会学理论发展的学术资源。历史社会学研究者的理论关怀体现为对历史现象中的社会思想、社会价值观的诉求。文化社会学研究可通过从器物、制度中提取隐含于其中的代表思想文化核心内容的社会价值观，为中国现代社会"人"的现代性问题的解决提供理论资源。社会价值观成为从历史、文化、思想三个维度解读社会事实的和合性基础，社会学家应在综合性视野下看待利益分配问题，并从具体的社会生产、生活实践中体察蕴含于其中的社会思想，为中国的现代化服务。

关键词 中国化；历史；文化；思想；社会价值观

社会学作为一门学科，是在西方工业革命、政治革命等深刻而广泛的社会变革所带来的社会动乱中产生与发展起来的。18世纪60年代，在英国首先爆发的工业革命，在为英国社会带来工业发展与技术进步的同时，原有关于社会生活秩序的传统理论对于新出现的社会关

---

[*] 文章原载于《上海师范大学学报（哲学社会科学版）》2021年第5期"城市与社会"专栏。
[**] 王处辉，1955年生人，南开大学周恩来政府管理学院社会学系教授，博士生导师。
[***] 谷莎，南开大学周恩来政府管理学院社会学系博士研究生。

系和社会秩序问题的解释力下降,由此引发了社会对新理论的需求。18世纪末,法国已经完成资产阶级革命,但随后的几十年中社会极其动荡,国家政权几易其主,政治革命的广泛爆发以及随之而来的经济大衰退,激发起人们对安定和谐的社会生活的渴求。孔德在这样的历史背景下,思考人类社会的运行是否有其客观的原理、原则,以及如何依此重建社会秩序的问题,并创立了社会学。① 因此,社会学自诞生之时,就已经把如何重建社会秩序确定为其理论追求的一个中心议题。但是,关于社会学研究对象为何、社会学与其他学科的关系应当如何等问题的界定仍然众说纷纭,直至法国社会学家 E. 迪尔凯姆在《社会学方法的准则》② 一书中将社会学的研究对象确定为"社会事实",并为社会学规定了研究方法和研究准则。自此之后,社会学的学科地位才得以稳固。

理论的建构与方法论的完善是学科具有独立性的重要标志。西方社会学理论的建构活动与19世纪中叶以后资本主义制度和现代社会体系在西欧的确立这一历史背景相关,是西方知识分子面对种种社会变革及社会危机,在已有社会思想资源的基础上寻找新的方法和理论体系来重新组织和安排社会生活秩序的努力。③ 但产生于西方的社会学理论是在西方社会出现诸多矛盾的现实基础上建构起来的,是以西方社会的社会事实为研究对象来解决西方社会的现代性问题以重建社会秩序的。因此,当西方社会学理论被引入中国以后,中国学者首先需要解决的问题是西方社会学的学科思维与中国本土文化的会通。

虽然西方社会学思想19世纪末才传入中国,但中国学者20世纪30年代就已提出了"社会学中国化"命题。④ 20世纪三四十年代,

---

① 文军主编:《西方社会学理论:经典传统与当代转向》,上海人民出版社2006年版,第10—12页。
② [法] E. 迪尔凯姆:《社会学方法的准则》,狄玉明译,商务印书馆1995年版。
③ 文军主编:《西方社会学理论:经典传统与当代转向》,上海人民出版社2006年版,第12—16页。
④ 费孝通:《略谈中国的社会学》,《社会学研究》1994年第1期。

中国的社会学家为此做出了诸多努力。遗憾的是，1952年取消社会学学科后，关于学科建设的任何讨论都失去了合法性。直到1979年中国恢复重建社会学以来，40多年里，经过最初的"补课""学习"阶段后，学者们才提出并践行"本土化"的学科发展路径，取得了较为丰富的学术研究成果，建立了较为完善的学科体系。但是，社会学学科仍然存在经验研究发展迅速而理论研究相对缓慢的问题。① 近年来，中国社会学的实证研究也经常提到一个具有共性的议题，即在中国社会情境下出现的某一社会现象具有其独特的内在逻辑，不能简单地用西方理论进行诠释。为什么中国现实社会的运作有其独特的内在逻辑呢？这一独特性的实质是什么呢？单从西方社会学理论中借鉴思想资源已经无法满足我们的需求，因此，从中国几千年的社会思想中提取文化基因已成为迫切的理论诉求，从社会学视角对中国历史思想文化的学术挖掘也成为实现中国社会学理论创新的可资借鉴途径。

一 社会学视域下的历史、文化与思想

基本概念是研究任何问题的起始点。张之洞在《书目答问》中谈道："由小学入经学者，其经学可信；由经学入史学者，其史学可信；以经学、史学入理学者，其理学可信；以经学、史学兼辞章者，其辞章可用也；以经学、小学兼经济者，其经济成就远大。"② 社会学属于经济之学，但是它的前提一定是小学、史学和经学，这是我们必须做的工作。我们以概念为切入点，在这个基本问题上谈一个基本理论和基本方法论的问题。

在中国传统社会中，"历"和"史"是两个分开论述的概念。讲"历"③的时候，第一有历法、历算的意思，如指推算日月星辰的运

---

① 王处辉、孙晓冬、杨辰：《近三十年社会学学术研究的发展轨迹与本土化反思》，《中共中央党校学报》2017年第5期。
② （清）张之洞：《书目答问》，朝华出版社2017年版，第191页。
③ 《古代汉语词典》（第2版），商务印书馆2014年版，第895—896页。

行以定岁时节令的方法,① 观测推算天体的运行,② 历书,③ 掌管历法的人;④ 第二有年寿的意思;⑤ 第三有依次列出的意思;等等。《说文解字》解释"历"有调和节治之意。无论是做"定岁时节令的方法""观测推算天体运行""掌管历法的人"的解释,还是做"年寿""依次列出""调和节治"等解释,其中都蕴含着传统社会对时间规律的掌握与理解。讲"史"⑥的时候,与现代意义上的"历史"意涵相近,⑦ 即史学的意思,又指记载历史的书籍。⑧ 由《说文解字》将"史"解释为"记事者也"可见,"史"是指已发生的事情或对已发生的事情的记录。"历""史"不是连贯在一起使用的一个概念。在《三国志》⑨中写到孙权曾经博览书传历史,其中的"历"和"史"是分别代表两个不同类目的学问。

---

① 参见赵辉贤注释《周易注译》,浙江古籍出版社2009年版。(《革·卦四十九》:"君子以治历明时。")参见谷声应注释《吕氏春秋白话今译》,中国书店1992年版。(《吕氏春秋·勿躬》:"容成作历。")

② 参见(汉)司马迁《史记》,中华书局2012年版。(《史记·天官书》:"自初生民以来,世主曷尝不历日月星辰?")

③ 参见张舜徽《汉书艺文志通释》,湖北教育出版社1990年版。(《汉书·艺文志》:"历谱者,序四时之位,正分至之节。")参见(南朝宋)范晔《后汉书》,中华书局2012年版。(《后汉书·百官志二》:"凡岁将终,奏新年历。")

④ 参见(清)王先谦集解《庄子》,上海古籍出版社2009年版。(《庄子·齐物论》:"自此以往,巧历不能得,而况其凡乎?")参见黄怀信译注《大戴礼记译注》,上海古籍出版社2019年版。(《大戴礼记·曾子天圆》:"圣人慎守日月之数,以察星辰之行,以序四时之顺逆,谓之历。")

⑤ 参见(汉)班固《汉书》,中华书局2012年版。(《汉书·诸侯王表序》:"周过其历,秦不及期,国势然也。")

⑥ 《古代汉语词典》(第2版),商务印书馆2014年版,第1314页。

⑦ 参见(汉)司马迁《史记》,中华书局2012年版。(《史记·太史公自序》:"自获麟以来,四百有余岁,而诸侯相兼,史记放绝。")

⑧ 参见方勇译注《孟子》,中华书局2010年版。(《孟子·离娄下》:"其文则史。")参见金午江、金向银《谢灵运山居赋诗文考释》,中国文史出版社2009年版。(谢灵运《山居赋》:"国史以载前纪。家传以申世模。")

⑨ 参见(晋)陈寿《三国志》,中华书局2019年版。[裴松之注:《三国志·吴志·吴主传》,引《吴书》:"(孙权)志存经略,虽有余闲,博览书传历史,藉采奇异,不效诸生寻章摘句而已。"]

我们今日所讲的"历史"一词是进入近代以后从日本借鉴过来的。依照"历""史"两个概念的各自内涵,"历史"是指时间维度中已发生的社会活动或对已发生社会实践活动的记录。于我们而言,所有昨天发生的事都是历史,今天正在发生的事是在创造历史,明天则将今天所发生的事情称为历史。但所有发生过的事情都会被记录吗?这无疑是不可能的。历史的书写者对已发生的社会实践活动依照史学家的视角做出重要与否的判断,择取他们视野下的有意义事件并按照时间顺序做真实可靠的记录,而未被记录下来的已发生的有意义的社会事实,则需要历史研究者在相关的物质与非物质遗存中寻找蛛丝马迹以做出推断。中国的社会学者做研究时将注意力主要集中在对现代社会的研究,历史感太弱。在现实社会中做社会调查所看到的社会样貌如同医生在医院看CT一样,看到的是一个横断层;当需要解读具体问题的时候,如果没有同过往历史相联系,则解释不清楚。这也是"历史"在现代社会学研究中的意义所在。

"文化"(culture)这个概念,也不是由中国产生的,但中国传统社会有"观乎人文以化成天下"[①] 的表述,其中"文"[②] 的含义为彩色交错、[③] 文采、文饰(与"质"相对)、[④] 外表、形式、[⑤] 字、文字、[⑥]

---

① 参见林满之主编《周易全解》,黑龙江科学技术出版社2013年版。(《易经·贲卦》中的《象辞》:"刚柔交错,天文也。文明以止,人文也。关乎天文以察时变,关乎人文以化成天下。")

② 《古代汉语词典》(第2版),商务印书馆2014年版,第1548页。

③ 参见赵辉贤注释《周易注译》,浙江古籍出版社2009年版。(《系辞下传》:"物相杂,故曰文。")

④ 参见方闻《论语释义》,首都师范大学出版社2018年版。(《论语·颜渊》:"君子质而已矣,何以文乎?")

⑤ 参见陈桐生译注《国语》,中华书局2013年版。(《国语·鲁语下》:"夫服,心之文也。")

⑥ 参见陈桐生译注《国语》,中华书局2013年版。(《国语·晋语八》:"夫文,虫皿为蛊。")参见(南朝宋)范晔《后汉书》,中华书局2012年版。(《后汉书·祭祀志下》:"三皇无文,结绳以治。")

文献、典籍①等。《说文解字》中提道"青与赤谓之文"。由此可知，"文"是一个静态概念，指不同类别的事物交错集合在一起所呈现的状态，也具有文字表达的意思。"化"②的含义为变化、改变，③生长，化育，自然界生成万物的功能，④教化、感化⑤等。《说文解字》中解释为："教行也。教行于上。则化成于下。贾生曰。此五学者既成于上。则百姓黎民化成于下矣。老子曰：我无为而民自化。"⑥因此，"化"是一个动词，是指人为或自然而为地造成事物由一个状态向另一个状态的转变。钱穆认为"文"用现代白话来讲是"花样"的意思，即人生有种种不同的花样，如天生有男有女，这些都是自然的花样，但由男女化成夫妇，就是人文，是文化了。⑦西方社会的"culture"一词原意是驯化、培训、培养、培育，中国近代以来将此概念解读为"文化"是较为贴切的。可以说，文化的过程是人类所独有的、与人类的发展相伴随的必然的活动，是一个不断地培训、驯化以促进人类社会进步的过程，或者说是维护社会秩序之逻辑的形成与完善的过程。

---

① 参见方闻《论语释义》，首都师范大学出版社2018年版。（《论语·子罕》："文王既没，文不在兹乎？"）
② 《古代汉语词典》（第2版），商务印书馆2014年版，第578页。
③ 参见（清）王先谦集解《庄子》，上海古籍出版社2009年版。（《庄子·逍遥游》："北冥有鱼，其名为鲲……化而为鸟，其名为鹏。"）参见（汉）班固《汉书》，中华书局2012年版。（《汉书·高帝纪上》："吾子，白帝之子也，化为蛇，当道，今者赤帝之子斩之，故哭。"）
④ 参见杨天宇译注《礼记译注》，上海古籍出版社2004年版。（《礼记·乐记》："乐者，天地之和也……和，故百物皆化。"）参见（东汉）王充《论衡》，岳麓书社2015年版。（《论衡·订鬼》："天地之性，本有此化，非道术之家所能论辩。"）
⑤ 参见杨天宇译注《礼记译注》，上海古籍出版社2004年版。（《礼记·学记》："君子如欲化民俗，其必由学乎！"）参见《读柳宗元〈封建论〉》，人民出版社1974年版。（柳宗元《封建论》："孟舒、魏尚之术，莫得而施；黯之化，莫得而行。"）
⑥ （汉）许慎：《说文解字》，上海古籍出版社1988年版。
⑦ 钱穆：《中华文化十二讲》，九州出版社2017年版，第4—5页。

文化可分为器物文化、制度文化、意识/思想文化。器物文化是人们对某种问题的认识的结果。例如，中国古代"太师椅"的椅背与椅座呈九十度，坐上去并不如西方传来的"沙发"更舒服，但此种设计的理念是要求人们站有站相、坐有坐相，不能像坐沙发一样跷着二郎腿半躺半坐。为了使有些规则被长期执行，就需要将其定为制度，即以成文或不成文的形式将其规定下来。以成文的形式为代表，使其具有强制性，要求人们去执行，鼓励人们去遵从，控制人们不要有违反规则的行为，就是社会控制；而将规则常态化、文本化或长期化的过程，就是制度化。任何制度背后都要传达爱谁和恨谁、鼓励什么和抵制什么的观念，实质是以法规的形式将怎么配置资源落实下来，我们将其称为制度文化。思想文化是器物文化、制度文化的理念支撑，核心是一套代表有社会话语权阶级之利益的社会价值观念，这也就是"核心价值观"的含义，即判定是非曲直的价值标准。①

"思想"又是什么呢？中国传统社会有"思"的表述、"想"的表述，却很少有"思想"的表述。"思"② 有想、思考之意，③"想"④ 亦有思索、思考之意。⑤《说文解字》对"思"的解释中提道"谓之思者，以其能深通也"，即能够对事情有深刻且贯通的理解，这样的思维能力与思维过程就是"思"；对"想"的解释中提道"观思也"和"观思者，观望之思也"，即与"思"具有相通的意思。

---

① 参见中共中央宣传部编《习近平总书记系列重要讲话读本》，学习出版社、人民出版社 2014 年版，第 93 页。

② 《古代汉语词典》（第 2 版），商务印书馆 2014 年版，第 1399 页。

③ 参见方勇译注《孟子》，中华书局 2010 年版。（《孟子·告子上》："心之官则思。思则得之，不思则不得也。"）参见方闻《论语释义》，首都师范大学出版社 2018 年版。（《论语·为政》："学而不思则罔，思而不学则殆。"）参见马世年译注《潜夫论》，中华书局 2018 年版。（《潜伏论·梦列》："昼有所思，夜梦其事。"）

④ 《古代汉语词典》（第 2 版），商务印书馆 2014 年版，第 1626 页。

⑤ 参见从药汀《屈原赋辩译》，故宫出版社 2016 年版。（《九章·悲回风》："入景响之无应兮，闻省想而不可得。"《晋书·成公绥传》："希高慕古，长想远思。"）

因此,"思想"是一个动词,是人们思维活动的过程,我们可将活动过程产生的结果称为对事物的认识。思想最终要落实到器物上、制度上,即器物文化背后反映的是思想理念,制度文化背后反映的也是思想理念,而思想的核心就是一套社会价值观。任何社会价值观背后都是利益的体现,都受到持有该社会价值观的群体或个体所具有的利益的驱动,即一件事情对某一群体或个体来说是有利的就说是好的,不利就说是不好的,最终考虑的是该群体或个体自身的核心利益是否会受损的问题。利益又可被划分为不同的维度,包括物质利益和精神利益、短期利益和长期利益、群体利益和个体利益等。

通过对这三个概念的解读可以看到,"历史"是一个时空观念,它是对社会活动的一种纵向记述,记述的内容就是人们活动的行为与事件,而行为与事件本身及对其记述的取舍即可表达出其文化与思想。所以,"历史""文化""思想"这三个概念是连在一起的一个问题密不可分的三个维度,不应该讲"分",应该多讲"合",否则做研究就会出现偏颇。在此前提之下,器物、制度这些文化现象的背后是思想文化。思想(或认识、观念)是文化的核心,而思想的核心是价值观,这点又和哲学连在了一起。哲学讲本体论、认识论、价值论。我们在研究历史社会学、文化社会学、中国社会思想史的时候,离不开对价值论的讨论,即离不开对事情是非曲直的判断,而这种价值观的产生是人们在长期生产、生活实践中形成的,是有话语权的阶级或阶层依照一定逻辑规定的,同时也是必须对普罗大众的社会生活秩序维持有益的。如周代所讲的"天视自我民视,天听自我民听"[1],史嚚所讲的"国将亡,听于神;将兴,听于民"[2],子产所讲

---

[1] 参见王世舜、王翠叶译注《尚书》,中华书局2012年版。(《尚书·泰誓中》)

[2] 参见杨伯峻编著《春秋左传注》,中华书局1981年版。(《左传·庄公三十二年》)

的"天道远而人道迩,非所及也"①,叔孙豹所讲的"立德、立言、立功"② 三不朽等,之所以被共同认可且长期接受,就在于其对社会的稳定和发展是有益的,满足了社会治理的需求,因此在人们的社会生产、生活实践中长期得到继承并发扬光大。

二 历史社会学研究视角之我见

文崇一在 1995 年出版的《历史社会学:从历史中寻找模式》一书中,主张用社会学的方法研究历史现象。③ 这是否是对历史社会学学科属性的最好抽象?不同学科在对相同社会现象进行研究时所使用的研究方法并不能成为反映其学科特色的唯一标志,更重要的标志是研究的切入点与终极关怀。史学家以历史现象为研究对象时,突出的特点就是要翔实地占据史料,但史学研究需要有服务对象和研究目的,因此必须有理论、理念作支撑。从社会科学的学科视角来看,史学家可以从政治学、社会学、经济学等不同学科角度研究历史。过去史学家以治乱兴衰为研究核心以达到为政治服务的目的,就是现代学科意义上的政治学研究。例如,北宋时期司马光写了编年体史书《资治通鉴》。鉴者,镜也,"鉴"有"铜镜"之意、④ "借鉴"之意;⑤

---

① 参见杨伯峻编著《春秋左传注》,中华书局 1981 年版。(《左传·昭公十八年》)

② 参见杨伯峻编著《春秋左传注》,中华书局 1981 年版。(《左传·襄公二十四年》)

③ 参见文崇一《历史社会学:从历史中寻找模式》,台湾三民书局 1995 年版,第 3 页。

④ 参见杨伯峻编著《春秋左传注》,中华书局 1981 年版。(《左传·庄公二十一年》:"郑伯之亨王也,王以后之鞶鉴予之。")参见(宋)欧阳修《归田录》上海古籍出版社 2012 年版。[《归田录(卷二)》:"有一朝士,家藏古鉴。"]

⑤ 参见陈桐生译注《国语》,中华书局 2013 年版。(《国语·吴语》:"今齐侯壬不鉴于楚,又不承共王命,以远我一二兄弟之国。")参见王水照主编《王安石全集》,复旦大学出版社 2016 年版。(《上仁宗皇帝言事书》:"臣愿陛下鉴汉、唐、五代之所以乱亡,惩晋武苟且因循之祸。")

"资治",是指有关社会治理、社会统治的经验教训。因此,有助于社会治理和社会统治的从古到今的借鉴模式,可称为"资治通鉴"。研究现实的政治是政治学,研究过去的政治就是政治史,如此说来,在有学科分际之后,从不同的学科角度既可以将历史视为政治史,也可以将其视为经济史、社会史、法律史等。

那么,对于社会学家而言,研究历史现象的独特视角和独特方法是什么?社会学家和史学家研究历史现象的区别是什么?历史社会学的研究离不开对社会思想、社会价值的诉求。当对历史的研究由对历史现象的阐释上升到理论抽象程度时,就成为思想史的研究;而在社会学视角下提炼出中国历史现象中的社会学理论因素,实质就是中国社会思想史研究所具有的理论关怀。社会思想的核心是社会价值观,因此,从社会学的视角研究历史中社会现象发生、发展的逻辑时,将历史现象中所体现的社会价值观作为研究的落脚点,是体现社会学研究特色的最为合适的路径选择。历史社会学的研究应该和社会思想史的研究联系起来,在解释清楚社会现象为何的基础上,进一步探究现象背后所代表的价值趋向、反映的社会理念。例如,宗法制是中国古代社会实施过的一项制度,前辈学者们已经在考据的基础上将此项制度的样态描述得比较清楚。假如以"宗法制"为研究对象,我们需要做的是发现这样一种现象、制度背后所传达的思想形态是什么,需要挖掘别人没有发现的制度背后所隐含的社会价值趋向和趋度。

对任何社会现象的研究,都要看到它背后所反映的意义和社会价值观,而意义和社会价值观的发掘又常常是通过在时间维度下的前后比较、空间维度下的不同区域比较得来的。通过比较同一时期的不同国家或不同时期的同一国家实施的制度,可探究它们之间存在何种差异。存在差异一定有原因,原因即在于其各自代表某种社会价值观,或者代表某种利益。例如,中国传统社会有被称为不可赦的"十恶"法律条规,这"十恶"观念在汉代就已经形成,在隋代被正式列入法典,具体内容包括谋反、谋大逆、谋叛、恶逆、不道、大不敬、不孝、不睦、不义、内乱。① 这十则条例中，没有一则涉及"渎神"，而在文艺复兴和启蒙运动之前西方社会最大的恶就是"渎神"，这显示中西方在确定罪恶事件时的标准是不一样的。在中国社会，没有渎神罪。如《诗经》②中有"昊天不佣""昊天不惠""不吊昊天"等语句，周朝是信天、信命的，依然可以骂天，与中国社会思想在发展的初始阶段即具有很强的世俗性相关，表明中国传统社会对"人"的地位的重视高于对"天""神"地位的重视，这是与西方社会极为不同的地方。

中国所说的"不赦"，即不可饶恕的罪状，是一种制度安排，也是一种社会价值判断。通过比较不同的制度设定、制度安排，可发现它们背后所代表的不同的思想意涵，这是历史社会学应该关注的问题。历史社会学就是通过研究历史事件，从其中的行动、制度中找到其背后隐藏或体现的社会价值观。社会学研究不同于史学研究的一个明显特征在于研究主旨不尽相同，即史学家以考据历史事实为研究重点之一，社会学家对历史现象的研究更常用的方式则是借助史学家的考据成果来探究他们没有从中发现的社会学命题。当然，社会学家也需要具备一定的考据功夫，如对原始档案材料的使用。但是在查阅档案之前，如果没有相关的思想理念作支撑，从档案里提取有用的材料简直就像沙里淘金，即做研究之前没有想到证明什么观点或证伪什么观点时，档案材料无法成为研究的证据。那么，我们做研究要证明什么？要证伪什么？要证明的是研究者独立提出的观点，证伪的是别人提出的不适当的观点。通过材料证明别人提出的观点是不对或不准确的，或者用别人没用过的材料证明一个他们没看到但是我们看到的观点，即证实自己的观点，都是创新。这是对历史社会学研究在基本方法论上的认识。

---

① 王占义编著：《中外词语溯源故事大辞典》（精华版），内蒙古人民出版社2017年版，第253页。

② （春秋）孔丘编，［日］细井徇绘：《诗经（名物图解版）》，万卷出版公司2017年版，第141页。

研究历史现象中体现的中国人的社会价值观，探究中国人建构社会秩序以及整合社会的逻辑，是中国社会思想史研究的主要内容之一。从这个意义上讲，以探究社会生活秩序建构及整合的理论方法为主要目的的中国社会思想史，是否可以称作历史社会学呢？这样理解会使对历史社会学学科性质的认识更加云里雾里。历史社会学以所有已发生的事情或已成为既定事实的历史现象为研究对象，导致其研究范围过于庞大。我们可以通过选取一个社会学的观念、观点，找到合适的视角来研究某一历史现象，并从中提取社会学的理论要素。例如，以人际关系为研究视角探究宋元话本等文学作品中体现的社会思想，就是专门研究文学作品中所描述的人与人关系样态所体现的社会价值观，如朋友之间、同学之间等不同关系主体之间如何行事，反映了什么样的思想文化内涵。因此，我们需要从人际关系或社会阶层、社会资本、社会互动角度等任何社会学的理念出发，解读社会现象背后体现的社会价值观，从而体现社会学研究的性质。而借助社会学视角将对历史现象的研究做成社会学研究而非史学研究，并非易事。史学家郑天挺先生指出做史学研究应该"求真、求用"，将此原则移用到社会学研究中同样适用。"求真"，要求研究过程中所使用的资料必须是真实可靠的"意义"，也就是我们所说的工具理性与价值理性，或实用价值与理论价值。

三 文化社会学研究视角之我见

文化社会学作为社会学的分支学科之一，在西方社会19世纪末20世纪初确立并得到发展，至20世纪七八十年代从"批判"走向新的"综合"发展时期，进入了现代文化社会学时期，[①] 这与西方社会学理论的学术发展阶段相关联。西方社会学理论的发展史经历了由在欧洲启蒙与产生、发展的阶段，到发展重心向美国转移的阶段，再到20世纪七八十年代以后回归到欧洲并蓬勃发展的阶段。与此对应，

---

① 刘金龙：《文化社会学》，泰山出版社2009年版，第28、32页。

社会学家的理论关怀经过了由推进社会生活理性化到理性意识的极大发展,再到对理性压抑感性的反叛与反思的历程。① 当代西方后现代社会理论宣称解构高度发达的现代社会的现代性,实质就是反思西方启蒙运动以来理性化高度发展导致的理性对感性的压抑所造成的现代社会理论对"人"的关注的缺失问题。进入20世纪80年代以后,西方社会学界对传统理论的反思,在新的社会形态基础上出现的各种新思潮,以及各种思潮在经历重构之后发生的一系列理论转向,包括社会学理论的文化转向,② 就是对这个问题的回应。

反思性是当代以欧洲社会学理论为代表的西方社会学理论的特色之一。一方面,社会学家需要反思社会学理论自身逻辑方法的合理性,以及社会学理论与方法是否有助于揭示实践活动。也就是说,社会学家必须在梳理清楚现有社会学理论系谱的基础上应用理论解释现实社会,避免陷入对理论零碎、"去脉络化"地使用导致的理论对现实隔靴搔痒式的解释所产生的牵强附会感,也避免陷入以"本地"对"西方"的教条主义批判。另一方面,社会学家必须反思一些社会学理论形成的前提性条件和限制性因素以发现隐藏于其中的自我利益,从而真正触碰更深一层的社会学含义,使社会学有在本土社会中"生根""发芽"的可能。③ 相比较而言,中国社会学从恢复重建到现在已经有40多年,积累了两代社会学家的实践努力与思想资源,进入了学术的"不惑之年",在与国际化理论接轨的基础上,对"本土化"理论的呼声越来越高。那么,中国社会学在社会实践与理论建构方面是否也进入对现有成果的反思阶段呢?

中国自建立现代国家以后,便在不同时期面临不同的现代性问题。当代中国社会的现代性问题已经逐步从物质匮乏所带来的人民生

---

① 刘少杰主编:《当代国外社会学理论》,中国人民大学出版社2009年版,第1—25页。

② 文军主编:《西方社会学理论:经典传统与当代转向》,上海人民出版社2006年版,第307—328页。

③ 文军主编:《西方社会学理论:经典传统与当代转向》,上海人民出版社2006年版,第52页。

活水平相对较低，转变为物质相对丰裕却发展不平衡不充分同人民对更高生活质量的追求之间的矛盾。① 简言之，新时代中国社会的现代性问题已经不再是物质匮乏的问题，如何促进社会均衡发展以实现"人"的全面发展问题已经被提上重要议程。现代人在物质较为丰盈的情况下反而更趋于急功近利，因得不到满足的欲望与不断膨胀的欲望之间的张力，反而倍感焦虑、压抑，由此引发了现代社会诚信危机凸显、人际关系紧张等诸多问题。解决出现在"人"身上的问题的迫切性，是文化社会学日益被重视的主要原因。然而，如果从反思的角度考虑，单从西方文化社会学理论中汲取营养并不能很有效地解决中国社会在现代化过程中出现的"人"的现代性问题。了解中国人的行为动机与行动意义，需要在与现阶段西方社会学理论发展出的学科思维对话基础上，从中国传统文化的现代性转化角度予以剖析，即中国传统文化中的文化基因与现代社会环境中孕育的新的文化样态融合所产生的新的文化形态，是理解现代人的重要理论根源，也是形成能够更好地解释中国社会的本土化理论的"前提性条件和限制性因素"。而新的文化形态如何能够获得呢？这主要还得从文化的三种类型中挖掘，即从中国本土的器物文化、制度文化与思想文化中挖掘。

如前文所述，器物文化中最为核心的内容是器物中所承载的中国人的社会价值观，也就是说，器物背后是社会理念的表达。例如，佛像的威严、高大衬托出站在佛像下的人的渺小，使拜佛的人在佛像面前产生畏惧感。这其实是通过这样的形象对比为人们塑造出一种崇佛的认知导向，真实的目的在于发挥佛像对人们的心理震慑作用和佛家思想的诱导作用。再如，前述中国古代的"太师椅"椅背呈九十度的状态，是为了让人正襟危坐；"八仙桌"的样态是为了便于显示座次的上下尊卑；等等。这些器物背后都含有某种价值和意义。中国式

---

① 1981年中国共产党第十一届六中全会指出，在社会主义初级阶段，我国社会的主要矛盾是人民日益增长的物质文化需要同落后的社会生产之间的矛盾。2017年10月18日，习近平总书记在党的十九大报告中强调，中国特色社会主义进入新时代，我国社会主要矛盾已经转化为人民日益增长的美好生活需要和不平衡不充分的发展之间的矛盾。

建筑中体现的建筑思想同样蕴含着中国人在创制为人所用的外在物质性形式时的思维方式,如中国的民间建筑以及以皇家建筑为代表的官方建筑在整体布局上都呈现中轴对称的形式,反映出中国人强调"中"及"主"与"次"的意义,强调"中"与"主"的权威性。故宫中的太和殿的中心位置及其高大的形象也是它权威性的象征,具有中国社会以"中"和"主"为"上"、为"尊"的符号性意义。相比较而言,西方的建筑在布局时并不在意整体的"中心"观,并不刻意显示左右的对称性,这是西方社会思想对"中"与"主"的观念不像中国社会这样强烈在建筑思想中的投射。人类学家在中国做田野研究时对此会有所体会。当在一个地方通过建筑格局探究其中蕴含的文化理念时,他们会发现当地老百姓即使不了解建筑背后的理念,依然会按传统样式建造房屋,并认为这样才能被所在社区的共同体认同与接纳。

传统社会中的器物具有层级性。人们在社会生活中,通过对器物本身或器物的使用做层级性规定,彰显与器物相关的社会成员的层级性身份地位,将社会固有的层级序列内化于社会生产、生活实践中。在中国传统社会,皇家、贵族使用的器物相较于老百姓使用的更加高级,老百姓如果使用高级器物就有"僭越"之嫌。以《周礼》中对马车使用的规定为例,《周礼·王度记》①中所载"天子驾六,诸侯驾五,卿驾四,大夫三,士二,庶人一",只有这样方符合社会规定。因此,孔子出行时也最多只能乘两匹马驾的车。不同官职的人在宴饮时对"鼎"的使用同样有所区别,要求"天子九鼎、诸侯七鼎、大夫五鼎、元士三鼎或一鼎",② 这样不同阶层人的地位尊卑通过使用鼎的数量的规定立即显现。古代社会甚至对大门前台阶的数量也有明确规定。举个现在人们可以直接体验的例子:参观南京的中山陵时,人们需要从神道由下往上爬很多台阶,到达很高的地方,才能看

---

① 参见徐正英、常佩雨译注《周礼》,中华书局2014年版。
② 参见桐乡、陆费达总勘《公羊注疏(四部备要·经部)》,上海华中书局据阮刻本,第32页。

到陵墓,从而使人对陵墓抱持一种仰慕的心态,这是这样的建制方式背后代表的观念。在现代中国的民间社会,人们的思想意识中依然有将器物分成层级的习惯,这点较西方社会更甚。如中国社会中的部分群体仍然需要通过开豪车显示自己的身份,通过不同价格的烟、酒彰显身份与地位,而烟、酒是人们日常生活中的一种爱好,车就是一种代步工具。这是中国传统社会价值观在当下社会的反映,也是器物文化的社会学意义所在。

对制度文化的理解同样需要挖掘其背后的社会价值理念。中国传统社会为什么要实行宗法制?中国民间社会为什么会实施诸子均分制?宗法制与诸子均分制是在中国传统社会平行并存的分别代表统治者阶层与被统治者阶层的两套资源配置制度,共同维系着中国传统社会秩序的稳定、和谐。宗法制是在血缘关系基础上区分家庭成员亲疏关系的制度,源于父系氏族家长制,在西周时期演变为一套"天子建国,诸侯立家,卿置侧室,大夫有贰宗,士有隶子弟"[1] 的完整制度。[2] 宗法制的核心是严格嫡庶之辨下的嫡长子继承制,通过规定包括天子、诸侯、卿、大夫、士在内的贵族内部成员的等级地位以实现权位、财产等资源的配置,稳定贵族阶级的内部运行秩序。到了清代,皇家的继承制度不再实行嫡长子继承制,而是根据皇帝的观察与偏好,选取皇帝自己认为最如意的一个皇子为下一任皇帝。清代皇家的社会继替制度反映了满族人对嫡长观念的重视程度不似汉人那么强烈,而对于个人能力看得更重,这与其是少数民族治理中原的历史情境密切相关,即当少数人统治多数人时,需要选能力最强的人成为统治者。这是制度背后的理念及理念的成因。中国民间社会家产分配实行的诸子均分制则是一种较为公平的制度,认为家产应该平均分给家里的几个儿子。如果没有儿子,则这一户需要过继一个儿子,留给继嗣而来的嗣子;如若分给女儿,则不符合社会制度。无论是古代皇家的嫡长子继承制,抑或清朝的继承制度,还是民间的诸子均分制,背

---

[1] 参见杨伯峻编著《春秋左传注》,中华书局1981年版,第94页。
[2] 朱立春主编:《中国通史》,北京联合出版公司2017年版,第24页。

后都有某种特定的社会价值理念,即两种并行不悖的资源配置方式背后是国家治理理念与社会治理理念,最终目的是维护社会生活秩序的稳定。

再如科举制度。中国在隋文帝开皇三年(583年)实施科举制度,① 是世界上最早秉持能力主义,以能力选拔人才、确定人的地位的国家。隋朝出现的科举制度在唐朝之后规范化,并影响了西方文官制度、科层制度的产生与发展。这种制度强调以个体才能为向上流动标准的自致性资本,而不是以父辈地位为向上流动标准的先赋性资本。为什么采取能力主义的社会价值理念?为什么中国这么做而别的国家不这么做?用现代性话语讲,由重身份到重能力,由重先赋性资本到重自致性资本,是社会的进步。强调通过个人的努力、个人的才能确定个人的地位,是相较于靠个人家庭出身决定地位高低更为科学、先进的理念,是自由主义、能力主义的基本理念。中国传统社会的科举制度和现代社会的大学专科、本科、硕士、博士的考取制度的理念是相同的,能够使社会大多数人凭自身具备的才能而非家庭出身获取公平的向上流动机会。能力主义之所以能够张扬,在于它适合中国社会发展所需,适合中国社会治理要求。如武则天时期,选拔寒门士族为官在一定意义上说是为了与当时的旧贵族势力抗衡。由此可见,制度形成的背后受到特定社会理念和社会思想的支撑,代表着某种社会价值观或社会评价、阶层评价的规定及制约。

从器物、制度中提取孕育于中国传统社会的文化基因是研究中国文化不可或缺的一项任务。中国的文化基因中蕴含着中国各个阶层在日常生活中共同享有的思想理念,也蕴含着有关国家治理与社会治理的丰富思想理念,是理解中国人何以具有如此行为处事思维方式以及中国社会何以如此运行的重要"手头库存知识"。通过探究器物、制度中所体现的引导中国传统社会民众思想行为以及社会运行的核心价值观念,对比现代社会民众的心态与现代社会的运行方式,探究出那

---

① 陈仲安、王素:《汉唐职官制度研究》(增订本),中西书局2018年版,第292页。

些不曾断裂的联结传统与现代的文化因子,是描摹现代文化形态这一庞大工程的核心工作之一。中国传统文化中丰富的思想资源也因此成为理解现代化进程中所遇到的现代性问题的重要理论支撑。

四 历史社会学、文化社会学、社会思想史研究的共同使命

中国社会学在社会调查研究、社会学理论建构、社会学研究方法突破等方面的探索,都需要将中国几千年的文化、思想发展史作为深入研究的底蕴。现阶段,中国社会学的三个分支学科——历史社会学、文化社会学、中国社会思想史所取得的学术成果,对于推进中国社会学理论建构与方法论完善具有重要意义,而这三个分支学科都应将对社会价值观的追求作为贯穿其研究全过程的主线。探究中国社会价值观的理论旨趣因此成为历史社会学、文化社会学、中国社会思想史研究之间相互交融、借鉴的和合性基础,也成为社会学家从历史、文化、思想三个维度着手解读中国社会事实、发展中国社会学理论的逻辑起点与研究落脚点。

历史维度是社会学研究中必不可少的维度。任何事物的发生与发展都有其历史根源,没有什么事物是没有缘由而凭空出现的,这就是所谓"因果律"的核心意涵。因此,社会学家研究社会现象,应该将历史维度视为研究的基础,在探究事情发生根源的基础上梳理其发展脉络,从而发现事物发生与发展的逻辑。历史是在社会生产、生活实践活动中不断推进的,是物质世界和精神世界相互作用过程中创造出来的社会事实,是除却语言文字记录以外仍然在社会生活中有迹可循的客观存在。在研究过程中可供我们寻求的"踪迹",就是文化,就是人们在社会生产和生活中创制器物、建构制度的理念,以及关于社会秩序建构、社会整合的思想。因此,追溯历史是研究社会事实不可缺失的环节,追溯的方法既可以通过对语言文字的理解,也可以通过对器物、制度以及思想的探究;而追溯历史的目的是解读社会事实以挖掘社会事实背后的社会价值观。这应当是历史社会学、文化社会

学与中国社会思想史研究的共同使命。

社会价值观在长时段中变与不变的辩证发展规律，是社会学研究需要着重关注的问题。社会学的历史、文化、思想研究的共同目的是对社会价值观的探究，包括发掘：哪些社会价值观在不同历史时期发生了变化、变化的过程如何、原因是什么；哪些社会价值观在不同历史时期长久没有发生变化，其不变的原因又是什么；等等。历史维度下的社会价值观变化可以从文字记载中寻得，也可以从承载着思想的器物和制度等有形、无形的文化中获得。在长时段社会发展史中没有发生变化的文化基因，是指其中的核心社会价值观一直在发挥作用。但不可否认，在文化理念本身内涵不发生变化的情况下，文化理念的外在表现形式也可能发生变化，并且，不同社会历史时期民众对理念的认同程度与理念被人们在社会生产、生活实践中践行的程度同样发生着变化。也就是说，理论与实践之间的距离在历史发展过程中具有弹性，随着不同历史时期社会发展样态的不同而存在形的或质的差异。

社会价值观的核心是利益，我们在探究社会价值观变与不变问题时，需要关注其背后的群体利益。社会学研究社会事实中蕴含的社会价值观有两种方法：一种是反推法，即从事实中反推"是非曲直"的事理；另一种是从既有的是非曲直中找出历史材料，来证明被判定的是非曲直的依据在哪里、目的在哪里。也就是说，从器物文化、制度文化中寻找其背后的社会价值取向，或者从社会价值取向出发，找到其之所以能在当时社会流行的客观事实标准、制度标准，即探究社会价值理念的逻辑是怎么落实到制度上、怎么落实到生活中的。研究一个问题，核心是探究社会制度与其表达的是非曲直两者之间的关系，最终目的是找出社会秩序得以良性运行的逻辑及其背后所依据的社会价值观。如毛泽东在其《湖南农民运动考察报告》的文章中讲到通过革命，农民可以推翻"宗法封建性的土豪劣绅"和"不法地主阶级"的剥削与压迫，这对农民来说是"好得很"，对地主阶级来说是"糟得很"。[①] 这篇文章所反映的是谁受益、谁受害的问题，是

---

① 《毛泽东选集·第一卷》，人民出版社1991年版，第15—16页。

价值判断的问题。马克思主义认为，当一件事情最后产生的社会后果符合人民利益时就是好的，当其不符合人民利益时就是坏的。因此，评判一件事情是好或不好时，需要看到这个事情实行后造成的结果是否满足了最广大人民的利益诉求。总之，作为判别"是非曲直"的社会价值观问题背后，其实是不同利益群体的利害关系问题。

社会学家研究社会现象时，不能只看到其表面呈现的状态是好或不好，还应该看到现象背后的社会价值观所代表的利害所在。我们从历史维度探究中国文化、中国社会思想中蕴含的社会价值观，需要探析其中的社会规则到底对谁有利：是对占社会成员少数的统治阶级有利，或是对占社会成员大多数的普罗大众有利，还是对所有人都有利。即使对所有人都有利，不同阶级或阶层之间也会出现受益度的差别。对多数人有利的规则能在历史长河中长期存在，对少数人有利的规则终究会在历史变革中被颠覆掉，这是一个不变的逻辑。而一个社会的主导性社会价值观，一定是代表了社会各阶级、阶层最大公约数利益的价值观。如汉初将黄老之学作为主导性社会价值观，同时满足了民众、知识精英以及政治精英的需求，因此得到了全社会的共同认同，为汉代初期经济的快速发展、社会的安定和谐及国力的日益壮大发挥了指导作用。[①]

总之，历史社会学、文化社会学与中国社会思想史研究的共同使命是研究中国社会价值观的生成及其发展与不发展问题，并探究其背后隐藏的利益问题。社会价值观问题是复杂的，而其背后的利害关系问题更复杂。其较为显著的特征之一即具有层级性，也就是说存在大利与大害、小利与小害的分别，且当对个体或某些群体是小利时，对整体可能是大害；对某个群体有大利时，可能本身对其他社会群体乃至社会整体就是大害。决策者在这种情况下往往站在其自身所代表的利益群体立场上，采取"两利相权取其重，两害相权取其轻"的态度，即对利害问题的评判标准均会受到其所代表的利益群体之利益的

---

① 王处辉、梁官宵：《主导性社会价值观建设路径探析——以社会价值观三形态学说为基础》，《江海学刊》2019年第4期。

影响。

　　社会学研究中的历史社会学、文化社会学与社会思想史研究的视角，主要集中在两个方面：第一，是站在整体社会的角度，即纵向综合考察社会运行、社会建设问题；第二，相对而言，是站在民众的角度，即站在大多数人的立场思考问题。把握好这两个方面，做研究不会有方向性错误。社会学者需要分辨各个利益主体是否在合理的既定规则规范下对有限资源进行占取与享用。同时，在确认各个利益主体对资源的索取是否有理可循、有据可依前提下，当判定其对于整体社会的社会生活秩序运行逻辑是否具有合理性时，需要站在社会大多数人的立场看待利益分配问题，以避免因社会弱势群体利益得不到保障而损害整体社会运行。也就是说，社会学者应该在综合性视野下以大多数人的立场思考问题，看待利益分配中受益者的合法性与合理性问题，这符合中国共产党一贯坚持的"全心全意为人民服务"的原则。

　　我们在社会学视角下对历史的研究、对文化的研究，核心实质是对社会思想史的研究。社会思想的核心就是社会价值观，社会价值观体现于社会的器物、制度中。我们发掘器物、制度中体现的社会价值观的趋度和趋向，是为了辨别其对整体社会秩序的建构、运行有利还是有害，特别是其对社会大多数人有利还是有害，这是社会思想史研究的重心，也应该是历史社会学和文化社会学研究的重心。因此，从中国历史、中国文化、中国社会思想的维度解读社会事实，探究其中的社会价值观，说到底是为中国现实社会服务的。也就是说，对作为历史资源的文化、思想的挖掘，是为了将其进行创造性转换和创新性发展，最终实现传统与现代的内在逻辑联结，从而解决现代社会中所面临的现代性问题。而通过对社会价值观的探讨，推进对中国自己的社会事实的认识，进而推进中国社会学理论建设和话语体系建设，是当下中国社会学理论研究中亟须加强的。中国社会学理论的建构并不能从西方理论中推导出，我们只有到中国人民从历代到当下的生产、生活实践中去，才能在为中国现代化服务过程中切实做到，在"不忘本来，吸收外来，面向未来"的方法论原则下，发展中国自己的社会学原理。

专题二 群学基本概念研究

仁：社会建构的理念基础*

高和荣** 张爱敏***

摘 要 以"爱人"、"博爱"及"差等之爱"为内容的"仁"是"群学"的核心。作为社会建构的基础理念，它是人成为人的规定性基础，也是规范社会行动的基础理念，构成了行动者得以互动的内在根据。从社会建构的角度看，"仁"塑造出"仁化的"个体，是形成群及建构群的基础，是合群、能群、善群、乐群、利群的核心。它修养自身、维护家庭、治理国家、和谐天下，是传统社会学范畴体系、基本理论框架的基础。"仁"为分析中国社会治理提供了概念框架，这对于转型时期中国的社会治理及社会建设、建立中国自己的社会学具有重要的价值。

关键词 仁；群学；社会治理；基础理念

儒家的"仁"不仅是一个文化及道德概念，而且也是一个社会概念，是社会建构的理念基础，是人"能群"、"合群"、"善群"以

---

* 文章原载于《福建论坛（人文社会科学版）》2018年第4期"中国传统社会学概念探究"专栏。
** 高和荣，1969年生人，厦门大学公共事务学院教授，主要从事社会学理论和社会保障研究。
*** 张爱敏，1989年生人，厦门大学公共事务学院讲师，主要从事社会福利和社会保障研究。

及"乐群"、"利群"的根据，位列仁、义、礼、智、信"五常"之首，在中国社会学史上占据重要地位。借助于"仁"可以将各个单一的个体整合起来凝结成"群"，构筑起一套"群"的运行规范和运行秩序，规范着个体、他人、宗族及其他群体的行动。

一 "仁"的社会学含义

"仁"作为传统社会的正统思想一直为学界所关注。从现有的研究来看，不少学者主要从哲学、政治学等角度解读"仁"、建构"仁"，对"仁"的道德规定及政治功能开展论证。鲜有学者对"仁"在规范个体之间的交往与行动、促进"人"形成"群"并规范其行动等方面进行研究，更没有学者从中国社会学维度去理解"仁"在群学中的基础性地位与时代性价值。

第一，"仁"是人成为人的规定性基础。"仁"是由"人"演化而来的一个汉字，《说文解字》认为"仁者，亲也"，"亲"是亲近友爱，表现为个体之间建立在情感基础上的交往及互动。这表明，"仁"的使用意味着人是有感情的动物，它是人所以为人并区别于其他动物的规定性。所以，古人直接将"仁"理解为"人"，也将"人"理解为"仁"，强调"人"与"仁"的内在统一性。《论语》有言："虽告之曰：'井有仁焉。'其从之也?"① 《孟子》《礼记》也说："仁者，人也……"② 其中的"仁"直接被理解为"人"，既然"仁"是人的规定性，那么"仁"应该具有人的禀赋，人也应该具备"仁"的特质，个体要想得到"群"的认可，应该具有"仁"的属性，对他人要亲近友爱，否则，他将不会被作为一个正常的社会成员被"群"认可和接纳。正是因为如此，"仁"成为个体作为社会成员的标志性特征。

首先，"仁"的本质在于"爱人"。"由己及人"是个体走向群

---

① 张燕婴译注：《论语》，中华书局2006年版，第105页。
② 张燕婴译注：《论语》，中华书局2006年版，第182页。

体、若干个体结合为"群"的前提,它主要依靠内在的、自我的动力。这个"由己及人"的动力之源就在于"爱人",爱他人,直至爱米德所说的"普遍性他人"或者费孝通所说的"同心圆之群",否则,仅有自我之爱或小群体之爱不足以把若干个个体结成为"群"。孔子指出,仁者"爱人"①,《礼记》有言"仁者,可以观其爱焉"②,韩非子也说"仁者,谓其中心欣然爱人也"③,由此可以看出,"仁"是那种发乎内在本性地去"爱他人"。有了这样的仁爱,个体之间才可以自发地开展利他的互动行为,也可以缔结出共享的互动规则并加以遵守,这是个体向群迈进的第一步。

其次,"仁"之爱就在于"博爱"。"仁爱"是相互的,每个个体对他人都拥有"仁爱"之心,各个个体的爱不仅仅局限于特定的对象上,其他个体对他人的"仁爱"会波及该个体本身。这种存在于个体之间的普遍之爱就是"博爱",它指向所有拥有"仁爱"之心的个体,体现着各个个体的生活观念、生活态度及行为方式,因此,"仁也以博爱为本"④。这里的"爱人"不仅包含了父母兄弟之间、由血缘关系所铸就的亲情之爱,还延伸到师徒、君臣、君民乃至天下等非血缘关系所构成的"群我"之爱,从而构成关系复杂的组织网络和交往秩序。古人为了展现"仁爱"具有的有公而无私的品性,将"爱人"的对象局限于他人而不包括自我。董仲舒主张"仁之于人,义之于我者"⑤,"仁之法在爱人,不在爱我"⑥。没有这种博爱的品性,个体之间永远也不可能结成"群"。

最后,"仁"是一种差等之"爱"。仁爱的对象由自我扩展到他

---

① 张燕婴译注:《论语》,中华书局2006年版,第182页。
② 俞仁良译注:《礼记通译》,上海辞书出版社2010年版,第518页。
③ 《韩非子》校注组:《韩非子校注》,江苏人民出版社1982年版,第183页。
④ (清)康有为:《春秋董氏学》,中华书局1990年版,第155页。
⑤ 张世亮、钟肇鹏、周桂钿译注:《春秋繁露》,中华书局2012年版,第314页。
⑥ 张世亮、钟肇鹏、周桂钿译注:《春秋繁露》,中华书局2012年版,第316页。

人及陌生人，仁爱的范围由狭小的区域走向广袤的天下。但是，从程度上看，这种博爱并非对所有人、所有领域都是一致的，而是体现出"善群"特性，"仁爱"因作用于不同的对象、不同的领域以及不同的情境而形成显著的差别。所以，虽然《中庸》讲"仁者，人也，亲亲为大"，但是它并没有否定"非亲亲"之爱。孔子说："君子笃于亲，则民兴于仁，故旧不遗，则民不偷。"[①] 由此可见，个体及群我在互动中产生的爱存在差别，离个体越亲近，个体越应该给予"仁爱"，于是就形成了以我为中心、根据个体间的差异形塑出不同的差序关系网络，织就纷繁复杂的分层结构。

第二，"仁"是规范社会行动的基础理念。"仁"是个体结成群必须遵守的秩序与价值理念，也是个体行动的道德底线，在规范人类行动中处于基础性地位，其他规范的建立与践行必须以"仁"特别是"爱他人"为前提。依据"仁"，个体与他人开展互动就有了共同认可的准则；有了"仁"，就可以把若干个体整合为家、族、会、国、天下；有了"仁"，个体间就可以"合群"。没有"仁"，特别是没有"爱他人"的"仁"，个体无法与他人展开互动，也就不可能产生和推演出其他行为规范与行动准则。

一方面，"仁"是其他规范的生成基础。仁、义、礼、智、信是孔子、孟子、董仲舒等思想家对个人与他人进行互动的五项准则，有了这五项行为准则就可以把个人与他人整合为"群"。但是，这"五常"内部之间的地位与作用有所不同，其中"仁"居于"五常"之首，构成了个体行动、天地长久的基础与统领；"义"是"仁"的形式，没有"仁"就谈不上"义"；"礼"是"仁"的外在表现，"仁"要通过"礼俗"表现出来；"智"是"仁"的客观要求，失去了"仁"，"智"越多越违背"仁、义、礼"；"信"是"仁"日常生活要求，没有"仁"就不可能"讲信修睦"。所以，孟子讲"仁之实事亲是也；义之实从兄是也；礼之实节文斯二者是也；智之实，知斯二

---

① 张燕婴译注：《论语》，中华书局2006年版，第105页。

者弗去是也"①,及至董仲舒将"信"加入其中,"仁"仍然置于首位,就在于此。

另一方面,"仁"是规范其他行动的最高范畴,是其他行为的根本指针。个体的各种行为,从饮食起居、人际互动到群我交往等都是在特定规范下的行动,其背后蕴含着孝悌忠信、礼义廉耻等行动准则与价值观念,但它们都是"仁"范畴的生活化及具体化,成为日常生活的指引与限定。各种行动都可以用"仁"来加以规范。孟子说"为人臣者怀仁义以事其君,为人子者怀仁义以事其父,为人弟者怀仁义以事其兄,是君臣、父子、兄弟去利,怀仁义以相接也"②,孔子也说"弟子入则孝,出则悌,谨而信,泛爱众而亲仁"③,这里孝顺父母、友爱兄弟、做事诚信以及博爱大众等都以"仁"为根本指南并成为"仁"的外在表现,没有"仁",孝悌忠信以及礼义廉耻等行动均无法进行。

同时,各种失范行为源于"仁"的丧失。"仁"居"五常"之首,统领其他"四常",其他"四常"的缺失及其失范行动都源于"仁"的丧失。韩非从"仁""义""礼"生成与毁灭的顺序上确认了"仁"的先导性,把"义""礼"当成"仁"的派生,把"仁"视为"德之光",强调"失仁"是失去其他行为的根本。他说:"仁者,德之光。光有泽而泽有事;义者,仁之事也。事有礼而礼有文;礼者,义之文也。故曰:失道而后失德,失德而后失仁,失仁而后失义,失义而后失礼。"④ 在韩非看来,那种不忠不孝、薄情寡义、礼崩乐坏、猜疑失信等行为的产生都是由于"不仁"。

第三,"仁"是行动者得以互动的内在根据。个体之所以能够与他人进行互动,个体之所以能够结为群体并且按照群体的要求进行自我行动就在于个体把"仁"作为自身行动的准绳。因此,"仁"就成

---

① 钱逊译注:《孟子》,中华书局2010年版,第132页。
② 钱逊译注:《孟子》,中华书局2010年版,第212页。
③ 张燕婴译注:《论语》,中华书局2006年版,第2页。
④ 《韩非子》校注组:《韩非子校注》,江苏人民出版社1982年版,第185页。

为行动者"能群"、"合群"、"善群"及"乐群"的内在根据。

首先,"仁"需要行动者自觉践行的社会价值。"仁"不是那种远离自我及他人的虚幻,它与行动者紧密相连,是个体或群体行动的价值依据。孔子曾言:"仁远乎哉?我欲仁,斯仁至矣。"① 这意味着任何个体要想践行"仁"都可以,并不需要特别的时空条件。这就是说"仁"是与生俱来的内在本性,并非依靠外力所获得。孟子指出"恻隐之心,仁之端也"②,王安石认为:"爱己者,仁之端也,可推以爱人也"③。在他们看来,"仁"作为一种自觉的活动,只能由行动者自身而不是他人来践行。正如孔子所言的:"为仁由己,而由人乎哉?"④

其次,"仁"的践行方式多种多样,既有内在的自我修养,也有外在的规范制约。孔子就主张"仁之实,事亲是也"⑤。《礼记》指出了"仁"的践行方法,要求忠厚温顺、善良恭敬、胸怀宽广、谦逊待人,认为"温良者,仁之本也;敬慎者,仁之地也;宽裕者,仁之作也;孙接者,仁之能也;礼节者,仁之貌也;言谈者,仁之文也;歌乐者,仁之和也;分散者,仁之施也;儒皆兼此而有之,犹且不敢言仁也。其尊让有如此者。"⑥ 董仲舒指出,"仁"的精髓"在爱人,不在爱我","仁"就是要"恻怛爱人,谨翕不争,好恶敦伦,无伤恶之心,无隐忌之志,无嫉妒之气,无感愁之欲,无险诐之事,无辟违之行,故其心舒,其志平,其气和,其欲节,其事易,其行道,故能平易和理而无争"。⑦

最后,"仁"的践行与实现具有层次性。"仁"是可以划分为不

---

① 张燕婴译注:《论语》,中华书局2006年版,第99页。
② 钱逊译注:《孟子》,中华书局2010年版,第55页。
③ (宋)王安石:《王文公文集》,上海人民出版社1974年版,第307页。
④ 张燕婴译注:《论语》,中华书局2006年版,第172页。
⑤ 张燕婴译注:《论语》,中华书局2006年版,第132页。
⑥ 王文锦译注:《大学中庸译注》,中华书局2013年版,第57页。
⑦ 张世亮、钟肇鹏、周桂钿译注:《春秋繁露》,中华书局2012年版,第327页。

同程度的概念范畴,不同的互动方式践行不同类型的"仁"。康有为按照优先顺序把"仁"划分为九种:"然则天下何者为大仁,何者为小仁?鸟兽、昆虫无不爱,上上也;凡吾同类,大小、远近若一,上中也;爱及四夷,上下也;爱诸夏,中上也;爱其国,中中也;爱其乡,中下也;爱旁侧,下上也;爱独身,下中也;爱身之一体,下下也。"① 他认为,每个人应该优先践行"上上"之"仁"而避免"下下"之"仁"。孙中山则将"仁"划分为"救世、救人和救国"三种,认为"救世"是宗教的诉求,"救人"是慈善家的事业,只有"救国"才是革命家应有的理想情怀,② 救国图存才是践行"仁"的首要之选,这就把规范个体行动的"仁"提升到整个民族国家乃至天下这个层面。

二 "仁"的社会建构

作为"群""我"行动的基础与依据,"仁"在行动中织造成"群""我"的关系网络,建构起"群""我"的关系结构,规范着"群""我"的相互地位,形塑出特有的家国形态与天下图景。

第一,"仁"塑造出"仁化的"个体。孔子把"仁"作为"人"的本质属性与重要标志,强调两者的有机结合、浑然一体,认为人的本质不在于单一个体的抽象,不在于纯粹生物体的叠加,而是经过"仁化"后,具有"仁"的属性的"仁人"。他说:"仁者人也。"③ 这就是说,个体只有具有了"仁"的特征才从原初的、纯粹生物性的个体转变为他人所认可的"仁化的"个体,他才能正确处理人与己、人与他人之间的交往关系,个体的生存才有价值和意义,这样的个体才有可能与他人整合为"群",为"群"所接纳。因此,"仁"

---

① (清)康有为:《春秋董氏学》,中华书局1990年版,第157页。
② 转引自孟庆鹏《博爱行仁——孙中山的博爱观》,《团结》1994年第3期。
③ 黄怀信:《大学中庸讲义》,清华大学出版社2013年版,第83页。

是用来削掉个体的生物性、使个体摆脱自然状态，以便建构一个充满亲情友爱的"仁化"的个体。

从字形上看，"仁"其实就是"二人"，它内在地包含了人与他人之间的关系，更蕴藏着以"仁"为纽带将个体与他人整合起来的关系结构，这在中国传统社会里集中体现在"君君、臣臣、父父、子子"等相互关系中，个体只有置身于这些关系中才能被群体和组织所接纳。在孔子看来，那种离开了他人观照、与他人没有任何关系、孤零零的"我"是不能成为相互依靠、相互支撑的"人"的。马克思也说："人的本质不是单个个体的抽象物，在其现实性上，他是一切社会关系的总和。"① 他们都强调个体只有在与他人的相互关系中、在与他人的互动中才能成其为自身，自我也才能得到确证。因此，"仁"通过对个体行为的规定，将个体予以"仁化"和"群化"，最终塑造成"仁人"，也就是西方社会学所谓的"社会人"。

第二，"仁"是建构"群"的基础。以"仁"为基础将使个体超越原有的生物性并结合为"群"，这是人所固有的属性。这意味着，各个个体以"仁"为价值理念展开自身的行动，使得个体之间凝聚成共享的价值观念及行为方式，进而产生共同的群体行动，于是，通过"仁"就实现了个体之间的有机整合，"仁"成了个体能群并成群的根据。

一方面，"仁"是个体整合为家庭的纽带。家是个体结成"群"特别是结成那种以陌生人关系的"群"的中间环节。个体整合为家庭、家庭整合为家族并共同生活，既受到生产力决定论的影响，也受到血缘关系的作用，更是相互依赖着的"二人为仁"理念作用下的产物。作为"二人相互依靠"的"仁"体现出平等的线性关系，表现为相互依存的平等爱人。而三人及三人以上的家庭成员之间则出现了长幼等差序，原来那种两人间相互依存的平等之爱上升到三人间、以孝悌为核心的差序之爱。孔子为此强调"君子务本，本立而道生。

---

① 《马克思恩格斯选集》（第1卷），人民出版社1995年版，第60页。

孝弟也者，其为仁之本与"①，就是把"孝悌"当作"仁者爱人"在家中的根本与核心，当作家庭运行及其规范的基础，家庭中的其他规范都由"爱人"以及"孝悌"引申而来。例如，夫妻之间的恩爱、父母对子女的慈爱、兄弟姐妹之间的友爱，从而使得家庭成为一个功能一体的行为有机体。因此，"仁"作为一种组织或初级群体的黏合剂，将家庭成员紧紧地联结在一起成为一个有机整体。

另一方面，"仁"是把家整合为群的基础。"仁"的内涵具有包容性与发展性，二人之间的"仁"表现为相互平等地"爱人"，而在三人及三人以上的家庭里"仁"表现为"孝悌"，恪守"孝悌"就是重义、明礼、讲信，"义""礼""信"既是"仁"的具体化也是"仁"在日常生活中的操作化，它把较为抽象的范畴转化为可以实践、可以测量的规则体系，构成了陌生人以及其他群体的交往与互动准则。群体之所以能够互动其实是"仁"从个体及家庭向外拓展的结果，也是"爱人"及"孝悌"外化的结果。也正因为有了这样的外化与延展，个体、家国就结为一个有机整体，形成了中国人特有的家国同构思维方式与实践逻辑，家是缩小的国，国是放大的家，整个国是一个大家，皇帝就是"家长"，臣民都是大家庭的一员，"普天之下，莫非王土，率土之滨，莫非王臣"就是家国同构图景的典型刻画。既然国家也是一个家，臣民自然就要"忠君爱国"，爱国就是爱家、爱家必须爱国。从"仁"出发，作为"家长"的国王或皇帝也要广推"仁政"爱护自己的子民，所谓"民可近，不可下。民惟邦本，本固邦宁"②、"欲至于万年，惟王子子孙孙永保民"③ 就是这个意思。

第三，"仁"是合群善群的核心所在。不同个体、群体所以能够和谐相处并结成更大的群体，各群体间的互动所以能够开展，小群所以能够整合为大群乃至结成国家天下并将其整合为不可分割的有机

---

① 张燕婴译注：《论语》，中华书局2006年版，第2页。
② 杨萍编著：《尚书》，吉林人民出版社1996年版，第128页。
③ 杨萍编著：《尚书》，吉林人民出版社1996年版，第70页。

体,就在于以"仁"为核心的文化系统及其体现出来的规则系统在其中发挥积极功能,"仁"是个体或群体善于组织他人形成国家与天下的核心。

一方面,合群是"仁"组织众人结成群体的规范要求。"仁"不是采取外在的强制手段将众人捏合或强制组织起来,而是通过推己及人、由近及远、由亲及疏的差序方式进行。在群我结合乃至化成天下中,家庭构成了最小单元,它一般由年纪长、德行佳、讲仁义的家长带领家庭成员共同生活,帮助家庭成员"仁化"与"群化";家族或村落则以族长或村长为中心把一定范围内的成员组织为群,维系族群或村落成员活动的规范基础仍然是"仁"以及由"仁"衍生而来的义、礼、智、信;即便是国家乃至天下,其组成方式及维系基础仍然是家的延伸和扩展,把众人整合为国家靠的就是具有内在张力的"仁",从而形成了基于血缘关系而生发开来的关系型社会格局,个人凭借着血缘、姻缘、地缘和业缘等关系将自身整合为家、家族、宗族、乡党、郡县、州府、国家及天下这样一系列群体,构建起中国特有的关系网络结构。可以这么说,"仁"是"合"群的规范基础,"仁"是群"合"的文化要求。

另一方面,善群是"仁"的内在规定与君子的责任担当。如果说合群是"仁"的外在要求,那么,善群则是"仁"的内在规定,更是君子的使命担当。在荀子看来,"人能群"虽然是人类的自觉行动与人类的生存本性,但是,人"何以能群"的根据则在于等级及结构的差别,这种差别就是他所说的"分",通过"制礼义"产生了差异性的群体,确保群体之间的相对稳定、和谐相处而不致走向分裂。"制礼义"是君子"善群"的集中表现。荀子说,"能以事上谓之顺,能以事下谓之君。君者,善群也。群当道,则万物皆得其宜,六畜皆得其长,群生皆得其命。故养长时,则六畜育;杀生时,则草木殖"[①]。这就是说,君子善于把民众组织起来,"善生养人者也,善班治人者也,善显设人者也,善藩饰人者也",君子有了这四个品性

---

① 方勇、李波译注:《荀子》,中华书局2011年版,第197页。

就可以让民众"亲之"、"安之"、"乐之"及"荣之",群体将组织得当,万物得到合理安排,天下归于一统。

第四,"仁"是乐群利群的核心所在。乐群利群是中华民族的优良传统,也是中国人的生活态度,乐群意味着个体及群体间的和谐相处,利群则强调个体间的利他行动。它是那种"己欲立而立人,己欲达而达人""己所不欲,勿施于人"的"仁"理念的外化,是"仁"在群体互动中的操作化,体现出"仁"的交往及互动方式。

乐群是"仁"的生活取向与规范要求。人与人之间的和睦相处,各群体间的相安无事,个体能够乐于融入群体,是以"仁"为理念基础并发挥作用。从熟人关系的"爱人"及"孝悌"出发,衍生到陌生人之间的"义、礼、智、信",这一系列行为准则都是"仁"理念在日常生活世界中的映射,它们构成了民众的生活观念、生活态度及行为准则,共同规范个体及群体的行动。从"仁"所蕴含的行动准则来看,坚持"五常"之首的"仁"自然就会把"义、礼、智、信"当作自己的日常生活要求,就是要抛弃个体及群体间所存在的血缘、地缘、业缘的差异性,把自己当作大千世界、芸芸众生的一员,平等地尊重人、真诚地关心人、尽力帮助人,乐于"爱人",与人为善、以礼待人,乐于与他人融为一体,亲仁善邻、平等相待、协和万邦。

应当看到,乐群与利群是有机统一的:乐群是利群的前提,只有乐群才能利群;利群是乐群的逻辑必然,乐群自然就会从事利群的行动,产生有助于群发展的结果。但无论是乐群还是利群,其行动都得益于"仁"理念及规范的践行,因而是"仁"的必然结果。凡是恪守"仁"、践行"仁"的行动则利群,反之,凡违背"仁"规定性的行为则不会"利群"。严复认为,"民之初群,其为约也大类此。心之相喻为先,而文字言说,皆其后也。其约既立,有背者则合一群共诛之;其不背约而利群者,亦合一群共庆之"①。显然,这里的

---

① 参见[英]托马斯·赫胥黎《天演论》,严复译,中国青年出版社2009年版,第60页。

"约"就是在"仁"理念作用下、符合"仁义礼智信"的规范准则，违背这样的"约"将遭到群的责难，而遵守"约"则得到大家的认同。在严复看来，是"诛"还是"庆"不在于其他而在于是否遵守群体的"公约"。孔子也指出，恪守"仁"整个社会就可以做到"男有分，女有归"，实现"老有所终，壮有所用，幼有所长，鳏寡孤独废疾者皆有所养""谋闭而不兴，盗窃乱贼而不作，故外户而不闭"这样一种"大同状态"。

三 "仁"：理解中国社会学的基本范畴

通过对"仁"在合群善群、乐群利群中作用及相互关系的剖析，我们发现，"仁"作为个体联结为群体并展开群体互动的理念基础，能够形成可操作化的行为规范体系，规制个体及群体的行动，维护家、国、天下的稳定与治理，它是中国社会得以建立并规范运行的理念基础，成为中国社会学的基本范畴。这对于转型时期中国的社会建设及社会治理仍然具有重要的价值。

第一，"仁"是中国社会学范畴体系的基础。任何一门学科都有自己的概念、范畴及命题，西方社会学自孔德、涂尔干以降，反对并抛弃社会科学研究的哲学化倾向，强调社会事实的客观性、社会研究的具体性，直接关注现代社会的运行方式及其变迁过程，主张采取实证的方法、像自然科学那样去精细地研究社会互动与社会变迁，从而形成了一套解释社会运行的概念体系，摆脱"利维坦"桎梏。但是，以追求客观性为价值取向的西方社会学所建构的概念范畴更多的是对经验现象的描述、概括与抽象，概念之间犹如用橡皮绳捆住的筷子而缺乏内在性，概念的整合更多地通过外在的规则得以完成，个体在这些概念范畴中缺乏应有的能动性，因而西方社会学始终无法解决好制度主义（结构主义）与建构主义的内在矛盾性，这一矛盾实际上就是从笛卡儿到休谟以来的二元论思维方式困境在社会学领域内的再现。而中国社会学自荀子开创"群学"以来，历经先秦儒家、两汉隋唐，及至宋元明清，虽然表现形式有所不同，提出的时代命题有所差异，但始终把"仁"作为社会建构的基础理念，把"仁"作为"群学"范畴体系的基础，并由此生发出一系列组织体系及行为规范体系，前者包括身、家、族、社、会、群、党、国、天下，后者主要涉及"义、礼、智、信、利、公、私"等，从而规范个体及群体的交往及互动，努力将单一个体整合为二人世界、三口之家、四世同堂、生人交往乃至国家治理、平定天下，"伦"由此成为中国社会学范畴体系的理念基础。离开了"仁"，其他社会学概念就失去了存在与整合的基础及依据。我们增强中国社会学的理论自信与学术自信自然就需要立足于"仁"，从"仁"出发构建中国社会学范畴体系。

第二，"仁"是中国社会学基本理论框架的关键。中国社会学把孔子的"仁"作为理念基础演化出基本的理论框架，那就是，以墨子的"强力"及"从事"也就是劳动作为社会建构的逻辑起点，坚持"强力"或"从事"是社会得以运行与发展的前提和动力来源；以荀子的"群"为社会行动的核心与载体，强调"明分"是结为"群"的重要手段，"能群"是人和动物相区别的重要标志，通过"群"实现个体与他人（组织）的整合；以后世儒家推崇的"修、齐、治、平"为功用、兼纳儒墨道法佛等各家社会规范与概念范畴、形成具有鲜明中国特质的社会学。这样的社会学以"仁"为理念基础，"仁"成为理解中国社会学基本理论框架的关键，将"仁"外化为"义、礼、智、信"等行为规范与准则，以便为个体整合为"群"并与其他群体互动提供行动指南。透过"仁"，可以很好地将个体结合为一个整体，去从事改造对象的实践活动。有了"仁"，个体就可以产生"利群"而不只是"利己"的行动，人们就可以"合群、能群、善群、乐群"，做到"各得其分"，演化出"己所不欲勿施于人"的"民贵君轻"的"民本"理论命题。有了"仁"，个体之间、群体之间乃至民族国家之间就能够做到"大不攻小也，强不侮弱也，众不贼寡也，诈不欺愚也，贵不傲贱也，富不骄贫也，壮不夺老也。是以天下之庶国，莫以水火毒药兵刃以相害也"[①]，努力达到"亲仁

---

① 方勇译注：《墨子》，中华书局2015年版，第242—243页。

善邻""协和万邦""天下大同"。这样的社会是深深烙着中华文化印记的社会,这样的社会学是真正具有华夏品格的社会学。

第三,"仁"为分析社会治理提供了概念框架。社会治理是社会学的重要内容,甚至可以说是社会学的目的及归宿,掌握社会运行与社会变迁规律目的就是为了更好地开展社会治理。而开展社会治理则需要确立一套完整的概念范畴与规范体系,以便为社会治理提供方案。西方社会学从传统与现代二分法角度出发,立足于理性人假设,将各种技术手段应用到社会治理领域,形成一整套治理手段与方式方法,社会治理往往"见物不见人",人变成了治理手段与治理对象而不是治理目的。中国的"群学"以"仁"为龙头,统领"义、礼、智、信"等价值规范体系,织成以个体为中心、按照远近亲疏关系扩散开去的家国同构型网络结构及社会治理格局。以"仁"为龙头的"群学"划清了"群己""公私""义利""内外"之间的关系界限及范围,它既界定了行动者行动过程中的自我修养与互动礼节,又规定了君臣、父子、兄弟之间的互动准则,进而规定了自我如何"修身""齐家"达到"治国""平天下",指引着个体行动准则乃至整个社会秩序的建立,规范着整个社会的集体行动。因此,以"仁"为龙头的社会治理重心立足于基层单位如身及家的治理,实质在于"齐家"的拓展,手段在于爱人爱家基础上的"仁政"。有了"仁"、讲"仁义"、行"仁政"就能治理好基层,使得民众"各得其所,各安其分,各足其性",推进社会治理目标的实现。

礼：社会运行的基本规范*

毕天云**

摘　要　"礼"是中国传统社会思想的核心概念，在调控社会运行的规范体系中居于重要地位。"礼"起源于调控社会运行的自觉选择，"礼治"是社会运行调控自觉性的重要体现。在中国传统社会，"礼治"既渗透在社会运行的各个领域，也体现在社会运行的不同层次。微观层面通过"以礼修身"塑造社会运行的参与主体，中观层面依托"以礼齐家"稳固社会运行的核心枢纽，宏观层面确立"以礼治国"作为保障社会运行的方略。

关键词　礼；礼治；社会运行；基本规范

中华民族素以"礼仪之邦"著称，但"礼仪之邦"并非自然而然的自发生成，而是中华民族长期遵循以"礼"调控社会运行的历史成果。"礼"是中国传统社会用于调控社会运行的基本规范，是构建中华特色传统礼治秩序的重要机制。在中国传统社会治理体系中，"礼治"无处不在，既渗透在社会运行的各个领域，也体现在社会运行的不同层次。本文从社会运行视角出发，分析"礼"的社会起源及其在"修齐治平"过程中的社会功能。

---

*　文章原载于《福建论坛（人文社会科学版）》2018年第4期"中国传统社会学概念探究"专栏。

**　毕天云，1968年生人，丽江师范高等专科学校校长，二级教授，博士生导师，主要从事社会思想与社会福利研究。

一 礼之起源：调控社会运行的自觉选择

社会运行不仅是一个自然历史过程，更是一个自觉活动过程。人类创制各种社会规范对社会运行进行有效调节，以保障社会运行的有序和谐，这是社会运行自觉性的重要表现。在我国上古时期，"礼"出现的历史比较悠久，夏朝已有礼仪和礼制。孔子在《论语·为政》篇中说："殷因于夏礼，所损益，可知也；周因于殷礼，所损益，可知也。"① 中国先哲选择以"礼"作为调控社会运行的基本规范，是独具中华民族特色的社会治理智慧。"在世界诸古文明中，中国是唯一一个标榜礼治的国家。"② "礼"是"礼治"的前提和基础，"礼治"是"礼"的运用和实践。中国先哲们为何选择这样一条发展道路？这需要从本源上回答"礼"的起源。在"礼"之起源问题上，研究者提出了多种观点。从社会运行的角度审视，"礼"的起源可归纳为两个方面。

首先，礼起源于调节社会生活的需要。社会生活是人类活动的基本方式，也是社会运行的基本形态，社会生活需要"有章可循"。"礼"既是调节人类生活的基本准则，也是调控社会运行的基本规范。有的学者认为礼起源于日常生活中的风俗习惯。赵明认为："礼源于风俗习惯，人类社会开始之日，便是礼产生之时。在逻辑的意义上说，俗先于礼，礼本于俗而又超越于俗。"③ 晁福林认为："先秦时期，礼与俗关系密切，有时候简直到了不可分离的地步，有些俗就是礼，而有些礼也便是俗。如果实在要进行区分的话，那就可以说，偏重于上层贵族的、系统化的言行规范为礼，而偏重于下层民众的、比

---

① 杨伯峻译注：《论语译注》，中华书局2009年版，第21页。
② 彭林：《儒家礼治思想的缘起、学理与文化功用》，《湖南大学学报（社会科学版）》2016年第6期。
③ 赵明：《先秦儒家政治哲学引论》，北京大学出版社2004年版，第130页。

礼更具有广泛性质的、属于约定俗成的言行规范则为俗。"① 李亚农则说："'礼'既不是法律，也不是道德，那么，究竟是什么？在我们看来，'礼'就是恩格斯所说的'数百年来的习惯'。整整一部《仪礼》都是记载古代社会生活各方面的习惯的。"② 有的学者则认为礼起源于宗教生活中的祭祀活动。《礼记·祭统》说："凡治人之道，莫急于礼。礼有五经，莫重于祭。"③《说文解字》说："礼，履也。所以事神致福也。从示从豊。"④ 李振纲认为："'礼'原本属于宗教文化范畴，是古代先民祭祀天神的仪式节文。"⑤ 郭沫若也说："大概礼之起源于祀神，故其字后来从示，其后扩展而为对人，更其后扩展为吉、凶、军、宾、嘉各种仪制。"⑥ 李泽厚说："'礼'是颇为繁多的，其起源和核心则是尊敬和祭祀祖先。"⑦

其次，礼起源于矫治人性恶的客观需要。先秦儒家思想集大成者荀子另辟蹊径，从人性角度揭示礼的起源，认为礼起源于矫治人性恶的客观需要。荀子认为，礼不是先天就有的，而是后天形成的；礼不是自发产生的，而是人为创制的，是统治者（"圣人"）为了调节人的欲望、控制社会纷争而制定的规则。荀子说："凡礼义者，是生于圣人之伪，非故生于人之性也。"⑧ 在人性观上，荀子主张性恶论，《荀子·性恶》说："人之性恶，其善者伪也。今之人性，生而有好利焉，顺是，故争夺生而辞让亡焉；生而有疾恶焉，顺是，故残贼生而忠信亡焉；生而有耳目之欲，有好声色焉，顺是，故淫乱生而礼义文理亡焉。然则从人之性，顺人之情，必出于争夺，合于犯分乱理，

---

① 晁福林：《先秦民俗史》，上海人民出版社2001年版，第2页。
② 《李亚农史论集》，上海人民出版社1962年版，第232页。
③ 王文锦译解：《礼记译解》，中华书局2016年版，第631页。
④ （汉）许慎：《说文解字》，中华书局2002年版，第4页。
⑤ 胥仕元：《秦汉之际礼治与礼学研究》，人民出版社2013年版，序言第1页。
⑥ 郭沫若：《十批判书》，人民出版社1954年版，第94页。
⑦ 李泽厚：《中国古代思想史论》，天津社会科学院出版社2003年版，第3页。
⑧ 方勇、李波译注：《荀子》，中华书局2015年版，第379页。

而归于暴。故必将有师法之化,礼义之道,然后出于辞让,合于文理,而归于治。"① 荀子认为,任由性恶泛滥必然产生社会纷争,破坏社会运行秩序。《荀子·富国》说:"欲恶同物,欲多而物寡,寡则必争矣。"②

如何避免人性恶及其带来社会恶果?荀子认为,必须对人性进行改造和矫治,根本办法就是通过"礼"实现"化性起伪"。既然"人无礼义则乱,不知礼义则悖"③。那么,根本出路就在于"得礼义然后治"④,这就是荀子提出"以礼矫性"的最终根源。《荀子·礼论》说:"礼起于何也?曰:人生而有欲,欲而不得,则不能无求;求而无度量分界,则不能不争;争则乱,乱则穷。先王恶其乱也,故制礼仪以分之,以养人之欲,给人之求,使欲必不穷乎物,物必不屈于欲。两者相持而长,是礼之所起也。"⑤ 总之,在荀子看来,要解决人性恶所导致的社会纷争、社会紊乱和社会失序,不能仅仅依靠内在性和观念性的"仁爱"理念,还必须依靠外在性和客观性的行为规范和典章制度即"礼"。

二 以礼修身:塑造社会运行的参与主体

社会是人的共同体,人既是组成社会的主体,也是社会运行的主体。但是,作为社会运行主体的人不是生物有机体意义的"自然人",而是经过社会化并且获得社会性的"社会人"。儒家认为,"礼"在"自然人"向"社会人"转化的过程中具有十分重要的作用,个体社会化过程既是社会"以礼教化"的过程,也是个体"以礼修身"的过程。新生的社会成员只有经过以"礼化"为核心的社会化,才能从"自然人"转化为"社会人",才能获得人的本质属

---

① 方勇、李波译注:《荀子》,中华书局2015年版,第375页。
② 方勇、李波译注:《荀子》,中华书局2015年版,第138页。
③ 方勇、李波译注:《荀子》,中华书局2015年版,第379页。
④ 方勇、李波译注:《荀子》,中华书局2015年版,第376页。
⑤ 方勇、李波译注:《荀子》,中华书局2015年版,第300页。

性，才能成为参与社会运行的合格主体。

首先，礼是人类区别于兽类的根本标志。儒家认为，礼是区分人类与兽类的根本标志，有无"礼性"是人类与兽类的分水岭。《礼记·曲礼上》说："鹦鹉能言，不离飞鸟；猩猩能言，不离禽兽。今人而无礼，虽能言，不亦禽兽之心乎！夫唯禽兽无礼，故父子聚麀。是以圣人作，为礼以教人，使人以有礼，知自别于禽兽。"① "礼"是人类独有的社会特性，是人之所以为人的本质依据，没有"礼"就没有人，也就没有人类社会。《礼记·冠义》说："凡人之所以为人者，礼义也。礼义之始，在于正容体，齐颜色，顺辞令。容体正，颜色齐，辞令顺，而后礼义备。以正君臣、亲父子、和长幼。君臣正，父子亲，长幼和，而后礼义立。"② "礼"不是先天"遗传"的，而是通过后天教化习得的。《礼记·曲礼上》说："礼闻取于人，不闻取人。礼闻来学，不闻往教。"③ 既然"礼性"是人类特有的属性，那么，人类就必须学礼、知礼、懂礼。孔子认为，一个人不学礼、不懂礼，就不能立足于社会。他在《论语·季氏》说："不学礼，无以立。"④ 孔子要求人的行为要"立于礼"⑤ 和"约之以礼"⑥。荀子也提出"人无礼则不生"⑦，而且认为："礼者，人道之极也。"⑧

其次，礼是个体社会化的基本内容。虽然"礼"把人类和动物区别开来，但"礼性"不是人类"与生俱来"的"遗传"属性。人类个体只有通过接受社会的礼仪教化和自己的以礼修身，才能了解、学习、掌握、运用礼仪规范，才能成为符合礼仪要求的社会人。《礼记·曲礼上》说："人有礼则安，无礼则危。故曰：礼者不可不学

---

① 王文锦译解：《礼记译解》，中华书局2016年版，第3—4页。
② 王文锦译解：《礼记译解》，中华书局2016年版，第817页。
③ 王文锦译解：《礼记译解》，中华书局2016年版，第3页。
④ 杨伯峻译注：《论语译注》，中华书局2009年版，第176页。
⑤ 杨伯峻译注：《论语译注》，中华书局2009年版，第80页。
⑥ 杨伯峻译注：《论语译注》，中华书局2009年版，第62页。
⑦ 方勇、李波译注：《荀子》，中华书局2015年版，第15页。
⑧ 方勇、李波译注：《荀子》，中华书局2015年版，第306页。

也。"① 孔子还说:"丘闻之,民之所由生,礼为大。非礼无以节事天地之神也,非礼无以辨君臣、上下、长幼之位也,非礼无以别男女、父子、兄弟之亲,昏姻、疏数之交也。"② 孔子在《论语·泰伯》中说:"恭而无礼则劳,慎而无礼则葸,勇而无礼则乱,直而无礼则绞。"③ 在孔子看来,恭敬而不符合礼的规定,就会烦扰不安;谨慎而不符合礼的规定,就会畏缩拘谨;勇猛而不符合礼的规定,就会违法作乱;直率而不符合礼的规定,就会尖刻伤人。因此,"恭""慎""勇""直"等道德修养只有在"礼"的指导下,才能符合中庸的准则,否则就会出现"劳""葸""乱""绞"等不良后果。荀子在《荀子·修身》中则说:"凡用血气、志意、知虑,由礼则治通,不由礼则勃乱提僈;饮食、衣服、居处、动静,由礼则和节,不由礼则触陷生疾;容貌、态度、进退、趋行,由礼则雅,不由礼则夷固僻违,庸众而野。故人无礼则不生,事无礼则不成,国家无礼则不宁。"④

最后,礼是扮演社会角色的行为规范。通过"以礼修身"实现"自然人"向"社会人"的转化,但修身不是最终目的;修身的最终目的在于参与社会生活,承担社会角色。个人修身养性的成效如何,个人在修身中习得礼义的程度,只有在承担各种角色的社会行动中才能得到体现和检验。要成功扮演社会角色,就必须履行角色义务,遵守角色规范。"礼"不仅区分不同社会角色的行为模式,而且规定不同社会角色的责任义务,还明示不同社会角色的行动规则。正如杨善民所说:"所有的礼都在告诉人们应该做什么、不应该做什么,它在能与不能之间设立了一个界标。"⑤《礼记·曲礼上》说:"君臣、上

---

① 王文锦译解:《礼记译解》,中华书局2016年版,第4页。
② 王文锦译解:《礼记译解》,中华书局2016年版,第655页。
③ 杨伯峻译注:《论语译注》,中华书局2009年版,第77页。
④ 方勇、李波译注:《荀子》,中华书局2015年版,第14—15页。
⑤ 杨善民:《中国社会学说史》(第2版),山东大学出版社2014年版,第74页。

下、父子、兄弟，非礼不定。"① 孔子在《论语·颜渊》篇中则提出社会角色行为要遵循的"四勿"准则："非礼勿视，非礼勿听，非礼勿言，非礼勿动。"②《礼记·经解》从正面阐述了社会角色扮演中"守礼"的正功能："故朝觐之礼，所以明君臣之义也；聘问之礼，所以使诸侯相尊敬也；丧祭之礼，所以明臣子之恩也；乡饮酒之礼，所以明长幼之序也；昏姻之礼，所以明男女之别也。"③《礼记·经解》还从反面指出了社会角色扮演中"违礼"的负功能："故昏姻之礼废，则夫妇之道苦，而淫辟之罪多矣。乡饮酒之礼废，则长幼之序失，而争斗之狱繁矣。丧祭之礼废，则臣子之恩薄，而倍死忘生者众矣。聘觐之礼废，则君臣之位失，诸侯之行恶，而倍畔侵陵之败起矣。"④

三　以礼齐家：稳固社会运行的核心枢纽

从社会运行角度看社会结构，家庭是构成社会的基础细胞，是联结微观个人与宏观社会的桥梁和纽带；家庭运行状况不仅直接影响个体社会化的成效，而且直接关乎整个社会的稳定。在"修齐治平"结构中，"齐家"处于承上启下的关键位置，上承"修身"下启"治国"；不能修身难以齐家，不能齐家难以治国。《礼记·大学》说："身修而后家齐，家齐而后国治。"⑤ 又说："一家仁，一国兴仁；一家让，一国兴让。"⑥

"齐家"的要义在于家庭的治理和管理，齐家的目的在于保持家庭的和谐运行。家庭是社会运行的核心枢纽，只有家庭和顺和睦和谐，宏观社会的良性运行才有坚实支撑，个人的良性成长才有坚强保障。

---

① 王文锦译解：《礼记译解》，中华书局2016年版，第3页。
② 杨伯峻译注：《论语译注》，中华书局2009年版，第121页。
③ 王文锦译解：《礼记译解》，中华书局2016年版，第653页。
④ 王文锦译解：《礼记译解》，中华书局2016年版，第654页。
⑤ 王文锦译解：《礼记译解》，中华书局2016年版，第805—806页。
⑥ 王文锦译解：《礼记译解》，中华书局2016年版，第810页。

齐家有道，以礼齐家是基本的治家之道。《管子》认为"礼有八经"，其中六经就属于齐家之礼。① "礼"在齐家过程中至少有三个作用。

首先，以礼规范家庭角色行为。家庭既是婚姻关系和血缘关系的共同体，也是社会角色的集合体。家庭规模越大，家庭角色越多，传统大家庭中的重要角色有夫妻角色、父母角色、子女角色、婆媳角色、兄弟姐妹角色等。荀子认为，"礼"具有"分"和"别"的功能，这种功能不仅体现在社会等级和社会分工中，也体现在家庭角色的区分上，礼是区分家庭角色的重要标准。《周易·序卦》说："有天地然后有万物，有万物然后有男女，有男女然后有夫妇，有夫妇然后有父子，有父子然后有君臣，有君臣然后有上下，有上下然后礼义有所错。"② 通过礼区分了家庭成员的角色，明确了家庭成员的"名分"，为家庭成员的角色扮演奠定基础，保证家庭成员能够"各安其位，各守其分"。家庭角色是相互依存的"角色伴侣"，具有鲜明的相互依赖性和互为前提性，角色扮演中具有交互影响性。交互依存和相互影响的家庭角色如何扮演？《管子·五辅》说："为人父者，慈惠以教；为人子者，孝悌以肃；为人兄者，宽裕以诲；为人弟者，比顺以敬；为人夫者，敦蒙以固；为人妻者，劝勉以贞。"③《荀子·君道》说："请问为人父，曰：宽惠而有礼。请问为人子？曰：敬爱而致恭。请问为人兄？曰：慈爱而见友。请问为人弟？曰：敬诎而不苟。请问为人夫？曰：致功而不流，致临而有辨。请问为人妻？曰：夫有礼，则柔从听侍；夫无礼，则恐惧而自竦也。"④ 贾谊在《新书·礼》中则进一步提出了"礼之至"和"礼之质"："父慈子孝，兄爱弟敬，夫和妻柔，姑慈妇听，礼之至也。……父慈则教，子孝则协，兄爱则友，弟敬则顺，夫和则义，妻柔则正，姑慈则从，妇听则婉，礼之质也。"⑤

---

① 李山译注：《管子》，中华书局2016年版，第71页。
② 杨天才、张善文译注：《周易》，中华书局2011年版，第675页。
③ 李山译注：《管子》，中华书局2016年版，第73—74页。
④ 方勇、李波译注：《荀子》，中华书局2015年版，第192页。
⑤ 方向东译注：《新书》，中华书局2012年版，第179页。

其次，以礼促进家庭关系和谐。家庭关系是一个纵横结合的立体网络，既有纵向的代际关系如祖孙关系、父子关系等，也有横向的代内关系如夫妻关系、兄弟姐妹关系等。荀子认为，只有按照礼的要求调整家庭关系，才能建立和谐家庭，最终实现"家和万事兴"。《荀子·大略》说，对于礼，"父子不得不亲，兄弟不得不顺，夫妇不得不欢。少者以长，老者以养"①。荀子还认为，以礼齐家也是改变人性恶对家庭带来消极影响的有效方法。《荀子·性恶》说："今人之性，饥而欲饱，寒而欲暖，劳而欲休，此人之情性也。今人饥，见长而不敢先食者，将有所让也；劳而不敢求息者，将有所代也。夫子之让乎父，弟之让乎兄；子之代乎父，弟之代乎兄，此二行者，皆反于性而悖于情也。然而孝子之道，礼义之文理也。"② 《管子·五辅》说："夫人必知礼然后恭敬，恭敬然后尊让，尊让然后少长贵贱不相逾越，少长贵贱不相逾越，故乱不生而患不作，故曰礼不可不谨也。"③

最后，以礼孕育良好家风养成。中华民族历来重视良好家风养成，家风是一个家庭或家族世代相传的风尚、风气、风貌、风骨，家风好则家庭和顺、家道兴盛，家风差则殃及子孙、贻害社会。家庭是人性的"养育所"，也是"礼性"的"孕育场"；"礼教"既是"家教"的重要组成部分，也是孕育良好家风的基本途径。家风存在于家庭的日常生活之中，体现在家庭成员的举手投足之间。良好家风的养成具有潜移默化的特点，"礼教"正好体现了"润物细无声"的要求。《礼记·经解》说："故礼之教化也微乎，其正邪于未形，使人日徙善远罪而不自知也。"④ 在儒家所倡导的家庭礼教中，最受推崇的理念是"尊老爱幼"。荀子在《荀子·大略》中说："夫行也者，行礼之谓也。礼也者，贵者敬焉，老者孝焉，长者弟焉，幼者慈焉，

---

① 方勇、李波译注：《荀子》，中华书局2015年版，第440页。
② 方勇、李波译注：《荀子》，中华书局2015年版，第377—378页。
③ 李山译注：《管子》，中华书局2016年版，第74页。
④ 王文锦译解：《礼记译解》，中华书局2016年版，第654页。

贱者惠焉。"① 在"尊老爱幼"中，儒家更为强调"尊老"和"善事父母"，尤其重视子女对父母的终生"孝敬"。孔子说："生，事之以礼；死，葬之以礼，祭之以礼。"荀子也强调既要"事生"也要"送死"："事生不忠厚，不敬文，谓之野；送死不忠厚，不敬文，谓之瘠。君子贱野而羞瘠。"② 《中庸》指出："事死如事生，事亡如事存，孝之至也。"③ 在实施家庭"礼教"的过程中，不断积累和形成了"家规""家训"，充实和完善了"家礼"。"家礼"确立家庭成员的价值导向，塑造家庭成员的行为模式，提高家庭成员的教养水平，为培养社会有用人才奠定家教基础。

四 以礼治国：保障社会运行的基本方略

社会运行调控的宏观目标在于保障和实现社会的良性运行，预防和避免社会的恶性运行。治国属于社会运行的宏观调控，直接关系到整个社会的安危，关系到整个国家的治乱。从治国层面调控社会运行，必须选择和确立具有全局性、战略性、整体性、长远性的方略；方略得当，事半功倍；方略不当，事倍功半。刘泽华指出："在先秦诸子中，绝大多数思想家都把礼视为治国方略中不可缺少的一着。"④ 先秦儒家代表人物在选择社会运行调控的方略时，孔子推崇"德治"，孟子重视"仁政"，荀子强调"隆礼重法"；但在三人的社会治理思想中，一直贯穿着一条"礼治"的逻辑"线索"。为何"礼"和"礼治"能够成为调控社会运行的方略？归根结底源于"礼"在国家治理中所具有的多重社会功能。

首先，礼是衡量国家施政的根本准则。礼是衡量治国成效的重要

---

① 方勇、李波译注：《荀子》，中华书局2015年版，第434页。
② 杨伯峻译注：《论语译注》，中华书局2009年版，第13页。
③ 陈晓芬、徐儒宗译注：《论语 大学 中庸》，中华书局2015年版，第321页。
④ 刘泽华：《中国政治思想通史·先秦卷》，中国人民大学出版社2014年版，第232页。

标准，孔子在《礼记·仲尼燕居》中说："礼之所兴，众之所治；礼之所废，众之所乱。"① 《国语·晋语》说："夫礼，国之纪也。"② 《左传·僖公》说："礼，国之干也。敬，礼之舆也。不敬，则礼不行，礼不行，则上下昏，何以长世？"③《左传·隐公》说："礼，经国家，定社稷，序人民，利后嗣者也。"④ 孔子对"礼"在治国理政中的重要地位和突出作用有过精辟论述："夫礼，先王以承天之道，以治人之情，故失之者死，得知者生。"⑤《礼记·礼运》说："礼者，君之大柄也，所以别嫌明微，傧鬼神，考制度，别仁义，所以治政安君也。"⑥ 孔子在《论语·里仁》中说："能以礼让为国乎，何有？不能以礼让为国，如礼何？"⑦《礼记·经解》说："礼之于正国也，犹衡之于轻重也，绳墨之于曲直也，规矩之于方圆也。"⑧ 孔子认为君主应该以礼治事，他在《礼记·仲尼燕居》中说："礼者何也？即事之治也。君子有其事必有其治。治国而无礼，譬犹瞽之无相与！"⑨ 孔子主张"安上治民，莫善于礼"⑩。他在《论语·子路》中强调："上好礼，则民莫敢不敬；上好义，则民莫敢不服。"⑪ 荀子特别强调"礼"对国家治理的重要性，他在《荀子·大略》中说："礼者，政之挽也，为政不以礼，政不行也。"⑫ 他在《荀子·议兵》中

---

① 王文锦译解：《礼记译解》，中华书局2016年版，第667页。
② 陈桐生译注：《国语》，中华书局2013年版，第379页。
③ 郭丹、程小青、李彬源译注：《左传》（上册），中华书局2012年版，第381页。
④ 郭丹、程小青、李彬源译注：《左传》（上册），中华书局2012年版，第88—89页。
⑤ 王文锦译解：《礼记译解》，中华书局2016年版，第260页。
⑥ 王文锦译解：《礼记译解》，中华书局2016年版，第265页。
⑦ 杨伯峻译注：《论语译注》，中华书局2009年版，第37页。
⑧ 王文锦译解：《礼记译解》，中华书局2016年版，第653页。
⑨ 王文锦译解：《礼记译解》，中华书局2016年版，第664页。
⑩ 王文锦译解：《礼记译解》，中华书局2016年版，第653页。
⑪ 杨伯峻译注：《论语译注》，中华书局2009年版，第133页。
⑫ 方勇、李波译注：《荀子》，中华书局2015年版，第437页。

说："礼者,治辨之极也,强国之本也,威行之道也,功名之总也。"① 荀子认为"礼"能为治国理政提供评价标准或准则,他在《荀子·王霸》中说:"国无礼不正。礼之所以正国也,譬之,犹权衡之于轻重也,犹绳墨之于曲直也,犹规矩之于方圆也,既错之而人莫之能诬也。"②

其次,礼是维护等级秩序的重要工具。社会等级是社会分层的必然结果,是人类社会发展中的普遍现象。结构功能主义认为,社会分层和社会等级不仅是必要的而且是合理有用的。在儒家看来,人类社会的等级分化不仅是天经地义的,而且也是合情合理的。③ 先秦社会是一种等级社会,"礼的最本质的规定性是明等级"④,礼制的一个重要功能就是维护和强化社会的等级格局。先秦儒家认为,礼是长久维护等级化社会秩序的有效手段,礼之功用在于论证等级秩序的合理性,礼治的根本原则就是确认和维护社会的等级差别。孔子认为周朝的"礼"是最完备的,可以为后世所借鉴。周代"礼治"思想的基本原则有二:一是"亲亲"即亲其所亲,二是"尊尊"即尊其所尊。⑤ 西周以来,礼的主要表现形式就是各种等级名分制度,要求处于不同等级的社会成员"各安其位,各守其分",唯此才能实现社会的井然有序。⑥ 但是,春秋以来的争霸战争和社会动荡危及甚至损害了等级名分制度,导致"礼崩乐坏"的局面,孔子希望通过"克己复礼"的方式,维护等级名分制度的持续。孔子主张"礼达而分定",认为:"夫礼者,所以定亲疏、决嫌疑、别异同、明是非也。"⑦

---

① 方勇、李波译注:《荀子》,中华书局2015年版,第242页。
② 方勇、李波译注:《荀子》,中华书局2015年版,第170页。
③ 白奚:《礼治、法治与人治》,《哲学动态》1998年第4期。
④ 刘泽华:《中国政治思想通史·先秦卷》,中国人民大学出版社2014年版,第232页。
⑤ 郑杭生、江立华主编:《中国社会思想史新编》,中国人民大学出版社2010年版,第26页。
⑥ 王处辉主编:《中国社会思想史》(第二版),中国人民大学出版社2009年版,第77页。
⑦ 王文锦译解:《礼记译解》,中华书局2016年版,第2页。

荀子非常重视"礼"在确立和维护社会等级秩序中的功能,他在《荀子·非相》中说:"人道莫不有辨,辨莫大于分,分莫大于礼。"① 另在《荀子·富国》中说:"礼者,贵贱有等,长幼有差,贫富轻重皆有称者也。"② 他在《荀子·荣辱》中说:"故先王案为之制礼义以分之,使有贵贱之等,长幼之差,知愚、能不能之分,皆使人载其事而各得其宜。"③

再次,礼是促进社会和谐的有效手段。社会矛盾和社会冲突是人类社会普遍存在的社会现象,如何在充满各种矛盾冲突的社会里建立一种和谐稳定的社会秩序?这是中国历代思想家普遍关注和探讨的重要议题。在化解社会冲突、促进社会和谐的各种手段中,儒家非常重视"礼"的作用,把"礼"视为实现社会和谐稳定的有效手段。孔子在《论语·学而》中说:"礼之用,和为贵。先王之道,斯为美;小大由之。"④ 孔子画龙点睛地指出了"礼"的核心价值追求在于"贵和",即崇尚和追求社会和谐。基于此,孔子认为,在社会治理中只有"道之以德,齐之以礼",百姓才能"有耻则格"⑤。孟子追求"仁政"理想,实现社会和谐是"仁政"的重要目标。孟子运用反证法说明"礼"对于社会和谐的重要性,他在《孟子·尽心下》中说:"无礼义,则上下乱。"⑥ 孟子要求人们在社会交往中做到"其交也以道,其接也以礼"⑦。荀子把"礼"的作用提高到关乎国家安宁的高度,"国家无礼则不宁"⑧,"人无礼义则乱,不知礼义则悖"⑨。《礼记·曲礼》说:"道德仁义,非礼不成;教训正俗,非礼

---

① 方勇、李波译注:《荀子》,中华书局2015年版,第60页。
② 方勇、李波译注:《荀子》,中华书局2015年版,第141页。
③ 方勇、李波译注:《荀子》,中华书局2015年版,第51页。
④ 杨伯峻译注:《论语译注》,中华书局2009年版,第7页。
⑤ 杨伯峻译注:《论语译注》,中华书局2009年版,第11—12页。
⑥ 方勇译注:《孟子》,中华书局2015年版,第289页。
⑦ 方勇译注:《孟子》,中华书局2015年版,第200页。
⑧ 方勇、李波译注:《荀子》,中华书局2015年版,第15页。
⑨ 方勇、李波译注:《荀子》,中华书局2015年版,第379页。

不备；分争辨讼，非礼不决。"①

最后，礼是协调邦交关系的基本准则。国家治理不仅涉及国内事务也涉及国际关系，以礼治国既体现在内部治理也体现在外部治理。中华民族素来重视国家交往中的礼仪、礼节和礼数，重视"礼"在协调邦交关系中的重要作用。《礼记·曲礼上》说："礼尚往来，往而不来，非礼也；来而不往，亦非礼也。"② 孔子认为，治理天下国家有九条纲要，其中第八条是"柔远人也"，第九条是"怀诸侯也"，"柔远人则四方归之，怀诸侯则天下畏之"。③《礼记·中庸》说："送往迎来，嘉善而矜不能，所以绥远人也。继绝世，举废邦，治乱持危，朝聘以时，厚往而薄来，所以怀诸侯也。"④ 中国上古时代部落众多，即所谓"诸侯万国""天下万邦"，如何处理好不同诸侯国之间的关系？《尚书·尧典》说："克明俊德，以亲九族。九族既睦，平章百姓，百姓昭明，协和万邦。"⑤ 如何实现"协和万邦"的理想目标？基本方式就是以"宾礼"和谐邦交。《周礼》说："以宾礼亲邦国：春见曰朝，夏见曰宗，秋见曰觐，冬见曰遇，时见曰会，殷见曰同，时聘曰问，殷覜曰视。"⑥ 根据《周礼》记载，周天子"春朝诸侯而图天下之事，秋觐以比邦国之功，夏宗以陈天下之谟，冬遇以协诸侯之虑，时会以发四方之禁，殷同以施天下之政"⑦。上古时代的"宾礼"作为处理诸侯国之间外交往来及接待宾客的礼仪制度，是中国传统礼制体系的重要组成部分，随着中国社会的演进发展而不断变化，在中国礼制史上具有重要地位。

综上所述，"礼"产生于人类自觉调控社会运行的客观需要，进而渗透和作用于社会运行的不同领域和层次。在微观层面，通过

---

① 王文锦译解：《礼记译解》，中华书局2016年版，第3页。
② 王文锦译解：《礼记译解》，中华书局2016年版，第4页。
③ 王文锦译解：《礼记译解》，中华书局2016年版，第704页。
④ 王文锦译解：《礼记译解》，中华书局2016年版，第704页。
⑤ 王世舜、王翠叶译注：《尚书》，中华书局2012年版，第5—6页。
⑥ 徐正英、常佩雨译注：《周礼》（上），中华书局2014年版，第404页。
⑦ 徐正英、常佩雨译注：《周礼》（上），中华书局2014年版，第808页。

"以礼修身"机制塑造社会运行的参与主体；在中观层面，依托"以礼齐家"机制稳固社会运行的核心枢纽；在宏观层面，"以礼治国"机制成为保障社会运行的基本方略。社会运行调控的"礼性化"，既区别于柔性社会运行的"道德化"，也不同于刚性社会运行的"法律化"。在某种意义上说，"礼性"介于"德性"与"法性"之间，是"德治化"与"法治化"之间的过渡带；"礼性"也介于"柔性"与"刚性"之间，是"柔性化"与"刚性化"之间的缓冲带。一句话，"礼"是一种"中庸规范"，"礼性"是一种"中庸理性"，"礼治"是一种"中庸治道"。社会运行既需要"柔性规范"，也需要"刚性规范"，更需要"刚柔相济规范"，这可能就是"礼"在中华民族发展史上生生不息的深层根源，可能就是中华民族"礼仪之邦"形象形成的终极基础。

载心之身
——中国轴心时代的身体思想*

邓万春**

摘 要 中国轴心时代思想中的身体主要是一种"身心合一"之"身",这个"身"内在地包含着"肉体"和"精神"两个方面,儒家和道家皆是如此。儒家的"身"通过践行仁、义、礼、智、信等伦理准则而实现修身之伦理实践目的。道家的"身"践行的则是自然之"道"。无论是儒家还是道家,"心"都对"身"具有优先性。对于这种"身心合一"而心为身主的关系,即本文概括的"载心之身"。

关键词 身;心;儒家;道家;载心之身

本文以轴心时代创制的中华元典《论语》《孟子》《荀子》《大学》《中庸》《老子》《庄子》等为依托,分析中国轴心时代的身体思想及身心关系。"轴心时代"的概念最早由德国历史学家雅斯贝尔斯提出,指公元前10世纪至公元1世纪,特别是公元前6世纪至公元前2世纪的特殊历史阶段。在这一阶段,世界各民族的文化元典得以创制,文化特质基本形成。① 中国轴心时代的元典埋下了中华文化的基因,其思想奠定了中华民族历史文化的基调。因此,以文化元典为依托对这一时期的身体思想进行研究就有文化探源与正

---

* 文章原载于《江淮论坛》2016年第6期"政治哲学"专栏。
** 邓万春,1973年生人,武汉理工大学政治与行政学院教授,主要从事发展社会学研究。
① 冯天瑜:《中华元典精神》,上海人民出版社1994年版,第99页。

本清源的意味。

一 多义性的"身"及"体"

(一) 儒家思想中"身"的含义

在轴心时代的儒家典籍中,"身"虽然也有指代"肉体"的用法,但并不占主流,"身"更多地用来指代"身心""自身""自己""品行""行为""生命""终生""身份"等等。这类意义上的"身"自然就不仅仅是一个"肉体"那么简单,而是同时关涉肉体和精神两个方面。在轴心时代,有专门的词语来指代"肉体",那就是"形""体""躯"等。

1. 自己、自身

以"身"来指代自己、自身。这种含义在轴心时代的儒家思想中用得最多、最为普遍,可认为是"身"的最基本含义。例如,《论语·学而篇》中讲:"吾日三省吾身:为人谋而不忠乎?"这里的"身"与"人"对应,"人"指的是他人,而"身"则指自己。《大学》中"欲齐其家者,先修其身"。这里的"身"和"家"相对应,指自身、自己。《中庸》第十四章中"失诸正鹄,反求诸其身"。这里的"身"很明显指自身。《孟子·尽心章句上》中"穷则独善其身,达则兼善天下"。这里的"身"和"天下"相对,指自己。

2. 身心

在这种含义中,"身"较为明确地同时包含肉体和精神两个方面。如《大学》中"富润屋,德润身,心广体胖"。"心广体胖"和"德润身"是前后对应的:"德润身"中的"身"对应"心广体胖"中的"心"和"体"。所以这里的"身"既包含"肉体",又包含"心"。

3. 品行、行为、躬行

以"身"来表示人的行为、品行、亲力亲为。《荀子·非相》中"听其言则辞辩而无统,用其身则多诈而无功"。这里的"身"与"言"相对,指"行为"。《孟子·尽心章句上》中"尧舜,性之也;

汤武，身之也"。这里的"身"是"身体力行"的意思。

4. 生命、终生

《论语·学而篇》中讲"事父母，能竭其力；事君，能致其身"。《荀子·性恶》中说"轻身而重货，恬祸而广解苟免"。这两句中的"身"都有"生命"的含义。《论语·卫灵公篇》中讲："有一言而可以终身行之者乎?"《孟子·尽心章句上》中说"行之而不着焉，习矣而不察焉，终身由之而不知其道者，众也"。这几句中的"身"都有"终生""一生"的意思。

5. 肉体、躯体

用"身"单纯指"肉体""躯体"，这类用法在先秦儒家典籍中不多见，仅在《论语》《荀子》《孟子》中偶有用及。如《论语·乡党篇》中"必有寝衣，长一身有半"；《荀子·子道》中"虽有国土之力，不能自举其身"。

6. 表示肉体之身的"体""形""躯"

轴心时代儒家典籍中有专门表示"肉体""躯体"的用法，这就是"体"、"形"和"躯"。但并不多见。如《大学》中"富润屋，德润身，心广体胖"；《孟子·尽心章句下》中"其为人也小有才，未闻君子之大道也，则足以杀其躯而已矣"。

（二）道家思想中"身"的含义

道家思想中的身主要有三种含义，即自身（己）；生命，一生（终生）；肉体之身。

1. 自身（己）

跟儒家类似，在道家思想中，"身"最主要的含义也是"自身、自己"。如《老子》第七章"是以圣人后其身而身先，外其身而身存"；《老子》第二十六章"奈何万乘之主而以身轻天下"。前者的"身"是和"他人"相对，指自己；后者的"身"是和"天下"相对，指自身。如《庄子·内篇·人间世》中"且昔者桀杀关龙逢，纣杀王子比干，是皆修其身以下伛拊人之民"。这里的"身"与"民"相对，指"自己"。

2. 生命、终生

如《老子》第四十四章"名与身孰亲？身与货孰多"；《庄子·内篇·大宗师》中"行名失己，非士也；亡身不真，非役人也"。这两句中的"身"都是指"生命"。再如，《老子》第十六章"知常容，容乃公，公乃全，全乃天，天乃道，道乃久，没身不殆"；《庄子·内篇·齐物论》"而其子又以文之纶终，终身无成"。这几句中的"身"是指"一生""终生"。

3. 肉身

在道家思想中，多用"形""骸"等词来指代肉体、躯体，直接用"身"来表示肉体者少。这一点跟儒家相似。如《庄子·内篇·逍遥游》中"瞽者无以与乎文章之观，聋者无以与乎钟鼓之声。岂唯形骸有聋盲哉"；《庄子·内篇·齐物论》中讲："形固可使如槁木，而心固使如死灰乎？"

二 "身"与"体"

由上文对"身"和"体"含义的梳理，可知轴心时代儒、道思想中的"身"主要是指一种身（肉体）、心兼具之"身"。这里的"心"指精神性的因素，如心灵、意识等。在儒、道思想中，"肉体"之身有专门的语词"体""形""躯"来表示。由此我们可以判断：轴心时代儒、道思想对"身"和"体"主要是分而论之的，只有需要单纯地表示肉体、躯体、形体的含义时，才会用到"躯""形""体"等概念。在大多数情况下，儒、道思想中用到的是"身"这个概念，而当这个概念出现时，多指身（肉体）、心（精神）兼具之身。

在"身"与"体"的含义属性上，"身"更多地具有社会性、伦理性、实践性，而"体"则更多地具有生理性。

在"身"与"体"的关系中，"身"更具主动性，而"体"则更具被动性。在轴心时代的儒家思想中，"体"往往是"身"的结果，"身修"或"身正"，则"体"就会有一个理想的结果，否则

"体"的下场就会不太美妙。如"富润屋，德润身，心广体胖"。"体胖"就是"德润身"的结果。如《孟子·离娄章句上》曰："士庶人不仁，不保四体。"其逻辑就是，如果士庶人不修身以致不仁，就会"四体"不保。所以"四体不保"就是"不仁"的结果。

《老子》第三十三章曰："死而不亡者，寿。"这里对"寿"的理解体现了老子对（肉）身与德（心）关系的观点，即人的道与德是远远超越于其肉体的生命长度的。在《庄子·内篇·德充符》中，庄子通过五个身残志坚或身残德充的例子，说明了人内在的德行对于外在形体的优先性或超越性。

三　践行之身

无论是儒家思想中的"身"，还是道家思想中的"身"，都是一种实践、践行之身，即都强调对"身"的修养、修炼，"身"都并非一种静态的、一成不变的存在，而是可以通过后天的修养工夫达至一种理想的境界。但是，要注意的是，这里的"实践""践行"和西方哲学意义上的"实践""践行"并不完全相同。如马克思笔下的"实践"主要侧重于社会生产活动，而儒家道家的"实践""践行"则侧重于对一些精神和伦理行为层面的规范、价值和理念的浸染、习得与内化。虽然从总体上说儒家道家都强调行为规范、价值和理念层面的修身，但是，儒家和道家对修身的具体理解有所不同。儒家思想中修的是仁义礼智信等伦理规范之"身"，看重对仁义礼智信的践行、躬行，而道家思想中修的是道、德之"身"。

（一）伦理践行之身

轴心时代儒家思想中的践行之身，主要是指对儒家的伦理道德规范的践行，而非一般意义上的社会实践，即不是指从事社会生产的实践。这种身的践行，或者是以仁、义、礼、忠、信、诚等来规范身心行为。例如"德润身"就是以道德修养身心；"论礼乐，正身行，广教化，美风俗"是以"礼乐"端正身心行为；"礼者、所以正身也，师者、所以正礼也"也是以"礼"来端正、规范身心;"吾日三省吾身:为人谋而不忠乎?与朋友交而不信乎"是以"忠""信"为标准来检视自己的身心行为;"故君子之道,本诸身,徵诸庶民"是以"君子之道"来衡量"身";"善在身,介然必以自好也;不善在身,菑然必以自恶也"是强调"身"要"善";"同游而不见爱者,吾必不仁也;交而不见敬者,吾必不长也;临财而不见信者,吾必不信也。三者在身曷怨人"是将"仁""敬""信"与"身"相联系;"万物皆备于我矣。反身而诚,乐莫大焉"是以"诚"来要求"身"。

因此,这样的一种身体实践,或许可以将之称为伦理实践。

"身"的伦理实践的逻辑。根据儒家"修身、齐家、治国、平天下"的致思路径,"修身"是"齐家""治国""平天下"之本。这也就是说,"身"的伦理实践是"身"的社会实践的基础,先做人,后做事。在儒家看来,"身修"(即伦理实践)则自然而然地"家齐"、"国治"、"天下平"(社会实践)。正因如此,儒家思想特别强调身的伦理实践,而身的社会实践却相对较少。从逻辑理路来看,轴心时代儒家思想中"身"的伦理实践的逻辑线索有两条:一是孟子的由内而外的"内圣—外王"路径;二是荀子的"外—内—外"的"内圣—外王"路径。

孟子主张人性善,认为仁义礼等伦理道德规范根植于人的内心,个人应通过反思、内省而悟道、修身。《孟子·尽心章句上》曰:"君子所性,仁义礼智根于心。"《孟子·告子》称:"恻隐之心,人皆有之;羞恶之心,人皆有之;恭敬之心,人皆有之;是非之心,人皆有之……非由外铄我也,我固有之也。"个体以反思、内省的方式唤醒自身固有的伦理道德规范,以此达到"身修"的目的,这是第一步;然后以自己充盈伦理道德规范的身心行为来彰显伦理道德规范,这是第二步,这是一个由内向外的过程;当第二步能够得到顺利实现时,"齐家""治国""平天下"就是一个自然实现的过程,这是第三步。

荀子主张人性恶,《荀子·性恶》中说:"人之性恶,其善者伪也。"但他认为人性可以教化,《荀子·礼论》言:"性者,本始材朴也；伪者，文理隆盛也。无性则伪之无所加，无伪则性不能自美。"他认为要靠外在的伦理道德规范来修养身心。所以，荀子的"身"的伦理实践遵循"外—内—外"的逻辑。也就是说，"内圣"的过程并非一个自我实现、自我完成的过程，而是在外在规范约束、限定的前提下完成的。这样一来，"修身"，或者说身的伦理实践的内在动力就不是不言自明的。当外在的规范解除时，这种身的伦理实践就只能依赖于社会成员的自身定力，具有很大的不确定性。正因如此，当王朝没落礼法废弛时，很多文人士大夫就很难再"守身""端身"了，甚至陷入"无所不为"的境地。

（二）道、德践行之身

道家修的是"道""德"之身，即对"道"和"德"的践行。"道"是无可名状、又无所不在的万事万物的内在规律。修身以道，就是要让自己的身心顺应万事万物的内在规律，即"道法自然"。修身以德，就是要让自己以"德"的方式去行事，即无为而为。

老子阐述了道家修身的原则和路径。修身的原则是无为、无欲、无身。王弼说："穷极虚无，得道之常。"①《老子》第十章说："载营魄抱一，能无离乎？专气致柔，能如婴儿乎？"认为我们要修婴儿之无欲无求之身。王弼有注云："能若婴儿之无所欲乎？"②圣人但求温饱，不求五色五音五味。《老子》第十二章曰："五色令人目盲，五音令人耳聋，五味令人口爽……是以圣人，为腹不为目，故去彼取此。""无身"乃修身的最高境界。《老子》第十三章曰："宠辱若惊，贵大患若身……及吾无身，吾有何患。故贵以身为天下，若可寄天下。爱以身为天下，若可托天下。"能够托付天下的人，是不因身外的宠辱荣患而动的人。如果做到"无身"，即"忘我"的境界，则

---

① （魏）王弼注，楼宇烈校释：《老子道德经注校释》，中华书局2008年版，第37页。

② （魏）王弼注，楼宇烈校释：《老子道德经注校释》，中华书局2008年版，第23页。

可以真正做到无患了。修身的路径是后身、外身、致虚静、见素抱朴、弃绝仁义礼智、以身观身。《老子》第七章云："是以圣人后其身而身先,外其身而身存。"这是后身、外身的路径。《老子》第十六章讲："致虚极守静笃。万物并作,吾以观复。"这是道家最为看重的修身路径,即致虚静。《老子》第十九章曰："绝圣弃智,民利百倍;绝仁弃义,民复孝慈;绝巧弃利,盗贼无有……见素抱朴少私寡欲。"这里给出了与儒家针锋相对的修身路径:绝圣弃智、绝仁弃义、见素抱朴。《老子》第五十四章说："故以身观身,以家观家,以乡观乡,以邦观邦,以天下观天下。"这是以身观身的修身路径。

相较于老子强调无为无欲之身、虚静之身,庄子更重视"道"对肉体之身的优先性或超越性。因此,庄子的修身主要是"修心"。而"修心"的关键在于顺应自然之"道"。《庄子·内篇·齐物论》曰："一受其成形,不亡以待尽。与物相刃相靡,其行尽如驰而莫之能止,不亦悲乎!终身役役而不见其成功,茶然疲役而不知其所归,可不哀邪!人谓之不死,奚益!其形化,其心与之然,可不谓大哀乎?"这里强调的就是人的精神不要束缚于人的形体。《庄子·内篇·养生主》讲："吾生也有涯,而知也无涯。以有涯随无涯,殆已!已而为知者,殆而已矣!为善无近名,为恶无近刑,缘督以为经,可以保身,可以全生,可以养亲,可以尽年。"这里强调顺应自然之道,就可以保全身体和天性。

四　载心之身

(一) 身心合一

无论是儒家还是道家,既然身的含义主要不是指单纯的肉体,既然表征肉体的"体""形""躯"仅指生理性的肉体,且并不常用,那么我们就可以判断:中国轴心时代主流思想中的"身"主要是指一种身(体)、心合一的"身",即肉体和心合一的"身"。因为,根据儒家思想的伦理性、实践性特点,如果这些"身"仅仅指"肉体",则不符合其思想的伦理性特征,如果这些"身"仅仅指"心",

则不符合其思想的实践性特征。这是儒家思想的伦理性和实践性之两大特征，在很大程度上决定了"身"应该是身（体）、心兼具的。同理，对于道家而言，"身"既是"道""德"等价值、理念的载体，又是践行这些价值、理念的行为主体。所以，道家思想中的"身"也是身（体）、心兼具的。

例如，在我们前述儒家思想中"身"的第一种含义"自己""自身"中：这里的"自己""自身"主要是对自我的一种指代。为什么这么说呢？因为在这种用法中，"身"往往和"人"相对应地出现，如"吾日三省吾身：为人谋而不忠乎？""所藏乎身不恕，而能喻诸人者，未之有也。""三者在身曷怨人。"等等。这里的"身"和"人"是相对的，"人"是指"他人"，而"身"就应该指"自己""自身"。在与"他人"的关系中去认识、把握"自身"，这正是西方现代"自我"概念的基本含义，这种"自我"概念就既包括生理性的躯体，也包括心理和精神因素。

在老子的思想中，无为、无欲、无身之身，法自然之身，主要是身（体）、心（道）合一之"身"。到了庄子那里，这种合一之身似乎逐渐出现了分裂，在身心关系上，庄子更倾向于将身心区分开，也就是以身心二分的眼光看待二者的关系，而且在二者中，"心"或者"道"明显优先于肉体之"身"，甚至有将肉体之身视为"道"的负担的倾向。这就有点类似于西方早期身心对立、扬心抑身的思想了，如柏拉图的身心思想。

（二）身心合作

在中国轴心时代的思想中，"身"在多数时候兼指身（体）和心，而且二者是一种合作关系。

轴心时代儒家思想中的"身"是一种伦理实践意义上的"身"。这种伦理实践在逻辑上是一个"内圣—外王"的过程。"内圣"更多的是一个直达内心的过程。而由内而外的"外王"过程则需要通过人的躯体的行为而"形于外"，这是一个躯体无法缺席的过程。因此，一个完整的"内圣—外王"过程是心灵和躯体都不可或缺的。

在《大学》所述的"诚意、正心、修身、齐家、治国、平天下"的具体"内圣—外王"路径中,"修身"被视为一个至关重要的环节。"诚意"和"正心"基本上是"内圣"的环节,"齐家""治国""平天下"则基本上是"外王"的环节,而"修身"则是连接这内外二者的一个中介环节。"修身"兼具"内圣"与"外王"的某些特质,"内圣"离不开"身"的"心","外王"离不开"身"的"体"和"躬行";前一个"身"侧重于伦理性,后一个"身"侧重于实践性。因而"修身"中的"身",如果仅仅指心和仅仅指躯体,都无法起到连接"诚意""正心"和"齐家""治国""平天下"的作用。这就是轴心时代儒家思想中的"身"兼具身(体)和心的含义的内在原因。这也是为什么我们说轴心时代儒家思想中的"身"具有身心合作的关系的根本原因。

(三)心为身主

虽然身心是合一、合作的关系,但却不是对等的关系。身、心有主次,其中,心居于主导地位,身(肉体)处于从属地位。

在《论语·卫灵公》中,孔子说:"志士仁人,无求生以害仁,有杀身以成仁。"孔子对"身"和"仁"的取舍反映的就是他的身心关系理念。孔子主张为了仁,可以牺牲生命,身心关系在此立现。荀子对心为身主的关系阐述得最为明确,他在《荀子·解蔽》中说:"心者,形之君也,而神明之主也,出令而无所受令。"在《荀子·天论》中,他说:"心居中虚,以治五官,夫是之谓'天君'。"

孟子也认为心主导身,身为"小体"、心为"大体"。他在《孟子·告子章句上》中说:"钧是人也,或从其大体,或从其小体,何也?""耳目之官不思,而蔽于物,物交物,则引之而已矣。心之官则思,思则得之,不思则不得也。此天之所与我者,先立乎其大者,则其小者弗能夺也。"

最为重要的是,修身的根本在于正心。所以,心为身主。《大学》曰:"所谓修身在正其心者:身有所忿懥,则不得其正;有所恐惧,则不得其正;有所好乐,则不得其正;有所忧患,则不得其正;

心不在焉，视而不见，听而不闻，食而不知其味。此谓修身在正其心。"

在道家思想中，老子和庄子在身（体）、心（道）关系上都强调心（道）对于肉体之身的优先性。老子的无欲无求无身之身自然应该是一个精神性的、充盈"道"和"德"之身。尽管老子的思想中有着诸多的"贵身""保身"的表述，但"贵身""保身"并不是要强调肉体之身的重要性，而恰恰是要摆脱名和利等外在的束缚对于"身"的羁绊，使得"身"具有超脱世俗、直指道心的超然性。老子所说的"死而不亡者，寿"，庄子所说的"是遁天倍情，忘其所受，古者谓之遁天之刑。适来，夫子时也；适去，夫子顺也。安时而处顺，哀乐不能入也。"都是在强调一种得道之身、顺应自然之身。在这种得道之身、顺应自然之身面前，肉体寿命的长短显得无足挂齿。在这一点上，庄子比老子走得更远，从他在《庄子·内篇·德充符》中的例子和论述可以看出这种倾向，"故德有所长而形有所忘"。

（四）载心之身

身心是合一的，而且是合作的。但是，二者的地位又是不对等的，心为身主。那么我们该如何把握这种奇特的身心关系呢？笔者用了一个"载心之身"的概念来概括这种身心关系，并以此表征中国轴心时代思想中的身体观念。这个概念的提出，是从生态系统中的共生现象获得的灵感。在生态系统中，一些生物相互结合在一起，互利共赢。我们这里的身心关系也有点类似生物界的共生现象，身和心结合成一体，相互合作。从字面上看，"载心之身"就是身体背负或承载着心，这是一个比喻的说法，是为了说明身、心二者结合在一起，就像共生现象中一个生物背负着另一个生物。

美国学者安乐哲也曾从共生的角度理解中国古代思想中的身心关系。他认为，中国古典哲学中的"身心是一对'两极相关'（polar）而非'二元对立'（dualistic）的观念。因此，只有在彼此互涉的情况下，二者才能够得到理解"。因而他指出，在古典中国哲学中，"'人'被恰当地认为是一种'身心交关'（psychosomatic）的过程"。

而所谓"两极相关",是指"一种'共生性'(symbiosis),即两个有机过程的统一性。这种共生性要求双方彼此互为必要条件,以维系双方的存在"①。安乐哲的这种两极相关的身心共生观虽说概括了身心的相互合作和依赖关系,但是他忽略了中国古代思想中身心除了合作、依赖关系,还有一种主辅关系,即心为身主。

在郭店竹简《六德》中,"仁"的写法是:上面一个身下面一个心。杨伯峻先生说这里的"仁"其实就是指"人"。也就是说,在儒家思想中,一个完整的人就是兼具身心的。而且看这个"仁"字的写法,身在上,心在下,较为形象地解释了身心的主辅关系:身在前面抛头露面,行为展演,心在后面坐镇指挥,发号施令,决定着前方的身的行为表现。我们这里提出的"载心之身"概念与《六德》中"仁"的这种写法同理,只是把身和心的位置颠倒了一下,但道理仍是一样:身和心二者结为一体,相互合作,身把心背在背上,身进行行为展演,但是其行为表现要受其背上的心的指挥;心虽然指挥着身,但是心不能离开身,因为心自己无法表现自己,而必须借助身来表达自己。正如孙隆基所说:"中国人的精神形态却是由这个'身'散发出去的'心'之活动。"② 同理,身也离不开心,身离开心,其行为就是盲动,是褪去了伦理道德规范的纯动物行为,这是儒家和道家都不认同的。因此,身心的这种关系就是一种共生关系,但是跟生物的共生关系略有不同的是,身和心的共生关系有主次,心为身主。对此,孙隆基还说:"中国人的'身'是由人伦与社群的'心'去制约的。"③

"载心之身"的概念形象表征了中国轴心时代的身体思想和身心观念,也能够跟西方社会的身体思想,尤其是西方社会早期的身心二元对立、扬心抑身思想展开对话。

---

① 安乐哲:《古典中国哲学中身体的意义》,陈霞、刘燕译,《世界哲学》2006年第5期。
② [美]孙隆基:《中国文化的深层结构》,广西师范大学出版社2004年版,第16页。
③ [美]孙隆基:《中国文化的深层结构》,广西师范大学出版社2004年版,第31页。

关于"天下"的思与构
——一种社会学视角*

何 健**

摘 要 天下观是中国历代知识分子身怀的普遍激情。随着现代进化论的滥觞,传统的天下观势必会经历一个重构的过程。以社会学的视角看,天下具有神圣性、认同性、秩序性、自由性和社会时空性等多重含义。天下国家本质上是一种公天下的结构。天下的结构化包括两条机制:其一,"王天下"处理了天下有道和天下无道之间的矛盾;其二,"王天下"的根本逻辑是和平式的,讲求"天下化成""通天下"。

关键词 天下;社会学;结构化;王天下;通天下;中国传统文化

中国人的行为方式似乎常遵循着从微观到宏观的逻辑,即由个人而家,由家而国,由国而天下的逻辑,然而从社会学的逻辑看,则是一个相反的逻辑,遵循的是由天下而国,由国而家,由家而己的逻辑。两个逻辑并行不悖,实践和认知相互交融。本文主要从认知逻辑来审视"天下",以展示中国古代思想的现代社会理论意义①,但又

---

* 文章原载于《北京工业大学学报(社会科学版)》2017年第4期"当代社会研究"专栏。

** 何健,1976年生人,西南大学国家治理学院副教授,博士,主要从事社会理论、发展社会学、组织与社区等研究。

① 这里倾向于采取甘怀真先生所倡导的儒学诠释学方法。

稍不同于史家对于"天下"的国内关系和国际关系的讲法①，而是在综采各家的基础上，突出强调天下的社会人文意涵。

一 天下的含义

（一）天下的神圣性（天下即神）

自中国文化创生那一刻起，天下就不断改写，不断扩展。新的天下需要新的天下学说，这是无异议的，令人疑惑的是天下为何一直在扩大，有那么一点"宇宙爆炸论"的感觉！？中国天下的扩展不是侵略，反倒是在被侵略中不断扩大，在打压中伸缩更广，以文化涵括野蛮，求人道、神道、物道之平衡。因此，中国天下的扩展是不战而屈人之兵，在不知不觉中扩展影响力，近乎《孙子兵法》所讲："微乎微乎，至于无形。神乎神乎，至于无声。故能为敌之司命。"套用帕森斯（Talcott Parsons）的讲法，天下具有最高的信息控制等级②。

天下这一范畴，具有涂尔干在《原始分类》《宗教生活的基本形式》等晚期文献中所探讨的"神圣观念"内涵。它虽然不是西方那种超越性的神，却是上天的命令，人被命令照顾好天下之一切，照顾好了，就叫"敬天保德"。

《诗经·大雅·文王之什·皇矣》是一部讲述周部族的开国史诗。其中一章为："帝谓文王：'无然畔援，无然歆羡，诞先登于岸。'密人不恭，敢距大邦，侵阮徂共。王赫斯怒，爰整其旅，以按徂旅，以笃于周祜，以对于天下。"③ 这里出现的"天下"一词藏之甚深，整部《诗经》仅现一次。因此，相比《尚书》《周易》《论语》《礼记》《周礼》《道德经》《庄子》等文献而言，《诗经》中的天下更显示了它的原始意义。我们就从这原始意义出发，去追寻它的

---

① 中国与世界的关系问题是中国现代化历程中的核心问题，费正清、杨联陞、渡边信一郎、高明士、王永平等学者已经充分认识到此问题的重要性。
② Talcott Parsons, *Societies: Evolutionary and Comparative Perspectives*, Englewood Cliffs, NJ: Prentice-Hall, 1966, p. 28.
③ （清）王先谦：《诗三家义集疏》，中华书局1987年版，第856页。

社会意义。"以笃于周祜,以对于天下"一句是讲"增益周的福,使天下安定",这是人做的,但却是受天之命。

因受天之命,天下之物之事皆有神圣性。孔子讲"民无信不立",并非只是律法、信玺①,而是对天下的信仰,所以"以天下为己任""先天下之忧而忧""天下兴亡,匹夫有责"等正是此意。天下不仅仅是一种伦理②,而是一种信仰。在涂尔干那里,社会即神,那么对于中国文化而言,天下即社会,天下即神。因天之名,所以,实际的行为选择在本质上叫作"领有天下"③,一个"领"字表明的不是占领,不是割据,不是霸道,而是"领命"求安平,这成为一种"己任",成为一种"责任伦理"。

因此,天下因天命而具有某种宗教意义,所以甘怀真认为:"天下是一个教会。"④ 这种看法不独是甘氏一人,杜维明也认为中庸有明显的宗教意蕴。他说:"《中庸》中的君子力图体现人的普通存在中所蕴含的终极意义。君子知道,完全实现天人合一理想的可能性是每个人的本性中所固有的。尽管在智力、天赋和能力方面差别很大,但是所有的人都被赋予把自己实现出来的内在力量,从而能够达到与宇宙完全合一的状态。"⑤ 这样看来,天下之事无不是"神圣的事业",但却不是"罪业",完成此等"神圣的事业"绝不是弃绝弃智、非此即彼的极端行为,而是求"中和",求"大道",成为一种"信念伦理"。

天下的含义里有着明显的委任意思是不容争辩的,委任即意味着伦理上的责任,需要证明给大家看,因此,那尘世的权力需要找到自

---

① 参见高明士《律令法与天下法》,上海古籍出版社2013年版。
② 林端:《全球化下的儒家伦理——社会学观点的考察》,《国外社会学》2002年第3期。
③ 参见[日]渡边信一郎《中国古代的王权与天下秩序》,徐冲译,中华书局2012年版。
④ 甘怀真:《东亚历史上的天下与中国概念》,台湾大学出版中心2007年版,第16页。
⑤ 杜维明:《〈中庸〉洞见》,段德智译,人民出版社2008年版,第2页。

己的普遍合法性,这逼得那所谓的至高者仍要躬身去坚持一些普遍性的信仰和法则。

(二)天下的认同性(知天成人)

潘光旦在《童子操刀》一文中提出了社会学再出发的起始是人的命题。他说,"人至今没有适当的与充分的成为科学研究的对象","社会学是人伦关系之学",哲学求"天人之际",它求"人伦之际",因此经常扑空,而扑不着"具体的人"①。他认为:各门社会科学忘本逐末,舍近求远,避实就虚,放弃了核心而专务外围,本、近、实与核心,指的是人物之际的人和人我之际的每一个人的自己。他历数了人体生理学、心理学、医学等所谓与人相关的学科基本上也是支离破碎的分析,越分析越离人远,陷入"集中""清算"等物力型思维上,不复有人。一个有希望的社会是"有了明能自知与强能自胜的个人"②。

潘光旦先生关于当时社会科学局限性的判断是在 1946 年。即使现在看来,这一判断并未过时。潘先生之所以有这番见地,还是源于他试图用传统文化去化解西方现代性之毒,同时革新传统文化的见地。联系到这里的讨论,我们发现:正是中国传统的天下与身的传统命题造就了潘先生的洞见,因为潘先生所说的"自知者明,自胜者强",恰是社会科学要面对的问题,也是对天下与身之间关系命题的确认。这里的"自知"与"自强"暗含着是"己身"的修养命题。但在中国文化里,己身的修养又是和"天"有着重要关系。《周易》中的名句"天行健,君子以自强不息"讲君子之修身要循天之理。《中庸·哀公问政》中也说:"故君子不可以不修身;思修身,不可以不事亲;思事亲,不可以不知人;思知人,不可以不知天。"可见,天与身之间的关系是确实的,故所谓"成其身而天下成,治其

---

① 潘乃穆、潘乃和编:《潘光旦文集》第六卷,北京大学出版社 2000 年版,第 146 页。
② 潘乃穆、潘乃和编:《潘光旦文集》第六卷,北京大学出版社 2000 年版,第 13 页。

身而天下治"①。这样一来，天下之事自然是要落实在"身"的身上了，因为天下之事，无外乎自然、国、家和己，所以身涉及君臣、父子、孝悌、朋友等多重关系。透过前面讲的神圣性，我们此番又认识到了天下的第二重性质，即认同性，并且看到了身与天下之间的亲和性，因为身，所以天下的认同包含着对家、对群、对国、对己的认同，"安身立命"是基本，最高境界则是"杀身成仁""天下大同"。

（三）天下的秩序性（人文世界与社会秩序的合一）

渡边信一郎的天下论，侧重于从政治王权和政治秩序来探讨天下，此种观点最终形成中国是一个从专制奴隶制向专制农奴制演变的国家的结论。此种结论的偏颇有如下四点。（1）经济史决定论。渡边氏虽于20世纪90年代转向强调了中国政治的文化独特性，然而仍带有明显的前期研究痕迹，即过于重视小农经济生产方式的决定性作用。（2）对封建制的演化重视不够。受前一点的影响，渡边氏对封建制的演化与影响给予重视不够。而有的学者则从文化和艺术领域看到了封建制的更早起源和长远影响。②（3）在从天下观来理解中国的本意上，是从今考古，而不是从源头上考古明今。何为中国？何为中国理想？渡边氏对前一个问题虽有回答，但是其"中国（九州）＝天下"的主张，仍是狭义地理解天下，这样一来，不仅把天下实态化，而且极大地忽略了"中国"一词特有的文化意义。若持"天下＝世界"的"广域天下说"，则会看到"中国"所具有的秩序和谐之心的文化意义。（4）过于重视天下的实态，而忽略了天下的神学意义。如果进一步往深了讲，天下可能还具有神学性和宗教性意义，比如《诗经·皇矣篇》所表现出来的帝（天）的命令性。

事实上，无论是"中国（九州）＝天下"的命题，还是"天下＝中国（九州）""天下＝世界"的命题皆有不当之处，对于天下

---

① 陈奇猷校释：《吕氏春秋新校释》，上海古籍出版社2002年版，第146页。
② ［英］迈克尔·苏立文：《中国艺术史》，徐坚译，上海人民出版社2014年版，第41页。

而言,没有"等号"(=),而是一个"不等号"(≠),天下不等于什么,就是"溥天之下",天下本说的实质是人文性。关于这一点,沟口雄山认为:"把天与政治联系起来的政治思想,是在中国独自发展起来的一种政治思想,它在日本或欧洲均未曾出现。"① 应该说,沟口雄山确实看到了中国文化的独特性,不过应当注意的是,不应把这种关联就限定为政治层面,而反倒是应该着重于天下的社会性,正是这种社会性保证了天下的神圣性,政治性则从社会性中生长出来,否则我们就会遗忘中国思想中的"天下生民观"。

因此,天下的秩序性并不仅是政治一环,如果是那样,我们就陷入了西方思想里的社会与权威的二元对立论,相反,正如平冈武夫认为的那样:中国思想的社会性明显具有调和的特征。② 如果以这种调和性来审视天下与中国的关系含义,就会发现中国首先是一个文化上的概念,是那世界或秩序中最为和谐之点。就像《大学》里讲的:"唯仁人放流之,迸诸四夷,不与同中国。此谓唯仁人为能爱人,能恶人。"在这里,中国的内涵是文化性的,因为中国有仁,不仁者为野蛮与恶人。所以《中庸》里的中国是指洋溢、充盈了仁与德的中国,有了仁德,则配天以致广大无穷。所以,中国精神其实是践行仁德。这里不妨以"天下的社会性"图式来表征天下的位置和性质(见图1)。

	自然	社会
天	天理	天下 (公共领域)
人	人欲	人情

图1 天下的社会性

---

① [日]沟口雄山:《中国的思想》(修订版),赵士林译,中国财富出版社2012年版,第8页。
② [日]渡边信一郎:《中国古代的王权与天下秩序》,徐冲译,中华书局2012年版,第12页。

(四)天下的自由性（天下生民）

沟口雄山不赞同孙中山的看法，而认为欧洲存在的东西不能代替中国，欧洲不存在的东西中国存在，不能单维度地认为，中国传统思想只讲"仁""公""大同""皇权""秩序"等的大一统政治哲学。实际上，中国思想里还具有"天下生民"的社会思想，这种中国式自由完全不同于欧洲意义上的个人自由，并非是散沙式的消极因素，而是在血缘、地缘、业源中形成。①

郝大维和安乐哲在《先贤的民主》中进一步讨论了"中国式个人"。他们认为：西方的个人主义不适用中国的情境，西方的个人主义是对抗性的，而中国式个人按和谐来支配生活，所以《论语》讲君子"和而不同""周而不比""矜而不争，群而不党"，强调行事的和谐艺术，拒绝自私。②

那中国式自由是否丢掉了思想自由和理性自主呢？郝大维和安乐哲基本上是持否定态度的。其他学者可能有不同的看法。比如，杜维明提出"创造性转换的自我"。又如李英灿认为：西方社会学以被经验性的事实为研究对象，而儒家社会学的研究对象"既是事物的自在之'理'，也是规范人自身行为的自为之'理'"③，换言之，中国思想并非不强调思想，而是强调对和谐的思考。所以《中庸》讲："唯天下至诚，为能尽其性；能尽其性，则能尽人之性；能尽人之性，则能尽物之性；能尽物之性，则可以赞天地之化育；可以赞天地之化育，则可以与天参矣。"此处一个"诚"字引出"尽""赞""化育"等"百行"，这里面蕴藏"思想"与"实践"并举，"个体"与"共同体"相通之意，实有化解工具理性荼毒的可能，有求得幸福生活之功效。

---

① ［日］沟口雄山：《中国的思想》（修订版），赵士林译，中国财富出版社2012年版，第8页。
② ［美］郝大维、［美］安乐哲：《先贤的民主》，何刚强译，江苏人民出版社2010年版，第115—118页。
③ 李英灿：《儒家社会学何以可能?》，《孔子研究》2003年第1期。

（五）天下的社会时空性

渡边信一郎据《资治通鉴》（卷二一七天宝十三）将天下界定为："天下乃州、郡、县、乡、里、户、个人的具体集合体，以中国＝九州＝禹迹为核心，为天子（皇帝）的实际支配领域，是区别于夷狄未开化社会的文明社会。"① 这一文明也就是政治社会，此政治社会名为"天下"，由天、天子、生民所组成，故天下是神圣性与社会性的结合，这种结合的社会有着相当的公共性。

二 天下的结构与结构化

（一）天下的体（天下国家）：公天下

中国古代社会思想涉及众多概念，后人可以任意理出一个体系逻辑，但是，历史并非任意受人打扮，所以，这里的讨论也仅是一个尝试、一个片面。

潘光旦先生在关于孔门社会哲学的两篇文章（《社会生物学观点下之学庸论孟》《生物学观点下之孔门社会哲学》）中，虽然未有对"天下"的直接解说，但从其中的家国同理论可以寻到"天下"的踪迹。除此以外，潘先生的《派与汇》《中国人文思想的骨干》等文章则明显蕴含了"天下"的课题。比如在《派与汇》中，潘光旦梳理了社会思想的流变，认为有古人文思想（比如中国和希腊）、近代社会科学思想（一曰演化论，二曰实验论和工具论，三曰功能论）、当代人的科学思想等五个前后相继的思想源流。然而，由于分析的作风盛行日久，有300多年，所以，社会发展的学说只是愈来愈细，颇多凌乱和破碎，在实践上越陷越深，待第二次世界大战涂炭生灵时，西方思想家才开始注意这一问题。潘光旦认为：社会形势的发展，已越来越要求一种新人文主义来作指导。所谓新人文主义，是指借古代思

---

① ［日］渡边信一郎：《中国古代的王权与天下秩序》，徐冲译，中华书局2012年版，第78页。

想（比如中和）解读进化论，从而形成有调试（成位育），以人为指向的演化论。

在中国的思想里，是可以找出一种普遍真理的。潘光旦先生所说的古人文主义，除去印度、希腊，中国文化是其中一种。这里不妨借鉴现代儒学三圣之一马一浮先生"道并行不相悖"的观点，汤一介先生引之，这里照引："道一而已，因有得失，固有同异，同者得之，异者失之。……道外无事，事外无道。"① 所以汤一介认为：马一浮先生关于六艺之学为我国社会科学的源头对于今日之中国发展颇有深意。②

天下之体在于形成一套公的秩序。《吕氏春秋·贵公》已明示："昔先圣王之治天下，必先公，公则天下平矣。平得于公。……天下非一人之天下也，天下之天下也。"③ 因此，为确保公，中国古人力图从制度层面去创造一个比较公的社会。高明士先生关于天下秩序的研究虽然是基于外交关系来说，抛开这一立论，从文化立论，则天下秩序是一套内外合一的公天下秩序，而不是公私对立的二分秩序。

这里引用尾形勇的话作为天下之体的构造过程和转换机制。

> 构造过程：以受"家人之礼"这一家族秩序制约的"私"场域的"家的世界"为基础，在其上部矗立着被"君臣之礼"秩序化的"公"场域的"君臣"世界。
>
> 转换机制："君"和各个"臣"，都以各自的"家""出身"，而在"公"的场域登场，在"家"以拟制的形式被废弃的

---

① 汤一介：《序言》，载吴光主编《马一浮全集》，浙江古籍出版社2013年版，第6页。
② 汤一介：《序言》，载吴光主编《马一浮全集》，浙江古籍出版社2013年版，第9页。
③ 陈奇猷校释：《吕氏春秋新校释》，上海古籍出版社2002年版，第45页。

场域结合为"君臣关系"。①

(二) 天下的常与非常(天下有道与天下无道): 王天下

所谓天下的常,是从积极一面论及天下,而天下的非常则是与此相对应,是从消极一面讲。虽然《论语·泰伯》中的"天下有道则见,无道则隐"一句似乎有消极的意义,然而,如果把此句连着整段理解,特别是留意到第一句"笃信好学,守死善道",那么就会明白,关键是行"善道",须慎入、慎居、慎现、慎隐、慎贫贱、慎富贵,非不入、不居、不现、不隐、不贫贱、不富贵。那如何王天下以至天下有道为常?

天下有道或无道是行动的两种效应。引起效应的,乃在于行动的人,人不同而效应不同。中国思想中的君子与小人正是人的两种类型。在古代,君子为德称,应用最广,即使帝王也不逾越此德,故有所谓"君王"。君王者,受天命,以仁厚德载物。

孔子曰:"天下有道,则礼乐征伐自天子出。天下无道,则礼乐征伐自诸侯出。自诸侯出,盖十世希不失矣。自大夫出,五世希不失矣。陪臣执国命,三世希不失矣。天下有道,则政不在大夫。天下有道,则庶人不议。"②

孟子承孔子"天下常与非常说"认为:"天下有道,小德役大德,小贤役大贤;天下无道,小役大,弱役强:斯二者,天也。顺天者存,逆天者亡。"③ 君子有其道,以仁为道,小人亦有其道,以不仁为道,故存者君子,亡者小人。君子因"喻于义"而存,小人因"喻于利"而亡。因此,君子要王天下,须不失民心,一旦上下交相争利,就不得其民,不得其心。所以孟子以为:"桀纣之失天下也,

---

① [日]尾形勇:《中国古代的"家"与国家》,张鹤泉译,中华书局2010年版,第251页。
② 参见钱穆《论语新解》,中华书局2005年版。
③ (清)焦循:《孟子正义》,中华书局1987年版,第495页。

失其民也；失其民者，失其心也。得天下有道：得其民，斯得天下矣；得其民有道：得其心，斯得民矣；得其心有道：所欲与之聚之，所恶勿施尔也。"① 后世屡屡有人以舟楫与水来比拟君民之间的关系。福柯曾举船与大海的关系来分析现代社会的治理术，然而，中国古代的君民关系在本质上不同于福柯所讲的对立和紧张情形，更多的是缔造一个"自他一体，善与人同"，相生相养，不相争杀的社会。② 这样的社会是有道、有德、有仁，从而能生生不息，故孟子言："天下有道，以道殉身；天下无道，以身殉道。未闻以道殉乎人者也。"③

（三）天下的合（天下化成）：通天下

马一浮先生曾言："人类历史过程皆由野而进于文，由乱而趋于治，其间盛衰兴废、分合存亡之迹，蕃变错综。"④ 中国古代天下思想因此担心混乱而多主秩序，但是，不能就此妄加认为这是另一种西方的"暴力征服逻辑"和"暴力征服术"⑤。中国对社会秩序的看法是"和"与"通"的思想，中国主讲"化成"，而非"征伐"。

荀子曾有言："圣也者，尽伦者也；王也者，尽制者也。两尽者，足以为天下极矣。"⑥ 这是什么意思呢？中国古人经常讲的"内圣外王"，其实是会通的思想。钱基博先生在《读庄子天下篇疏记》中讲："说文以明圣之古训通，王之古训往。"⑦《周易·泰卦十一》中讲的也很明白："《象》曰：'泰，小往大来吉亨。'则是天地交而万物通也，上下交而其志同也。内阳而外阴，内健而外顺，内君子而

---

① （清）焦循：《孟子正义》，中华书局1987年版，第503页。
② 参见吴光主编《马一浮全集》，浙江古籍出版社2013年版，第24页。
③ （清）焦循：《孟子正义》，中华书局1987年版，第946页。
④ 吴光主编：《马一浮全集》，浙江古籍出版社2013年版，第18页。
⑤ ［美］柯岚安：《中国视野下的世界秩序：天下、帝国和世界》，载赵汀阳《天下体系：世界制度哲学导论》，中国人民大学出版社2011年版，第129—144页。
⑥ （清）王先谦：《荀子集解》，中华书局2010年版，第407页。
⑦ 钱基博：《读庄子天下篇疏记》，台湾商务印书馆1967年版，第2页。

外小人：君子道长，小人道消也。"① 另外，庄子讲的也很明白，究其天下大乱，往往在于"贤圣不明，道德不一""天下之人各为其所欲焉以自为方"，所以"百家往而不反""道术将为天下裂""必不合矣"。② 庄子因此提出天下有道的理想状态。

> 不离于宗，谓之天人。不离于精，谓之神人。不离于真，谓之至人。以天为宗，以德为本，以道为门，兆于变化，谓之圣人。以仁为恩，以义为理，以礼为行，以乐为和，熏然慈仁，谓之君子。以法为分，以名为表，以参为验，以稽为决，其数一二三四是也，百官以此相齿，以事为常，以衣食为主，蕃息畜藏，老弱孤寡为意，皆有以养，民之理也。③

《周易》中对于天下有道则给予了一种人文化成的方法。《周易·贲卦》之《彖》曰："柔来而文刚，故亨。分刚上而文柔，故小利有攸往。天文也。文明以止，人文也。观乎天文，以察时变；观乎人文，以化成天下。"④ 人文化成具体何为？其一，士为天下化成之质。其二，理通天下之变。其三，正德，归仁，厚生，名分，成序。

三 天下观的"新汇"

萧公权曾对传统的天下观有过界定。其一，在含义上，它相当于欧洲中世纪时期的世界帝国观念，一切政治关系都属内政，没有所谓国际政治。其二，有大同主义的倾向，无民族思想。故中国传统天下思想是以人伦道德为治，缺乏近代国家观念，故民族自主的政权难以

---

① 参见（清）李道平《周易集解纂疏》，中华书局1994年版，第163—164页。
② （清）郭庆藩：《庄子集释》，中华书局2004年版，第1069页。
③ （清）郭庆藩：《庄子集释》，中华书局2004年版，第1066页。
④ 参见（清）李道平《周易集解纂疏》，中华书局1994年版，第245—246页。

确立，法治制度难以树立。① 萧公权说这番话的时间是 1940 年。那时，中国正处于嬗变之中，第二次世界大战未结束，国家前途未定，人民困苦，可谓是因民族国家的贫弱有感而发。转眼之间，80 年已过，中国已摆脱贫弱，从独立和富强向复兴迈进。此一过程，中国已看到了西方现代性的问题，因此，复兴已不是西化了，而是要求有提出和处理中国自己问题的方式、方法和途径。

在全球化的今天，我们从中国古代天下思想中吸收的应是那些健康的因素，排除掉那些不健康的因素，这样才能维系中国机体的良性循环。其一，坚持全球平等观，拒绝中心论，不论是西方中心论还是中国中心论。其二，持有一种人类科学的情怀。不只是以人类为中心，也要看到人与自然的关系；人类之间要共生，人与自然也要共生。其三，具有演化论的精神，新的天下需配以新的思想。其四，文化优势和实力优势并重。

（一）"整合论"：从乡土性到都市性

传统的天下思想，无论是"封建天下"，还是"专制天下"，其思想的土壤主要植根于小农的生产方式中。按张德胜的讲法，传统中国农业社会是一个低度整合的社会体系②。按费孝通的讲法，中国传统政治的正式力量是只到县衙层面的单轨制，然而，持久的政治绝不能只在自上而下的单轨上运行，而必须上下通达。③ 因此，天下的体制和事业往往要依托人文的力量来辅助现实力量的不足，因此，传统中国并非就是一元性的体制，而是有很多空间、领域。可以说，古代天下思想本身具有一定的整合性。正如高明士指出的：天下秩序的基础性要素是"政、刑、礼、德"，演化而为"结合、统治、亲疏、德

---

① 萧公权：《中国政治思想史（上册）》，商务印书馆 2011 年版，第 19—20 页。
② 张德胜：《儒家伦理与社会秩序：社会学的诠释》，上海人民出版社 2008 年版，第 164 页。
③ 费孝通：《乡土中国与乡土重建》，台湾风云时代出版公司 1993 年版，第 163 页。

化"四原则,再依《禹贡》《周礼》所载服制而体系化。① 随着乡土社会向都市社会的转变,或者说,随着天下的演化,早期的天下思想会吸收新的时代要素,比如吸收都市社会赖以存在的民生、平等、契约等新原则,从而使天下观"日日新",继而使天下观展现新的整合功能。

(二)"去蔽论":从华夷论到兼容论

严复先生在翻译斯宾塞的《社会学研究》时,用"蔽"对应英语中的"偏见"(Bias),分译各蔽。考虑严复之用意,实把"社会学"当作"去蔽"的学问来重构和扩展中国之天下。潘光旦先生在严复先生研究的基础上进行了更大的发挥,他从中国古代思想中汲取"蔽"的源流,将荀子之"蔽"范畴与斯宾塞所论的"偏见"概念做了一番细致对比②。天下间,人是关键所在,一切大道大理都要经过人通过人,非人则理不能行,人如果犯蔽,则天下弊。所以,《周易·姤卦第六十四》讲:"刚遇中正,天下大行也。"人是天地万物之灵长,是万物相遇的桥梁。潘光旦因此讲:"人生是一个整体,知识、学问、行为,所以辅翼人生与表达人生的,也不得不是一个整体,凡属整的东西,全的东西,我们不能以一偏来概括。"③

在新的形势下,天下观新汇工作的其中一项就是"去蔽"。因为去蔽,故能开放远大,除旧迎新,能兼陈万物,众异不相蔽而不乱其伦。如果把斯宾塞《社会学研究》一书的目录与严复译《群学肄言》做一对照,再品味一下汉语中"蔽"的同义词,我们会发现:中国古代的天下观思想本身有去蔽的精神,同时它本身也需去蔽,并且有去蔽的可能。

这样看来,中国古代天下思想富有一种自我革新力,正如"周

---

① 高明士:《律令法与天下法》,上海古籍出版社2013年版,第270页。
② 潘乃穆、潘乃和编:《潘光旦文集》第六卷,北京大学出版社2000年版,第146页。
③ 潘乃穆、潘乃和编:《潘光旦文集》第六卷,北京大学出版社2000年版,第53页。

虽旧邦,其命维新"所表明的一样。因此,"去蔽"就是维新达成的必要前提。从社会学的角度看,古代天下观思想的去蔽,主要是指避免"中心论"和"自闭"。既不要形成"贵中华、贱夷狄"的我族中心主义,也不要形成"崇洋媚外"的西方中心主义;既不要自绝于国门,也不要轻去其乡。为此,一方面要施行去蔽的社会化,比如朋而不党、和而不同等;另一方面是去蔽的制度化,比如民主集中、政治协商、合作共赢、一国两制、求同存异等。

(三)"相遇论":从封闭到共生

主张相遇是天下思想新汇的又一方面。中国古代天下体制从先秦历经汉唐,再到明清,着实有许多根本性的变化。比如,汉胡关系及政治体制问题,清以降适应全球民族国家问题。陈寅恪、高明士都认为:唐朝代北朝,在政治体制上是虽承难继,无法适应大一统局面的法治体系①。王永平强调不搞"华夷观"(亦可称为差序格局)和"西方中心观",以一种全球史观的立场来看待中华文明在世界文明史中的地位和作用②。因此,天下观的新汇需要视角的更张,在今人看来,全球性要求开放,在开放竞争中求共生,"人类命运共同体"这一讲法就是对新天下观的注解。

从社会学的角度看,开放的天下、共生的天下乃是基于"相遇"(encounter)"互动"(interaction)而言。在中国古代的文献里,表述"相遇"思想的汉语概念是《周易·姤卦》之"姤"。姤,相遇也;柔遇刚,好也。相遇为何是好呢?这是联系着另一重要概念"生"。"天地感而万物化生,圣人感人心而天下和平。""万物资生,乃顺承天。"生生乃日新之盛德。"天地之大德曰生,圣人之大宝曰位。何以守位?曰仁。何以聚人?曰财。理财正辞、禁民为非曰义。"(《周易·系辞下》)因此,在全球化的新情境中,由相遇而相

---

① 高明士:《律令法与天下法》,上海古籍出版社2013年版,第207页。
② 王永平:《从"天下"到"世界":汉唐时期的中国与世界》,中国社会科学出版社2015年版,第318页。

生,由相生而共生,我族与他族共同生生不息。干春松先生在《"天下体系",全球化时代的"托古改制"》中,王铭铭先生在《作为世界图式的"天下"》中,乃至在赵汀阳先生在《天下体系》中,都有一个共同的思考,新汇天下不在于以中国取代美国,不在于恢复古老的治理模式,而在于在新的世界形势下倡导一种共生责任。事实上,持这种观点的不乏国外学者,比如日本学者尾关周二提倡"人类社会的共生"①。

(四)"规范论":从国际法到天下法

高明士认为:从历史发展来看,中国人从天下"观"出发,不断加以落实和创造,在事实上创造出了一套以文化优势为主、以武力为辅的政治体系。所谓天下法,是指以儒家伦理为基础,依据德主刑辅、失礼入刑的立法原理而建立。② 照此讲法,礼显然是天下法的核心,其功能在于"序天下"。从社会学角度看,礼是一种规范,天下法亦是规范,而天下观则是共享的价值,即如前述民之生也。这样看来,天下法确实具有"以世界为鹄"的意涵。

然而从根本意义上看,天下法并不同于现代国际法。赵汀阳对此曾加以论证。他认为:西方国际政治理论的根源在于现代民族国家理论,国际法体系不能解决目前的国际问题,比如9·11问题、ISIL问题等恰恰体现出现代性问题的宗教根源。③ 而天下法却是一个如同梁漱溟所说的早熟的世界观,如同康有为所说的那个未有种族问题污染的大同世界。

(五)"新人论":从工具人到新士人

天下的新汇需要新的质。这个质的意思就是要造新人。今天的时

---

① [日]尾关周二、卞崇道:《共生与共同的理念——超越自由主义》,《国外社会学》2002年第1期。
② 高明士:《律令法与天下法》,上海古籍出版社2013年版,第254页。
③ 参见[美]米歇尔·艾伦·吉莱斯皮《现代性的神学起源》,张卜天译,湖南科学技术出版社2012年版。

代是不同于传统天下的新天下,按叶启政先生的说法,现代人有一种新的天命,必须应对工具理性带来的科技与消费生活之冲击。① 此种冲击彰显的问题有科技宰制带来文化与消费的麦当劳化(或可称为例行化),互动模式趋向个体化,例行化与个体化之间的张力之网使现代人日益平庸化;责任伦理和信念伦理越来越消融于消费经济学,人虽已挣脱山洞里的锁链,但山洞却塌陷为满是商品深渊的可能。

因此,现代人所面临的天下境况,不再是传统意义上的平天下,而是应对一种孤独的状态。面对这种状态,现代社会需要健全的人格,而中国古代一些修养思想于此则是有相当的效用,比如"修身""慎独"之法,"为生民立命"之志,仁德之道,"恭、宽、信、敏、惠"之举止,"温、良、恭、俭、让"之法,等等。此等修养乃是成就君子的必经之途,也是士之阶层确保领导阶级的必备气质。《论语》中讲:"君子之于天下也,无适也,无莫也,义之与比。"此等担当非君子莫属。君子克己复礼,为天下归位,故:"颜渊问仁。子曰:'克己复礼为仁。一日克己复礼,天下归仁焉。为仁由己,而由人乎哉?'"

有两则事关孔子面对天下有难和世人责难而不辱使命的故事。

> 问于桀溺。桀溺曰:"子为谁?"曰:"为仲由。"曰:"是鲁孔丘之徒与?"对曰:"然。"曰:"滔滔者天下皆是也,而谁以易之? 且而,与其从辟人之士也,岂若从辟世之士哉!"耰而不辍。子路行以告。夫子怃然曰:"鸟兽不可与同群,吾非斯人之徒与而谁与? 天下有道,丘不与易也。"②

> 仪封人请见,曰:"君子之至于斯也,吾未尝不得见也。"从者见之。出,曰:"二三子,何患于丧乎? 天下之无道也久矣,天将以夫子为木铎。"③

---

① 参见叶启政《现代人的天命》,群学出版有限公司2005年版。
② 钱穆:《论语新解》,中华书局2005年版,第471页。
③ 钱穆:《论语新解》,中华书局2005年版,第80页。

此两则故事虽说圣人之志,但从中也彰显了这样一个道理:"士不可以不弘毅,任重而道远。仁以为己任,不亦重乎?死而后已,不亦远乎?"①

(六)新公域论:官私合力创办教养制度

在中国,政府和社会、官员与农村精英具有高度的互补性和一致性,而这根本不同于西方世界对城市的偏重,当然,这种一致性在中国步入近代化后被逐渐打破,但是历史趋势却是国家与社会的进一步紧密结合。王国斌的研究表明:由于农村社会是国家秩序的中心,围绕农村社会秩序,中央对地方秩序的垂直结合远胜欧洲国家,官方与精英的努力结合,精英的善行是这个框架中的必要补充,因此形成了中国式的公域,比如社学、义学、社仓、荒政(赈灾),但它们并非是西方市民社会那样的公众领域。②

---

① 钱穆:《论语新解》,中华书局2005年版,第206页。
② [美]王国斌:《转变的中国:历史变迁与欧洲经验的局限》,李伯重、连玲玲译,江苏人民出版社2015年版,第110—127页。

专题三　群学演进与传统社会建设

从修己到治人
——自我技术视角下儒家伦理的早期嬗递[*]

成伯清[**]

摘　要　在如今个体化的时代，如何安身立命？我们可到传统思想资源中寻找启迪。儒家主张"自天子以至于庶人，壹是皆以修身为本"，同时也强调"治国平天下"。如何从内圣过渡到外王？本文从伦理鹄的、顺从模式、伦理实质和自塑活动四个维度，考察了儒家伦理从自我技术到权力技术的演变过程，揭示了其中的机缘和罅隙，并尝试着剥离专制结构的扭曲，以还原儒家伦理作为个体生存美学和自我完善艺术的价值。

关键词　儒家伦理；自我技术；伦理鹄的；顺从模式；伦理实质；自塑活动

从社会联系的构成方式和延展范围来看，当今世界演变的主要趋势，莫过于全球化和个体化。制度性的个体化，让人脱离了诸种束缚，可以漫游于愈益开放的全球舞台；全球化则加速了各种要素的流动，也剥离了原先围绕在个体周边的稳定网络，让人独自直面变动不居的世界。当然，与之相反的趋势也随之而起，各种反全球化和社群

---

[*] 文章原载于《山东社会科学》2020年第12期"传统文化流变与乡村建设行动"专栏。

[**] 成伯清，1966年生人，南京大学社会学院院长、教授、博士生导师，主要从事理论社会学与情感社会学研究。

主义的呼声和主张，不时在各地激荡。但无论怎样，如今的个体，不仅需要承担更多的责任，也要选择自己的生存风格。原先决定我们生活方式的结构性因素，或松动瓦解，或断裂崩溃，所谓的"反身性生平"（reflexive biography），成为摆在每个人面前的课题。

以何种方式安置自己？如何设计自己的人生？对于此类问题，当然无人能够提供答案。不过，人类并非首次面对这种巨变，或许我们可以从类似的时期找到启迪。就中国历史而言，肇始于春秋战国时期的天翻地覆，以秦国并吞六国暂告一个段落，但直到汉承秦制，方才相对稳定下来，并塑造了中国社会和文化的传统特质。在此风云际会的漫长时期，个体如何安身立命？先贤的探索和尝试，可以留给今人何种借鉴？这无疑是值得追索的问题。但我们不能漫无边际地遥望中国历史的轴心时期，必须依循一定的线索。就可依凭的文献和资料而言，相对来说，儒家的理念和实践，显然是最可考掘的场所。但儒家思想所及，也是千头万绪，我们必须有所取舍。就个体的安身立命来说，聚焦于"自我技术"，大概不失为一种有效的策略。

一　视角与方法

由福柯提出的自我技术（technologies of the self），首先是相对于其他技术来说的。福柯将自己的探索，归结为"勾画出我们文化（当然是西方文化——引者注）中人类形成有关自身知识的不同方式的历史"①。在福柯眼中，知识就是形形色色的"真理游戏"（truth games），而这种游戏又是与人类用以理解自身的技术连在一起。福柯区分了四种技术："生产技术"（使我们能够转化或操作物体）、"符号系统技术"（使我们能够使用符号、意义、象征或意指）、"权力技术"（使个体行为服从特定的目标或支配）和"自我技术"。对于自

---

① Luther H. Martin, Huck Gutman and Patrick H. Hutton, eds., *Technologies of the Self: A Seminar with Michel Foucault*, London: Tavistock Publications, 1988, pp. 17 - 18.

我技术，福柯是这样界定的："使个体通过自身努力或凭借他人帮助，对他们自己的身体和灵魂、思想、行为、存在方式进行某些操作，从而改变自身，以达到某种幸福、纯洁、智慧、完善或不朽的状态。"①

如果按照这种分类框架来考察"我们文化"中的儒家传统，不难看出，除了生产技术因儒家"君子不器"而"不事"之外，其他三种技术，都是儒家大加措意之所在："正名"者，即汲汲于符号系统；"为政"之道显然关涉权力技术，尽管儒家强调"道之以德、齐之以礼"，但终究还是"治人"；而"自天子以至于庶人，壹是皆以修身为本"，则无疑是自我技术了。福柯将支配他人的技术与自我技术之间的关联称为"治术"（govern-mentality），正好对应了儒家所谓的"修己治人之方"。其实，福柯后期的探索，不仅转向了早期刻意回避的"言必称希腊"，而且也有意无意地与其他文化进行比较，比如谈到体现快乐、欲望与行为三者关系之"中国方案"②。换言之，福柯后期的视角和概念，包括自我技术，越来越具有跨文化的适用性。当然，一种视角或一个分析性概念的价值，不应从其来源予以判断，而要看其所带来的启发性效用。

那么，如何来具体探究自我技术呢？福柯在一次访谈中，提到伦理学谱系——核心议题是自我关系，即一个人如何成为自身行动的道德主体——时，曾经提出一个四维度的分析框架，包括"伦理实质"（ethical substance）、"顺从模式"（mode of subjection）、"自塑活动"（self-forming activity）和"伦理鹄的"（the telos）。所谓伦理实质，就是我们自身或我们行为中哪些方面关乎伦理判断；是欲望、动机还是情感；抑或是外显的举动。所谓顺从模式，就是我们出于何种理由而认可自身的道德义务；是神圣的天启还是自然的规律；是宇宙的

---

① Luther H. Martin, Huck Gutman and Patrick H. Hutton, eds., *Technologies of the Self: A Seminar with Michel Foucault*, London: Tavistock Publications, 1988, p. 18.

② Hubert L. Dreyfus and Paul Rabinow, *Michel Foucault: Beyond Structuralism and Hermeneutics*, Chicago: The University of Chicago Press, 1983, p. 243.

秩序还是理性的规则。所谓自塑活动，就是我们借以改变自身的实践手段，是节制禁欲还是破解自我；是沉思还是忏悔。所谓伦理鹄的，就是我们依循之规矩而所欲达到的目标状态，是纯洁、不朽，还是自由、幸福，不一而足①。福柯关于自我技术的界定，显然已经囊括了上述四个维度，而这个分析框架也充分体现了自我技术的关键方面。

本文将使用这个分析框架，考察自孔子开始，中经孟子和荀子，最后到董子的儒家伦理的嬗递。关于具体的分析方法，还有几点要预先说明。首先，对于最为常见的一个问题，也就是使用西方的分析框架考察中国的传统思想的恰当性问题，笔者是这样考虑的：生搬硬套、削足适履或乱贴标签，固然不足取，但根据相对明晰的框架来重新整理既往的学说，同时也尽可能在原有脉络里予以诠释，这样不仅能够澄清相关问题，或许还可达致一种文化融合的效果，通过相互阐发而构建出新的文化意象。其次，我们知道，体系性和逻辑性向来不是中国传统思维方式所长，特别是早期儒家伦理，大都是高度情境化（situated）的相机指点，兼顾特定的前提和后果，而非基于特定预设经过严谨逻辑推演产生的系统，所以，倘欲以内部自洽的体系去框定儒家学说，经常是捉襟见肘，顾此失彼。但这并不意味着特定的思想家没有一以贯之的立场和观念，只是对于这种一以贯之的把握，需要超越特定的话语而去体会背后的精神。笔者将尝试在对每位儒家思想者进行总体性理解的基础上，围绕不同方面展开分析。最后，有关思想史的探索，一般要么从内部看，要么从外部看，本文则试图从内外的交互作用中一窥究竟，以揭示思想与社会的"选择性亲和"（elective affinity）。

本文希望围绕自我技术的嬗递来透视儒家伦理思想的演变。众所周知，重视道统的儒家，一直强调基本精神的继承和坚守，而对于儒家内部的蜕变和变化，往往含糊其辞，忽略不计。事实上，且不说孔

---

① Hubert L. Dreyfus and Paul Rabinow, *Michel Foucault: Beyond Structuralism and Hermeneutics*, Chicago: The University of Chicago Press, 1983, pp. 237 – 243.

子之后"儒分为八"①,即便是"推明孔氏,抑黜百家"②之后,儒家的圣典化(canonization)策略也在不断调整,以适应时移世易。接着,我们将按照伦理鹄的、顺从模式、伦理实质、自塑活动的次序,对儒家思想发展的关键节点来逐加考察,期待有所发现。

二 为仁由己:孔子

孔子(前551—前479)作为儒家学派的创始人,生活在一个巨变的时代。慨叹于"礼崩乐坏",但又坚持"述而不作",因为他认定"礼乐征伐自天子出"(《论语·季氏》)。③ 如何挽狂澜于既倒?孔子给出的策略是"克己复礼",以求"天下归仁",也就是从自身改造做起。但孔子这个建议主要是针对负有统治使命的人提出的。当然,孔子也并非一味保守,其革命性主张体现在统治的资格不应是先赋的身份,而应是自致的品德,"学而优则仕"。孔子可谓是处在新旧秩序交替的阶段,治国平天下固然是其关注的重点,甚至一个时期内是念兹在兹的抱负("如有用我者,吾其为东周乎"),但孔子关于自己不同阶段人生境界的叙述,清楚地告诉我们,他最为关心的,还是自我可能的完善。

1. 伦理鹄的

孔子基本上将自己所主张的伦理,视为一种成为君子的个人选择。开创了"礼下庶人"的孔子,作为教育者,为个人向上流动——无论是品德能力的提升还是社会地位的晋升——提供了机会与正当性基础。但是,孔子并未期待所有人都该如此或都能如此,毕竟他还认为"唯上知与下愚不移"(《论语·阳货》)。尽管"有教无类",但孔子特别强调因材施教,针对不同的人、不同的性情、不同

---

① (清)王先慎:《韩非子集解》,中华书局1998年版,第457页。
② (汉)班固:《汉书》,中华书局2000年版,第1919页。
③ 本文所引《论语》与《孟子》,使用的版本为(宋)朱熹《四书章句集注》,中华书局2011年版。

的基础,"与其进也"(《论语·述而》),以臻于人格的完善。

孔子所追求的人生境界,在《论语》中可谓处处有所提点,但如果一言以蔽之,可谓"尽美矣,又尽善也"(《论语·八佾》)。对于自己的一生,孔子如此总结:"吾十有五而志于学,三十而立,四十而不惑,五十而知天命,六十而耳顺,七十而从心所欲,不逾矩。"(《论语·为政》)对于其中的"耳顺",历来存在不同的解释,但无论怎样,这是一种超越了知识的境界,或以为是"一种直觉的审美境界""一种艺术的境界"①。其实,从"志于道,据于德,依于仁,游于艺"(《论语·述而》)或者"兴于《诗》,立于礼,成于乐"(《论语·泰伯》)的表述中,我们不难体会到尽善尽美的追求。从孔子对于"莫春者,春服既成,冠者五六人,童子六七人,浴乎沂,风乎舞雩,咏而归"(《论语·先进》)的喟然赞叹,可见孔子向往的人生顶峰体验,应该是一种艺术化的生存,一种人世间的诗意寄居。

当然,孔子绝非是通过超然世外而追求美好的存在,相反,孔子强调的是在社会生活之中,在人与人的交往之中,来实现这种和谐之美。而通往这种和谐之美的道路,唯在求仁,"仁者,爱人也"。仁之本意,即在"相人偶",也就是"互相把对方当人看,以待人之道交往之"②。也因如此,孔子关于仁的含义的解说,都是在"己—人"关系中展开的——"夫仁者,己欲立而立人,己欲达而达人"(《论语·雍也》),"己所不欲,勿施于人"(《论语·卫灵公》),"不患人之不己知,患不知人也"(《论语·学而》)。

要之,孔子所倡导的伦理,可以说是一种生存美学(aesthetics of existence),一种少数精英的选择,一种"老者安之,朋友信之,少者怀之"(《论语·公冶长》)的境界。

---

① 张岱年等:《国学今论》,辽宁教育出版社1991年版,第9页。
② 白奚:《"仁"与"相人偶"——对"仁"字的构形及其原初意义的再考察》,《哲学研究》2003年第7期。

2. 顺从模式

冯友兰曾说孔子没有想到一个问题,即为什么人应当行仁义①。确实,孔子没有提出自己伦理学主张的形而上基础,但是对于这个问题,孔子还是以自己的方式给出了答案,即"心安"。在《论语·阳货》篇中,宰我质疑"三年之丧",甚至认为"期已久矣",要求改变。孔子没有论证三年之必要性所依据的原则,而是反过来去问:"食夫稻,衣夫锦,于女安乎?"不想宰我的回答也很直接:"安"。孔子无奈,只好连说:"女安,则为之!"语气中明显带有责怪的味道,也尽管待弟子出门之后,孔子指责其"不仁也",但孔子并未逼迫弟子必须如何,一切以心安理得为准。对于这段对话,李泽厚颇为重视,甚至认为是"全书最关键一章",显示了孔子将"礼"建立在心理情感原则之上。②

以当事人的心安为依据来劝人行仁和从善,说明孔子未将自己的主张强加于人,一切端赖于自愿选择,而且是在体现儒家核心价值的孝的实践上,都给个人以一定的自由,尽管可能颇不情愿。当然,作为中国历史上第一位私学教师,缺乏强制手段,这也许是无奈,但孔子确实尊重个人的自由意志和选择权利:"三军可夺帅也,匹夫不可夺志也。"(《论语·子罕》)另外,因"孔子弟子,多起微贱"③,孔子以"学也,禄在其中矣"相劝诱,也在情理之中,但由此认为孔子专教弟子"干禄",则有失偏颇,因为孔子随即强调"君子忧道不忧贫"(《论语·卫灵公》)。

求得心安,就是生活得坦坦荡荡,"君子坦荡荡,小人长戚戚"(《论语·述而》),"君子不忧不惧……内省不疚,夫何忧何惧"(《论语·颜渊》)。孔子欣赏颜回的最为重要的方面,就是颜回在"人也不堪其忧"的地方,能够"不改其乐"(《论语·为政》)。

当然,孔子有时也诉诸"天"来为自己及自己的观点张目,特

---

① 参见冯友兰《中国哲学简史》,北京大学出版社1985年版。
② 李泽厚:《论语今读》,安徽文艺出版社1998年版,第415页。
③ 钱穆:《先秦诸子系年》,商务印书馆2001年版,第96页。

别是在遭遇困厄的时候,孔子喜欢声称"天生德于予"(《论语·述而》),又讲:"天之未丧斯文也,匡人其如予何?"(《论语·子罕》)但仔细品来,这更像是情急之下的激愤之言,或用来宽慰弟子,或进行自我壮胆,并没有替天布道的意图。事实上,在孔子看来,人之为仁,没有人之外的理由。"人能弘道,非道弘人。"(《论语·卫灵公》)毕竟:"求仁而得仁,又何怨?"(《论语·述而》)

3. 伦理实质

孔子从"己—人"关系的角度来阐述践行仁义的原则,那么,凡是在人际互动中涉及的自身要素,都是需要加以修养的对象。具体来说,就是礼所涉及的范围。按照韦伯的说法,礼作为"儒家的中心概念",要求"处理自己的所有的行为,甚至包括身体的姿势和动作,做到彬彬有礼,风度翩翩"①。

"礼"(禮)与"体"(體)在词源上存在密切的关系。孔子谈论礼时,也多涉及身体的运动或感觉器官的运用。在《论语》中多有关于孔子的身体所呈现状态的描述,尤其是《乡党》篇,几乎都是孔子在不同场合的言谈、举止、容颜、衣着、起居、饮食等的记录。尽管孔子并不限于从外在的行为来判断人,但他确实首先是从外在表现的角度来规训弟子,一言一行,皆有法度,身体力行,乃是根本。

其实,文化之驯化作用,一个重要的方面,就在于使身体柔顺化。"儒,柔也,术士之称","儒之言优也,柔也,能安人,能服人。又儒者濡也,以先王之道能濡其身"②。所以,儒之道即在濡身,润泽而致"温良恭俭让"。当然,孔子之修身,也有培养统治阶层"摄威仪"的成分:"君子不重则不威",或者,"君子有三变:望之俨然,即之也温,听其言也厉"(《论语·子张》)。这种姿态,还有保持适当距离的考量,以避免"远之则怨,近之则不逊"。

---

① [德]马克斯·韦伯:《儒教与道教》,洪天富译,江苏人民出版社1995年版,第182页。

② 叶舒宪:《诗经的文化阐释》,湖北人民出版社1994年版,第216页。

在孔子，修身是非常具体而明确的，日常生活中的细节皆在关注之列。譬如饮食，在《论语》中可算是一个重要话题，提及将近三十次。《礼记》有云，"夫礼之初，始诸饮食"。当然，有关饮食的话语，大多还是关乎人际交往的，"子食于有丧之侧，未尝饱也"（《论语·述而》）。不过，孔子对于饮食的讲究，几乎到了无以复加的地步，连肉切割得不整齐都不吃（"割不正不食"）。

但有一点，跟儒家后来强调正心不同，在孔子，不太相信一个人凭借内省即可踏上仁义之道。事实上，孔子坦承"吾未见能见其过而内自讼者也"（《论语·公冶长》）。

4. 自塑活动

凭借怎样的实践能够实现伦理目标？简言之，就是"克己复礼为仁"（《论语·颜渊》）。对于"克"字的诠释，历来众说纷纭，或谓"抑制""克制""约束"，或谓"战胜"，或谓"完成""胜任"。不同时期的不同诠释，折射出不同的价值取向。但结合紧接着"为仁由己，而由人乎哉"的说法，孔子所谓的"己"，并非就是私欲的象征，是要克服的对象，而是为仁的主体。所以，"克己复礼为仁"合乎逻辑的诠释应该是"完善自我，言行合礼，就是仁了"。而且孔子对于"礼"，也强调"仁"的精神内核——"人而不仁，如礼何？"特别需要指出的是，孔子的这个主张，主要是针对统治阶层来说的，因为他们最容易迷失于贪欲之中。常存爱人之心而为仁，就是不要放任自己的欲望而残害百姓，因为"苛政猛于虎"（《礼记·檀弓下》）。若从这个角度来看，关于"克"字的诸种诠释，其实都可以理解。

同时，从"为仁由己"或"古之学者为己，今之学者为人"（《论语·宪问》）的说法，我们可以明白，孔子所谓的修行，不是依靠外在力量或他人帮助，而必须经由自己的自觉自愿，全凭自己的努力。如果自己没有产生这种意识，别人再怎么帮助你、督促你、教育你、启发你，可能都无济于事。所以，孔子强调"不愤不启，不悱不发"（《论语·述而》）。有时，旁人的理解与否，甚至也不重要，要做到"人不知而不愠"（《论语·学而》）。不过，孔子并非主张避开人群去独自修行,相反,"三人行,必有我师焉;择其善者而从之,其不善者而改之"(《论语·述而》)。

"克己复礼"的具体实践模式,还包括儒家著名的"非礼勿×"公式,即"非礼勿视,非礼勿听,非礼勿言,非礼勿动"(《论语·颜渊》),视听言动,都要纳入礼之轨道。这是从否定的角度来规范的,孔子还经常从正面来强调,也就是各种"正":依礼来"正立""正身""正人""正席""正衣冠"等。

孔子最常强调的自塑实践,就是"学"——"学而时习之,不亦说乎","就有道而正焉,可谓好学也已"(《论语·学而》),"敏而好学,不耻下问"(《论语·公冶长》),"学而不厌"(《论语·述而》),等等。"学"字在《论语》中出现六十多次,基本上都跟学习有关。而孔子自己身体力行,时时处处去学,"入太庙,每事问"(《论语·八佾》),尽管这"是礼也",也体现出已然是礼学大师的孔子如何留心于学。"儒家的发展的自我是一种对永无止境的学习过程的毕生承诺。"① 孔子颇为自负的,就是"十室之邑,必有忠信如丘者焉,不如丘之好学也"(《论语·公冶长》)。

三 天下无敌的仁术:孟子

孟子(约前372—前289)之世,大概可算是中国士群体最为扬眉吐气的时代。诸侯之间激烈竞争,"得士则昌,失士则亡",求贤风气大盛,让士群体找到发挥自身作用的巨大空间,也可待价而沽。士群体以道自任,"自高""自贵",欲与帝王相师友②。"士何事?""尚志!……仁义而已矣"(《孟子·尽心上》),"无恒产而有恒心者,惟士为能"(《孟子·梁惠王上》)。当然,士群体内部也发生分化,相互争鸣。

---

① [美]杜维明:《儒家思想新论:创造性转换的自我》,曹幼华、单丁译,江苏人民出版社1991年版,第114页。

② 参见余英时《士与中国文化》,上海人民出版社1988年版,第88—92页。

1. 伦理鹄的

孟子的伦理目标,已经开始明确双重化了,既求独善其身,又要平治天下,当然最好是连贯二者。在孔子,这两个问题是分开的。按照冯友兰的说法,孔子讲仁及忠恕,多限于个人之修养方面①,尽管孔子在政治上也一直跃跃欲试,但更多的还是以自身的完美存在为归宿。而孟子,旨在"正人心,息邪说,距诐行,放淫辞"(《孟子·滕文公下》),"如欲平治天下,当今之世,舍我其谁"(《孟子·公孙丑下》)。事实上,孟子把平治天下一端,放在更高位置上,"天下之本在国,国之本在家,家之本在身"(《孟子·离娄上》),修身不过是平治天下的手段而已。

孟子给出的平治天下的策略是推行"仁政"。"夫仁政,必自正经界始",亦即通过恢复井田,"为民制产"。在社会结构上,"司徒无出乡,乡田同井。出入相友,守望相助,疾病相扶持,则百姓亲睦"(《孟子·滕文公上》)。"诚如是也,民归之,由水之就下,沛然谁能御之?"(《孟子·梁惠王上》)"夫田君好仁,天下无敌。"(《孟子·离娄上》)孟子还怕别人不相信自己的话,再三强调:"仁者无敌,王请勿疑!"(《孟子·梁惠王上》)

至于个人的修养,孟子留下了震烁千古并且始终激励人心的伟辞名句:"居天下之广居,立天下之正位,行天下之大道,得志,与民由之,不得志,独行其道。富贵不能淫,贫贱不能移,威武不能屈,此之谓大丈夫。"(《孟子·滕文公下》)"故天将降大任于是人也,必先苦其心志,劳其筋骨,饿其体肤,空乏其身,行拂乱其所为,所以动心忍性,曾益其所不能。"(《孟子·告子下》)

显然,孟子倡导的这种独立人格的培养,确实具有一种永恒的价值。尤其是对以天下为己任的中国知识分子而言,影响深远。中国人的脊梁,为民请命、杀身成仁的精神源泉,概乎在此!不过,孟子所欲达到的两个层面,其实是存在不一致的。一方面是要将人牢牢地控制在生存之地,另一方面又要培养浩然之气。如果百姓全成了孟子心

---

① 参见冯友兰《中国哲学小史》,中国人民大学出版社2005年版,第15页。

目中的"大丈夫"——孟子确实相信"人皆可以为尧舜"(《孟子·告子下》)——不知这种统治还如何能够进行？即使我们假定孟子之修身主张，主要是就"治人"的"劳心者"而言的，对于"治于人"的"劳力者"，只要锁定在足以维持生存的井田之中就行了，那么问题还没有解决，除非治人者仅是一个人（即国君），否则这种统治架构必然会与伟岸人格发生龃龉。

2. 顺从模式

在关于行仁的理由上，孟子进行了精心设计和论证。在他看来，根本原因在"人皆有不忍人之心"。"所以谓人皆有不忍人之心，今人乍见孺子将入于井，皆有怵惕恻隐之心，非所以内交于孺子之父母也，非所以要誉于乡党朋友也，非恶其声而然也。由是观之，无恻隐之心，非人也；无羞恶之心，非人也；无辞让之心，非人也；无是非之心，非人也。恻隐之心，仁之端也；羞恶之心，义之端也；辞让之心，礼之端也；是非之心，智之端也。人之有四端也，犹其有四体也……凡有四端于我者，知皆扩而充之矣，若火之始然，泉之始达。苟能充之，足以保四海，苟不充之，不足以事父母。"(《孟子·公孙丑上》)

此即"四端"说，是性善论的基础。孟子认为人之区别于禽兽，在于人具有仁义礼智之心，具有不假思索的直接的良知良能。在孔子，行仁与否，是君子与小人的差别；到孟子，已经成了人与禽兽之分了。于是，仁是人的无可回避的规定性要求了，而不是一种个人的选择。如此，孟子赋予道德伦理以先验性、普遍性甚至绝对性。

既然"圣人与我同类"，那么，"人皆可以为尧舜"。于是，"原善"与"原罪"的设计具有同样的效果，行善也如同赎罪一般，成为预定的道德律令。

3. 伦理实质

如果说在孔子那里，身心的均衡发展乃修行之道，那么，到孟子，心开始居于优先地位。在《孟子》一书中，如说"无述孟子容貌言动"，未免有点夸张，毕竟其中也有描写孟子"隐几而卧"之类的文字，但不再注重外在身体，确与孟子的思想非常吻合，因为到孟子，修炼的重点，已经由身体的外在行为转移到内心之上。孟子明确表示："恭俭岂可以声音笑貌为哉？"（《孟子·离娄上》）事实上，在孟子，身体已经成为可贱之物。

"人之于身也，兼所爱。兼所爱，则兼所养也。无尺寸之肤不爱焉，则无尺寸之肤不养也，所以考其善不善者，岂有他哉？于己取之而已矣。体有贵贱，有大小。无以小害大，无以贱害贵。养其小者为小人，养其大者为大人。"（《孟子·告子上》）在这段话下，朱熹注道："贱而小者，口腹也；贵而大者，心志也。"从此，"身"要受制于"心"了。而身体及其各个器官，恰恰可能遮蔽"四端"。在"天将降大任于是人也"的情况下，肉体总该受些折磨。

"耳目之官不思，而蔽于物。物交物，则引之而已矣，心之官则思，思则得之，不思则不得也。此天之所与我也。"（《孟子·告子上》）显然，生理的身体，在孟子看来，或多或少已经成为心之障碍。"人之所以异于禽兽者几希，庶民去之，君子存之。"（《孟子·离娄下》）显然，这里有将身体禽兽化的潜台词。当然，从正面来论述，人兽之别，唯在仁义。"仁，人心也；义，人路也。舍其路而弗由，放其心而不知求，哀哉！"（《孟子·告子上》）

于是，我们可以看到，自我控制已经从外在的身体举止，深入内在的心灵了。只有在心灵修行到一定程度，才能"英华外发"。在感器言中，孟子唯一给予关注的是眼睛，理由非常简单，因为眼睛是心灵的窗户（《孟子·离娄上》）。

4. 自塑活动

既然"仁义礼智根于心"，那就需要"养心"（《孟子·尽心下》）。而养心之道，在孟子看来，就得摆脱"不思"之感觉器官的干扰，以免受外物的遮蔽。"万物皆备于我"，"求则得之，舍则失之……求在我者也"（《（孟子·尽心上》）。如何存之得之？反身而诚，就足够了。其他的感觉器官，对于求仁求义的作用，几乎可以忽略不计。这与《论语》中的"君子有九思"的主张，就截然不同了。

孟子也非常强调"学"，但他的学，又不同于孔子，是一种求取失落的善心的活动。"学问之道无他，求其放心面已矣。"（《孟子·

告子上》)对于孟子来说，一旦寻回"放心"，然后就可以"不动心"也。

那么，怎么知道自己已经达到"君子所以异于人者，以其存心也"呢？孟子给出了一个检定的标准和方法。"君子以仁存心，以礼存心，仁者爱人，有礼者敬人。爱人者，人恒爱之；敬人者，人恒敬之。"(《孟子·离娄下》)也就是说，如果别人对你爱而敬之，那你就可以说是在修身上大功告成了。但如果有人"待我以横逆"，那又怎样呢？孟子认为："君子必自反也：我必不仁也，必无礼也，此物奚宜至哉？其自反而仁矣，自反而有礼矣，其横逆由是也，君子必自反也，我必不忠。自反而忠矣，其横逆由是也，君子曰：'此亦妄人也已矣。如此，则与禽兽奚择哉？与禽兽又何难焉？'是故君子有终身之忧，无一朝之患也。"(《孟子·离娄下》)

孟子的上述议论，非常值得注意，因为其中隐藏着儒家文化的一大奥秘。孟子"说大人，则藐之"的心理根据，后世儒家自以为是的感觉，都来自这一微妙的心理机制。本来，道德之高尚与否，是一个社会评价的问题，经常需要在人际互动中求得印证。而根据孟子的设想，我们可以不求于外物，来证明自己有道，仁义忠信皆备，于是，当外在的指标失效以后，孟子提出了自我反思的问题。孔子曾经感叹："已矣乎！吾未见能见其过而内自讼者也。"(《论语·公冶长》)此一论断，还是比较合乎常情的。现代心理学中关于归因的研究已经表明，为了维护自尊而出现动机性归因偏差的现象是普遍存在的，此即自我服务偏见（self-serving bias）[①]，谁也不愿把自己归入不仁不义之徒。而尤其在孟子看来，不仁不义者，禽兽也。既然提高到人与禽兽之别的上纲上线的层面，实际上也是把自己逼入非要启用自我防御机制（self-defense mechanism）不可的境地。此外，孟子是在遭受挫折的情况下开始反思的，而我们知道，人在受到挫折以后，理由化（rationalization）的冲动更加强烈，更有可能寻找让自己开脱的

[①] 参见[美]戴维·迈尔斯《社会心理学（第8版）》，侯玉波、乐国安、张智勇等译，人民邮电出版社2006年版，第52页。

借口。于是,可以肯定的是,反思的结果几乎没有例外的只能是"待我以横逆者,必妄人也"。所以,这种反思,看似自我修炼的工夫,其实是自我宽慰、自我标榜的过程。大概这样就能真切理解"反身而诚,乐莫大焉"(《孟子·尽心上》)的说法了。当任何外在的指责,经过自我反省的内部消化以后,结果证明全是别人的问题,自己绝对是正心诚意的,能不高兴吗?将一个"主体间性"(inter-subjective)的问题化约为个人反思的后果,由此可见一斑。

除了上面的修身方法外,孟子还有一套非常独特的工夫,即"我善养吾浩然之气"。何为"浩然之气"?"其为气也,至大至刚,以直养而无害,则塞于天地之间。其为气也,配义与道:无是,馁也。是集养所生者,非义袭而取之也。"(《孟子·公孙丑上》)有此"浩然之气",就可以"千万人吾往矣"。孟子又说:"夫君子所过者化,所存者神,上下与天地同流。"(《孟子·尽心上》)当然,这些话语人们经常用"带有神秘主义倾向"来形容,因为其中的含义到底如何,无人能够说清,孟子自己也声称"难言也"。不过,有一点是肯定的,就是在孔子眼中清晰明朗的日用世界,到了孟子那里,开始变得模糊起来,一种不可捉摸的神秘之气,弥散在人伦之中。

我们无意于夸大孔孟之间的区别,其实,他们有许多相同的地方,甚至相同的表述。孟子确是"以继孔子之业为职志"。但是,他们对于伦理规范所由正当化的理由,乃至自我修炼体验上的差异,却导致了儒家的转向,而这种转向使得儒家后来的历史命运成为可能。

四 以德兼人的儒术:荀子

荀子(约前313—前238)曾经三为稷下学宫祭酒,熟悉当时的各种学说,并予以折中取舍而成一家之言,主张礼法兼治,王霸并用。荀子曾经到过秦国,称赞秦国"形胜""百姓朴""百吏肃然",近乎"治之至也",但"殆无儒"则是"秦之所短"(《荀子·强国》)①。虽"迫于乱世",需要明哲保身,但荀子的思想堪称先秦最为祛魅而澄明者。

1. 伦理鹄的

如果说在孟子,天下一统还只是一种可能,那么到荀子,则已成为现实的目标。荀子主张修身的主要目的,不再是个人的完美存在,相反,个人的完美是为"齐言行,一统类"。"涂人可为大禹",最终是为了天下井然有序。"儒术诚行,则天下大而富,使而动。"(《荀子·富国》)荀子所期待的"群居合一"的理想社会图景,大致是这样的:"仁人在上,则农以力尽田,贾以察尽财,百工以巧尽械器。士大夫以上至于公侯,莫不以仁厚知能尽官职,夫是之谓至平。"(《荀子·荣辱》)

在荀子看来,"能定能应"的"成人"(《荀子·劝学》),虽然自有"德操",但更主要的特征在于能够适应与时俱变的情境。如果说孟子的修身在一定程度上是为以"道"抗"势",那么,对于个人来说,荀子的修身是为了提高自身的适应能力。"其为身也,谨修饰而不危。"(《荀子·君道》)荀子因此提出了许多处世的技术性建议,教导人们如何在现实社会中取得成功。或许正是凭借这类技术,后世之儒得以"柔顺取容",但明说出来,实在也有点让自诩清高的人不好意思,比如"持宠处位终身不厌之术",所以,对于荀子不免要谴责一番,至少认为是"大醇而小疵"。

2. 顺从模式

荀子从群体规范的必要性来论述礼法的合理性。当然,同孔孟将礼神圣化不同,荀子从人的基本欲望来论述礼的不可或缺性。"礼起于何也?曰:人生而有欲,欲而不得,则不能无求,求而无度量分界,则不能不争。争则乱,乱而穷。先王恶其乱也,故制礼义以分之,以养人之欲,给人之求。使欲不穷乎物,物必不屈于欲,两者相持而长,是礼之所起也。"(《荀子·礼论》)礼养人之欲,给人之求,是礼的存在和发生的根据。此说,显然,是非常现实主义的,剥去了

---

① 参见(清)王先谦《荀子集解》,中华书局2012年版,第297页。

礼的先天神圣性，但也意味着礼一旦确定下来，就是具有强制性的群体规范，应当人人遵守。"公输不能加于绳墨，圣人莫能加于礼。礼者，众人法而不知，圣人法而知之。"（《荀子·法行》）众人与圣人的唯一区别，就在一个不知道也得执行，而一个即使明白了也还得执行。

另外，"君子既得其养，又好其别。曷谓别？曰：贵贱有等，长幼有差，贫富轻重有称者也"（《荀子·王制》）。此处的"别"，就是前面所谓的"分"，就是差别、区分。荀子引用《尚书》中的"维齐非齐"，来说明其通过势位的等级差别来维持社会秩序的统一，比起孟子的具有平均主义倾向的主张，要现实得多，也有效得多。秦昭王曾问荀子："儒无益人之国？"荀子答说："儒者法先王，隆礼义，谨乎臣子而致贵其上者也。"（《荀子·儒效》）后来儒家打入刘汉统治集团的手段，就是让曾以儒冠为溺器的高祖，通过尊君卑臣的礼仪，体会到"吾乃今日知为皇帝之贵也"①。

关于"人之所以异于禽兽者"的说法，荀子大不同于孟子。荀子认为，人之"最为天下贵"，在于"人能群"也。而"人何以能群？曰：分。分何以能行？曰：义。故义以分则和，和则一，一则多力，多力则强，强则胜物"（《荀子·礼论》）。这不仅是对人类如此，对一个国家也是如此。要强大，要胜过别国，就要隆礼义。在孟子时代，尽管战伐不断，但人们似乎还能认可一些超越功利的原则。而到荀子时代，实用理性（practical rationality）已经占据主导地位，所以，追求实效，讲求理论的有用性。荀子的诉求，不再是一些激动人心的价值理性，而是人人都要的实际利益。

所以，与"礼"的起源一样，修身的理由来自维持社会秩序的要求。修身就是循礼，成为合格的支配者与被支配者。另外，荀子也区分了他们各自的修身之道。为统治者鼓吹治国之术，为为臣者提示取容之道，甚至为为师者大讲师术、谈说之术。

---

① （汉）司马迁：《史记》，中华书局2012年版，第2104页。

3. 伦理实质

荀子确定的修治对象，首先就是欲望。"今人之性，生而有好利焉，顺是，故争夺生而辞让亡焉；生而有疾恶焉，顺是，故残贼生而忠信亡焉；生而有耳目之欲，有好声色焉，顺是，故淫乱生而礼义文理亡焉。"(《荀子·性恶》)所以，必须"矫饰人之性情而正之"，"扰化人之性情而导之"(《荀子·性恶》)。当然，对于欲望的调节，在荀子是因社会等级而异的。对于寻常百姓，"欲不可去"，所以要加以引导，以"渐庆赏严刑罚"。对于统治阶层，"欲不可尽"，所以要加以节制，以"进则近尽退则节求"。

既然强调外在的礼法的制约，对于身体的训导，就势在必行了。"礼者，所以正身也；师者，所以正礼也。无礼，何以正身？无师，吾安知礼之为是也？礼然而然，则是情安礼也；师云而云，则是知若师也。情安礼，知若师，则是圣人也。"(《荀子·修身》)甚至荀子对身体的行状也有了具体的规定："行而供翼，非渍淖也；行而俯项，非击戾也。偶视而先俯，非恐惧也；然夫士欲独修其身，不以得罪于比俗之人也。"(《荀子·修身》)"君子之学也，入乎耳，箸乎心，布乎四体，形乎动静；端而言，蠕而动，一可以为法则……君子之学也，以美其身。"(《荀子·劝学》)

当然，试图谋求全面控制的荀子，不可能不谈到"心"："天性有欲，心为之节制。"(《荀子·正名》)"圣人知心术之患……而中悬衡焉。是故众异不得相蔽以乱其伦也。何谓衡？曰道……人何以知道？曰心，心何以知？曰虚壹而静。"(《荀子·解蔽》)

对于"虚壹而静"，因为受西方哲学范畴的影响，现在的学者倾向于从认识论的角度来诠释，其实非也。"虚"是指"不以所已臧害所将受"，"静"是指"不以梦剧乱知"。荀子的本来用意是：如果纵欲而行，势必得人所不欲之结果，因为"凡人之取也，所欲未尝粹而来也，其去也，所恶未尝粹而往也"。所以心要"节制"，要"知道"，要"使之则谋"也。"道者，古今之正权"也。"虚壹而静"，就是要保持机警、冷静，善于"权""衡"利弊，以在"利之中取大，害之中取小"。

4. 自塑活动

荀子的修身方法，首先是"治气养心"。"扁善之度，以治气养生，则身后彭祖；以修身自强，则名配尧禹。"(《荀子·修身》) 可见，治气养生，是从生理方面而言的；而修身自强，是从道德方面而言的。

"凡用血气、志意、知虑，由礼则治通，不由礼则勃乱提；饮食、衣服、居处、动静，由礼则和节，不由礼则触陷生疾；容貌、态度、进退、趋行，由礼则雅，不由礼则夷固僻违，庸众而野。故人无礼则不生，事无礼则不成，国家无礼则不宁。"(《荀子·修身》) 礼成了渗透到一切领域的原则，从身体的举止言行，到国家的安定有序。

"治气养心之术：血气刚强，则柔之以调和；知虑渐深，则一之以易良；勇毅猛戾，则辅之以道顺；齐给便利，则节之以动止……愚款端悫，则合之以礼乐，通之以思索。凡治气养心之术，莫径由礼，莫要得师，莫神一好。夫是之谓治气养心之术也。"(《荀子·修身》) 显然，这番议论，同当今的性格心理学颇多相合之处，意在培养出适应社会的良好品行，也可谓是一种彻底的规训。我们知道，孔子还是比较欣赏个性的，比如狂狷之人(《论语·子路》)，而到荀子，则大有去个性化的趋势，试图塑造一种完全社会化的整齐划一的性格。同样是对待血气问题，孔子只说是有三戒："少之时，血气未定，戒之在色；及其壮也，血气方刚，戒之在斗；及其老也，血气既衰，戒之在得。"(《论语·季化》) 相形之下，一个是从个体的生命历程来谈血气问题，一个是从横向的各种性情取向来谈调适的问题，立意以及所欲达到的效果，大相径庭。

荀子大概是先秦儒家中最为系统地论"学"的，这显然符合他的观点，即人性易于趋恶，必以学正之。尤其需要注意的是，荀子非常重视"君子居必择乡，游必就士，所以防邪僻而近中正也"。荀子除对学习过程有深刻详细的描述和规定外，对于"师"也极为重视，经常将礼师并列，君师并称。师是楷模，是榜样。"非我而当者，吾师也。"(《荀子·修身》) 不过，到了他那位嫡传弟子、建议秦始皇焚书坑儒的李斯，则操作成了"以吏为师"。

五　天人合一的仁义法：董子

董仲舒（前197—前104）生活的时代，中央集权的封建王朝已经初步奠定，在经历了从秦朝的一尊法术到汉初的崇尚黄老之后，急需新的正当化话语和统治策略。当武帝在策问中"欲闻大道之要"时，董仲舒提出"推明孔氏，抑黜百家"的建议（《汉书·董仲舒传》），得到采纳，儒学从而成为正统。但董仲舒本身的学术，则是以儒家为中心，杂糅了阴阳五行，贯穿神权、君权、父权、夫权而成一套治理体系。

1. 伦理鹄的

荀子已有"天有其时，地有其财，人有其治，夫是之谓能参"（《荀子·天论》）的说法，"作书美孙卿"（孙卿即荀子）的董仲舒，则在此基础上，运用阴阳五行之说，比附类推，引申联想，赋予天地以道德意志，描绘了一幅"天人一也"的图景。

董仲舒的根本旨趣是追求"大一统"。"《春秋》大一统者，天地之常经，古今之通谊也。今师异道，人异论，百家殊方，指意不同，是以上亡以持一统，法制数变，下不知所守。臣愚以为诸不在六艺之科、孔子之术者，皆绝其道，勿使并进，邪辟之说灭息，然后统纪可一而法度可明，民知所从也。"（《汉书·董仲舒传》）

董仲舒完成了儒家思想的政治化，治身与治国，成为"一理之术"，即"通国身"："气之清者为精，人之清者为贤。治身者以积精为宝，治国者以积贤为道。身以心为本，国以君为主。……能致精则合而寿，能致贤则德泽洽而国太平。"（《春秋繁露·通国身》）①

2. 顺从模式

董仲舒的理论依据已经不是个人自我实现的立场，而是"人副

---

① 张世亮、钟肇鹏、周桂钿译注：《春秋繁露》，中华书局2012年版，第220页。

天数":"为生不能为人,为人者,天也。人之人本于天。"人副天数甚至表现在生理结构上:"莫精于气,莫富于地,莫神于天。天地之精,所以生物者,莫贵于人。人受命乎天也,故超然有所倚……唯人独能仁义……唯人独能偶天地。人有三百六十节,偶天之数也。形体骨肉,偶地之厚也。上有耳目聪明,日月之象也。体有空窍理脉,川谷之象也。心有哀乐喜怒,神气之类也……行有伦理,副天地也。"(《春秋繁露·人副天数》)可见,董仲舒运用想象和类比的图像语言,勾画出一种超验的秩序,将人伦与天地万物同构起来。

又"天地人,万物之本也。天生之,地养之,人成之。天生之以孝悌,地养之以衣食,人成之以礼乐。三者相为手足,合以成体,不可一无也"(《春秋繁露·立元神》)。尽管"人在宇宙间之地位,照此说法,可谓最高矣"[①],但我们不能忘记,这种对于人的地位的抽象提升,无非是为了强调伦理律令的天经地义,而对于具体的人,则是无异于加上了无法摆脱的纲常枷锁。董仲舒提出的性三品说,可谓是他对具体的人的分类。性品级说,无疑是为中央集权和等级名分的专制统治提供辩护。"至德以受命,豪英高明之人辐辏归之,高者列为公侯,下至卿大夫,济济乎哉,皆以德序。"(《春秋繁露·观德》)

将人伦纲常与宇宙秩序(cosmological order)同构化,董仲舒通过幻想式的类比附会,为专制结构的正当性提供了依据。

3. 伦理实质

董仲舒主张的修治对象是人的性情。"性者,天质之朴也。"(《春秋繁露·实性》)性乃天生的"自然之资",有向善的潜质,但不可谓已经善了。"情亦性也",但性阳而情阴,性是善质,情为恶质。"善者,王教之化也。""王承天意,以成民之性为任者也。"(《春秋繁露·深察名号》)

在董仲舒看来,修身养性并非自己所能完成的事情,而是王教的责任。"质无教之时,何遽能善?善如米,性如禾。禾虽出米,而禾

---

① 冯友兰:《中国哲学史》,中华书局1992年版,第514页。

未可谓米也。性虽出善,而性未可谓善也。米与善人之继天而成于外也,非在天所为之内也。天所为,有所至而止。止之内谓天,止之外谓之王教。王教在性外,而性不得不遂。"(《春秋繁露·实性》) 如此,董仲舒不仅指出了外在教化的必要性,而且还赋予了君王存在的合理性。

当然,董仲舒还指出"循天之道,以养其身,谓之道也",甚至主张"凡养身者,莫精于气"。但相较于王教,这些都属于细枝末节了。

4. 自塑活动

与之相应,这种修治显然需要"凭借他人的帮助",而且,这个"他人"不是一般的人,是高高在上的王者。"教,政之本也。"(《春秋繁露·精华》)当然,在汉代,孔子也有幸成为"素王",被赋予了"制做定世符"的重任。在追求一统的情况下,其实是不允许个人去修身养性、自由发展的,一切唯皇帝之马首是瞻!

如何教化万民呢?在特定的社会关系中进行。"《春秋》之所治,人与我也。所以治人与我者,仁与义也。以仁安人,以义正我。故仁之为言人也,义之为言我也,言名以别矣……众人不察,乃反以仁自裕,而以义设人,诡其处而逆其理,鲜不乱也。是故人莫欲乱,而大抵常乱。凡以暗于人我之分,而不省仁义之所在也。是故《春秋》为仁义法。仁之法,在爱人,不在爱我;义之法,在正我,不在正人。"(《春秋繁露·仁义法》)

如何处理"人与我"的关系?将人纳入具体的社会关系中,分清尊卑、贵贱、内外、阴阳、主客、大小、远近、新旧之级,然后就可以"张理上下,整齐人道"了。"可求于天"的"王道之三纲",就是"君臣、父子、夫妇之义"(《春秋繁露·基义》)。值得注意的是,董仲舒将夫妻关系也明确列入了王道,这显然是政治控制向家庭内部更进一步的渗透。至此,在儒家的旗帜下,自我技术与权力技术合二为一,但在成为天经地义的儒家伦理中,已经没有了堂堂正正的人的影子。

六　嬗变的趋势与儒家的得势

以上的解析可以带来怎样的发现呢？我们不妨以一张简洁的表格，来显示从自我技术的四个维度所能看到的早期儒家思想的嬗变轨迹（见表1）。

表1　　　　　　　　从自我技术看儒家伦理的嬗递

自我技术	伦理鹄的	顺从模式	伦理实质	自塑活动
孔子	"志于道，据于德，依于仁，游于艺"	"心安""求仁得仁"	"人—己"关系中的自身因素：音容言动	"克己复礼""忠恕""三人行必有我师"
孟子	"平治天下，舍我其谁"	"人皆有不忍人之心"	"心""气"	"尽心""养气""践形"
荀子	"齐言行，一统类""柔顺取容"	"制礼义以分之，以养人之欲，给人之求"	"性情""欲""身"	"学""治气""养心""师"
董子	"天人一也""大一统"	"人副天数"	"性""情""气"	"教，政之本也""张理上下，整齐人道"
趋势	由个体选择的存在美学到天人合一的整齐秩序	由无愧于心的内在尺度到取法于天的神圣纲常	由日常交往的言行举止到内在隐秘的心气性情	由择善而从到反身而诚或依赖外在强制的王教

从表1中我们不难发现一些基本的趋势。当然，在四个维度上，有些是朝着一个明确的方向演变，也有出现了分叉，并无一定之规。在"伦理鹄的"维度上，从追求个人的美好存在，转向整齐划一的社会秩序。当然，这种整齐划一并非人人平等，而是通过区别性的认同来确定各自的位置，所谓"贵贱有等，长幼有差，贫富贵贱皆有称者也"（《荀子·礼论》）。所以，同是顺从仁义，但理由却各不相

同：在孔子，为了个体人格的完善，必得有和谐的人际条件，所以孔子从人伦的角度阐释仁义；孟子将人伦的依据内在化和绝对化了，成为皆备于我的属性，上升为无所逃避的道德律令；荀子从群体生活的需要来解释人伦规范的起源，虽有去神秘化之效，但这种外在的约束已然是带有强制性了；而董子杂糅多种学说，将人伦与天地万物同构起来，使之成为充满神秘色彩的王道。从伦理实质来看，也有一种趋势，即从外在可见的言行举止，逐步渗透到不可捉摸的内在心理或性情。在孔子看来，内心固然重要，但一切都应在从容不迫的行为中养成，所以他主要偏重于人际交往中呈现出来的方面，以期给别人以"温良恭俭让"的印象。而孟子则注重内心的修炼，为了灵魂的升华，身体的痛苦也在所不惜。荀子在主张身心双修上，确与孔子有几分相似，但基本顺序似乎倒过来了，不是优雅的风度和德行造就君子，而是先有君子之心，后有"美身"之效。到董仲舒，则明确以王教来驯服性情。在自塑活动上则出现了演变的分叉点：一是主张个体返回内心，即"内发"；二是强调外部的正确灌输，即"外烁"。尽管它们所依据的原理不同，但不无殊途同归的一面。后来儒家的争论，多是围绕这一点开展的。从这个意义上，我们或许应该接受这种观点，即"儒家的思想，照说只能孟荀并称"①。

儒家思想经过几番嬗变以后，逐步地同专制权力接轨。不过，在儒术之获得官方认可的问题上，人们往往只注意到董仲舒的《举贤良对策》。其实，董仲舒的诸多主张，并不为武帝所中意，甚至差点因"妄言灾异"而丢掉脑袋。实际上，一个重要的环节，我们切不可忽视。儒家之得势，除了在理论上论证了天下一统的正当性外，更主要的是通过"以经术润饰吏事"而使"天子器之"。这主要是通过公孙弘、倪宽等完成的，而他们的共同之处，是"习文法吏事缘饰以儒术"（《汉书·公孙弘传》）。儒家切入权力机关的实际途径，是通过"决狱"。本来，儒家与暴力可谓是势不两立，但现在，儒家偏

---

① 曹聚仁：《中国学术思想史随笔》，生活·读书·新知三联书店1986年版，第34页。

偏是通过润饰国家暴力机关,而在专制统治中登堂入室。儒家何以能够担当此任?原因恰恰在儒家对于意图和动机的重视:"正心""诚意"也。"《春秋》之听狱也,必本其事而原其志。志邪者不待成,首恶者罪特重,本直者其论轻。"(《春秋繁繁·精华》)这就是著名的"原心定罪法"。难怪王夫之慨然浩叹:"呜呼!苟有文焉,人思借之矣,遑恤其道之所宜与志之所守乎?"①

综上我们可以看出,儒家伦理,本来作为一种"修己"的私学、一种个人的追求,后来如何同支配他人的专制权力结合起来,变成了"治人"的理由,变成了官方的意识形态。当然,我们没有必要否定儒家思想与专制之间所可能存在的"选择性亲和"关系,尤其是源于封建专制时代的等级伦理。其实,儒家从修己到治人的跨越,中间存在巨大的罅隙——连孔子都承认,"修己以安百姓,尧舜其犹病诸"(《论语·宪问》)——而在其中起着架通作用的,其实是法家的制度设计,外儒内法的格局由此形成。

不过,儒家当初追求的自我完善的生活艺术,依然可予今人以启迪。试以"志于道,据于德,依于仁,游于艺"为例。"志于道",相当于矢志于自己的终极现实(ultimate reality),当然,这并非天国的允诺,而是人世间永无止境的追求;"据于德",相当于以社会团结(social solidarity)为重,遵循与时俱进的共同体规范;"依于仁",相当于以人际情感(intersubjective attachment)为纽带,在交往网络中找到依恋和归属;"游于艺":相当于个人志业(vocation),即可以忘情于其中的事业与活动。若能贯通上述诸种层面而造就一种人生的境界,在变动不居的如今,亦可安身立命矣。

---

① (清)王夫之:《读通鉴论》,中华书局1975年版,第318页。

与人为善：中华民族传统良序互动的社会学诠释[*]

张曙晖[**]

摘 要 "与人为善"作为中华民族传统互动关系的重要表达方式，对中华民族精神的形成、个体或群体的社会交往以及国家的治国理政方式都具有深远的影响。从社会思想史和社会学的视角考察，"与人为善"构建的是一种人与人、人与群体、人与国家的良序互动关系。从以"善"为本，到"推己及人"，从"反躬自省、舍己从人"，到"善与人同"，再到"善政待民"，这些思想都反映了复杂的社会网络关系中以"性善论"为基础的善行、善治理念。它是中华民族传统善观的内显和外展。直至今天，"与人为善"在公民的基本道德素养、和谐的社会互动关系乃至国家的稳定方面都发挥着积极的作用。

关键词 与人为善；性善论；良序互动

在中华民族伟大复兴的大背景下，进入21世纪之后，以景天魁先生为代表的学者，主张中国社会学研究应该从社会学的本土化转向纯中国本土社会学研究。景先生认为，以荀子"群学"为代表的本土社会学传统资源，就是作为现今中国社会学崛起的源头，由此出发，需要加紧建构中国社会学（群学）的概念体系。在景先生的概念体系中，荀子的"群学"是代表。它是以墨子"劳动"（"强力"

---

[*] 文章原载于《天津师范大学学报（社会科学版）》2020年第1期"21世纪中国文学研究"专栏。

[**] 张曙晖，1972年生人，云南师范大学法学与社会学学院教授。

"从事")概念为逻辑起点,以荀子"群"的概念为核心,以儒家"民本"概念为要旨,以礼义制度、规范和秩序为骨架,以"修齐治平"为功用,兼纳儒墨道法等各家之概念范畴,所构成的中国社会学"早熟"(早期)形态。"与人为善"是"群学"命题的重要组成部分,是一种行之有效的"合群"途径。

2014年8月22日,习近平主席在蒙古国国家大呼拉尔(议会)的演讲中指出:"在5000多年的文明发展中,中华民族一直追求和传承着和平、和睦、和谐的坚定理念。以和为贵,与人为善,已所不欲、勿施于人等观念和传统在中国代代相传,深深植根于中国人的精神中,深深体现在中国人的行为上。"① 作为中华民族传统优秀思想的重要组成部分,"与人为善"是中华民族的先贤们基于性善论而提出的一整套处理人与人、人与群体、人与社会关系的基本理念,形成一套严整的思想体系,其目的是为了构建一种良序互动的社会关系。"与人为善"强调以"善"为本,推己及人,善与人同,善政为民。直至今天,"与人为善"的理念,在公民的基本道德素养、和谐的社会互动关系,乃至国家的稳定方面,都发挥着积极的作用。

一 "与人为善":对无序社会的一种积极应答

"与人为善"是在以孟子为代表的性善论基础上提出的思想主张,是先秦儒家对社会动荡无序,人际关系、诸侯国关系空前紧张的一种积极应答,是改变社会混乱状态,实现良序互动的一种合群、治国的基本途径和理想设计。

在祭祀盛行的殷商时期,人们的行为虽然仍受制于天命,但已开始出现了重人事、轻天命、以"礼"修德的道德观念。他们认为,做事首先要无愧于心,修好善德,便会有善行,君主有了善德,才能配享天命。西周初年,周公旦在吸取殷商灭亡的教训中深刻认识到,

---

① 习近平:《在蒙古国国家大呼拉尔的演讲》,http://finance.chinanews.com/gn/2014/08-22/6523063.shtml,2014年8月22日。

西周王朝要想长治久安,就要知道天命是不固定的,上天不会永远眷顾着某一个王朝。要想长久发展,唯一的办法就是"以民为本""敬天保民",为此建立了一整套礼乐制度。西周末年,周王室日渐衰微,社会开始陷入动荡不安之中,出现了"礼崩乐坏"的局面,正所谓:"天下有道,则礼乐征伐自天子出;天下无道,则礼乐征伐自诸侯出。"① 这一时期,甚至出现了"《春秋》之中,弑君三十六,亡国五十二,诸侯奔走不得保其社稷者,不可胜数"② 的混乱状况。此时,人与人、国与国之间几乎都处在以"恶"相待、弱肉强食的状态之中,以礼乐相处的景象荡然无存。

基于对人性的不同看法,先秦诸子提出了应对社会混乱关系的诸多理念。儒家性善论者认为,合群、治国都须以善为先,其是破除人际紧张关系、缓解社会矛盾的根本路径。从"善"的原始含义看,《说文解字》曰:"善,吉也,从言、从羊,此与义美同意义。"③ "善"是吉祥的意思,字形采用"誩、羊"会义,"善"与"义"(義)、"美"同义。"善"的本义是像羊一样说话,羊是温顺的动物,如果人们都像羊一样说话,人与人之间就会避免很多争吵和冲突。此后,"善"在典籍中的解释几乎都与善良、安详、吉祥、美好、仁慈、善于等意思有关。《诗经》说"母氏圣善"④,即母亲是善良的。老子认为:"上善若水。水善利万物而不争,处众人之所恶,故几于道。居善地,心善渊,与善仁,言善信,正善治,事善能,动善时。夫唯不争,故无尤。"⑤ 最美好的品德就像水一样,做人、交友、为政的最高境界也要像水一样。《大学》则说:"大学之道,在明明德,在亲民,在止于至善。"⑥ 大学之道在于使人们达到

---

① 杨伯峻译注:《论语译注》,中华书局2006年版,第196页。
② (汉)司马迁:《史记》,中华书局1982年版,第3297页。
③ (汉)许慎:《说文解字》,中华书局2013年版,第52页。
④ 王秀梅译注:《诗经(上)·国风》,中华书局2015年版,第62页。
⑤ 陈默译注:《道德经》,吉林美术出版社2015年版,第24页。
⑥ 陈晓芬、徐儒宗译注:《论语 大学 中庸》,中华书局2015年版,第249页。

最完美的道德境界。

至孟子时代，社会变革更加剧烈，各诸侯国纷起争霸，变法盛行。面对诸侯争战、民不聊生的现实，作为以天下为己任、以孔子为标杆的孟子自信："如欲平治天下，当今之世，舍我其谁也。"① 他认为，战国时期，由于争霸战争连绵不绝，导致社会秩序严重恶化，生产力遭到极大破坏，人口大量死亡，百姓遭受暴政折磨："且王者之不作，未有疏于此时者也；民之憔悴于虐政，未有甚于此时者也。"② 百姓终日劳作，但"仰不足以事父母，俯不足以畜妻子；乐岁终身苦，凶年不免于死亡"③。在这样的背景下，孟子坚信人的本性是善的，是天生的："人性之善也，犹水之就下也。人无有不善，水无有不下。"④ 所以，孟子以人性本善为依据开始了他端正人心，消灭邪说，立志继承大禹、周公和孔子事业的实践。

孟子对"善"的理解与以往学说相比有了很大的扩展，他把"善"与人性、伦理与治国结合起来，形成了一套系统的"性善论"思想。以"性善论"为基础，孟子首次提出了"与人为善"的思想，着重指出与别人一道行善是作为君子最伟大的善："取诸人以为善，是与人为善者也。故君子莫大乎与人为善。"⑤ 孟子进一步说，"善"即美好，把美好的东西不断扩充，最终会达到神圣的境界："可欲之谓善，有诸己之谓信。充实之谓美，充实而有光辉之谓大，大而化之之谓圣，圣而不可知之之谓神。"⑥ 进而孟子提出，"与人为善"在治理国家的层面上须行仁政，只有行仁政百姓才能得到拯救。因此，孟子说："善政，民畏之；善教，民爱之。"⑦

可见，"与人为善"是在先秦社会动荡、百家争鸣的背景下提出

---

① 杨伯峻译注：《孟子译注》，中华书局 2008 年版，第 82 页。
② 杨伯峻译注：《孟子译注》，中华书局 2008 年版，第 43 页。
③ 杨伯峻译注：《孟子译注》，中华书局 2008 年版，第 13 页。
④ 杨伯峻译注：《孟子译注》，中华书局 2008 年版，第 196 页。
⑤ 杨伯峻译注：《孟子译注》，中华书局 2008 年版，第 61 页。
⑥ 杨伯峻译注：《孟子译注》，中华书局 2008 年版，第 263 页。
⑦ 杨伯峻译注：《孟子译注》，中华书局 2008 年版，第 238 页。

的解决社会问题的一种理想主张,是中华民族优秀传统文化中对于"善"观念的早期表达。

二 人际良序:从以"善"为本到"推己及人"

性善论认为,善为人之本性,因此,人的行为方式莫不从善出发。不需要选择,只要按本性做事便是善行,人与人交往是社会互动最基本的形式,要实现人际良序,就必须回归根本——以"善"为本,从"善"出发。

从孔子开始儒家就主张,择善而从是与人为善的基础,为善的最高境界是"仁"。按子贡的说法,孔子说的善就是温、良、恭、俭、让。"子禽问于子贡曰:夫子至于是邦也,必闻其政,求之与?抑与之与?子贡曰:夫子温、良、恭、俭、让以得之。"① 温、良、恭、俭、让既是善的体现,也是与人为善的基本方法。进一步看,孔子认为善即无恶,无恶即仁。"苟志于仁矣,无恶也。"② 这是孔子心目中善的最高境界。《论语》中有很多地方都提到善,其多是仁者外在的行为表现。仁是内在的修养,通过"礼"的规范内化于人们的思想和行动中,达到"非礼勿视,非礼勿听,非礼勿言,非礼勿动"③ 的修为。如能达到"从心所欲,不逾矩"④ 的程度,就是"克己复礼"⑤ 的仁了,从仁出发,仁者爱人就是善的表现。

孟子进一步指出,善是人的天性,是做人的本质,人生而有"四心","四心"表现于外是仁、义、礼、智四个"善端"。"恻隐之心,人皆有之;羞恶之心,人皆有之;恭敬之心,人皆有之;是非之心,人皆有之。恻隐之心,仁也;羞恶之心,义也;恭敬之心,礼

---

① 杨伯峻译注:《论语译注》,中华书局 2006 年版,第 7 页。
② 杨伯峻译注:《论语译注》,中华书局 2006 年版,第 38 页。
③ 杨伯峻译注:《论语译注》,中华书局 2006 年版,第 138 页。
④ 杨伯峻译注:《论语译注》,中华书局 2006 年版,第 13 页。
⑤ 杨伯峻译注:《论语译注》,中华书局 2006 年版,第 138 页。

也;是非之心,智也。"① 这些善的天性就像人的四肢一样自然而然,不必学习,它使人们自觉地有同情心、羞耻心、礼让心和正义感。孟子认为,人有善心而不实行,是导致人与人之间差别形成的原因。人不能充分发挥性善的本性,更是可惜:"仁义礼智,非由外铄我也,我固有之也,弗思耳矣。故曰:求则得之,舍则失之。或相倍蓰而无算者,不能尽其才者也。"② 因此,要不断地扩充善心,以安定天下,如不然,则对父母的赡养都成问题:"凡有四端于我者,知皆扩而充之矣,若火之始然,泉之始达。苟能充之,足以保四海;苟不充之,不足以事父母。"③ 假如人们看到一个小孩掉到井里,都会从善的本性出发伸出援手,若没有这些善良之心,简直不是人:"今人乍见孺子将入于井,皆有怵惕恻隐之心——非所以内交于孺子之父母也,非所以要誉于乡党朋友也,非恶其声而然也。由是观之,无恻隐之心,非人也;无羞恶之心,非人也;无辞让之心,非人也;无是非之心,非人也。恻隐之心,仁之端也;羞恶之心,义之端也;辞让之心,礼之端也;是非之心,智之端也。人之有是四端也,犹其有四体也。"④ 因此,"与人为善"的第一要义就是以善为本,强调人皆有善心,人生于社会当以善待人。依善而行是人之为人的根本,是融入社群的首要条件。

当然,善是需要推广的,否则善的好处便无法得到体现,这就是"推己及人"。"推己及人"要求设身处地为别人着想,急人之所急。"推己及人"需要养成一种广大厚重的人格,然后用善心、善德承载万物,接人待物,这便是《周易》所说的:"君子以厚德载物。"⑤

孔子讲"推己及人",其核心是仁。《说文解字》解释说:"仁,

---

① 杨伯峻译注:《孟子译注》,中华书局2008年版,第200页。
② 杨伯峻译注:《孟子译注》,中华书局2008年版,第200页。
③ 杨伯峻译注:《孟子译注》,中华书局2008年版,第59页。
④ 杨伯峻译注:《孟子译注》,中华书局2008年版,第59页。
⑤ 杨天才、张善文译注:《周易》,中华书局2011年版,第29页。

亲也,从人、从二。"① 仁是人与人的关系,这种关系体现的是一种既符合"礼"的规范,又能够顺应人的自然本性的综合体。孔子强调,人与人的关系要以仁为基础,其基本含义包括两方面。一是爱人。"樊迟问仁,子曰爱人"②,即人和人之间要友善相亲。二是"克己复礼",即要遵从自己内心天然的仁,而达到符合礼的规范。把仁推广开来便是"推己及人"。"夫仁者,己欲立而立人,己欲达而达人"③、"己所不欲,勿施于人"④ 等,其基本意思是每个人都要设身处地为他人考虑,像对待自己一样关心别人、帮助别人、尊重别人。这也是孔子的"忠恕"之道,要求待人要做到心无二心,意无二意,了己了人,爱人如己。孔子认为,为仁是有根本的,但为仁的对象千差万别:"孝弟也者,其为仁之本与!"⑤ 其意思是说,孝顺父母、友爱兄弟,是处理所有人际关系的根本点和出发点,连这点都做不到,就根本不配谈仁。为仁之道千千万,但基本都包含在父子、兄弟、朋友和君臣关系之中了,处理这些关系都要以仁为依据,子对父要孝,父对子要慈;弟对兄要悌;对朋友要信;君对臣要礼,臣对君要忠。

在这些基本关系的基础上,孔子提出了"泛爱众"的主张:"子张问仁于孔子。孔子曰:能行五者于天下为仁矣。请问之。曰:恭、宽、信、敏、惠。恭则不侮,宽则得众,信则人任焉,敏则有功,惠则足以使人。"⑥ 其意思是处理人际关系要以谦恭、宽厚、诚实、勤敏、施惠为本。在处理这些关系时,孔子强调从"己"出发,以我为出发点,然后一层层往外推,形成与人为善的网络结构。费孝通先生将其称为"差序格局",这是中国社会文化最具特色的地方。

---

① (汉)许慎:《说文解字》,中华书局2013年版,第159页。
② 杨伯峻译注:《论语译注》,中华书局2006年版,第146页。
③ 杨伯峻译注:《论语译注》,中华书局2006年版,第72页。
④ 杨伯峻译注:《论语译注》,中华书局2006年版,第139页。
⑤ 杨伯峻译注:《论语译注》,中华书局2006年版,第2页。
⑥ 杨伯峻译注:《论语译注》,中华书局2006年版,第206页。

孟子说："仁之实，事亲是也。"① 仁的主要内容是侍奉父母，但却不能只停留在侍奉父母这一层面，要推广开来，达到"老吾老以及人之老，幼吾幼以及人之幼"②和"亲亲而仁民，仁民而爱物"③的程度。尽管孔孟都认为爱是有差等的，是一种由近及远，由亲到疏，由人到物的爱，这是由血缘及人之本性所决定的，但爱亲人、爱别人、爱万物之"爱"都应当是一样的。

墨家也讲爱，称"兼爱"。墨子认为，当时社会动乱的原因就在于人们不能兼爱，因此，应"以兼相爱、交相利之法易之"④。兼爱的基本要求是，人不分老幼贵贱，天下之人皆应相爱。墨子说："视人之国若视其国，视人之家若视其家，视人之身若视其身。是故诸侯相爱则不野战，家主相爱则不相篡，人与人相爱则不相贼，君臣相爱则惠忠，父子相爱则慈孝，兄弟相爱则和调。天下之人皆相爱，强不执弱，众不劫寡，富不侮贫，贵不敖贱，诈不欺愚。凡天下祸篡怨恨可使毋起者，以相爱生也，是以仁者誉之。"⑤ 显然，墨家主张，兼爱就是要人们爱人就像爱自己，爱别人的家就像爱自己的家，爱别人的国就像爱自己的国。墨家的爱是没有差等的爱，是不分亲疏远近的爱，与儒家的亲疏有别的爱是有区别的，但两者都浸透着仁爱精神，其推己及人、与人为善的理念是共通的。

从以善为本到"推己及人"是实现人际良序的开端，强调善是人的天性，不用选择或择善而行都符合人之本性。作为社会人，培养善心、从善出发、善待他人是修身的根本，同时也是人际互动的基本法则，是中华民族行善利他传统的根源。

---

① 杨伯峻译注：《孟子译注》，中华书局2008年版，第138页。
② 杨伯峻译注：《孟子译注》，中华书局2008年版，第12页。
③ 杨伯峻译注：《孟子译注》，中华书局2008年版，第252页。
④ 方勇译注：《墨子》，中华书局2011年版，第126页。
⑤ 方勇译注：《墨子》，中华书局2011年版，第126页。

三 人、群良序：从"反躬自省，舍己从人"到"善与人同"

荀子说"人生不能无群"①，即从人的属性来讲，人离开群体后，久而久之人便只是生物意义上的人了，人的社会属性就无法得到体现，人的价值更无从说起。因此，人与群体的关系是人生最重要的事情，是人与人关系的进一步扩大，是社会互动的较高形式。要实现人、群良序，人在群体中就必须善于吸收别人的优点，改正自己的不足，与众人一体行善，乐于行善，舍此无他。

与人为善不仅仅是前述人与人之间的相互关怀和帮助，更是一种人与人之间的相互欣赏、自觉吸取他人优点并乐于行善的态度和行为，此谓"善与人同"。"善与人同"，就是善行不分彼此，与别人一起行善是最大快乐。"孟子曰：子路，人告之以有过，则喜。禹闻善言，则拜。大舜有大焉，善与人同，舍己从人，乐取于人以为善。自耕稼、陶、渔以至为帝，无非取于人者。取诸人以为善，是与人为善者也。故君子莫大乎与人为善。"② 子路"闻过则喜"，别人指出他的错误他就高兴；大禹听到有教益的话他就给人行礼；舜不仅勇于抛弃自己的不是，接受别人的是，而且非常快乐地吸取别人的优点来行善。因此，"善与人同"包含两个基本内涵。

首先，要"反躬自省，舍己从人"。要培养"闻过则喜"的胸怀及善于吸取别人优点、改正自己不足的内在需求，"反躬自省"是首要条件。"反躬自省"是个人对自身的自知之明和高度自觉，《礼记·乐记》说："好恶无节于内，知诱于外，不能反躬，天理灭矣。"③ 这说明，人不"反躬自省"，就会被庸俗恶秽的事物影响，久之，会导致社会风气败坏，大乱兴起。"于是有悖逆诈伪之心，有淫

---

① （清）王先谦：《荀子集解》，中华书局1988年版，第164页。
② 杨伯峻译注：《孟子译注》，中华书局2008年版，第61页。
③ 杨天宇：《礼记译注》，上海古籍出版社2004年版，第471页。

洗作乱之事。是故强者胁弱，众者暴寡，知者诈愚，勇者苦怯，疾病不养，老幼孤独不得其所，此大乱之道也。"① 孔子对自省也非常重视，"子曰：见贤思齐焉，见不贤而内自省也"②。孔子认为，别人指出自己的错误是件非常幸运的事。"子曰：丘也幸，苟有过，人必知之。"③ 孔子的学生曾子说："吾日三省吾身——为人谋而不忠乎？与朋友交而不信乎？传不习乎？"④ 人通过持续的自我反省，其人格才可以不断得到完善与升华。可以说，自省是儒家修身养德的座右铭，是"舍己从人"的重要基础，通过自省发现自己的不足，改正自己的过失。孟子认为，自省是最大的勇敢，"昔者曾子谓子襄曰：子好勇乎？吾尝闻大勇于夫子矣：自反而不缩，虽褐宽博，吾不惴焉；自反而缩，虽千万人，吾往矣"⑤。

自省需要严格要求自己，虚心听取别人的意见，子路"闻过则喜"，禹"闻善言，则拜"的行为都是自省的典范。总之，一个善于自我反省的人，才能扬长避短，才能发挥自己最大的潜力，才能拥有宽广的胸怀，才能"舍己从人"。"舍己从人"必须从修身开始，从"反躬自省"出发，然后"修己以安百姓"，乃至于齐家治国平天下都要以"修己"为本，修己是实现自身的善，"修己以安人"是和别人一起行善，这是儒家仁爱思想的具体体现。"子路问君子。子曰：修己以敬。曰：如斯而已乎？曰：修己以安人。曰：如斯而已乎？曰：修己以安百姓。修己以安百姓，尧舜其犹病诸。"⑥

其次，"乐取人以为善"。乐于吸取别人的优点去行善，这样的行善既体现了别人的善，也体现了自己的善，这是"与人为善"的本意，是"舍己从人"的进一步表现，把善集合于众人身上，以此为快乐，这是一种积极主动的乐善精神。所以，舜在行善时不分彼

---

① 杨天宇：《礼记译注》，上海古籍出版社2004年版，第472页。
② 杨伯峻译注：《论语译注》，中华书局2006年版，第43页。
③ 杨伯峻译注：《论语译注》，中华书局2006年版，第85页。
④ 杨伯峻译注：《论语译注》，中华书局2006年版，第3页。
⑤ 杨伯峻译注：《孟子译注》，中华书局2008年版，第46页。
⑥ 杨伯峻译注：《论语译注》，中华书局2006年版，第179页。

此。他从种庄稼、做陶瓦、做渔夫一直到做天子,无一不在吸取别人的优点。他与百姓一起,互相谦让,互相学习,将善行推广到民众之中,很快就形成了和谐的村落、"小镇"和"都市"。舜喜欢向别人请教,能够包涵别人的坏处,宣扬别人的好处,这是典型的"乐取人以为善"的行为。"子曰:舜其大知也与!舜好问而好察迩言,隐恶而扬善,执其两端,用其中于民,其斯以为舜乎!"① "三人行,必有我师焉:择其善者而从之,其不善者而改之。"② 其意思是和人在一起,无论其善与不善,首先要选取别人的优点而学习,看到别人的缺点就要对照自己,有则改之。老子也有类似的道理,认为善人可以作为恶人的师范,恶人可为善人作借鉴:"故善人者,不善人之师;不善人者,善人之资。"③ "乐取人以为善"绝不是盲从别人,而是在分清善恶的基础上,以"四心"、仁义礼智为基础的博爱至善。"善与人同"绝不是凌驾于人之上而故意为之的"小善",而是"舍己从人"、胸怀天下和无私无我的"真善"。孟子说:"以善服人者,未有能服人者也;以善养人,然后能服天下。"④ 从"反躬自省,舍己从人"到"善与人同"是实现人、群良序的基本路径,是"与人为善"的进一步升华。它强调个人在群体中要不断完善自己,而人格的完善需要自省,有了自省意识并主动践行,才能真正懂得与别人一起行善的真谛。在"善与人同"中,仁爱精神无不充斥在个人及群体之中,体现了中华民族的高尚精神和根本大义。

四 民、国良序:"善政待民"

民众和国家的关系是亘古不变的主题。在中国古代,君主是国家的代表,因此,民与国的关系也可以看作民与君的关系,这对关系是

---

① 陈晓芬、徐儒宗译注:《论语 大学 中庸》,中华书局2015年版,第249页。
② 杨伯峻译注:《论语译注》,中华书局2006年版,第82页。
③ 陈默译注:《道德经》,吉林美术出版社2015年版,第81页。
④ 杨伯峻译注:《孟子译注》,中华书局2008年版,第146页。

具有政治意义的社会互动关系。想要国家稳固，百姓安居乐业，实现民、国良序，作为君主就须"善政待民"。"善政待民"的核心是"以民为本"，这是从政治角度讲的"与人为善"。

关于"善政待民"，就连主张无为而治的老子也认为，对待民众最重要的是一视同仁，坚持以"善""信"待之。"圣人无常心，以百姓心为心。善者吾善之，不善者吾亦善之，德善。信者吾信之，不信者吾亦信之，德信。"① 其意思是圣人待民，当以百姓的愿望为自己的愿望，这样才能形成一个诚信的环境、良善的社会。周公旦认为："人，无于水监，当于民监。"② 治民要"先知稼穑之艰难"③，统治者不能贪图安逸享受，一定要勤政为民，只有爱护小民，才能得到上天的佑助，这是中国历史上较早提出的善政思想。

"述而不作，信而好古"④ 的孔子，深受周公的影响并始终以之为楷模，在治国待民的问题上，主张以民为本，以德治国。孔子说："道之以政，齐之以刑，民免而无耻；道以德，齐之以礼，有耻且格。"⑤ 其意思是，如果以德治国，民众就会有廉耻之心，而且人心归服。孔子甚至说："为政以德，譬如北辰居其所而众星拱之。"⑥ 那么，善政待民具体怎么做呢？在孔子看来，主要有两条具体措施。

一是重教化，轻刑法。一个国家的强大离不开庶、富、教三者，而教化是最为重要的内容。孔子说："不教而杀谓之虐。"⑦ 不加教育便杀戮谓之虐政，虐政就不得民心，统治者要引以为戒。《礼记》中"苛政猛于虎"的故事就是孔子反对虐政的具体表现。孔子说："善

---

① 陈默译注：《道德经》，吉林美术出版社2015年版，第145页。
② 王世舜、王翠叶译注：《尚书》，中华书局2012年版，第205页。
③ 王世舜、王翠叶译注：《尚书》，中华书局2012年版，第254页。
④ 杨伯峻译注：《论语译注》，中华书局2006年版，第74页。
⑤ 杨伯峻译注：《论语译注》，中华书局2006年版，第12页。
⑥ 杨伯峻译注：《论语译注》，中华书局2006年版，第11页。
⑦ 杨伯峻译注：《论语译注》，中华书局2006年版，第11页。

人为邦百年，亦可以胜残去杀矣。"① 只要是善人治国，连续一百年就可以消除暴政了。

二是爱惜民力。孔子说："有君子之道四焉：其行己也恭，其事上也敬，其养民也惠，其使民也义。"② 君子之道有四种，其中的两种是对民众施恩惠、役使民众要合理。类似的提法还有："节用而爱人，使民以时。"③ 这都是与民为善的主张。

孟子在孔子的基础上，进一步提出了"民贵君轻"的主张："民为贵，社稷次之，君为轻。"④ 因此，善政待民必须要行仁政，行仁政最重要就是保证民众有一定的"恒产"。"恒产"的标准是："五亩之宅，树之以桑，五十者可以衣帛矣。鸡豚狗彘之畜，无失其时，七十者可以食肉矣。百亩之田，勿夺其时，数口之家可以无饥矣。谨庠序之教，申之以孝悌之义，颁白者不负戴于道路矣。七十者衣帛食肉，黎民不饥不寒，然而不王者，未之有也。"⑤ 这是孟子心目中的理想社会，也是孟子行仁政的具体纲领。当然，孟子认为，行仁政还须减免刑法，减轻赋税，重视农业生产，人人孝悌忠信。若能这样，即使是百里小国，天下百姓也会归顺而王。

主张"性恶论"的荀子，在待民方面，也主张以民为本，善待百姓，荀子说："君者，舟也；庶人者，水也。水则载舟，水则覆舟。"⑥ 荀子还说："轻田野之税，平关市之征，省商贾之数，罕兴力役，无夺农时，如是，则国富矣。夫是之谓以政裕民。"⑦ 所以，君主要把百姓放在心中，要适当减少税收，不违背农时，就能达到"以政裕民"、国富民强的目的。同时，荀子认为发展农业生产是富国的根本，节用是使老百姓富裕起来的重要手段。他说："足国之

---

① 杨伯峻译注：《论语译注》，中华书局2006年版，第154页。
② 杨伯峻译注：《论语译注》，中华书局2006年版，第53页。
③ 杨伯峻译注：《论语译注》，中华书局2006年版，第4页。
④ 杨伯峻译注：《孟子译注》，中华书局2008年版，第258页。
⑤ 杨伯峻译注：《孟子译注》，中华书局2008年版，第4页。
⑥ （清）王先谦：《荀子集解》，中华书局1988年版，第152页。
⑦ （清）王先谦：《荀子集解》，中华书局1988年版，第179页。

道：节用裕民而善臧其余。节用以礼，裕民以政。彼裕民，故多余。裕民则民富，民富则田肥以易，田肥以易则出实百倍。"① 以上这些言论无不是"善政待民"的具体表现。

"善政待民"是实现民、国良序的根本，是儒家仁爱精神在国家治理中的彰显，它呼唤良善政治，强调仁爱待民，无苛政，正如《尚书·五子之歌》所载的："皇祖有训，民可近不可下，民惟邦本，本固邦宁。"② 这体现的是中华民族以民为本的善治精神。

五 "与人为善"的现代价值和社会学意义

"与人为善"的概念早在先秦时就已被提出，表明我国古代思想家们很早就在探究人与人、人与群体、人与社会的关系。"与人为善"的思想体现了以儒家为代表的思想家们高度重视人之本性、个人修养，以及人与人相处、君与民相处应持有的基本态度和方法。"与人为善"对于社群关系的和谐具有非常积极的意义，对国家稳定具有重要价值。

（一）"与人为善"坚信人性本善、重视个人修养

孔子虽然没有直接提出人性善恶问题，但孔子说："性相近也，习相远也。"③ 其意思是人的本性是相近的，但由于习染不同，便逐渐相差悬殊了。孔子在"仁学"和"礼学"中对人与人之间的关系问题进行了诸多阐发，包括爱人、克己、孝悌、忠信、温良恭俭让等重要概念。孔子认为，要通过学习这些美德从而达到为善的目的。他说："不学礼，无以立。"④ 他主张为人要重视个人修养，要自省、克己、见贤思齐、择善而从，要学礼。孟子则直截了当地提出了人性本

---

① （清）王先谦：《荀子集解》，中华书局1988年版，第177页。
② 王世舜、王翠叶译注：《尚书》，中华书局2012年版，第369页。
③ 杨伯峻译注：《论语译注》，中华书局2006年版，第204页。
④ 杨伯峻译注：《论语译注》，中华书局2006年版，第201页。

善的观点，认为性本善不是后天习得的，而是产生于先验的良知、良能。不学习便能做到是良能，不思考就知道是良知，因此，小孩没有不爱他父母的，长大了就会知道尊敬兄长。可见，孟子的性善论基于其认为的人的自然属性及其天生的血缘关系。孟子指出，人性固善，但现实中却不都是善人，反而有许多坏人，这都是由于所处环境的不同及不专心学习之故。因此，孟子指出，要把善发扬光大，以"四心"为本，不断培养和充实人的善心，把仁义施之于人。以性恶论主张著称的荀子认为，人生来就有耳目、声色及求利之欲，如果不约束这些本能之欲，就会导致恶事频发，因此，需要学礼以化恶。

总之，孔子、孟子、荀子都十分强调修身的重要性，孔子的修身强调教化的作用，孟子则认为修身以心性为本，荀子主张化性起伪、改造本性。修身的过程也就是从"生物人"逐渐转变为"社会人"的过程，个体良好的社会化是社会良性运行的基础。在儒家思想体系中，这是一个优良的传统，也是传承至今的美德，在当代社会仍然发挥着重要的作用。

（二）"与人为善"是实现人际和谐、达到国泰民安的重要手段

首先，按照孟子的说法，只要有人存在的地方，就会有人际交往的发生，所以，人际交往须用一定的方法来维护，才能有序和谐。具体而言，有三方面。一是推恩，把仁爱尽量推己及人。"仁者爱人，有礼者敬人。爱人者，人恒爱之；敬人者，人恒敬之。"① 二是讲究礼义廉耻，人际交往中互惠互利，以仁义待人。"为人臣者怀仁义以事其君，为人子者怀仁义以事其父，为人弟者怀仁义以事其兄，是君臣、父子、兄弟去利，怀仁义以相接也，然而不王者，未之有也。"② 三是善与人同，即要重视吸收别人的优点，乐于与别人同甘苦。

其次，从国家层面的角度讲，君与民的和谐关系必须通过善政来维系，只有善政待民，才能国泰民安。按孟子的设想，要："易其田

---

① 杨伯峻译注：《孟子译注》，中华书局2008年版，第152页。
② 杨伯峻译注：《孟子译注》，中华书局2008年版，第217页。

畴,薄其税敛,民可使富也。食之以时,用之以礼,财不可胜用也。民非水火不生活,昏暮叩人之门户求水火,无弗与者,至足矣。圣人治天下,使有菽粟如水火。菽粟如水火,而民焉有不仁者乎?"① 百姓衣食丰足后,皆可成为仁者,"仁者无不爱也"②。如此,人与人就会互相关爱,再加上"谨庠序之教,申之以孝悌之义"③,"壮者以暇日修其孝悌忠信,入以事其父兄,出以事其长上"④,那么,和谐稳定的社会就能形成。

综上所述,"与人为善"是处理人际关系和实现国泰民安的重要手段,体现的是一种良好的社会互动关系,是中华民族传统善观的内显和外展。人们在互动过程中,每个个体被逐渐社会化,个体的人格发展得以不断完善;反过来,这种良好的互动关系有利于形成各种有序的社会群体、稳定的社会结构,最终形成稳固的国家。

---

① 杨伯峻译注:《孟子译注》,中华书局2008年版,第242页。
② 杨伯峻译注:《孟子译注》,中华书局2008年版,第252页。
③ 杨伯峻译注:《孟子译注》,中华书局2008年版,第13页。
④ 杨伯峻译注:《孟子译注》,中华书局2008年版,第8页。

保养万民：先秦儒家的社会福利思想初探[*]

徐珺玉[**]

摘　要　先秦儒家以民本观念为基点，构建了由生民论、保民论、富民论、养民论和教民论组成的"保养万民"社会福利思想体系，成为秦以后历代思想家提出社会福利思想的源头。"生民论"关注百姓生育和生产，"保民论"旨在保障百姓的基本生活，"富民论"强调去贫和藏富于民，"养民论"倡导予百姓以养给和促进百姓全面发展，"教民论"关注百姓的性情养成和德行发展。全面理解"保养万民"社会福利思想，有利于准确把握先秦儒家福利思想的现代意义，有利于构建具有中华民族特色的现代社会福利体系。

关键词　先秦儒家；保养万民；社会福利思想

春秋战国时期，先秦儒家怀抱高度的社会使命感，遵循民本理念，追求利民目标，初步构建了内含生民论、保民论、富民论、养民论、教民论的"保养万民"社会福利思想体系。以今日视角回溯，"保养万民"社会福利思想体系是中华民族传统福利思想的源头，对构建具有中华民族特色的现代社会福利体系具有宝贵的借鉴价值。

---

[*]　文章原载于《山东社会科学》2018年第2期"先秦'显学'的社会福利思想"专栏。

[**]　徐珺玉，1992年生人，云南师范大学法学与社会学学院副教授，博士，主要从事中国社会思想史与社会福利的研究。

一 生民论:"保养万民"的起点

社会福利旨在满足人的需求,人的繁衍是社会福利思想和措施赖以存在的前提。在传统社会中,农业生产的发展是百姓温饱、发展之源。"生民"最早见于《诗经·大雅·生民》——"厥初生民,时维姜嫄,生民如何?克禋克祀,以弗无子"①,作"生育周人"②解。至春秋战国时期,生民论开始与农业生产紧密相连,主张通过发展农业生产创造物质财富,满足百姓的物质需求。生民论内含两个要点:一是鼓励婚育以生民;二是重视农业以生民。

(一) 鼓励婚育以生民

鼓励百姓婚育,促进人口繁衍,是生民论的题中之意。《周礼》中专设媒氏一职,媒氏"掌万民之判。凡男女,自成名以上,皆书年月日名焉。令男三十而娶,女二十而嫁。凡娶判妻入子者,皆书之。中春之月,令会男女"③。媒氏的职责是登记新生婴孩和再嫁妇女、督促适婚男女成婚。媒氏还要"司男女之无夫家者而会之"④,留心超过结婚年龄的大龄未婚青年,督促其抓紧时间成婚。媒氏的设置,旨在鼓励百姓婚育,促进人口繁衍,为农业生产提供充足的劳动力,此乃生民论之第一要义。

(二) 重视农业以生民

"民以食为天",保障百姓温饱是生民论的内在要求。要保障百姓温饱,根本途径是大力发展农业生产。首先,生民是衡量统治者治国理政是否恰当的标准。荀子说:"量地而立国,计利而畜民,度人

---

① 周振甫译注:《诗经译注》,中华书局2010年版,第394页。
② 周振甫译注:《诗经译注》,中华书局2010年版,第394页。
③ 吕友仁、李正辉注译:《周礼》,中州古籍出版社2010年版,第139页。
④ 吕友仁、李正辉注译:《周礼》,中州古籍出版社2010年版,第139页。

力而授事，使民必胜事，事必出利，利足以生民，皆使衣食百用出入相掩，必时臧馀，谓之称数。"① 在荀子看来，统治者治理国家的合法标准（"称数"）是尽力养活百姓、安排劳力工作。有鉴于此，必须大力发展农业生产，增加社会物质财富，养活黎民百姓，满足百姓的物质需求，即"养人之欲，给人之求，使欲必不穷于物，物必不屈于欲"②。其次，官民协作，促进农业生产的发展。荀子指出，百姓应"掩地表亩，刺屮殖谷，多粪肥田"③，官员应"守时力民，进事长，和齐百姓"④，百姓和官员各司其职，共同促进农业生产的发展。最后，以农业为本业，将农业生产的发展视为赋税政策的出发点和落脚点。孔子明确提出"省力役，薄赋敛"⑤。轻税薄敛有助于减轻百姓的负担，提高其农业生产的积极性。孔子还说，"道千乘之国，敬事而信，节用而爱人，使民以时"⑥，主张在农闲时间役使百姓，确保百姓在农忙时能专于农业生产。孟子亦主张对百姓采取薄税政策。孟子说"王如施仁政于民，省刑罚，薄税敛，深耕易耨"⑦，认为实行仁政的王者应该减免刑罚，减轻赋税，保证百姓能够深耕细作。荀子更进一步，主张根据土地的肥力程度区分征税，以减轻百姓的赋税负担，即"相地而衰征"⑧。

先秦儒家提出的生民论沉淀为鼓励婚育、轻徭薄赋、重视劳力的固定内核，为后世儒家所继承。时至今日，工业、服务业蓬勃发展，农业仍然是支撑国民经济建设与发展的基础产业。促进农业发展，保障百姓温饱，始终是社会福利体系的起点。此乃先秦儒家生民论的现代意义。

---

① 方勇、李波译注：《荀子》，中华书局2015年版，第141页。
② 方勇、李波译注：《荀子》，中华书局2015年版，第300页。
③ 方勇、李波译注：《荀子》，中华书局2015年版，第146页。
④ 方勇、李波译注：《荀子》，中华书局2015年版，第146页。
⑤ 杨思贤注译：《孔子家语》，中州古籍出版社2016年版，第116页。
⑥ 杨伯峻译注：《论语译注》，中华书局2015年版，第4页。
⑦ 杨伯峻译注：《孟子译注》，中华书局2012年版，第11页。
⑧ 方勇、李波译注：《荀子》，中华书局2015年版，第124页。

二　保民论:"保养万民"的底线

"保养万民"社会福利思想体系以生民论为起点,以保民论为底线。所谓保民,就是保障百姓的基本生存和基本生活都能够维续。孔子讲"于中国为保民开化之宗"①,强调人的仁爱与社会均平,开先秦儒家保民思想之先河。

(一) 博施济众:保民论的价值理念

《论语》记载:"子贡曰:'如有博施于民而能济众,何如?可谓仁乎?'子曰:'何事于仁!必也圣乎!尧舜其犹病诸!'"② 孔子认为,博施济众是尧舜都难以做到的美德,只有博施济众,才能设身处地关心、扶助他人,才能爱人,才能保民。曾子指出"上恤孤而民不倍"③,要求君王体恤孤弱之人。孟子指出"老吾老,以及人之老;幼吾幼,以及人之幼"④,希望百姓能够推己及人,传播仁爱原则。博施济众为保民论注入"爱人""济众"的福利灵魂,以博施济众为价值理念,先秦儒家提出了旨在保障百姓的基本生存和基本生活的保民论。

(二) 备荒救助:保民论的基本内容

保民,首先要保证百姓的基本生存权。传统社会中,水旱灾害频仍,做好备荒赈灾工作,是保障百姓基本生存权的题中之意。《周礼》提出了完备的备荒赈灾措施。第一,设立"遗人"和"仓人"负责粮食储备工作,遗人备荒,仓人赈济。遗人"掌邦之委积,以待施惠。乡里之委积,以恤民之艰厄;门关之委积,以养老孤;郊里

---

① 章太炎:《太炎文录》(初编),转引自金耀基《中国民本思想史》,法律出版社2008年版,第45页。
② 杨伯峻译注:《论语译注》,中华书局2015年版,第64页。
③ 樊东译注:《大学·中庸译注》,上海三联书店2013年版,第32页。
④ 杨伯峻译注:《孟子译注》,中华书局2012年版,第16页。

之委积，以待宾客；野鄙之委积，以待羁旅；县都之委积，以待凶荒"①，即掌管粮食储备并向需要者施惠。仓人"掌粟入之藏。辨九谷之物，以待邦用。若谷不足，则止余法用；有余，则藏之，以待凶而颁之"②，即掌管各种谷物的储藏并根据具体情况调节谷物的使用，如果谷物不够使用，就减少带有福利性质的谷物使用，如果谷物有余，就储藏起来以备荒年之用。第二，明确详细的灾后救济措施。"以荒政十有二聚万民：一曰散利，二曰薄征，三曰缓刑，四曰驰力，五曰舍禁，六曰去畿，七曰眚礼，八曰杀哀，九曰蕃乐，十曰多昏，十有一曰索鬼神，十有二曰除盗贼。"③ 共有十二种措施用于灾后救济工作，分别是贷给百姓种子和粮食；减轻租税；宽大处理犯罪者；停止征调徭役；解除山泽禁令方便百姓觅食；取消市场盘查；简化吉礼和嘉礼的礼仪；简化丧礼和葬礼的礼仪；收藏乐器；鼓励适龄男女婚嫁；检查是否漏掉应该祭祀的鬼神；严惩盗贼。"散利"属于直接的救灾措施，其余十一项措施则有助于促进灾后恢复和灾后重建工作。"荒政十二"是一套完备的赈灾和灾后重建措施，值得后世师法。

保民，还要保障百姓基本生活的维续。鳏寡孤独等社会弱势群体自古以来就是社会福利关注的重点对象，对其进行帮助，缓解其生活困难，是保民论的重要内容。第一，明确救助对象。孔子说"矜寡孤独废疾者，皆有所养"④，孟子说"老而无妻曰鳏，老而无夫曰寡，老而无子曰独，幼而无父曰孤。此四者，天下之穷民而无告者"⑤，均将鳏寡孤独群体确定为社会救助的对象。荀子说："政令制度，所以接天下之人百姓，有不理者如豪末，则虽孤独鳏寡必不加焉。"⑥ 他强调哪怕是像毫毛末端一样微小的不合理制度，都不能施加给孤独

---

① 吕友仁、李正辉注译：《周礼》，中州古籍出版社2010年版，第133页。
② 吕友仁、李正辉注译：《周礼》，中州古籍出版社2010年版，第170页。
③ 吕友仁、李正辉注译：《周礼》，中州古籍出版社2010年版，第104页。
④ 杨天宇：《礼记译注》，上海古籍出版社2016年版，第332页。
⑤ 杨伯峻译注：《孟子译注》，中华书局2012年版，第37页。
⑥ 方勇、李波译注：《荀子》，中华书局2015年版，第179页。

鳏寡群体，亦体现了对矜寡孤独群体的关爱。《礼记》对孤、独、矜、寡等弱势群体加以明确界定——"少而无父者谓之孤，老而无子者谓之独，老而无妻者谓之矜，老而无夫者谓之寡"①，要对这四类群体进行粮食救济，即"此四者，天民之穷而无告者也，皆有常饩"②。第二，明确官府在救助事宜中的主体地位。孔子说"有鳏、寡、孤、疾，有军旅之出则征之，无则已"③，主张官府在徭役问题上要对鳏寡孤独群体实施特惠，对不能从事徭役者免于征用。荀子说"五疾，上收而养之，材而事之，官施而衣食之，兼覆无遗"④，要求国家收养五种残疾人（哑、聋、瘸、断臂、侏儒）。荀子还主张官府在赋役问题上对年老废疾者施以特殊恩惠——"八十者一子不事，九十者举家不事，废疾非人不养者，一人不事"⑤，即年满八十者可以有一个儿子不服役，年满九十者可以全家不服役，残疾人家中可以有一人不服役。《周礼》中设置许多主管救助事务的官员，如小司徒"以辨其贵贱、老幼、废疾，凡征役之施舍与其祭祀、饮食、丧纪之禁令"⑥，负责免除老幼废疾者的徭役；乡师"以岁时巡国及野，而赒万民之艰厄，以王命施惠"⑦，负责周济饥饿者和困乏者。《周礼》还提出许多对弱势群体的优惠政策。如司刺掌三赦之法，"壹赦曰幼弱，再赦曰老旄，三赦曰蠢愚"⑧。凡七岁以下的幼童、七十岁以上的老人和蠢愚者犯罪，不予追究法律责任。又如"凡有爵者与七十者与未龀者，皆不为奴"⑨，允许七十岁以上的老者和尚未换牙的幼童不没为奴。第三，渗透互济互助理念。孟子说："死徙无出乡，乡

---

① 杨天宇：《礼记译注》，上海古籍出版社2016年版，第210页。
② 杨天宇：《礼记译注》，上海古籍出版社2016年版，第210页。
③ 汪济民、仲坤等译：《国语译注》，百花洲文艺出版社1992年版，第127页。
④ 方勇、李波译注：《荀子》，中华书局2015年版，第114页。
⑤ 方勇、李波译注：《荀子》，中华书局2015年版，第448页。
⑥ 吕友仁、李正辉注译：《周礼》，中州古籍出版社2010年版，第112页。
⑦ 吕友仁、李正辉注译：《周礼》，中州古籍出版社2010年版，第116页。
⑧ 吕友仁、李正辉注译：《周礼》，中州古籍出版社2010年版，第325页。
⑨ 吕友仁、李正辉注译：《周礼》，中州古籍出版社2010年版，第328页。

田无井,出入相友,守望相助,疾病相扶持,则百姓亲睦。"① 在孟子看来,井田制下的以宗族为纽带的宗族组织应该承担起互相救助的重任,保证百姓埋葬、搬迁都不离开本乡本土,各家各户平日互相友爱,防御盗贼,照顾疾患。《周礼》发展了孟子的互助理念,"令五家为比,使之相保;五比为闾,使之相受;五闾为族,使之相葬;五族为党,使之相救;五党为州,使之相赒;五州为乡,使之相宾"②。社会互助方式以先秦时期的社会管理方式(自下而上分别设立比、闾、族、党、州、乡)为基础,相近于今日之社区和宗族,实质上是一种社区互助和宗族互助。《礼记》载"瘖、聋、跛、躃、断者、侏儒,百工各以其器食之"③,要求百工各以其技能供养残疾人群体,亦体现了互济互助的救助思想。

无论是备荒赈灾,还是救助鳏寡孤独,保民论实质上是对出于各种原因而陷入生存困境的百姓给予财物接济和生活扶助,以缓解其生活困难,保障其基本生活得以正常维持。保民论的价值理念与实践措施均与现代社会的社会救助遥相呼应,是具有中国特色的传统社会救助理念和方法。

三 富民论:"保养万民"的内在要求

"保养万民"不止步于对百姓的财物接济和生活扶助,还希望使百姓享受到社会发展的物质利益,此乃富民论。富民论主要包括去贫思想和藏富于民思想,去贫和藏富于民是紧密相扣的两环,去贫是藏富于民的基础,藏富于民是去贫的归宿。

一是致力去贫。孔子说:"有国有家者,不患寡而患不均,不患贫而患不安。盖均无贫,和无寡,安无倾。"④ 胡寄窗使用阶级分析

---

① 杨伯峻译注:《孟子译注》,中华书局2012年版,第126页。
② 吕友仁、李正辉注译:《周礼》,中州古籍出版社2010年版,第104页。
③ 杨天宇:《礼记译注》,上海古籍出版社2016年版,第210页。
④ 杨伯峻译注:《论语译注》,中华书局2015年版,第170页。

的方法,指出:"所谓'均无贫',绝不是在各阶级之间进行财富的强制平均分配,而是着眼在被剥削阶级,是使这个阶级内部各个集团各个成员的财富分配彼此相近,也不让他们的财富分配彼此不均。这样,人人皆贫即无所谓贫,也就不至于因贫富之不齐而不安,由不安而产生变乱。"① 陈正炎、林其锬认为,"贫与不均指的系财富占有问题,寡与不安指的是农业劳动力数量及其与各个统治集团的关系问题"②。孔子的"均无贫"不是均贫富,而是一种去贫理念——将贫困视为社会需要解决的问题,引导统治者加以重视,通过均衡不同社会阶层的财富而使社会"无贫"。

二是藏富于民。孔子说"政之急者,莫大乎使民富且寿也"③,指出治国理政之要在于能使百姓富裕且长寿。荀子亦主张藏富于民。首先,节用藏余。荀子说"足国之道,节用裕民而善臧其余"④,认为国富的真正体现是藏富于民而非藏富于国,而藏富于民的核心"在于统治者对百姓是索取,还是给予的问题"⑤。其次,以政裕民。富民是政府的职责,政府应制定并实施裕民政策,如"轻田野之税,平关市之征,省商贾之数,罕兴力役,无夺农时"⑥,促进百姓致富。荀子还关注到了商品的流通,主张"理道之远近而致贡,通流财物粟米,无有滞留,使相归移也"⑦,保证财物粮食的顺畅流通,保证各地互通有无,使百姓享受到更多的物质利益。最后,开源节流。荀子说:"明主必谨养其和,节其流,开其源,而时斟酌焉,潢然使天下必有余而上不忧不足。如是则上下俱富。"⑧ 也就是说,贤明的君主应该节制财富之支流,开发财富之源泉,方能使百姓的财富源源

---

① 胡寄窗:《中国经济思想史》,上海财经大学出版社1998年版,第92页。
② 陈正炎、林其锬:《中国古代大同思想研究》,上海人民出版社1986年版,第27页。
③ 杨思贤注译:《孔子家语》,中州古籍出版社2016年版,第116页。
④ 方勇、李波译注:《荀子》,中华书局2015年版,第140页。
⑤ 王志跃:《利足以生民》,《竞争力》2008年第10期。
⑥ 方勇、李波译注:《荀子》,中华书局2015年版,第141页。
⑦ 方勇、李波译注:《荀子》,中华书局2015年版,第124页。
⑧ 方勇、李波译注:《荀子》,中华书局2015年版,第156页。

不断。

回望历史，先秦儒家早在2000多年前就注意到了富民的重要性。根植于中华民族文化血脉里的富民思想引导着后世的统治者和思想家不仅要关注国家或政府的强大，更要切实关注百姓的贫富与发展。社会主义制度的优越性集中体现在广大人民群众能够共享改革发展成果，构建具有中华民族特色的现代社会福利体系，需要吸取富民论的精华，坚持共享发展，才能增进社会福利，才能增进人民福祉。

四 养民论："保养万民"的核心

所谓养民，就是予百姓以养给，在保证百姓的基本生存和生活之外，促进百姓的全面发展。养民论包括孝养尊长、分而医治、男分女归、便民福利和丧葬保障。

（一）孝养尊长

传统社会中没有社会养老保险制度，家庭养老是最普遍、最基本的养老模式。鉴于此，孝养尊长尤为重要。《论语》记载："子路曰：'愿闻子之志。'子曰：'老者安之，朋友信之，少者怀之。'"[①] 老人得享安逸，儿童得享关怀，是孔子的志向。自孔子始，孝养尊长思想被先秦儒家不断丰富发展。

一是丰富"孝"的内涵。"今之孝者，是谓能养。至于犬马，皆能有养；不敬，何以别乎？"[②] 孝道不仅是能够养活父母，还应敬重父母。首先，要养父母。"君子生则敬养，死则敬享，思终生弗辱也。"[③] 养父母既包括父母在世时尽心赡养，也包括父母去世后恭敬祭祀。其次，要敬父母。"为人子者，居不主奥，坐不中席，行不中道，立不中门，食飨不为概，祭祀不为尸，听于无声，视于无形，不

---

① 杨伯峻译注：《论语译注》，中华书局2015年版，第51页。
② 杨伯峻译注：《论语译注》，中华书局2015年版，第14页。
③ 杨天宇：《礼记译注》，上海古籍出版社2016年版，第754页。

登高，不临深，不苟訾，不苟笑。孝子不服暗，不登危，惧辱亲也。"① 为人子者应该对父母彬彬有礼，并严格规范自己的言行以免辱没父母的声名。最后，要悦父母。"从命不忿，微谏不倦，劳而不怨"②，即子女应该顾及父母的心理感受，要遵从父母命令而不心怀气忿，要耐心劝解父母而不心生厌倦，要尽心侍奉父母而不心有埋怨。

二是拓展"孝"的外延。尊长和尊老是"孝"的社会性外延，是将家庭之孝道推广于社会的重要途径。先秦儒家提倡尊长和尊老，如"谋于长者，必操几杖以从之。长者问，不辞让而对，非礼也"③；"从长者而上丘陵，则必向长者所视"④；"侍坐于长者，屦不上于堂，解屦不敢当阶"⑤；"侍饮于长者，酒进则起，拜受于尊所。长者辞，少者反席而饮。长者举未釂，少者不敢饮"⑥；"乡饮酒之礼，六十者坐，五十者立侍以听政役，所以明尊长也。六十者三豆，七十者四豆，八十者五豆，九十者六豆，所以明养老也"⑦。在日常礼仪中渗透尊老尊长思想，通过奉行礼仪表示对老人的尊养，是对孝道的强化和加固，有利于在全社会营造孝顺父母、尊老尊长的和谐氛围。

三是建立养老制度。《礼记》将尊老养老上升到国家制度的层面。其一奉行养老礼。"五十养于乡，六十养于国，七十养于学。"⑧年满五十者在乡中行养老礼，年满六十者在国都行养老礼，年满七十者在大学行养老礼。其二实行几杖制度。"养衰老，授几杖，行糜粥

---

① 杨天宇：《礼记译注》，上海古籍出版社2016年版，第7页。
② 杨天宇：《礼记译注》，上海古籍出版社2016年版，第834页。
③ 杨天宇：《礼记译注》，上海古籍出版社2016年版，第5页。
④ 杨天宇：《礼记译注》，上海古籍出版社2016年版，第9页。
⑤ 杨天宇：《礼记译注》，上海古籍出版社2016年版，第16页。
⑥ 杨天宇：《礼记译注》，上海古籍出版社2016年版，第23页。
⑦ 杨天宇：《礼记译注》，上海古籍出版社2016年版，第1003页。
⑧ 杨天宇：《礼记译注》，上海古籍出版社2016年版，第206页。

饮食。"① 授予老人几杖②，并赐予其饮食。其三全面保障老年人的日常生活。"五十异粻，六十宿肉，七十贰膳，八十常珍，九十饮食不离寝，膳饮从于游可也。六十岁制，七十时制，八十月制，九十日修，唯绞、紟、衾、冒，死而后制。五十始衰，六十非肉不饱，七十非帛不暖，八十非人不暖，九十虽得人不暖矣。五十杖于家，六十杖于乡，七十杖于国，八十杖于朝。九十者，天子欲有问焉，则就其室，以珍从。七十不俟朝，八十月告存，九十日有秩。五十不从力政，六十不与服戎，七十不与宾客之事，八十齐衰之事弗及也。"③其囊括了老年人的衣、食、行、丧、赋役等日常事务，是先秦儒家关于养老制度的集大成论述。

孝养尊长论的福利意义至少体现在两个方面。第一，孝养尊长论以孝道思想为基础，自下而上囊括日常礼仪、家庭生活、国家制度三个层面，既注意在社会中培育尊老养老的民风民德，又强调子女在家庭养老中的重要性，同时在国家层面为老年人提供全面的福利保障，是系统全面的养老工程。第二，我国社会已进入老龄化社会，养老问题因人口结构变化而备受重视，但尚未出现针对不同年龄的老人的不同优惠政策。先秦儒家能够根据老人年龄的不同而制定不同的养老标准，可谓标准明确、体制完美，堪称现代社会养老保障的范本。

（二）分而医治

《周礼》设有"医师""疾医""疡医"三种官职，体现了对百姓身体健康的关注。医师"掌医之政令，聚毒药以共医事。凡邦之有疾病者、有疕疡者造焉，则使医分而治之。岁终，则稽其医事以制其食：十全为上，十失一次之，十失二次之，十失三次之，十失四为下"④。医师的职责包括掌握医疗方面的政令、采集药材、治疗国内

---

① 杨天宇：《礼记译注》，上海古籍出版社2016年版，第254页。
② 几杖是国家授予老年人的一种身份象征，持杖老人如持节之使者，可以享受国家规定的一些老年特权。
③ 杨天宇：《礼记译注》，上海古籍出版社2016年版，第207页。
④ 吕友仁、李正辉注译：《周礼》，中州古籍出版社2010年版，第59页。

有疾病者以及头上长疮者;对医师的考核制度是按照治愈率区分为上等(治愈率为百分之百)、二等(治愈率为百分之九十)、三等(治愈率为百分之八十)、四等(治愈率为百分之七十)和下等(治愈率为百分之六十)。疾医"掌养万民之疾病。四时皆有疠疾:春时有痟首疾,夏时有痒疥疾,秋时有疟寒疾,冬时有嗽、上气疾。以五味、五谷、五药养其病,以五气、五声、五色视其死生。两之以九窍之变,参之以九藏之动。凡民之有疾病者,分而治之。死终,则各书其所以,而入于医师"①。疾医的职责是治疗百姓的内科疾病,对于未能治愈而死亡的病人,要逐个记录死亡原因。疡医"掌肿疡、溃疡、金疡、折疡之祝药刮杀之齐。凡疗疡,以五毒攻之,以五气养之,以五药疗之,以五味节之。凡药,以酸养骨,以辛养筋,以咸养脉,以苦养气,以甘养肉,以滑养窍。凡有疡者,受其药焉"②。其职责是治疗各种外伤病人。

医疗保障论的福利意义至少体现在三个方面。第一,这是先秦儒家首次对于医疗问题进行较为系统的论述。先秦儒家的福利思想大多关涉社会教化、社会救助、尊老养老等内容,鲜少提及百姓的医疗问题,而医师、疾医、疡医三种官职的设置,体现了先秦儒家对于百姓医疗问题的关注,丰富了养民论的内容,引导后来人不断丰富养民内涵。第二,这是国家制度层面首次对于医疗官职进行较为全面的设定。医师、疾医、疡医三种官职的设置,体现了政府对医疗问题的关注,表明了政府倡导医疗保障的态度。第三,这是传统社会中首次对医疗事务进行较为完整的界定。医师掌管医疗方面的政令,类似今日的药监机构;疾医负责内科病人的诊治;疡医负责外科病人的诊治。药监、内科、外科三者齐备,形成古代医学体系的雏形。

---

① 吕友仁、李正辉注译:《周礼》,中州古籍出版社2010年版,第61页。
② 吕友仁、李正辉注译:《周礼》,中州古籍出版社2010年版,第62页。

（三）男分女归

孔子指出，"壮有所用"①、"男有分，女有归"②，希望百姓都有自己的职业，能够各尽其才、各有所归。男分女归的实质是保证青壮年劳动人口都有业可做，是传统社会中就业保障的雏形。虽然内容不够详尽，但男分女归的就业保障理念仍不失为养民论的一个创见。

（四）便民福利

《周礼》中提及许多便利于百姓日常生活的福利。如"凡国野之道，十里有庐，庐有饮食；三十里有宿，宿有路室，路室有委；五十里有市，市有候馆，候馆有积。凡委积之事，巡而比之，以时颁之"③。即路旁每隔十里设置可以打尖的草棚，并供应饮食；每隔三十里设置可以过夜的客舍，并供应饮食；每隔五十里设置一个集市，集市上有宾馆，宾馆供应饮食；遗人负责巡视上述所有地方，如果用以供应的储备粮食不足，立即补足。此项福利措施专为出游者设置，是国家为百姓提供的旨在增进百姓福祉的便民福利。又如《周礼》设置"调人"一职，规定调人"掌司万民之难而谐和之"④。调人的职责是调解百姓的纠纷，以和谐百姓之间的人际关系。又如《周礼》设置"泉府"一职，"掌以市之征布敛市之不售货之滞于民用者，以其贾买之，物楬而书之，以待不时而买者"⑤。"泉府"掌管从市场上征收的税收，用以购买市场上百姓不急用的滞销货物，原价收购后贴上标签，以待急用者前来购买。这是官府的物价调控措施，借此减少商人的损失，属于便民福利。

---

① 杨天宇：《礼记译注》，上海古籍出版社 2016 年版，第 332 页。
② 杨天宇：《礼记译注》，上海古籍出版社 2016 年版，第 332 页。
③ 吕友仁、李正辉注译：《周礼》，中州古籍出版社 2010 年版，第 133 页。
④ 吕友仁、李正辉注译：《周礼》，中州古籍出版社 2010 年版，第 138 页。
⑤ 吕友仁、李正辉注译：《周礼》，中州古籍出版社 2010 年版，第 137 页。

（五）丧葬保障

《尚书》首次提出"五福"概念："一曰寿，二曰富，三曰康宁，四曰攸好德，五曰考终命。"① 所谓"考终命"，就是希望百姓能够善终。"大顺者，所以养生送死"②，百姓不仅希望生能安康，也希望死得善终，丧葬保障是尊重人的生命价值的体现。

《周礼》设"蜡人"一职，首创丧葬保障。蜡人"掌除骴"③，负责掩埋无主的腐尸烂骨，"若有死于道路者，则令埋而置楬焉，书其日月焉，县其衣服、任器于有地之官，以待其人"④。蜡人负责掩埋死于道路者，并在掩埋处竖立标记有年月日的标牌，将死者的衣服、用器悬挂在当地官员的办公处，以待死者家属前来认领。"考终命"（善终）之福因此得到制度保障，既是对百姓信奉的"入土为安"的观念的重视，又是对中华民族传统社会福利思想的拓展充实。

五 教民论："保养万民"的升华

教民论关注百姓的性情养成和德行发展，有利于形塑和谐道德的社会氛围，是"保养万民"社会福利思想体系的升华。孟子说："善政不如善教之得民也。善政，民畏之；善教，民爱之。"⑤ 百姓对善教的心态是"爱"，对善政的心态则是"畏"，两者相形，高下立判。围绕"善教"，先秦儒家提出一系列颇有价值的教民主张。

一是倡导有教无类的教育原则。孔子主张"有教无类"⑥，强调百姓享有均等的受教育机会，不存在贵贱、贤愚、地域等的差别。有教无类的教育原则打破了西周以来教育的等级界限，使教育能够惠于

---

① 王世舜、王翠叶译注：《尚书译注》，中华书局2012年版，第157页。
② 杨天宇：《礼记译注》，上海古籍出版社2016年版，第351页。
③ 吕友仁、李正辉注译：《周礼》，中州古籍出版社2010年版，第336页。
④ 吕友仁、李正辉注译：《周礼》，中州古籍出版社2010年版，第336页。
⑤ 杨伯峻译注：《孟子译注》，中华书局2012年版，第337页。
⑥ 杨伯峻译注：《论语译注》，中华书局2015年版，第168页。

百姓,有利于提升百姓的文化素养,是百姓衣食足用之外的精神福利。

二是奉行因材施教的教育方法。所谓因材施教,既要依据学生不同的智力水平传授不同的教育内容,还要依据学生不同的性格特点采取不同的教育方法。例如,冉求做事容易退缩,子路平日敢于作为,对于同一个问题"闻斯行诸",孔子给出了不同的答案,鼓励冉求却压制子路。

三是坚持先富后教的教育程序。《论语》记载:"曰:'既富矣,又何加焉?'曰:'教之。'"① 先富后教的思想拓宽了社会福利的内涵,明言社会福利兼有物质层面的衣食无忧和精神层面的文化教育,具有朴素唯物主义的倾向:对百姓进行教育的前提是百姓物质生活的富足,是上层建筑建基于物质基础的现实表达。

四是构建仁义孝悌的教育框架。孔子说,"不学诗,无以言","不学礼,无以立"②,认为《诗》《礼》是百姓立足社会的根据,应该认真学习。孟子将仁义孝悌作为教育的基本内容,希望百姓能够习得在家庭和社会中的立身之道,是兼顾家庭教育和社会教育的体现。荀子说"始乎诵经,终乎读礼"③,主张学习的内容以经、礼为主。《礼记》载"乐正崇四术,立四教,顺先王《诗》《书》《礼》《乐》以造士"④,即学校设置四门课程,依照《诗》《书》《礼》《乐》四书来培养人才。

五是取法三代的教育设置。孟子说:"设为庠序学校以教之。庠者,养也;校者,教也;序者,射也。夏曰校,殷曰序,周曰庠。"⑤"庠"乃教养之意,"校"乃教导之意,"序"乃陈列实物以便实施教育之意,统治者应该取法三代,兴办学校以教育百姓。荀子说

---

① 杨伯峻译注:《论语译注》,中华书局2015年版,第135页。
② 杨伯峻译注:《论语译注》,中华书局2015年版,第176页。
③ 方勇、李波译注:《荀子》,中华书局2015年版,第7页。
④ 杨天宇:《礼记译注》,上海古籍出版社2016年版,第200页。
⑤ 杨伯峻译注:《孟子译注》,中华书局2012年版,第125页。

"立大学，设庠序，修六礼，明十教，所以道之也"①，主张仿照三代设立学校，明确礼仪伦理，借以教导百姓。《礼记》进行总结——"古之教者，家有塾，党有庠，术有序，国有学。比年入学，中年考校。一年视离经辨志，三年视敬业乐群，五年视博习亲师，七年视论学取友，谓之小成。九年知类通达，强立而不反，谓之大成"②，规定家、党、术、国中逐级设立学校供百姓学习，入学学习的人隔年考试一次，根据入学年限的不同考察不同的能力。

六是设置官职专司教育。《周礼》中许多官职的设置体现了教民思想。如大司乐"掌成均之法，以治建国之学政，而合国之子弟焉。凡有道者、有德者，使教焉"③，小司徒"掌建邦之教法"④，乡师"掌其所治乡之教而听其治"⑤，乡大夫"掌其乡之政教禁令"⑥，州长"掌其州之教治政令之法"⑦，党正"掌其党之政令教治"⑧，族师"掌其族之戒令政事"⑨，等等。这一系列官员的设置都是为了更好地对百姓实施教化。

综上所述，"保养万民"社会福利思想体系最终指向一个共同目标——利民，进而流贯中国历史2000余年，经过历代思想家的发展演进，沉淀为中华民族传统福利文化的重要组成部分。时至今日，"保养万民"仍是中华民族构建现代社会福利体系的思想源泉和理念基础。2017年10月，习近平总书记在中国共产党第十九次全国代表大会报告中强调要"坚持在发展中保障和改善民生"，提出要"在幼有所育、学有所教、劳有所得、病有所医、老有所养、住有所居、弱

---

① 方勇、李波译注：《荀子》，中华书局2015年版，第446页。
② 杨天宇：《礼记译注》，上海古籍出版社2016年版，第570页。
③ 吕友仁、李正辉注译：《周礼》，中州古籍出版社2010年版，第206页。
④ 吕友仁、李正辉注译：《周礼》，中州古籍出版社2010年版，第112页。
⑤ 吕友仁、李正辉注译：《周礼》，中州古籍出版社2010年版，第116页。
⑥ 吕友仁、李正辉注译：《周礼》，中州古籍出版社2010年版，第118页。
⑦ 吕友仁、李正辉注译：《周礼》，中州古籍出版社2010年版，第121页。
⑧ 吕友仁、李正辉注译：《周礼》，中州古籍出版社2010年版，第122页。
⑨ 吕友仁、李正辉注译：《周礼》，中州古籍出版社2010年版，第123页。

有所扶上不断取得新进展"。① 从"保养万民"到"实现七有",二者之间具有内在的文化亲和性;在某种意义上可以说,"民生七有"论就是当代版的"保养万民"论。

---

① 《习近平:决胜全面建成小康社会 夺取新时代中国特色社会主义伟大胜利——在中国共产党第十九次全国代表大会上的报告》,中华人民共和国中央人民政府网,https://www.gov.cn/zhuanti/19thcpc/baogao.htm,2017-10-27。

秦汉群学制度化的研究主题、客观原则和叙事方式[*]

刘少杰[**]

摘 要 荀子开创的群学至秦汉时期转变为朝廷认可的执政理念，演化成教化官民、导引社会的意识形态的重要内容。秦汉群学对朝廷制度、君臣父子、街坊邻里、社交礼仪和婚丧嫁娶等社会制度开展了深入研究和论述，表明秦汉群学已经明确以社会制度作为自己的研究主题。在《吕氏春秋》、《春秋繁露》、《史记》和《汉书》等典籍中可以发现，秦汉群学关于社会制度的论述坚持了客观性原则和史论结合的叙事方式。虽然秦汉群学的话语体系与西方社会学有很大区别，但在以社会制度作为学术研究的基本对象、坚持客观性原则和以社会事实或历史事实为根据著述立论等方面，具有很多相似之处。这充分说明，中西社会学不仅具有各自的特色，而且存在许多本质联系或共同之处。

关键词 群学；秦汉；制度研究；客观原则；史论结合

在秦灭六国而统一天下、中央集权制建立与强化的政治背景下，荀子开创的群学逐渐发生了由知识型向实践型的转变。群学从劝人修身、立德和论述"强国""富国""王制""王霸"之道的精英言论，至西汉转变为朝廷认可的执政理念，成为教化官民、导引社会的国家

---

[*] 文章原载于《天津社会科学》2021 年第 5 期"社会学理论与方法研究"专栏。

[**] 刘少杰，1953 年生人，安徽大学讲席教授，中国人民大学社会学理论与方法研究中心教授，主要从事当代中国社会的制度结构、意识形态和行为方式变迁、当代国外社会学理论的新流派、新经济社会学的理论与实践研究。

意识形态的重要内容。群学由此实现了向正式制度和非正式制度两个层面的制度化发展，并进一步实现了研究社会、化育人生的学术价值。明确揭示秦汉群学制度化的研究主题、客观原则和叙事方式，是在不同于西方社会学的话语体系中清楚认识中国古典社会学本质特征和理论实质的前提。

一 以制度为研究主题的秦汉群学

秦汉群学制度化，一方面表现为群学开始了广泛的社会制度研究，阐发了涉及朝廷官府、君臣父子、街坊邻里、社交礼仪和婚丧嫁娶等各层面社会生活的制度规范，制度不仅成为群学论述的基本对象，而且也构成了群学思想的主要内容；另一方面则表现为群学的很多思想观点被认定为国家意识形态的构成内容，特别是经过罢黜百家、独尊儒术，群学在思想意识领域中的地位得到进一步提升和巩固。修身立命、孝悌忠信、礼义廉耻、王霸王制等思想观点不仅由此而直接转化为各种规章制度，并且在各种形式的持续教化中同百姓的风俗习惯深度融合，成为更加稳定的、影响更加广泛和深入的非正式制度。

秦汉群学制度化充分展现了群学思想理论的社会学特点，或者说，秦汉群学以制度为对象的研究，有力地证明了群学正是中国古典社会学。把社会学规定为关于制度的科学，是晚于秦汉群学2000多年的实证社会学所认定的。实证社会学的奠基人迪尔凯姆（又译爱弥尔·涂尔干、埃米尔·涂尔干）在论述社会学的学科性质时指出："有一个词只要把它的含义稍微扩大，就可以确切表达这个极其特殊的存在方式（社会事实），这就是'institution'（制度）一词。实际上，我们可以不曲解这个词的原意，而把一切由集体所确定的信仰和行为方式称为'institution'。这样就可以把社会学界定为关于制度及其产生与功能的科学。"[①]

[①] ［法］E. 迪尔凯姆：《社会学方法的准则》，狄玉明译，商务印书馆1995年版，第19页。

在迪尔凯姆看来，制度即社会事实，也就是社会学的研究对象。"这类事实是由存在于个人之身外，但又具有使个人不能不服从的强制力的行为方式、思维方式和感觉方式所构成。因此，不能把它们与有机体现象混为一谈，因为有机体现象由表象和动作构成；也不能把它们与仅仅存在于个人意识之中并依靠个人意识而存在的心理现象混为一谈。这样，它们就构成一个新种，只能用'社会的'一词来修饰它，即可名之为社会事实。"① 迪尔凯姆关于制度的本质特点、社会作用和表现形式的这些论述，同秦汉群学关于各种制度的阐述基本上是一致的。

迪尔凯姆关于社会学的研究对象或学科性质的界定，已经成为中外主流社会学的基本共识。如果按照迪尔凯姆的观点去理解秦汉群学，不仅可以看到秦汉群学制度化研究的重要意义，而且可以更加清楚地认识其学术体系的社会学性质，进而更明确地看到群学话语体系的社会学特点。事实上，秦汉群学中阐述的大量概念或命题，就是迪尔凯姆所指的社会事实，也就是所谓的规定着群体生活的行为方式、生活方式和思维方式，而这些可以看作各种"方式"样式或模式的，就是作为行为规则、行为模式、生活习惯、社会习俗和思维模式的社会制度。而关于这些制度的论述则是群学文献的主要内容。

秦汉群学中关于制度的论述内容十分丰富，涉及个人、群体、社区、阶层、民族、君臣、夫妇、父子、朝廷、邦交、法律、风俗、惯例、思想信念和意识形态等各种社会现象，表明中国古典群学对社会结构观察深入细致，对社会关系分理清楚明确，对行为规范设计具体周全，对治国理政研究深思熟虑，充分体现了群学为规范社会生活、稳定社会秩序而做出的努力。

对制度做出如此系统而广泛的研究，是秦汉群学把制度同社会行动的规范统一起来的直接表现。秦汉群学不是单纯注重制度条文及其逻辑关系的概括与推演，而是强调制度的实践作用。事实上，西方社

---

① [法] E. 迪尔凯姆：《社会学方法的准则》，狄玉明译，商务印书馆1995年版，第25页。

会学也高度重视制度规范社会行动的实践性问题。当迪尔凯姆做出社会学是关于制度的科学这一论断时,韦伯则强调社会行动作为社会学研究对象的重要性。应当指出,韦伯并非反对研究制度,而是强调制度研究不能脱离社会行动。因为,制度只有起到了规范社会行动的作用,才有其现实意义;离开了对行动的规范,制度就变成了一纸空文,或是成为脱离实际的说教。概而言之,群学关于制度的研究紧密地把制度与行动结合起来,凸显了中国社会学注重实践的特点。

秦汉群学制度化研究的核心目标是对社会秩序的追求。秦王朝建立了权力高度集中的君主专制制度。而汉承秦制,君主专制的中央集权制度得到进一步强化,国家的统一控制得到有力巩固。"统一的时代需要统一的学术思想,先秦时期诸子学术各是其是、各非其非的局面必须终止,秦汉时期的学者和政治家们为此做出了艰苦的探索,寻找适合变化了的社会政治格局的学术形态。"① 秦汉学术对社会政治格局的关切,在群学的制度化研究中则表现为对社会秩序的深入思考与强烈追求。

社会秩序是社会学的基本追求。在孔德提出创立实证社会学的主张时,他指出进步与秩序是社会学的两个基本追求,并且认为就秩序与进步的关系而言,秩序是进步的前提条件,没有秩序的进步不能持续下去,只有在秩序中赢得的进步才是健康有益的,因此,社会学应当努力追求社会秩序,在秩序与进步的平衡关系中促进社会的发展。"新哲学认为,秩序向来是进步的基本条件,而反过来,进步则成为秩序的必然目标。正如在动物力学中那样,平衡与前进,作为基础或作为目标,彼此不可或缺。"②

虽然秦汉群学与实证社会学相距2000多年,但二者在创建之初却有基本相似的社会背景。秦灭六国,建立了中央集权专制,但长期

---

① 周桂钿、李祥俊:《中国学术通史(秦汉卷)》,人民出版社2004年版,第2页。
② [法]奥古斯特·孔德:《论实证精神》,黄建华译,商务印书馆1996年版,第40页。

战乱的遗患不能被轻易消除，各种社会矛盾给秦王朝政治社会秩序带来严重冲击。在思想文化领域，战国以来各持己见的学术思想同秦王朝的帝国专制发生了尖锐冲突，以致发生"焚书坑儒"的历史事件。这种动荡不安的社会状态，对群学提出了如何稳定社会秩序、保证社会平稳运行的严峻课题。

19 世纪中叶，孔德提出建立实证社会学时，也是一个社会剧烈动荡的历史时期。不仅资产阶级内部冲突激烈，政权不断更迭，而且无产阶级斗争在法国及欧洲各国风起云涌。同时，各种资产阶级社会政治学说之间相互冲突，形形色色的社会主义思潮也相互否定。整个欧洲社会在思想文化和现实生活的各领域都呈现紊乱无序的状态。实证社会学急切希望帮助资产阶级化解社会矛盾、稳定社会秩序。

由此观之，秦汉群学与实证社会学，在各自面临的社会动荡不安的历史条件下，都把对社会秩序的追求作为学术研究的基本任务。孔德把实证社会学看作与各种革命学说截然不同的新哲学，"它表示着现代真正哲学的一个突出的属性，同时表明，就其性质来说，它的使命主要是组织，而不是破坏"[①]。组织是整合，是凝聚和团结，是对社会秩序的追求与探索，这后来成为迪尔凯姆社会学研究的核心问题。

秦汉群学的制度化研究则试图通过制度的建设与实施，稳定社会秩序或促进社会整合。无论在《吕氏春秋》关于天人同道、法天地、顺五气、贵生知命的论述中[②]，还是在《春秋繁露》深察名号、微言大义、宇宙一统、天人感应、王道三纲、善恶教化、三统更化、华夷之辨等方面的论述中[③]，都能看到这种制度化追求作为研究的主题贯彻始终。董仲舒在应对汉武帝的策问时，更是明确地表达了群学通过

[①] [法]奥古斯特·孔德：《论实证精神》，黄建华译，商务印书馆 1996 年版，第 30 页。

[②] 参见周桂钿、李祥俊《中国学术通史（秦汉卷）》，人民出版社 2004 年版，第 14—24 页。

[③] 参见周桂钿、李祥俊《中国学术通史（秦汉卷）》，人民出版社 2004 年版，第 104—120 页。

制度化建设而稳定社会秩序的大一统追求。

> 臣谨案《春秋》谓一元之意,一者万物之所以始也,元者辞之所谓大也。谓一为元者,视大始而欲正其本也。《春秋》深探其本,而反自贵者始。故为人君者,正心以正朝廷,正朝廷以正百官,正百官以正万民,正万民以正四方。四方正,远近莫敢不壹于正,而亡有邪气奸其间者。是以阴阳调而风雨时,群生和而万民殖,五谷熟而草木茂,天地之间被润泽而大丰美,四海之内闻盛德而徕臣,诸福之物,可致之祥,莫不毕至,而王道终矣。①

二 研判制度形成与存在的客观原则

秦汉群学不仅对社会制度的形式、内容和作用做了大量阐述,而且也深刻分析了社会制度形成与存在的客观根据。虽然从当代社会学的制度分析和研究水准去评价秦汉群学的制度学说,会发现其还存在很大程度的笼统性和抽象性,但就其在2000多年以前达到的学术水准而言,足以令人感叹。特别需要指出的是,同实证社会学奠基之时坚持从客观原则的角度开展制度研究对比来看,秦汉群学也有很多相近或相似之处。

如前所述,秦汉群学对制度的研究不仅同实证社会学把制度作为社会学研究对象有相似之处,而且也像孟德斯鸠那样把制度看成像自然规律一样具有外在性和强制性的客观规定。董仲舒的大一统论、天人感应论、三纲五常与天地五行相合等学说,都包含了把社会制度同自然规律统一起来的观点。并且,董仲舒认为人类社会的制度是由天地、阴阳、五行的自然规律规定的,"天有阴阳,人亦有阴阳。天地之阴气起,而人之阴气应之而起;人之阴气起,而天地之阴气亦宜应

---

① (汉)班固:《汉书》,中华书局1999年版,第1904页。

之而起，其道一也"①。

董仲舒还从阴阳五行之间的关系论证君臣、父子、夫妇之间的等级尊卑、上下服从关系，进而试图证明这些社会制度的客观规定性和不可违逆性。"君臣、父子、夫妇之义，皆取诸阴阳之道。君为阳、臣为阴；父为阳，子为阴；夫为阳，妻为阴……王道之三纲，可求于天。"② 又论："天地之气，合而为一，分为阴阳，判为四时，列为五行。行者，行也，其行不同，故谓之五行。五行者，五官也，比相生而间相胜也。故为治，逆之则乱，顺之则治。"③

社会制度之所以同天地之规律一致，原因在于天人同类、人副天数，人类社会的制度不仅同天地规律一致，而且人类社会也要按照天地规律运行，进而实现天人合一。"天德施，地德化，人德义。天气上，地气下，人气在其间。春生夏长，百物以兴；秋杀冬收，百物以藏。故莫精于气，莫神于天。天地之精所以生物者，莫贵于人。人受命乎天也，故超然有以倚。"④

董仲舒的思想观点虽然像古希腊学术一样具有朴素性甚至猜测性，但就其表达的基本含义而言，他认为人类社会不仅有其运行变化的法则，而且人类社会的法则同天地宇宙的规律是一致的。特别重要的是，人类社会的法则是根源于宇宙亦即自然规律的。于是，我们在董仲舒某些具有神秘色彩的论述中，也能看到一种强调人类社会的法则或制度具有外在客观性的基本立场，而这一点也说明，秦汉群学的制度化研究同实证社会学的相关研究在基本立场上具有共同之处。

实证社会学不仅被迪尔凯姆定义为关于制度的科学，而且他认为

---

① 张世亮、钟肇鹏、周桂钿译注：《春秋繁露》，中华书局 2012 年版，第 484 页。
② 张世亮、钟肇鹏、周桂钿译注：《春秋繁露》，中华书局 2012 年版，第 465 页。
③ 张世亮、钟肇鹏、周桂钿译注：《春秋繁露》，中华书局 2012 年版，第 487 页。
④ 张世亮、钟肇鹏、周桂钿译注：《春秋繁露》，中华书局 2012 年版，第 473 页。

实证社会学的形成与奠基也是始于对制度的研究。关于这一点，迪尔凯姆在追溯社会学的形成与奠基时做了深入的讨论。迪尔凯姆认为，不能把社会学的创立仅仅归结于孔德在19世纪所做的努力，孟德斯鸠等在18世纪就为社会学的创立做了奠基性的贡献。"18世纪的哲学家还推动我们对社会问题投入了现实的关注。在这个才华横溢的作家群中，孟德斯鸠占有一席之地。正是他在《论法的精神》中为这门新学科设定了原则。"孟德斯鸠在这里为社会学设定的原则即开展制度研究，"孟德斯鸠在这部著作中并没有讨论所有社会现象，只是探讨了一个特殊的现象，即法。然而，他阐释法的各种形式时所采用的方法，对其他社会制度来说也是有效的，一般说来，也很适用于这些制度"①。

首先，迪尔凯姆充分肯定了孟德斯鸠关于法则或制度的研究，认为孟德斯鸠明确了社会法则或社会制度是社会学的研究对象。在迪尔凯姆看来，"只有当一门科学具有明确的探索领域时，才能被称为科学。科学所关注的是事物和实在。如果它没有明确的材料用来分析和阐述，就会陷入真空之中"。然而，在孟德斯鸠之前的2000多年的欧洲学术史中，哲学家们往往把他们视野中的对象归结为精神，"他们认为这样的现象都依赖于人类的意志，没有意识到它们在本质上像其他所有事物一样，都是真实的事物，具有特定的特征"②。

孟德斯鸠克服了欧洲学术从意志或精神出发解释社会现象的局限，在社会现象中发现了同自然现象中的规律一样的法则或制度。孟德斯鸠"不承认社会是随意组织起来的，也不承认社会历史取决于偶然事件"③。社会现象被看成同宇宙现象一样都具有客观的原则，

---

① [法]爱弥尔·涂尔干：《孟德斯鸠与卢梭》，李鲁宁、赵立玮等译，上海人民出版社2003年版，第2页。

② [法]爱弥尔·涂尔干：《孟德斯鸠与卢梭》，李鲁宁、赵立玮等译，上海人民出版社2003年版，第4页。

③ [法]爱弥尔·涂尔干：《孟德斯鸠与卢梭》，李鲁宁、赵立玮等译，上海人民出版社2003年版，第57页。

只不过在自然界被人们解释为客观规律，而在社会领域则是规定社会运行的客观法则。"既然所有宇宙现象都紧密相关的原则已经在自然领域中得到了验证，被证明是确凿无误的，那么对人类社会来说，这一原则也是有效的，因为人类社会是自然的一部分。"①

其次，迪尔凯姆认为，虽然社会法则或社会制度是客观的社会现象，但是孟德斯鸠并没有停留在对社会制度的客观描述上，还揭示了法或制度的生成根据和存在基础。"每当孟德斯鸠阐明一条法则的时候，他都会说明这条法则所依赖的明确条件。这些条件可以分为两类：一类是事物本性中所固有的，法则与这些事物有关，例如，如果法则与贸易有关，它就从属于贸易的本质，如果法则涉及了宗教，它就从属于宗教的本质；一类是与之有关社会本性中所固有的，这些条件更广泛、更重要。"②

就制度的生成根据和存在基础而言，秦汉群学的制度化研究也十分重视这一点。董仲舒在论述宇宙大一统、人副天数、天人感应时都非常强调社会制度根源于宇宙规律，进而为社会制度或行为规则寻找客观根据，在《吕氏春秋》、《史记》和《汉书》等典籍中也能看到这种观点或论述。其实，不仅在秦汉学术中，就是先秦诸子百家，天人合一、人生受制于天命的思想也基本是各派学说的共识，其中包含了天人同道，顺天者昌、逆天者亡的自然决定论观念。

董仲舒的宇宙一统、天人感应和君权承天等观点，就其根本目的而言，无疑是为了巩固君主专制的中央集权，但同时还表现了对君主专制的客观限制。"天常以爱利为意，以养长为事，春秋冬夏皆其用也。王者亦常以爱利天下为意，以安乐一世为事，好恶喜怒而备用也。然而人主之好恶喜怒，乃天之春夏秋冬也，其俱暖清寒暑而以变化成功也。天出此四者，时则岁美，不时则岁恶。人主出此四者，义

---

① ［法］爱弥尔·涂尔干：《孟德斯鸠与卢梭》，李鲁宁、赵立玮等译，上海人民出版社2003年版，第10页。
② ［法］爱弥尔·涂尔干：《孟德斯鸠与卢梭》，李鲁宁、赵立玮等译，上海人民出版社2003年版，第33页。

则世治，不义则世乱。是故治世与美岁同数，乱世与恶岁同数，以此见人理之制之副天道也。"① 简言之，君主受命于天，要按照天意行事，不能仅凭自己意志而违背天意。

三 倚重历史事实的叙事方式

秦汉群学关于制度的研究还有一个具有普遍性的特点，即重视历史事实。在秦汉群学的一些经典著作中，可以看到关于社会制度的很多论述通常是从历史事件或典型事例的陈述开始的。在《吕氏春秋》中，虽然《孟春》《本生》《重己》《仲春》《季春》等篇不是以历史事件为对象而开展的论述，但也是通过对社会生活的分析阐释了一些制度规则。而《吕氏春秋》中的《贵公》《贵生》《当染》《先己》《尊师》《侈乐》《古乐》等很多篇章，都是从一些名人轶事或典型事例谈起，至于《春秋繁露》、《史记》和《汉书》等典籍，就更加注意在历史事实的考察与陈述中论述各种制度关系或制度作用。

秦汉群学在史论结合中论述制度的这种叙事方式，与所依据的资料大多是以记载历史事实为主要内容的史实文献直接相关，正因如此，秦汉群学关于制度的论述也就采取了史论结合的叙事方式。与逻辑推理和量化分析不同，史论结合的叙事方式一定不能脱离历史事实。因此，秦汉群学的叙事方式同实证社会学对经验事实的描述方式——从社会事实出发这一点上是一致的。二者的区别不过在于，秦汉群学叙述的社会事实是已经成为过去的历史事实，而实证社会学更注重的是当下发生的或正在持续的现时事实。

无论是历史事实还是现时事实，都是实际的存在过程或社会现象，通过对这些社会现象的陈述和分析来阐释制度规则，就一定既不是艺术的想象也不是宗教的表象，而是立足于经验事实的社会学研究。秦汉群学通过史论结合的叙事方式对社会制度的论述，是在久远

---

① 张世亮、钟肇鹏、周桂钿译注：《春秋繁露》，中华书局 2012 年版，第 423 页。

而广阔的时空关系中做出的社会学分析,其表达的思想观点会引起人们对社会制度更深入的思考,进而表现出更强的说服力和感染力。

秦汉群学阐述历史事实的目的在于鉴今,而不是对史实的简单回顾。这种借古鉴今的论述方式,要比对眼前事实做单纯的客观描述更具学术价值和现实意义。无论哪个领域的学术研究,不知古则必俗。因为现时的社会事实都有其历史源流,是过去的历史事实在当前的延伸。仅仅观察现时事实,不过是看到了历史过程的一个片段、一个截面,对其存在根据和演化过程的理解一定会因难以深入而流于表层。因此,缺乏历史考察的社会科学研究往往不仅是短视的,通常也是庸俗而浅薄的。

秦汉群学史论结合的叙事方式还避免了抽象的逻辑推演或概念思辨。因为历史事实或名人典故都是具体的,尽管是过去的事实,但也都可以通过具体人物的言行而显现可感知的过程,因而具有生动性、具体性。黑格尔在评论以儒学为主体的中国哲学时指出,"中国是停留在抽象里面的;当他们过渡到具体时,他们所谓具体者在理论方面乃是感性对象的外在联结;那是没有(逻辑的、必然的)秩序的,也没有根本的直观在内的。再进一步的具体者就是道德",以及治国之术、历史学等,"但这类的具体者本身并不是哲学性的"①。

虽然黑格尔对中国哲学(主要是儒学,也包括群学)的批评明显有失偏颇,甚至可以说缺乏深入了解,但其中有些判断在一定程度上符合儒学包括群学的实际。黑格尔建构的哲学体系和他推崇的哲学思维方式,是通过概念的逻辑推演而形成的思辨哲学。他批评中国哲学是抽象的,其所指的抽象是逻辑推演的缺乏和理性思辨的不足。应当承认,中国儒学包括群学,确实缺乏黑格尔所崇尚的逻辑推演和理性思辨,但正是因为这种"缺乏",中国学术展现了丰富的内容,并形成了与西学不同的特点。

中华民族的文化源头可以追溯到巫史文化和礼乐文化。"巫史文

---

① [德]黑格尔:《哲学史讲演录》第一卷,贺麟、王太庆译,商务印书馆1959年版,第132页。

化,是酋邦时代之后的文化;游团和部落阶段的文化,我们称之为原始文化或原始部落文化。"① 而礼乐文化的历史和巫史文化一样悠久,"礼乐文化即以礼乐制度为基础的文化,实是从巫史文化中发展出来的。或者说,在巫史文化中,本身就包含着礼乐文化的内容"②。巫史文化和礼乐文化都是通过身体动作和象征仪式展现出来的,加上或许历史更为久远的象形文字,也具有与西方文字不同的感性特征,它们共同展现、表达和承载着中华民族传统文化的感性风格。

中华民族原始文化的感性特征不仅深深渗透到黎民百姓的日常生活之中,形成了对感性象征和感性仪式喜闻乐见的思维方式和行为习惯,而且也融入先秦以降的学术论述中,中国学者通常注重通过典型事例和具体事件去分析事实和阐述思想观点。这既是中华民族思想文化和学术著述不同于西方理性化文化的感性化特征,也是历代王朝用儒学、群学思想观念,以感性方式教化百姓,进而使中国社会形成超稳定结构的重要原因。

金观涛、刘青峰曾著书论述中国社会结构的"超稳定"性特征③,但其试图从系统论角度做出的分析是缺乏说服力的。应当看到,中国社会结构超常稳定的一个重要原因是,中国儒学包括群学坚持感性化的思维方式和叙事方式,使其关于社会制度的论述呈现了感性具体性,不仅表现了深厚的历史感和广阔的空间感,其对制度的阐释和对社会秩序的追求也都表达得十分明确,而且以这种感性形式表现的制度化追求,在社会的各种层面都展开了生动形象的感性教化。

中华民族的感性教化具有丰富多彩的形式。一方面,如前文所述,儒学、群学不是像黑格尔哲学那样,试图用概念分析和逻辑演绎论证绝对理性的普遍原则和永恒规律,而是通常以史论结合的叙事方式阐述规范社会行为的社会制度,把深刻的道理寓于对典型事例和名

---

① 陆玉林:《中国学术通史(先秦卷)》,人民出版社2004年版,第11页。
② 陆玉林:《中国学术通史(先秦卷)》,人民出版社2004年版,第25—26页。
③ 参见金观涛、刘青峰《兴盛与危机——论中国封建社会的超稳定结构》,湖南人民出版社1984年版。

人典故的生动阐述中，使群学为追求稳定秩序而倡导的制度规范深深地烙印在历代知识分子和帝王将相的心灵深处，形成了难以改变的心理结构。另一方面，秦汉以来群学论述的各种制度原则，融入牌坊、祠堂、寺庙等文化建筑中，以更加具体的感性形式向百姓昭示了意义丰富的感性典型，把群学倡导的仁义礼智信等道德伦理，同尧舜禹汤、文武成康、孔孟老庄、关帝岳王，以及由朝廷或官府表彰的文武忠孝等典型榜样，还有家族传统等结合为一体，使社会成员学有典范、行有模本，从而在思想意识、日常交往和农工商贸等各个领域遵从社会制度，由此形成了超常稳定的社会结构。

迪尔凯姆在论述孟德斯鸠为社会学做出的重要贡献时，高度评价了从事实出发的科学研究方法。在迪尔凯姆看来，如果没有科学的研究方法，即便把社会法则确定为研究对象，社会学也难以成为科学。孟德斯鸠从事实出发，对法或制度做类型学概括与比较法分析，在一定程度上抵制了从主观出发的艺术想象和从概念出发的逻辑推演。迪尔凯姆指出："只要社会科学还只是一门艺术，讨论社会问题的作家们基本上使用的就是推理方法。他们从人的一般观念出发，推导出与人的本性和在社会生活中观察到的戒律相一致的社会形式。我们有必要详细考察这种方法的缺陷。"[①]

所谓的推理方法，就是指以黑格尔哲学为代表的德国古典哲学所推崇的概念演绎或逻辑推论方法。迪尔凯姆认为应当像孟德斯鸠在《论法的精神》中那样，坚持从经验事实出发开展对社会法则或社会制度的研究。"如果规则还没有得到经验的验证，就不可能单纯根据理性确立它的效用。"[②] 虽然推理可以帮助人们澄清观念，但推理形成的观念一定要通过经验事实来验证。这是从事物本性或从未被遮蔽的社会事实的自然状态出发，对社会现象及其中的法则进行研究的基

---

① ［法］爱弥尔·涂尔干：《孟德斯鸠与卢梭》，李鲁宁、赵立玮等译，上海人民出版社2003年版，第45页。
② ［法］爱弥尔·涂尔干：《孟德斯鸠与卢梭》，李鲁宁、赵立玮等译，上海人民出版社2003年版，第45页。

本原则,必须坚持这种原则,相关研究才能达到社会科学所要求的境界。

在一定意义上,秦汉群学对制度的研究也坚持了从事实出发,是根据社会生活的自然本性来研究社会现象。尽管秦汉群学所用的话语体系与西方社会学有很大区别,但秦汉群学坚持宇宙统一论,强调人副天数,以及阴阳五行规定社会生活运行变化的轨迹,其实质也是从历史事实出发,承认社会生活运行变化的根据是客观规律。这与迪尔凯姆的观点是一致的,即"发现自然法的唯一途径,就是研究自然本身。此外,观察自然还不足够。必须追问自然,追逐自然,通过成千上万种方式验证自然"①。

---

① [法]爱弥尔·涂尔干:《孟德斯鸠与卢梭》,李鲁宁、赵立玮等译,上海人民出版社2003年版,第45页。

秦汉群学制度化的历史地位*

杨善民** 马迎凤***

摘 要 制度是社会形态及社会思想的反映,制度理性具有可靠性、合理性,制度化使理性在人类社会治理中得以实现。国家是群体的最高形态,国家制度具有系统性、复杂性,是多种基本制度的高级集合体。中国在国家制度化建设方面,曾经一骑绝尘。伟大的制度来自伟大的思想。荀子所创立的群学深度参与了秦汉政治和社会的制度化形塑。群学制度化加强了社会团结,使个体生命得以安顿,族群延续得以保障,大一统国家得以塑造,从而保育华夏民族成为世界上最大族群,并奠基于人类社会大整合的理想未来。

关键词 秦汉;群学;制度理性;国家制度化建设

制度化是人类文明发展的必由之路。从人类发展史来看,国家制度的建构是最困难的使命之一。因国家组织不力、软弱涣散而导致的失败,已成为当今世界许多问题的根源。"人类为了做出基本的决策,不得不依赖于社会习俗和制度。稀缺原理在人类制度上得到了应用"[①],而

---

* 文章原载于《哈尔滨工业大学学报(社会科学版)》2021年第6期"社会理论与社会建设——群学研究"专栏。

** 杨善民,1965年生人,首席研究员,博士,山东大学现代传播研究所所长,主要从事社会思想史、社会发展研究。

*** 马迎凤,1985年生人,博士研究生,主要从事政治文化和东北亚政治研究。

① [英]杰弗里·M.霍奇逊主编:《制度与演化经济学现代文选:关键性概念》,贾根良、徐尚、王晓蓉、马国旺译,高等教育出版社2005年版,第2页。

中国在国家制度化建设方面，曾经一骑绝尘。西周初年，周公就创造出一套"封建制度"，这套制度我们称为"封建之统一"①。汉、唐的成绩，在于实现了先秦的伟大理想。早年因鼓吹"历史的终结"而闻名于世的日裔美籍学者福山，在其近年的著作《政治秩序的起源：从前人类时代到法国大革命》一书中，把中国作为国家建构的原型，并追问为何其他文明没能复制这一模式。"如要研究国家的兴起，中国比希腊和罗马更值得关注，因为只有中国建立了符合马克斯·韦伯定义的现代国家。"②"我们现在理解的现代国家元素，在公元前3世纪的中国业已到位。其在欧洲的浮现，则晚了整整一千八百年。"③

一　群学制度化：为混乱的社会建立秩序

我们都在制度的世界中出生并被社会化④。规则就是制度，制度可以平息争议，形成程序共识，为混乱的社会建立秩序。"通过提供替代性行为，政治制度理顺了潜在的行为混乱；通过创制出诠释历史和预测未来的一个新框架，政治制度理顺了潜在的意义混乱；通过形成参与者的偏好，政治制度简化了多元群体的复杂性。"⑤

从广义上讲，现代制度的内涵可以归纳为（1）有形组织；（2）集体共享的行为方式（从惯例到社会习惯、道德准则）；（3）消极的规

---

① 钱穆：《中国历史研究法》，九州出版社2012年版，第19页。
② [美] 弗朗西斯·福山：《政治秩序的起源：从前人类时代到法国大革命》，毛俊杰译，广西师范大学出版社2014年版，第25—26页。
③ [美] 弗朗西斯·福山：《政治秩序的起源：从前人类时代到法国大革命》，毛俊杰译，广西师范大学出版社2014年版，第24页。
④ [英] 杰弗里·M. 霍奇逊主编：《制度与演化经济学现代文选：关键性概念》，贾根良、徐尚、王晓蓉、马国旺译，高等教育出版社2005年版，第298页。
⑤ [美] 詹姆斯·G. 马奇、[挪威] 约翰·P. 奥尔森：《重新发现制度：政治的组织基础》，张伟译，生活·读书·新知三联书店2011年版，第298页。

范和约束（从道德规定到正式的法律）①。中国历史上的制度包括纲纪、礼、法、诏、律令等。陈寅恪在《王观堂先生挽词·序》中指出："夫纲纪本理想抽象之物，然不能不有所依托……其所依托以表现者，实为有形之社会制度。"②汉政在法令之外，又以经义为据施政治国，所谓"法圣人，从经律"③。

纲纪是制度的统领，主要体现在经学之中。经学以儒经为对象，包括天道、人道及国家治理和建设的大经大脉。《文子》曰："纪纲四时。"西汉人更常言之："孔子论诗以关雎为始……此纲纪之首，王教之端也"④。而刘歆甚至认为纲纪具有宇宙意义："玉衡杓建，天之纲也；日月初缠，星之纪也。纲纪之交，以原始造设，合乐用焉。"⑤降及东汉，《白虎通》具言三纲六纪："何谓纲纪？纲者，张也；纪者，理也。大者为纲，小者为纪，所以张理上下，整齐人道也。"⑥

礼是国家制度的"大经大法"，"是家庭社会国家的组织法（组织法旧译宪法）"⑦。"夫礼，国之纪也；亲，民之结也。"⑧"周之王也，制礼上物。"⑨"故王者之制法，昭乎如日月。"⑩

法是制度的最高表现形式。如陈寅恪所指出的，"政治社会一切

---

① ［英］杰弗里·M. 霍奇逊主编：《制度与演化经济学现代文选：关键性概念》，贾根良、徐尚、王晓蓉、马国旺译，高等教育出版社2005年版，第125页。
② 《陈寅恪集·诗集（附唐篔诗存）》，生活·读书·新知三联书店2009年版，第12页。
③ （南朝宋）范晔：《后汉书》，中华书局1999年版，第1014页。
④ （汉）班固：《汉书》，中华书局1962年版，第3342页。
⑤ （汉）班固：《汉书》，中华书局1962年版，第965页。
⑥ 饶宗颐：《选堂集林史林新编》（中册），香港：中华书局2012年版，第562—563页。
⑦ 胡适：《中国哲学史大纲》，民主与建设出版社2017年版，第96页。
⑧ 邬国义、胡果文、李晓路译注：《国语译注》，上海古籍出版社1994年版，第297页。
⑨ 杨伯峻编著：《春秋左传注》（修订本），中华书局1995年版，第1641页。
⑩ 王利器校注：《盐铁论校注》，中华书局1992年版，第565页。

公私行动，莫不与法典相关，而法典为儒家学说具体之实现。故二千年来华夏民族所受儒家学说之影响最深最巨者，实在制度法律公私生活之方面"①。如《墨辩·经上》所言的："法，所若而然也。《说》曰：意、规、员（圆），三也，俱可以为法。""所若而然"便是"仿照这样去做，就能这样"。譬如画圆形，可有三种模范。第一是圆的概念，如"一中同长为圆"，可叫作圆的"意"；第二是作圆的"规"；第三是已成的圆形。这三种都可叫作"法"②。法，即包括法的概念（"意"）；执法，即依法去做（"规"）；执法的效果（"员或圆"）。

"律令皆制度，礼律关系至密。"③ 律令章程，包括税法，均为法典。所谓律令就是构成体制根基的法体系。简单地说，"律"是刑罚法，而"令"则是非刑罚法④。律令性质本极近似，不过一偏于消极方面，一偏于积极方面而已⑤。"秦汉时代首创'官律'……标志着中国职官立法又迈向了一个重要的发展阶段。""如太守汉吏，奉三尺律令以从事耳。"⑥ 据汉简所载，汉代公文习惯以"如律令"作结，而汉吏考课很重要的一项标准在于是否"颇知律令"。曹魏时期甚至设立"律"博士，以传授律令⑦。隋唐以降更是被称为"律令体制"或"律令国家"⑧。与唐律同样，作为支持唐朝完备的制度和统治理

---

① 陈寅恪：《陈寅恪史学论文选集》，上海古籍出版社1992年版，第511页。

② 胡适：《中国哲学史大纲》，民主与建设出版社2017年版，第150—151页。

③ 陈寅恪：《隋唐制度渊源略论稿》，商务印书馆2016年版，第19页。

④ [日] 气贺泽保规：《绚烂的世界帝国：隋唐时代》，石晓军译，广西师范大学出版社2014年版，第159—161页。

⑤ 陈寅恪：《隋唐制度渊源略论稿》，商务印书馆2016年版，第111页。

⑥ （汉）班固：《汉书》，中华书局1962年版，第3400页。

⑦ 黄清连主编：《制度与国家》，中国大百科全书出版社2005年版，第83—84页。

⑧ [日] 气贺泽保规：《绚烂的世界帝国：隋唐时代》，石晓军译，广西师范大学出版社2014年版，第159—161页。

念的行政执法文书,唐令的水准之高在当时的世界上是独一无二的。唐令首先是《官品令》,其后乃是一连串的《职员令》,在此基础上再加上诸如《封爵令》以及《禄令》等,详细地规定了从中央到地方的官僚机构及其品阶。此外,涉及国家的祭祀、仪礼的《祠令》《仪制令》《乐令》,以及规定行政文书形式的《公式令》、关乎品阶和服装的《衣服令》等又进一步对上述方面作出了补充和完善。另外,从统治民众的层面上来说,还有与社会最下层的乡村组织以及户籍相关的《户令》、有关均田制的《田令》、关乎租庸调等税制的《赋役令》等。此外,关于府兵制以及其他涉及边防的体制等方面的内容则反映在《军防令》之中。作为隋唐国家的制度,方方面面的所有事项都在其令文中作出了明文规定。①

中国古代制度化之所以得以绵延,根源于中国文化的"秩序情结"。"秩序情结"不独是儒家伦理的内核,也是中国文化的内核,儒学能够成为群学思想主流,基本原因在此。

法家对中国法律制度建设作出重要贡献。以商鞅、韩非为推动者,秦国的立法工作位列古罗马之上。仅在云梦睡虎地秦简、居延汉简、江陵张家山汉简等简牍中保存的秦汉法律文献就有《秦律十八种》《秦律杂抄》《为吏之道》《置吏律》《除吏律》《除弟子律》《行书律》等,对官吏的选任、考课、奖惩、公文的传递等行政制度作出明确规定,这些行政法规为官吏依法行政提供了法律依据。秦始皇时期琅琊台刻石中有言,"端平法度,万物之纪。以明人事,合同父子。圣智仁义,显白道理"。东观碑文中也有言,"作立大义,昭设备器,咸有章旗。……黔首改化,远迩同度,临古绝尤"②。

道佛两家思想之发展,虽然不都是沿着"秩序情结"而展开,但是二者在传统中国获得价值上的肯定,自必与之有所牵涉,起码不

---

① [日]气贺泽保规:《绚烂的世界帝国:隋唐时代》,石晓军译,广西师范大学出版社2014年版,第165页。

② (汉)司马迁:《史记》,中华书局1999年版,第174页。

相悖逆。不过，道家的志趣既然不在人伦秩序，故其追求和谐的努力，主要表现于个人的内心世界，人与自然之间的关系，以及自然世界各个组成部分的配搭。①

佛家思想不仅呼应中国文化的秩序情结，甚至有其独特贡献。"报"与"缘"是传统时代的小说和笔记中两个非常流行的观念，可说已经深入民心，而这两个观念都与社会秩序有密切关系。"报"这一观念，中国本来已有，然而佛教传入，却使这个观念增加了新的内容，从而令它在维持社会秩序方面发挥了更为积极的作用。至于"缘"这个观念，则非中国土产，是佛教的独特贡献②。佛教的转世轮回之说，指出果报不但涉及今生，并且穿越来世。在佛教思想的影响下，传统中国流行这样的说法："恶有恶报，善有善报。若还不报，时辰未到。"后面的两句话，使神明报应的论断避过了事实的检验，因此永远有效。回报、报应等看法，中国本来已有，佛教的贡献，还只限于补充和理论上的引申。至于"缘"的观念，则是全新的东西，因为先秦古籍没有一个与此相关的字。看来，除了佛教之外，恐怕没有其他源头。③缘的观念在中国深入人心，与报的观念不相伯仲。

儒释道建设秩序并争相进入体制，显然还是自我发展的需要。譬如儒家，"儒家之所以能发挥这样巨大而持久的影响则显然与儒家价值的普遍建制化有密切的关系。上自朝廷礼乐、国家典章制度，中至学校与一般社会礼俗，下及家庭和个人的行为规范，无不或多或少地体现了儒家的价值"④。

---

① 张德胜：《儒家伦理与社会秩序——社会学的诠释》，上海人民出版社2008年版，第149—150页。
② 张德胜：《儒家伦理与社会秩序——社会学的诠释》，上海人民出版社2008年版，第154—155页。
③ 张德胜：《儒家伦理与社会秩序——社会学的诠释》，上海人民出版社2008年版，第157页。
④ 余英时：《中国思想传统及其现代变迁》，广西师范大学出版社2008年版，第131页。

二　群学制度化：理性在人类社会治理中的实现

制度是社会形态及社会思想的反映，制度理性是一种可靠性、合理性。制度化带来的是更可靠、更透明、更高效的社会。梁漱溟认为，中国传统社会所赖以维持的教化、礼俗、自力等"皆为理性"。所谓中国文化的早熟，"就是人类理性开发的早"①。早在西周，周公开始将巫术礼仪全面理性化和体制化。如荀子所言的，人的天性中不但有自私的恶性，还有理性的智慧。对于感性的欲望，"其知虑足以治之"②，"使群臣百姓皆以制度行，则财物积，国家案自富矣"③。为此，法国学者尼摩在和西方的比较研究中也发现："中国三千年前就已经建立起理性与非宗教国家。"④ 西方社会学理论不久前才接受理性选择的思想。曾经，某些人把那些拒绝理性行为者范式的学者摈弃在"经济学"之外，把他们归入了"社会学"领域。⑤

伟大的制度来自伟大的思想理性。"在社会科学的术语中，思想是独立的变数。"⑥ "制而用之谓之法。"⑦ 如陈寅恪所论的，秦汉制度实现了"儒家之理想"：儒者在古代本为典章学术所寄托之专家。秦之法制实儒家一派学说之所附系。汉承秦制，其官制法律亦袭用前朝。遗传至晋以后，法律与礼经并称，儒家《周官》之学说悉采入

---

① 梁漱溟：《乡村建设理论》，中华书局2018年版，第41—42页。
② 方勇、李波译注：《荀子》，中华书局2011年版，第144页。
③ 方勇、李波译注：《荀子》，中华书局2011年版，第133—134页。
④ ［法］菲利普·尼摩：《什么是西方：西方文明的五大来源》，阎雪梅译，广西师范大学出版社2009年版，第21页。
⑤ ［英］杰弗里·M.霍奇逊主编：《制度与演化经济学现代文选：关键性概念》，贾根良、徐尚、王晓蓉、马国旺译，高等教育出版社2005年版，第321页。
⑥ ［美］弗朗西斯·福山：《政治秩序的起源：从前人类时代到法国大革命》，毛俊杰译，广西师范大学出版社2014年版，第399页。
⑦ （清）陈梦雷：《周易浅述》，九州出版社2004年版，第401页。

法典。① 在荀子的思想框架中，人性被欲望所主宰，自私而混乱，因而会导致"恶"的泛滥。墨子也认为："古者民始生，未有刑政之时，盖其语，人异义……交相非……天下之乱，若禽兽然。"② 这也是英国思想家霍布斯所描绘的"自然状态"。自然状态不是老庄的桃花源，而是混乱无序的虎狼之地。在此状态下，群体如何保障共同生活必需的秩序？夏商以来，围绕祭祀共同祖先、神灵而建立的礼仪制度成为最初的程序性社会共识，构建了中国人最早最基本的社会秩序。

荀子群学深度参与了中国政治和社会制度化形塑，秦汉时期广泛的制度建设受群学影响至深。"明王始立而处国有制。"③ 约公元前238年，荀子去世，仅仅过了17年即公元前221年，秦灭齐一统天下。秦始皇"作制明法"④，"端平法度"⑤。公元前202年，亦即荀子去世后不到40年，秦亡汉立，以"萧何次律令，韩信申军法，张苍为章程，叔孙通定礼仪"⑥。汉高帝去秦苛法，叔孙通与鲁生共起朝仪，开启群学制度化进程。"汉代经师，不问为今文家、古文家，皆出荀卿（汪中说）。二千年间，宗派屡变，壹皆盘旋荀学肘下（梁启超说）。"⑦ "汉儒多言礼，宋儒多言理。"⑧ 礼即礼乐制度的泛指。司马迁《史记》大段抄录荀子《礼论》，希望由此保持礼的精神，并垂法后世⑨。章太炎把荀子重在明分的礼改造成重在合群的礼。康有为指出，荀子认为人之所以贵于万物者，以其能组织社会。⑩ 从长期

---

① 陈寅恪：《陈寅恪史学论文选集》，上海古籍出版社1992年版，第511页。
② 吴毓江：《墨子校注》，中华书局1993年版，第109页。
③ 方勇、李波译注：《荀子》，中华书局2011年版，第117页。
④ （汉）司马迁：《史记》，中华书局1999年版，第173页。
⑤ （汉）司马迁：《史记》，中华书局1999年版，第174页。
⑥ （汉）司马迁：《史记》，中华书局1999年版，第250页。
⑦ 景天魁：《史海拾贝：中国社会学概念体系的历史资源》，《社会学评论》2017年第5期。
⑧ （清）皮锡瑞：《经学通论》，中华书局1954年版，第25页。
⑨ 徐复观：《两汉思想史》，九州出版社2014年版，第334页。
⑩ 江心力：《20世纪前期的荀学研究》，中国社会科学出版社2005年版，第4页。

的历史观点看,儒家的最大贡献在于为传统的政治、社会秩序提供了一个稳定的精神基础。①

汉代儒家"五经"逐渐成为支撑王朝体制的体系化理论。"经学是两汉学术的骨干,也是支持、规整两汉政治的精神力量。"② 建元五年(前136),武帝罢黜百家,专立五经博士,于是,除个别情况外,儒家经学以外的百家之学失去了官学中的合法地位,而五经博士成为独占官学的权威。自此,"儒教作为汉王朝的体制学说(或称国教)有别于其他诸子百家,取得优越地位"③。汉儒兼习经、律,实为汉代学风有异于秦,亦不同于后代的一大特色。秦人唯知律令,不习经;后世儒者一般而言则只守经而不习律。董仲舒通经明律,开一代学风之典型;马融、郑玄承其后,各有律令章句之作。造成这种学风的关键似在汉儒重经而不轻律以及汉代学术与政治的紧密结合。④而道家思想,在两汉四百年中,一直是一支巨流。《管子》一书,对西汉前期的影响也相当巨大,其中有的便成篇于汉初。法家对两汉也一直保持一个有力的传承的系统。⑤

中国士大夫持之以恒对礼仪制度的热忱,实际上是希望通过制度建设对皇权施行约束。《吕氏春秋》的"十二月令"是阴阳家的分月宪法。⑥ 代表自然秩序的《月令》压低皇权,使其向着宽厚合理的道路上去。胡适指出,阴阳五行之说,假《月令》而大行,把皇帝的权威、意志及由这种权威意志所发出的行为镶进了一个至高无上而又息息相关的宇宙法则中去,使他担负由宇宙法则而来的不可隐瞒逃避的结果,则皇帝的权威可以不期然而然地压低,他的行为可以不期然

---

① 余英时:《中国思想传统及其现代变迁》,广西师范大学出版社2008年版,第130页。
② 徐复观:《两汉思想史》,九州出版社2014年版,第1页。
③ [日]小岛毅:《中国思想与宗教的奔流:宋朝》,何晓毅译,广西师范大学出版社2014年版,第160页。
④ 黄清连主编:《制度与国家》,中国大百科全书出版社2005年版,第132—133页。
⑤ 徐复观:《两汉思想史》,九州出版社2014年版,第1页。
⑥ 胡适:《中国思想史》,华东师范大学出版社2015年版,第165页。

而然地谨慎。这在无可奈何地对专制皇帝的控制上,当然有其重大意义。《月令》在解释灾异及援引到刑法上的问题时,总或多或少地导向宽厚而合理的道路上去。在整个一人专制的政体结构之内,这点补救之功,依然是非常难得的了。①

传统中国一向以高度发展的文官制度治理国家,通常情况下,政府事务遵循成例,深受儒家教育的皇帝也能遵守一定的行为规范。但问题在于皇帝缺乏任何有效的制度和法律的制裁。如汉武帝任命一系列"酷吏",屡兴大狱,其中杜周之言,坦率道出皇帝高于法律之已成惯例。《史记·酷吏列传》记载:

> [杜]周为廷尉……上所欲挤者,因而陷之;上所欲释者,久系待问而微见其冤状。客有让周曰:"君为天子决平,不循三尺法,专以人主意指为狱。狱者固如是乎?"周曰:"三尺安出哉?前主所是著为律,后主所是疏为令,当时为是,何古之法乎!"

杜周之言不仅指汉武帝一朝的情形,更在反映所有以后朝代皇权与法制的关系:平时中央及地方政府虽遵循法律原则和行政成规,但皇帝拥有颁布新法令的权力,不受任何制度的约限。② 为此,董仲舒求之于天,限制皇权。在徐复观看来,董仲舒维护专制之主至尊无上的地位,但由至尊无上的地位所发出的喜怒哀乐,运转着整个统治机构所及于天下的影响太大。可以说,大一统专制皇帝的喜怒哀乐,成为最高政治权力的"权源"。董仲舒大概也感到儒道两家想由个人的人格修养来端正或解消这种权源之地几乎是不可能的,于是只好把它纳入"天"中,希望由此把权源纳入正轨。"近代对统治者权力的限制,求之于宪法;而董氏则只有求之于天,这是形成他的天的哲学的

---

① 徐复观:《两汉思想史》,九州出版社2014年版,第77页。
② 何炳棣:《读史阅世六十年》,中华书局2016年版,第335页。

真实背景。"① 基于此，徐复观总结道：孔门的政治思想，大体上说，他们是要求天下一统，要求上下有合理的等差，以作为上下相维的秩序，但并不要求由中央过分集权而来的专制，更没有想到个人专制的问题。《公羊传》中所表现的天王的王权，一方面是受到礼的保障，另一方面也受到礼的限制。②

三 自然与社会融合的制度保育世界最大族群

在社会与自然之间不存在隔绝性的分析边界。所有的社会经济体制都嵌入自然环境之中，并依赖于它。③ 个人不只是受制度的约束和影响，而且与我们的自然环境和我们的生物遗传联合在一起。④ 福山眼中所谓秦汉现代国家制度事实上是天人合一的，既不是道家及哈耶克所谓自然自发的秩序，也不是法家纯人为的秩序，而是吸纳了阴阳五行思想后汉代新儒家学说，即天道与人道交融的自然社会一体化秩序。在这一秩序中，个体生命得以安顿，族群延续得以保障，大一统国家得以塑造，保育华夏民族成为世界上最大族群。

汉唐国家制度是《周礼》部分的实践化。胡适认为，《周礼》是一部国家组织法。⑤《周礼》模仿宇宙的秩序，设天地春夏秋冬六个官署，各官署设六十官职，总共设置三百六十个官职。这个结构与当时的天人感应思想相结合，使得人们感觉到这就是王权本来应有的形式。⑥ 汉朝官僚机构与《周礼》似像非像，但是到了魏以后，各个王朝都有意要模仿《周礼》，到了北周，终于完全实现了六官制。

---

① 徐复观：《两汉思想史》，九州出版社2014年版，第271页。
② 徐复观：《两汉思想史》，九州出版社2014年版，第304页。
③ [英] 杰弗里·M. 霍奇逊主编：《制度与演化经济学现代文选：关键性概念》，贾根良、徐尚、王晓蓉、马国旺译，高等教育出版社2005年版，第9页。
④ [英] 杰弗里·M. 霍奇逊主编：《制度与演化经济学现代文选：关键性概念》，贾根良、徐尚、王晓蓉、马国旺译，高等教育出版社2005年版，第320页。
⑤ 胡适：《中国哲学史大纲》，民主与建设出版社2017年版，第12页。
⑥ [日] 小岛毅：《中国思想与宗教的奔流：宋朝》，何晓毅译，广西师范大学出版社2014年版，第194页。

继承了这个体制的是唐朝的六部制,唐玄宗的《大唐六典》是这个理想最完整的形式。必须强调的是,这种天人相应的观念不但在战国晚期的儒家思想中出现,而且在原始儒家的主流思想里也潜存着。因为在《论语》《孟子》《荀子》诸典籍里,传统的"礼"的观念仍占极重要的地位,而"礼"的核心是祭天地与祭祖先的观念。如《论语》就强调"祭"与"治天下"的关联,而《孟子》也指出"明堂"是王政的一环。这些观念意味着,皇权与家族两制度是人世与神灵世界所不可或缺的管道。《论语》《孟子》诸书并未排斥礼制,只是以代表超越精神的"德性伦理"去调节制衡礼制所蕴含的"外范伦理"。①

虽然司马迁早就提出"欲以究天人之际,通古今之变",但直到董仲舒才第一次建立了以阴阳五行为依据的宇宙、人生、政治的特殊构造。董仲舒把人世秩序看作宇宙秩序的一部分,人世秩序的建立必须追求与宇宙秩序相配合、相呼应。②"汉代思想的特性,是由董仲舒所塑造的。……两千余年,阴阳五行之说,深入于社会,成了广大的流俗人生哲学。"③ 天人合一把人类与大自然看作一个生命整体,人中有天,天中有人,生生不息,天人贯通。既不是单纯人类中心主义,也不是自然中心主义。"物为万民生,人为万物灵。人非物不活,物待人而兴。"④ 天地自然安顿个体生命,保障族群延续,"人群有生大道,则莫贵于能知命而造命。人能知命造命,乃可赞天地之化育,而与天地参。造化之权,亦掌之在人。此为人道最大之期望,亦是最高之巅峰"⑤。四季十二月节令变化,此即天地之诚。人类生命,即安住长息于其中,宜当自明此理。而社会流传四时佳节,一切饮食起居,消遣戏娱,花草玩赏,诗歌吟咏,以及医药疗养,建筑疏浚,

---

① 张灏:《幽暗意识与时代探索》,广东人民出版社2016年版,第30—31页。
② 张灏:《幽暗意识与时代探索》,广东人民出版社2016年版,第32—33页。
③ 徐复观:《两汉思想史》,九州出版社2014年版,第269页。
④ (宋)邵雍:《伊川击壤集》,中华书局2013年版,第186页。
⑤ 钱穆:《晚学盲言》,生活·读书·新知三联书店2010年版,第17页。

种种人事,莫不于此归宗。①

中国人能知命造命,从而塑造大一统国家,使中华民族成为世界上最大族群。"中国思想,虽有时带有形上学的意味,但归根到底,它是安住于现实世界,对现实世界负责;而不是安住于观念世界,在观念世界中观想。"② 使群民相安以处,是儒家的最高理想。中国古代的政治理论,见于《尚书·皋陶谟》中,施政的双轨是"在知人,在安民","知人则哲,能官人;安民则惠,黎民怀之"③。官人是施政者本身知人之明的训练。安民是施政的唯一方针。④ 如《论语·子路》所言的,修己以敬,修己以安人,修己以安百姓,"要随时随处不忘安人安百姓,这是儒家精义之所在"⑤。无论是制度化还是民间化,"中国学术之最具领导性,而为中国士人之所教,乃超于物质生产之上,以大群相处相安之道为主"⑥。中国数千年历史的绵延,可以说是靠着"安群"这一观念的维系。这是中华民族融合与团结的核心力量,是中华文化真精神的流露。对"安群"的追求,是一个很正常而又有价值的人文思想。这个合理而美满的希冀,其实该是人类生存的共同鹄的。⑦ 安人、安百姓要建立秩序和制度。先秦思想家已经知道族类生存的两种秩序:自然秩序和人为秩序。即宋代邵雍所说的"天网"与"世网"。⑧ 道家倡导的自然秩序即自然而然、无为而为,"上如标枝,民如野鹿",是小邦寡民的桃花源。

> 山峙川流,鸟啼花落,风清月白,自是各适其天,各得其分。我亦然,彼此无干涉也……至人淡无世好,与世相忘而已。

---

① 钱穆:《晚学盲言》,生活·读书·新知三联书店2010年版,第63页。
② 徐复观:《两汉思想史》,九州出版社2014年版,第11页。
③ (汉)孔安国:《尚书正义》,北京大学出版社1999年版,第103页。
④ 饶宗颐:《选堂集林》,中华书局2016年版,第397页。
⑤ 饶宗颐:《选堂集林》,中华书局2016年版,第404页。
⑥ [美]弗朗西斯·福山:《政治秩序的起源:从前人类时代到法国大革命》,毛俊杰译,广西师范大学出版社2014年版,第212—213页。
⑦ 饶宗颐:《选堂集林》,中华书局2016年版,第406页。
⑧ (宋)邵雍:《伊川击壤集》,中华书局2013年版,第34—35页。

惟并育而不有情，故并育而不相害。①

这也就是费孝通所提及的中国乡村自然社会。人为秩序以法家的务法不务德为表征，在法家看来，国家治理、族群生活一切皆以人为设计的制度为准则。儒家希望把自然秩序和人为秩序融为一体，孟子所谓"天听自我民听，天视自我民视"是也。儒家的社会秩序，来自人类独有的、以深刻的同情心为基础的自然本性，即以"四心"导出"四端"道德秩序。在中国，"天道"与"人道"同是一个"道"。"天""天道""天命""天意"总是存在和呈现"人道"之中②。"故善言古者必有节于今，善言天者必有征于人。"③ 礼之主要内容，即宗法，富自然性，与政府制定法律强人以必从者不同。④ 这是中国传统。孔子致力于解决群体生活中出现的问题，孔子的视野超越了神灵。孔子教导说，有道德的生活在于人自身，当人表现出超出他们自身及家庭利益的更广泛的集体感和义务感时，宇宙秩序与和谐就能实现。⑤ 战国后期特别是汉代，阴阳五行观进入社会领域：阴阳相互激荡，五行相生相克，在人生大群内亦如此。正如钱穆所论的，中国人言五行，又言相生相克。在此生命大总体之内，有此相生相克之作用，而人生大群亦如此。有利于此大群者，则求有以生之。有害于此大群者，则求有以克之。如此则大群生命，以育以化，得以畅遂。⑥

人生总是处于群体互动中。人生活于宇宙大群之中，这个大群由日月星辰、山川河流、草木花鸟、人猿百兽组成，相互之间又一气贯

---

① ［日］合山究选编：《明清文人清言集》，陈熙中、张明高注释，上海科学技术文献出版社2018年版，第87页。

② 参见李泽厚《由巫到礼 释礼归仁》，生活·读书·新知三联书店2015年版。

③ 方勇、李波译注：《荀子》，中华书局2011年版，第381页。

④ 钱穆：《晚学盲言》，生活·读书·新知三联书店2010年版，第283—284页。

⑤ ［英］彼得·沃森：《思想史：从火到弗洛伊德》，胡翠娥译，译林出版社2018年版，第170页。

⑥ 钱穆：《晚学盲言》，生活·读书·新知三联书店2010年版，第17页。

通，千年万年，互动不停。"又如性字，从心从生。而此生字，则并不单指一具体个人之生命言，乃指生命总体，汇通人生禽兽生草木生，凡属宇宙间之群生言。"① 己内在于群体。中国社会是一人群人道社会，部分则尽在总体中。人必依于群以为人，个人相别，则俨如一物。② "天地运而相通，万物总而为一。"③ "温公省试《民受天地之中以生论》，以生为活，其说以为民受天地之中则能活也。朱文公谓此说好。"④

每个个体的人，都是通过初级连带，血缘的、地缘的关系而进入社会的。在人间伦理方面，一个族群的延长，是父子祖孙相承的亲缘系统。从《诗经》时代开始，中国人以生理的亲子之情作为基础，建构人间社会众人共存的基本原则。⑤ 在余英时看来，儒学中的经国之儒学、性命之儒学都曾失效或缺席，唯有齐家之儒学始终未断。儒学之为物，下可以修身齐家，上可以治国平天下。汉社既屋，经国之儒学乃失其社会文化之效用；而宋明理学以前……唯独齐家之儒学，自两汉下迄近世，纲维吾国社会者越二千年，固未尝中断也。……古人于亲亲中寓贵贵之意，宗法与封建相维。诸侯世国，则有封建；大夫世家，则有宗法。⑥

制度化加强了社会团结。如美国社会学家丹尼尔·帕特里克·莫伊尼所言，"将社会团结在一起的黏合剂"是"制度、权威和私有财产的观念"。⑦ 从根本上说，制度就是限制个人选择的理性规则。"人们核算如何可获最大私利，从而制定理性规则，与他人一起履行社会契约。"⑧ 一代承接一代，族群延伸和社会的继续，都可以在伦理的

---

① 钱穆：《晚学盲言》，生活·读书·新知三联书店2010年版，第28页。
② 钱穆：《晚学盲言》，生活·读书·新知三联书店2010年版，第10页。
③ 何宁：《淮南子集释》，中华书局1998年版，第515页。
④ （宋）王应麟：《困学纪闻》，上海古籍出版社2015年版，第144—145页。
⑤ 许倬云：《中国文化的精神》，九州出版社2018年版，第5页。
⑥ 余英时：《士与中国文化》，上海人民出版社2003年版，第340—341页。
⑦ ［美］威廉·曼彻斯特：《光荣与梦想：1932—1972年美国叙事史》，四川外国语大学翻译学院翻译组译，中信出版集团2015年版，第82页。
⑧ ［美］弗朗西斯·福山：《政治秩序的起源：从前人类时代到法国大革命》，毛俊杰译，广西师范大学出版社2014年版，第397页。

体制下得以实践。2000 年来,中国有此一安定的社会,人口稳定地增加,组合成了世界上最庞大的人类群体,延续不断。①

四 群学制度化的持续性价值

世界各地的人类群体普遍构建了食物分配制度、婚姻制度、家庭制度乃至教育制度、祭祀制度,但只有少数群体发展出国家制度。国家是群体的最高形态,国家制度具有系统性、复杂性,是多种基本制度的高级集合体。亨廷顿把"作为制度的国家"视为政治世界万千变化中的不变,在其《文明的冲突》《变化社会中的政治秩序》等著作中,亨廷顿多次指出,对现代西方而言,民族国家是政治忠诚的顶点。国家对现代人之所以重要,恰恰不是因为"现代",而是因为"作为诸政治制度集合体的国家"所蕴含的公共美德。制度化水平低的政府不仅无能而且腐败。因此,重要的不是国家是否"现代",而是国家的实然构成。

纵观人类历史,只有华夏民族基于家庭制度,最早突破演化构建起了现代国家制度。根据福山的研究,早在公元前 200 年前后的西汉,中国就建立起了现代官僚制度。汉朝时期,中国政府愈益建制化。在家族制中,政府官员获得任命,靠的是与统治者的亲戚或私人关系。权力不在职位,而在担任此职的人。政治制度的现代化就是指家族统治被官僚机构所取代。西汉的中国政府几乎符合现代官僚机构的全部特征。②汉朝政府最不寻常的特征之一,就是文官政府对军队的有效控制,这可追溯到中国历史的最早时期。在这方面中国截然不同于罗马,也不同于军事政变频繁的现代发展中国家。③

---

① 许倬云:《中国文化的精神》,九州出版社 2018 年版,第 132 页。
② [美] 弗朗西斯·福山:《政治秩序的起源:从前人类时代到法国大革命》,毛俊杰译,广西师范大学出版社 2014 年版,第 123 页。
③ [美] 弗朗西斯·福山:《政治秩序的起源:从前人类时代到法国大革命》,毛俊杰译,广西师范大学出版社 2014 年版,第 125 页。

组织和制度的起源与发展是一种演化过程①,这一过程在秦汉时期就是实践中的群学制度化过程。人群的结合方式,以自然生殖单位——夫妇、亲子、家庭——作为最基本的单元,然后扩大为宗族,以及邻里乡村社群,这是人类普遍存在的生存样式。但只有中国华夏族群很早即能将生命延续的愿望从"我"族延伸到"他"族,使"华夏"这个种族文化圈子越来越大,几千年间就容纳进越来越多本来"非我族类"的人群与文化。②《管子·小匡》所谓:"公修公族,家修家族,使相连以事,相及以禄,则民相亲矣。"为此,司马光《家范》特别展开说明:"君子不出家而成教于国。《诗》云:'之子于归,宜其家人。'宜其家人,而后可以教国人。《诗》云:'宜兄宜弟。'宜兄宜弟,而后可以教国人。《诗》云:'其仪不忒,正是四国。'其为父子,兄弟足法,而后民法之也。此谓治国在齐其家。"③邵雍在《家国吟》中明确地宣示:家国同体。④ 根据邵氏理论,"天地与人同一体"⑤、"国家与身同一体"⑥。最理想的状态,是韩愈提出的治国治家一体化:"君在家行孝友,待宾客朋友有信义,其守官恭慎举职,其朝献奉父命不避难。"⑦ 为此,吕祖谦在《家范》中要求家人"事君如事亲,事官长如事兄,与同僚如家人,待群吏如奴仆,爱百姓如妻子,处官事如家事,然后为能尽吾之心"⑧。

---

① [英]杰弗里·M.霍奇逊主编:《制度与演化经济学现代文选:关键性概念》,贾根良、徐尚、王晓蓉、马国旺译,高等教育出版社2005年版,第315页。

② 何炳棣:《何炳棣思想制度史论》,中华书局2017年版,第24—25页。

③ 楼含松主编:《中国历代家训集成》(第1册),浙江古籍出版社2017年版,第162页。

④ (宋)邵雍:《伊川击壤集》,中华书局2013年版,第222页。

⑤ (宋)邵雍:《伊川击壤集》,中华书局2013年版,第342页。

⑥ (宋)邵雍:《伊川击壤集》,中华书局2013年版,第326页。

⑦ 刘真伦、岳珍校注:《韩愈文集汇校笺注》,中华书局2010年版,第2819页。

⑧ 楼含松主编:《中国历代家训集成》(第1册),浙江古籍出版社2017年版,第624页。

群学专论

社会大整合是人类的理想未来。虽然在西方现代意识中只有"自我",看起来并不重视"共同的存在",但"合众为一"却刻在了美国国徽上。历史的逻辑,即自有人类以来的趋势是政治单位越来越大。回首过去的15000年,从石器时代的部落到乌鲁克和商朝这样的早期国家,再到亚述和秦国这样的早期帝国以及诸如英国这样的海洋帝国,明显的趋势表明政治单位越来越大。① 不过,西方大众社会理论在西方现代世界中看到了家庭和社区之间传统纽带的断裂,看到了传统秩序被"大众"重新排列,其中每个人都以独特而无序的方式生活。② 更为严肃的问题是,西方社会秩序既缺乏一种作为生命力象征表达的文化,又缺乏一种作为动机或纽带力量的道德冲动。那么,什么能将社会连为一体呢?③ 相对于雅利安种族,中国人的亲缘凝聚力远比其战斗集团更为持久和具有弹性。而且,亲缘组织的根本假定,是从血缘组织的家庭扩大而为不同性质的集团,其生物性的本能更接近自然的共同生活的要求。④ 中国文化也曾经历过很多摧残,我们在历史上也有亡国的时候,可是我们的文化传统还存在,因国亡了还有家。一个一个的家,那是最坚强的打不破的细胞,潜伏在那里,屹立在那里。⑤ "身之与家与国,体有大小,但同为一生命体。人之生命,亦有大小。小生命寄于身,大生命则寄于家与国。"⑥ 群学的最大关怀是人间秩序的整体,也就是"天下有道"。群学致力于淡化、消除社会差别,目标在于推进社会融合与团结,实现天下大同理想。据孙中山意见,中国人所讲治平之道,实在比之并世诸民族远

---

① [美]伊恩·莫里斯:《西方将主宰多久:东方为什么会落后,西方为什么能崛起》,钱峰译,中信出版社2014年版,第406页。
② [美]丹尼尔·贝尔:《资本主义文化矛盾》,严蓓雯译,人民出版社2010年版,第44页。
③ [美]丹尼尔·贝尔:《资本主义文化矛盾》,严蓓雯译,人民出版社2010年版,第88—89页。
④ 许倬云:《中国文化的精神》,九州出版社2018年版,第205—206页。
⑤ 钱穆:《中国文化精神》,九州出版社2012年版,第26—27页。
⑥ 钱穆:《晚学盲言》,生活·读书·新知三联书店2010年版,第6页。

为先进。① 秦汉群学的全面制度化、持续性强化汉民族的内向凝聚力和外向可敬慕性，奠定了隋唐盛世的根基，潜化为中国屡仆屡起辉煌复兴的不灭基因。

结　语

推动思想学术制度化，是中国历代学人孜孜以求的实践路径。虽然许多学者对汉代思想学术评价偏低，正如冯友兰所言，秦汉思想"各方面皆保其守成之局"②。吕思勉也持类似的看法：春秋战国诸家并起，开辟新路径，属"创业时代"。而两汉时代的学术，"就只是咀嚼、消化前人已发明的东西了"，只是一个"守成时代"③。劳思光更认为："儒学入汉代而丧失原有精神，遭受歪曲……则汉儒本身即代表中国文化一大没落，自属显然无疑。"④ 事实上，两汉时代的学者并非仅仅是守成，反倒是开辟新面，奠定了之后千余年政治社会格局。儒学没有一个原始的质点，变化并非"歪曲"。从历史看，儒学是一条河流，千百年来不断有新流汇入，才终成滔滔之势。对此，徐复观指出，两汉思想，对先秦思想而言，实系学术上的巨大演变，千余年来，政治社会的格局，皆由两汉所奠定。所以，严格地说，不了解两汉，便不能彻底了解近代。⑤ 汉代建立的天人合一的制度，比较成功地强化了族群认同，消解了族群冲突，把各个族群维系成一个整体。群学制度化营造出的规范秩序，包括经济的、社会的、文化的与心理的，形成一种向心力，从而塑造出中华民族共生的家园，保育华夏中国成为当今世界最大族群。

---

① 钱穆：《中国历史研究法》，九州出版社2012年版，第29页。
② 冯友兰：《中国哲学史》，华东师范大学出版社2011年版，第3—4页。
③ 吕思勉：《中国通史》，中华书局2015年版，第124页。
④ 劳思光：《新编中国哲学史》，生活·读书·新知三联书店2015年版，第16页。
⑤ 徐复观：《两汉思想史》，九州出版社2014年版，第1页。

《袁氏世范》与宋代民间社会建设

景乔雯

摘　要　民间社会建设的实质在于以"礼"化"俗",在这一进程中又包含两个层次,即"以礼训俗"和"由礼变俗",前者是由上而下的教化,后者是民间社会的自我"礼"化。宋代民间社会发展的核心机制是由"礼"转向"俗",这一过程是伴随着商品经济的发展、科举制度昌盛带来的人才外溢效应而实现的,以往为上层社会掌控的"礼"逐渐下渗,民间社会主动将其吸收,转变为适合基层发展的"俗"。家训作为一种重要规范,在民间社会的发育中起着重要作用,是民间自我"礼"化的重要方式。而《袁氏世范》作为一部训俗的家训,不仅是家训由"礼"转向"俗"的重要表征,更是宋代民间社会建设的范本。

关键词　"由礼变俗";宋代民间;社会建设;家训;《袁氏世范》

中国的民间社会是如何发育的?从宋代历史史实来看,由"礼"向"俗"的转变是核心机制。随着经济社会的发展,宋代民间社会的发育逐渐成熟,民间社会的运行和建设不仅要遵循律令和规定,还要依照礼仪规范。"礼"不论是对社会各阶层民众的行为约定,抑或

---

* 文章原载于《哈尔滨工业大学学报(社会科学版)》2021年第6期"社会理论与社会建设——群学研究(专题讨论)"专栏。

** 景乔雯,1995年生人,博士研究生,主要从事中国社会思想史、中国社会学史研究。

是社会秩序的稳定都是有效的，正所谓"夫礼者，所以定亲疏，决嫌疑，别同异，明是非也"①。同时，为了维护统治，"礼"作为一种礼仪制度被政治化，"礼不下庶人"正是阶级差等维护的重要表现。可以说，"礼"长期为精英阶层所掌控，其制定和解释反映了统治阶层的偏好。不过，"礼"的样态也并非一成不变的，正如本杰明·史华兹所言，在"高层文化"和"民间文化"之间，存在经常性的、迁移性的相互作用。②不论是民间的还是精英的文化，其内容都不是单一固定的，而是随着社会历史的发展而变动不居的。到了宋代，民间社会的发展促使原本为上层垄断的"礼"逐渐下移，并与民间社会的特点相融合，形成契合民众需要的"俗"。正是这种与民众贴近的礼仪规范，贴合日常生活的诸多领域，在民间社会的建设中发挥着重要作用。民间社会建设的实质在于以"礼"化"俗"，在这一进程中又包含两个层次，即"以礼训俗"和"由礼变俗"，前者是由上而下的教化，后者是民间社会的自我"礼"化。

家训，作为社会规范的一种类型，是家庭教育的重要手段，同样在民间社会中扮演着重要角色。对于传统家训的研究，学者多有论述，但一般集中于对某个朝代或特定时段的家训进行总结，或是关注作者对家训内容的描述，又或是对家训所体现出来的伦理内涵以及在当今的社会价值开展论述。在宋代"礼制下移"的背景下，即由"礼"到"俗"的转向过程中，家训的形式也在发生变化，本文旨在通过对其中的代表性作品《袁氏世范》进行研究，来描绘宋代民间社会建设的重要面向，即民间社会自我"礼"化的"由礼变俗"图景。

一 "礼"转向"俗"的社会背景

谈及"礼"向"俗"的转化，先要确定本文对"礼"与"俗"

---

① 胡平生、张萌译注：《礼记》，中华书局2017年版，第4页。
② [美]本杰明·史华兹：《古代中国的思想世界》，程钢译，江苏人民出版社2008年版，第13页。

的界定。清代段玉裁在《说文解字注》中将"礼"释为:"履,足所依也。引申之凡所依皆曰履。"① 由此,"礼"是所有行为的依据和凭借。而"俗"的含义是"习",段玉裁将之释为:"习者,数飞也。引申之凡相效谓之习。"这也就是说,"俗"的含义为习惯。不过,本文所使用的"礼"与"俗"是从政治权力意义上进行划分的。在某种程度上,这样的划分是韦伯所说的理想类型,即"礼"是一种精英阶层掌握的正规典范,"俗"是一种普通民众实践的生活习惯。

在唐宋之前,"礼"的推行和实施准则为"礼不下庶人"②,这并非说庶人没有自己生活实践的经验和规范,就"礼"本身的含义而言,其作为社会规范,本应适用于普通民众,"夫礼,天之经也,地之义也,民之行也"③。"礼"应是天地的规范和准则,是百姓行动的依据。但"礼"的某些功能被政治化甚至神秘化后,成为治国理政和社会控制的手段。而在具有明确等级地位划分的封建社会中,针对不同群体,"礼"就有了不同的表现形式和群体标准,如《周礼》中有记载:"孤执皮帛,卿执羔,大夫执雁,士执雉,庶人执鹜,工商执鸡。"④ 不同等级的人具有不同的礼仪规范,"礼"就被视为维护社会稳定的重要方式,从而通过具有等级性的规范之"礼"维护各阶层的地位。荀子从统治便利和社会稳定的角度来强调阶层区分,"先王恶其乱也,故制礼义以分之,使有贫富贵贱之等,足以相兼临者,是养天下之本也"⑤。通过划分并巩固贫富贵贱之差等,以便于皇权统治天下,这被认为是合理的,统治阶层从而垄断了对"礼"的解释。"礼"的仪式和阐释为天子、诸侯和士大夫所掌握,有关庶人之规范则很少被记录在案、形成文本,正如清人孙希旦所言,"制礼士以上"和"不为庶人制礼"。

在这种背景之下,也曾有士大夫旨在民间推广之"礼",但只是

---

① (汉)许慎:《说文解字注》,上海古籍出版社1981年版,第35页。
② 胡平生、张萌译注:《礼记》,中华书局2017年版,第47页。
③ 杨伯峻编著:《春秋左传注》,中华书局1981年版,第1457页。
④ 徐正英、常佩雨译注:《周礼》,中华书局2014年版,第410页。
⑤ (清)王先谦:《荀子集解》,中华书局2012年版,第151页。

在小范围做有局限性的尝试，如在《三国志·魏书》中所记载的，东汉末右北平大族的田畴，他因躲避战乱藏于山中，为当地民众"制为婚姻嫁娶之礼，兴举学校讲授之业，班行其众，众皆便之，至道不拾遗"。不过，真正引起全社会"礼"化的时机还未成熟，"礼不下庶人"的思想和实践一直处于社会主流地位。这一方面是由于"礼"作为统治阶级的重要工具，对其掌握和解释是一种专断的权力，另一方面是由于普通民众本身受到知识能力的限制和经济条件的约束，对"礼"的认识和实践是难以做到的，这也是《白虎通义》所说的"礼为有知制，刑为无知设"的含义所在。

到了宋代，社会发展到了新的阶段，面临新的局面，那就是民间经济力量的崛起。唐中期之后均田制不断被破坏，土地兼并日益严重，传统的宗法制度遭到严重破坏，传统士族家族根基受到摧毁。北宋时期，传统贵族家族已然衰败凋零，而北宋实施的不抑兼并等政策，使当时形成了"贫富无定势，田宅无定主"① 的局面，这使社会流动的速度加快，贫富贵贱之间的分野逐渐模糊，宋代大儒张载将这种剧烈的社会流动描述为"今骤得富贵者，止能为三四十年之计"②。随着社会经济的繁荣和社会流动的增强，宋代普通民众的经济地位逐渐提升，不论是邓小南所说的"平民化"，抑或钱穆言之的"平民社会"，他们都在强调宋代平民地位的提高，正如钱穆所言，"自唐以下，社会日趋平等，贵族门第以次消失"，以及"中国自宋以下，贵族门第之势力全消"③。传统上被视为末流的商业也被人们接受和重视，"行商坐贾，通货殖财，四民之益也"④。随之而来的还有商人社会地位的提高，"士、农、工、商，各有一业，元不相干……同是一等齐民"⑤，这些新的经济社会因素的转变是思想文化领域转变的基础。

---

① 周宝珠、陈振主编：《简明宋史》，人民出版社1985年版，第152页。
② （宋）张载：《张载集》，中华书局1978年版，第259页。
③ 钱穆：《国史大纲》，商务印书馆2010年版，第769页。
④ （宋）王偁：《东都事略》，台湾文海出版社1979年版，第1506页。
⑤ （宋）黄震：《黄氏日抄》，台湾商务印书馆1986年版。

在经济繁荣和平民社会发展的背景下,传统社会等级的划分有了新趋向,士庶地位之差别已非传统那般的泾渭分明,传统典正之"礼"也在悄然下移,逐渐适应新的社会形态。这种礼制下移的形态被确立,是由于两股力量的助推,一方面是官方对平民行"礼"的重视,另一方面是百姓对"礼"的需求。宋徽宗政和年间颁行的《政和五礼新仪》是"礼下庶人"的官方推动,其中如"庶人婚仪"等诸多内容是专门针对庶人的礼文,这表示官方有意识地在民间推广"礼"。同样的,《宋史·礼志》中也有相关士庶婚丧嫁娶的记载,这都说明宋代完成了礼制下移至庶人的历史转变。① 同时,民众在社会发展中对"礼"的需求也更加明显和急迫,在社会中存在传统价值和规范遭到破坏的局面,如经济活动中的造假现象等,民众期望有"礼"来约束行为,期望能有相应的规范和秩序来指导社会生活。再者,原本的"礼"对于庶人是没有用的,因为庶人无庙,而到了宋代,经济带来庶人社会地位的提升,使得平民百姓都产生了对"礼"的需求,"礼"所代表的不仅是对规范的遵循,还是社会地位的表征和个体的身份认同,更是道德能力的彰显,这些正是民间社会渴望自我"礼"化的体现。

随着宋代商品经济快速发展,社会经济水平不断提高,不仅改变了人们的生活方式和价值理念,也推动了传统利益格局的转变。更多家庭有能力承担教育投资,由此更加重视对后辈的教育,旨在使晚辈通过科举考试光耀家族。尤其北宋开国以来推行崇文抑武的政策,整个社会的崇文之气蔚为大观,加之科举制度的昌盛,庶人参与政治活动的现象已非罕见。同样的,由于读书人在社会中的外溢效应,以及各种教育机构的发展,如书院、童蒙馆和各种乡学的开展,促使民众有更多机会接触"礼"。权力的分享带来了知识文化的下渗,这些举措大大拓宽了普通民众获取知识和了解"礼"的途径。同时,宋朝时期流行开来的雕版印刷术,使知识的大量复制和传播成为可能,而

---

① 杨志刚:《"礼下庶人"的历史考察》,《社会科学战线》1994年第6期。

仪礼和教化随着知识的传播向全社会渗透，这就给自我"礼"化提供了重要手段。

二 家训由礼到俗的演变

正式家训是在家庭发展到一定阶段而出现的。传统家庭作为社会基本生产和生活单位，是个体成长中的首个教育场所，那么对家人行为规范的劝勉和教导就是传统道德教育的首要内容。中国家训的渊源已久，早在先秦时期就有家训的记录，如《尚书》中的《康诰》、《酒诰》和《梓材》三篇是在平定管叔、蔡叔之后，周武王对康叔的告诫。《说文解字注》中，对"诰"解为"按以言告人，古用此字，今则用告字，以此诰为上诰下之字。又秦造诰字，唯天子独称之"。由此，"诰"不仅有"告人"之意，而且具有地位尊卑的色彩，有以上告下之内涵。《尚书》中的这些告诫，已经具备正式家训之精要，即家长对后代开展耳提面命的教育。

在之后的发展中，家庭的伦理道德教育一直是家庭事务的重要组成部分，尤其在汉朝实行了著名的"举孝廉"制度，将德行设置为人才选拔机制的标准后，家庭教育的重要性已毋庸置疑。《魏书·杨播传论》中有"恭德慎行，为世师范，汉之万石家风，陈纪门法，所不过也"。东汉陈纪以至德至孝著称，其门法可为世人所效仿，这就说明家训已成为士族家庭精神的重要表征。到魏晋南北朝至隋唐时期，家训逐渐形成文化、体系化和正式化，北齐黄门侍郎颜之推所撰《颜氏家训》揭开了中国规范型家训发展的序幕，其因形式体系性和内容完备性被称为"古今家训，以此为祖"[1]，之后的家训形式和内容多受其影响。作为官僚士大夫家庭训导的代表，《颜氏家训》界定了家训的目的和意义，即"整齐门内，提撕子孙"。作为帝王贵族的家训代表，唐太宗李世民的《帝范》是对皇太子进行教导的典范，"汝以幼年……所以披镜前踪，博采史籍，聚其要言，以

---

[1] 《丛书集成初编》，商务印书馆1937年版，第295页。

为近诫云尔"①。在《帝范》中,唐太宗写下自身的政治实践经验和治世体悟,以期后辈用心经营和践行,这同时也标志着中国传统帝王家训的成熟。

但这一时期的家训具有很强的阶级性,由于宗法制度的盛行和相应土地政策的推行,官宦士族家庭具有较强的政治特权,且通过相应的制度设计保证了贵族家庭势力的延续。同时,这些家族为巩固特权地位,往往非常重视对后辈的家庭教育,家训涵盖着社会交往的各种规范和与社会地位相匹配的特定礼仪,是培养家族子弟的重要方式。当然,这种教育的目的不仅是要提高子弟的知识水平,更重要的是加强礼仪规范的学习,提升他们的道德能力,从而保持群体身份的区隔。"礼"不仅有助于后辈延续家族地位,而且有利于庇佑家族利益,促进家族势力的繁盛。同样的,对家族子弟开展家庭教育,使其掌握社会礼仪,也是家庭地位的彰显,尤其是通过家训和家法的教育,培养了一套家族成员与庶人不同的礼仪规范,使其在行动实践中,彰显接受过正规"礼"之熏陶的气质和教养,使其具有强烈的身份标识。因此,这些大家族所制定的家礼家规,并非是为了推而广之为外人借鉴,而是要保证自家子弟的教养,延续和稳固家族地位,其家训家规基本局限于家族内部,鲜在民间流传。那么家训这种治家规范何以只为精英所掌控?这与传统社会中"礼"的功能密不可分。

在一般普通民众的家庭生活实践中,家庭教育是以一种口口相传的朴素切实方式开展的,是以在具体事件的处理和人际交往中实现的。而家训作为家庭教育的重要手段,是一种更加正式和成文的规范,是典正之"礼"的重要表征。不论是受到"礼不下庶人"的上层意志的影响,还是因为普通民众难以获得和理解晦涩之"礼",结果都是在普通民众的家庭中未有正式家训。而且囿于时代条件,宋代以前的家训,都是以大家庭对内部子弟的劝勉为主要形式,其撰写本

---

① 吴云、冀宇编辑校注:《唐太宗集》,陕西人民出版社1986年版,第205页。

意既非面向大众,也非有流俗之意。可以说,家训是为特定阶层所掌握的,具有强烈的政治色彩和身份标识,官宦士族为了稳固自身的政治经济地位和社会形象,掌握了典正之"礼"的使用权和解释权,以保证自己家族的根基和繁荣。因此,这个阶段的成文家训是官宦士族家庭的专属,只有具备势力的大家族才能生产和掌握,系统和典正的家训也是精英化的并具有阶级性的,这个时期的家训具有强烈的"礼"的特征,是典正之"礼"的标志和装饰。

而到了宋代,随着商品经济的发展,以家族身份和政治地位作为衡量尺度这一判定标准被瓦解,客观上各个阶层之间的界限不断模糊,各阶层之间的流动变得频繁。经商和营利不再是耻辱,甚至成为一时之风气,商业活动不仅对普通民众颇有吸引力,而且在官僚士人之间同样受到追捧,如江淮士人"衣冠士人,狃于厚利,或以贩盐为事",当时天下官吏"专以商贩为急务"。但经商并非是稳定的工作,亏损与盈利一样都是常态,这就更增加了地位的不稳定,"朝为豪商,夕侪流丐"[①] 正是这种变化的写照。诸多新的经济发展因素不仅带来了繁荣,也产生了贫富差距和社会不稳定,这冲击着传统儒家生活的理想状态,也使得人们不断意识到规范约束和生活秩序的重要性。

针对社会秩序的破坏和传统价值的式微,民众对"礼"的渴求也更加明显,民众期望能有相应的标准和规范来指导社会生活。在这种背景下,官方的推动、士人的书写、民众的渴望在此融为一体,将作为非正式规范的家训推向了一个新的阶段,家训作为"礼"的表现形式经历了一个重要转向。在此种情况下,宋代家训获得了更加丰富的内容和多样的形式,将家训推到一个新高度,宋代家训历来被看作家训史上的高峰,其中袁采的《袁氏世范》更是家训史上具有标志性转向的典型。

---

① (元)脱脱:《宋史》,中华书局2000年版,第2985页。

三 《袁氏世范》由"礼"向"俗"转变的表征

《袁氏世范》系南宋袁采所著,该书内容包括《睦亲》、《处己》和《治家》三卷,《四库全书》将这本书评价为"《颜氏家训》之亚"①,如此高度的评价,是肯定其在家训史上占据重要地位。袁采在任乐清县令内,将自己的所见所闻融入该书,为传统家训开创了新的形式,引领家训迈入更广阔的视野。这种新形式和新视野就是家训的"俗"化,其扩展了家训的内涵与形式,使其不再局限于一家,而是可推广至四海与世辈。具体地说,《袁氏世范》有以下四个特征。

首先,面向群体之"俗"。传统家训的写作对象多是官宦士族家族子弟,目的是"业以整齐门内,提撕子孙"。这是出于对家族未来发展的忧虑,防止家族衰败没落,是为了督促子弟维护家族地位而做,是追求家族身份区隔之"礼"的要求而开展的对自家子弟的教育,非面向普通民众。袁采作成《袁氏世范》,目的是"使田夫野老、幽闺妇女皆晓然于心目间"。就家训的发展历程而言,其内容多是家中先人对自己的反思、对后人的忠告,并在该家族内部形成类似于"成文法"的训诫和警示。而《袁氏世范》不局限于袁家,并以"世范"为名,向百姓宣传,为民间所习。在写作意图和对象方面,袁采给传统家训赋予了新的特征,家训不仅只针对家内一门之人和家内一族之事,还可以有更广阔的面向对象,可以在更广泛的人群中推行,从"礼"的传统贵族面向中解放出来,这是家训转向中的对象"俗"化的表现,也契合了民众自我"礼"化的期望。

其次,写作语言之"俗"。传统家训的写作和流传,其语言风格多追求"典正",有如经义般精微,所谓"吾家世文章,甚为典正,不从流俗"。对于家训来说,"典正"的书写风格和方式,在保证其"礼"之功能的同时,可能更具文学欣赏价值,能够为其他有知识背

---

① (清)永瑢等:《四库全书总目》,中华书局1965年版,第780页。

景的大家族成员所理解。但对于普通百姓来说,这种语言特征会造成严重的阅读障碍,普通民众既难以获取又难以理解精微语言的表述,其注定只能是被特定阶层习得的家庭规范。即使到了宋代,在家训数量不胜枚举的情况下,许多家训的语言表述也是高深精微的,如前代司马光曾写成的《温公家范》,为世人立规范楷模,其内容旁征博引,处处可见其深厚的功底,但对于普通民众而言,在理解其内容时难免存在阻碍。在《袁氏世范》中,袁采明确指出:"近世老师宿儒,多以其言集为'语录',传示学者,盖欲以所自得者与天下共之也。然皆议论精微,学者所造未至,虽勤诵深思犹不开悟,况中人以下乎?至于小说、诗话之流,特贤于己,非有裨于名教。亦有作为家训戒示子孙,或不该详,传焉未广。"① 社会中纵然存在许多有识之士传授自身经验和语录,为天下所共享,然而他们议论的精微程度是有文化的人都不能达至理解的,更不用说一般水平的普通人。至于一些人创作的能为民众所理解的小说和诗话,他们的目的也并非推广礼教、美化社会风俗,还有一些家训家规,其内容并不详细完备,因此流传不广。正是鉴于这种情况,袁采决意撰写一部能为百姓所理解的生活实践规范,能够推行于田夫野老、幽闺妇女的家训,其以翔实的内容和通俗的语言在家训史上独占鳌头,在《四库全书》中留得很高的评价:"其书于立身处世之道反复详尽,所以砥砺末俗者,极为笃挚。虽家塾训蒙之书意求通俗,词句不免于鄙浅。然大要明白切要,使览者易知易从,固不失为颜氏家训之亚也。"② 虽然袁采所用言语不免浅显,但这大大降低了阅读门槛,用通俗之言使得阅读者易知易从,这推动了家训表达之"俗"的发展。同时,表达的"俗"化,使民众更容易接受和实践,从而在民间社会建设中有更大的可行性。

再次,价值取向之"俗"。传统的家训由于撰写主体一般为官宦士族,面向对象是其家族成员,其目的主要是为规训家族成员以维持

---

① (宋)袁采:《袁氏世范》,商务印书馆2017年版,第169页。
② 梁漱溟:《中国文化要义》,上海人民出版社2011年版,第102页。

家族地位,这样的家训体现出来的价值是有等级性的,是贵族通过对"礼"的掌控巩固家族势力,体现为巩固其社会地位而作的。而袁采所撰《袁氏世范》的目的是"可以厚人伦而美习俗",旨在醇厚人伦道德,美化社会风俗,其价值导向是提升民众伦理品格和道德水平。所谓"人或好恶不同,互是跌非,必有一二契其心者,庶几息争省刑,俗还醇厚",即使人们性格有差异、喜恶不同,其中也必有内容能够得到认可,为民众所用,并起到平息纠纷的作用,从而恢复社会醇厚之风气。因此,在为此书撰名时,袁采一开始使用《俗训》,代表教化民众、改善社会风气之意。府判同舍刘镇在为该书作序时,称赞道:"其言则精确而详尽,其意则敦厚而委曲,习而行之,诚可以为孝悌,为忠恕,为善良,而有士君子之行矣。然是书也,岂唯可以施之乐清,达诸四海可也;岂唯可以行之一时,垂诸后世可也。"由此可见,这本书所展现的社会价值观和生命实践理念并非只囿于乐清一县,而是放诸四海而皆准的具有普遍价值意义的准则。这种普遍价值必定是面向"俗",具有这种特性才有更强的生命力和感召力。而袁采将家训还"俗"的尝试和努力也得到民众的认可,"续以所言私笔之,久而成编。假而录之者颇多,不能遍应,乃锓木以传"。抄录的人越来越多,为了方便推广从而进行刊刻印刷,这得益于宋代印刷术的进步,同时体现出民众对该书的认可和接受。这种取之于民、用之于民,并推及社会,具有美人伦化风俗的家训价值。将家训原本逐"礼"的价值理念推至还"俗",这种内在价值的转变使其更具生命力,也是价值取向"俗"化的重要表征。正是这种价值取向和该书所反映的生活规范,使民间社会的发展有章法可依,使民间社会的建设蕴含着深刻的价值转向。

最后,生活实践之"俗"。家训作为家庭教育的手段,其内容自然与规范家庭事务相关,涉及诸如家庭关系、子女教育和应对家庭事件等内容,可以说是生活性的百科全书。由于传统典正家训主要面向贵族阶层,而其生活方式、教养方式和家庭组织形式与普通民众有很大不同,因此凝结其生活实践经验的家训也会与民众的生活体验有很大差别。百姓的生活实践一般是琐碎细微的家庭事务,袁采针对这种实践,在《袁氏世范》中对家庭事务的描写也是事无巨细的,从《睦亲》篇中教导个人如何处理与父母、伴侣、子女、弟侄的关系,到《处己》篇中描写个体修养和品格的提升之道,再到《治家》篇中对家庭事务管理的细致教导,都可以体会到袁采的这本《袁氏世范》堪称全面的家庭手册在生活实践中的价值。其内容涉及生活领域的方方面面,其关切深入实践经验和事件的细枝末节,同时用朴实的语言、丰富的案例、通透的道理,形象地勾勒出一个普通百姓家应当且能够追求的理想家庭状态。而其中的家庭规范使人感同身受,激发人的生活感悟,就如同是对自家生活经验的总结一般,这都得益于袁采对百姓生活的敏锐把握,以及对实践之"俗"的精准描绘。

《袁氏世范》与同时代的朱熹所作的《家礼》不同。《朱子家礼》固然深刻影响其后的家训发展,成为后世尤其是清朝的家训典范,但该书更像是一本齐家治国的方略,是家庭和社会生活的总体性纲领。袁采作为一名县级官吏,其不论在学识抑或期望方面必然不如朱熹,袁采不能也无意作出《朱子家礼》这般在社会层面具有指导意义的作品,这体现为他们对生活关切的视角不同。例如,朱熹的《家礼》非常重视祠堂建制及所蕴含的宗法制度,该书的卷一第一篇就是《祠堂》,其中讲道"子将营宫室,先立祠堂于正寝之东。祠堂之制,三间","若家贫地狭,则止为一间,不立厨库"。朱熹将祠堂看得如此重要,即使是家贫的庶人也应遵照。但袁采的《袁氏世范》中未有一篇提及祠堂建制的问题。究其原因,笔者深以为,袁采笔下的家训是对普通民众生活经验的总结,而朱子对家训的撰写则是要确立礼仪规范。传统之"礼"之所以是贵族特权,部分原因是古代庙制纷繁复杂而庶人无庙,朱子以祠堂代庙旨在以更方便的途径,在民众中推行这一带有宗教情怀的建制[①]。而作为县吏的袁采,通过直观感知到民众最深刻的需求,并将这种需求提取出来加以概括和凝练,从而在生活经验基础上总结出治家经验,并不苛求在原本的实践经验

---

① 罗秉祥:《儒礼之宗教意涵——以朱子〈家礼〉为中心》,《兰州大学学报(社会科学版)》2008年第2期。

外开拓新的规则。这也正是民间士人与大儒的不同,朱子对社会的伦理价值有更严格的规范,对个体的道德能力有更高的期待,对要塑造的社会处境有更明确的指向,对理想社会的描述有更清晰的图景。而在传统国家中,作为众多基层官吏中一员的袁采,其着眼点在于民间社会的日常生活。在某种程度上,袁采在生活实践中总结出来的治家经验更加生活化,更容易为民众接受和认可,更易于付诸实践。因此,在这个层面上,《袁氏世范》所体现出来的生活实践之"俗"是其在家训史上占有重要地位的原因,也是将家训所反映出的处家之道从"礼"转化为"俗"之行列的重要推手,从而使庶民阶层的自我"礼"化有了新的形式和途径。

四 《袁氏世范》对民间社会建设的价值

首先,《袁氏世范》将新特征和旧传统相结合,为民间社会建设提供了更为广阔而可行的路径。宋代不仅经济发展到一个新阶段,学术文化更是创造了新高峰。与唐代在思想文化上崇尚的"三教并行"不同,宋代知识分子经历了"古文运动",见证了前朝文人对佛教的批评,他们意图从传统儒学中寻找现实的出路,并结合现实构建出适合当时社会的理论根基。在袁采所处的南宋时期,理学已然兴起并有蔚为大观之势,不同于汉代及南北朝时期的章句训诂之学,宋代理学家们,出于对道德性命的强调,糅合了佛道之说,将学说重点放在义理探究和心性修养方面。这种学说精神同样体现在《袁氏世范》中,袁采十分强调个体道德品格和与人交往能力的培养,使人在交往中保持自身的修养,从内在精神气质扩展向外而达至他人,从而维系良好的社会关系。不论是在个人生活实践还是在民间社会建设中,社会关系都是要应对的重要内容,袁采面向普通百姓,将义理之学推至民众日常体验,用以指导其生活实践。在《袁氏世范》质朴的语言中,能够看到其对传统伦理的追求,如对"忠信笃敬"的倡导,对"正己而正人"的阐释,对"五伦"的推崇,这些是"修身、齐家、治国、平天下"的基础,也是民间社会生活赖以存续的根基。同时,在其内容中也可以看到如"善恶有报""听天由命"等带有命定论色彩的章句,这说明袁采的伦理思想中糅合着释道的精神,与当时整个社会风尚密不可分。袁采通过将原有的思想传统与新的时代精神相结合,以社会生活为面向,从个体出发指向他人,在与人交往和社会生活中,传播适合当时社会的理念,以建构民间生活的道德根基。同时,袁采以通俗易懂的语言教导民众如何在生活中培养和实践自身的道德修养,如何在与家人朋友和乡人的交往中建立良好且长远的纽带,这些都是民间社会建设中必不可少的内容,而袁采以自己的方式,为其提供了一条重要路径。

其次,《袁氏世范》以生活楷模来塑造个体内在精神和外在行为,从个体层面推动着民间社会的发育。在《袁氏世范》中,袁采通过列举他所听闻的经验,欲以唤醒民众对生活经验的反思,铭记生活事例中的警示,效仿幸福成功的榜样,从而使民众在实践中内化传统伦理价值,塑造其个体内在品格和外在行为。在第二卷《处己》中,袁采列举了在日常生活中可行的个体行为规范,如个体性情品格在事中之训练,如"处富贵不宜骄傲"、"人贵忠信笃敬"、"公平正直人之当然"和"君子有过必思改"等篇目,都是袁采在传统价值理念的基础上,结合实际生活情境,而提出的做人准则和处己期待,将"慎独"融于生活实践,塑造个体内在精神,培养个人的道德能力。同样的,个体作为社会行动的主体,在与他人交往的过程中,也要遵循相应的规范和准则,如在"厚于责己而薄责人"、"小人当敬远"、"正己可以正人"和"与人言语贵和颜"等篇章中,袁采重点论述了在日常生活交往中应遵照的准则。袁采将其所传递的价值观念转化为具体的道德实践,变成民众日常生活可触及和效仿的准则和榜样,并通过个体行为影响他人。普通人践行伦理道德精神会对周围他人产生直接的影响,身边的楷模行为更加具有感染力,正如袁采所说的"己之性行为人所重,乃可诲人以操履之详;己能身致富厚,乃可诲人以治家之法;己能处父母之侧而谐和无闻,乃可诲人以至孝之性"。正如康德所认为的那样,个体的行为可以为他人立法。袁采便从人们生活中最易获取的体验出发,唤醒个体在特定场域的道德演练想象,从而形塑符合伦理期待的内在品格和外在角色,为人们的社会行为提供可依据的模范。这使得民众在个体层面上主动实践和传达着社会精神和价值规范,从而将更多人纳入社会规范的建设中,并在此过程中自发促进民间规范的完善,积极自我"礼"化。

最后,《袁氏世范》从观念和精神层面推动着民间社会建设。在民间社会建设中,基层士人同民众一道,共同发挥着重要的作用,前者往往从精神和文化方面为民众生活和基层社会立法,努力维护社会发展的规范秩序。宋代文化宽松的环境和崇文观念深入人心,加之科举考试能够使读书人进入国家治理队伍中,使得底层追求读书入仕的人颇具规模。而那些在科举考试中失利或是从仕途中溢出的一部分掌握知识的群体,会开办学馆等从事知识教授的工作,掌握知识的基层士人推动着典正之"礼"下渗,促使普通民众有机会接触诸多礼仪规范,从而使得知识文化和礼仪规范成为民众生活之必需。袁采的工作同样如此,其作为官僚队伍中的一员,"德足而行成,学博而文富""爱人之政,'武城弦歌'"。他在任时能施德政,为政爱人,不仅具备作为地方官员的良知,并且有意识地将民众纳入道德教化的范畴,以此来规范社会生活实践,巩固社会伦理和稳定社会秩序。在民间社会建设中,这样的道德伦理通常具有宗教性的功能,正如梁漱溟所说的"以道德代替宗教"①,这种道德信仰根植于传统行为规范,是个体道德生活的支撑力量,是社会发展的精神根基。民间社会建设需要依靠各方面的力量,需要各种形式的推动。袁采及其作品体现着基层士人传递礼仪规范,以角色赋予的责任感承担起教化民众的任务,并体现出其推动民间精神文化建设的努力,加强了民间社会的精神建设。

结语:民间社会建设中的自我"礼"化

民间社会建设,不仅需要基层民众话语表达的明确意识,而且还

---

① 梁漱溟:《中国文化要义》,上海人民出版社2011年版,第102页。

要有表达的能力和途径。这一过程需要多方的参与和努力，民众、士人和官僚阶层都在其中扮演着重要角色。科大卫就国家对地方的影响曾如此表述："国家对地方社会的影响，不一定是控制，也可以是地方社会很主动、很巧妙地把国家制度引入来处理地方上的问题。所谓地方整合到国家，就是一种认同的过程。"① 由此，民间社会建设，既要借助已有的国家力量，吸收原有的整合规范，也要在这个过程中主动挖掘内在体验，从而发展出独特的形态。

传统社会发展到宋代，在经济和社会领域出现了许多新情况。商品经济的发展，文化领域的宽松，科举制和印刷术的发展，社会生活各个领域都呈现繁荣鼎盛之势。在这种时代背景下，传统"礼"的形态有了新的变化，民众不仅在经济上要求更大发展，普通人通过科举期望在权力中心占据一定地位，而且希望将自身纳入礼仪规范中，要求在经济、政治和文化上都有自己的话语和表达，这些正是庶民阶层自我"礼"化的体现。

民间社会建设的核心是以"礼"化"俗"，《袁氏世范》所表现的是其中一个重要方面，即由礼变俗，可以说是民间社会的自我"礼"化。原本家训之"礼"是统治手段的表现，是阶级地位和社会角色之体现，是身份区隔在历史中的呈现。到了宋代，民间社会的兴起对传统旧有的文化体制产生了冲击，士庶阶层要求其所拥有的经济地位能在文化中反映出来，上层官僚对其的支持，民间士人对其的关注，庶民百姓对其的渴求，在此汇聚，并凝结成一股能够突破原有格局的力量。《袁氏世范》在此适时出现，袁采以丰富的执政经验和生活见闻，以浅显易懂的表达向民众传达实践经验，符合民间社会要求重塑典正之"礼"的期待，将家训这种"礼"的表达载体推向民间，推向人们的日常生活体验，推向伦理道德之"俗"的新境界。由此，《袁氏世范》是家训形式由"礼"转向"俗"的重要标志，同时也是民间社会建设当中自我"礼"化的典范。

---

① ［美］科大卫、张士闪：《"大一统"与差异化：历史人类学视野下的中国社会研究——科大卫教授访谈录》，《民俗研究》2016年第2期。

综上所述,由"礼"变"俗"的民间社会建设,使得"礼"融入社会上下层的各个领域,并与民间经验相结合,推动着自我"礼"化。这其中融合了基层民众和士人的多方力量,共同促进民间社会礼仪规范的确立,这也是中国社会自古被称为"礼仪之邦"的重要原因。

著作推介

景天魁等著《中国社会学：起源与绵延》

王 媛*

一 书籍概况

《中国社会学：起源与绵延》收录于"中国社会科学院重点研究课题成果文库"，该书的影响与意义可见一斑。全书旨在系统梳理中国社会学的起源及其在历史长河中的演变过程，尝试贯通中庸、仁、礼等中国特色概念与秩序、规范、治理等西方社会学概念，力求全面展示中国古代社会学（群学）的源流与特点，从而构建一幅中国社会学起源发展的全景图。

作者景天魁，哲学博士，中国社会科学院学部委员、中国社会科学院大学特聘教授、社会学研究所研究员、博士生导师。1967年毕业于北京大学哲学系，1981年和1987年先后在中国社会科学院研究生院获得硕士、博士学位。1981—1995年，在中国社会科学院哲学所从事研究工作，1992年评为研究员，1993年任中国社会科学院社会发展研究中心主任，1995—2006年先后担任社会学所副所长、党委书记、所长，1996年评为国家级有突出贡献中青年专家。1998—2005年任中国社会学会副会长，2001—2005年任国际社会学学会（IIS）副会长。自2014年至2022年，景天魁不断从中国本土历史中撷取社会学学科发展的"源头活水"，致力于构建中国社会学的话语体系，以期在新的"百家争鸣"的态势下发出中国社会学的最强音。

---

* 王媛，云南师范大学法学与社会学学院2020级社会学硕士研究生。

二 写作缘起——薪火相传的学术接力

1999年春节,景天魁受赠费孝通的《从实求知录》。费孝通在书中多次提到拉德克利夫-布朗20世纪30年代到燕京大学讲学时的重要论断:"中国在战国时代已由荀子开创了(社会学)这门学科。"搞清楚这个问题,关系到中国社会学的前途,费孝通想要好好研究荀子,无奈此时其年事已高,"这只能作为我的希望留给新的一代了"。自此到2014年的15年间,景天魁一直在思考这个问题。综观先辈在论证"荀子群学即为中国社会学"方面所做的努力,无论是康有为讲授的群学、严复对于"群学就是社会学"的肯定,还是梁启超称赞荀子为"社会学之巨擘"、刘师培认为在战国时期已经有"中国社会学"、蔡元培著有《群学说》,他们都鲜少作出具体论证。反而自1948年以来,"社会学只是舶来品""中国本无社会学"却成了普遍接受的"定论"。证明群学就是中国古典社会学、为中国社会学正名的艰巨任务需要有后继者承担。与此同时,中国社会学的崛起是所有社会学人的期盼。中国社会学者的使命,就是努力推动和实现中国社会学的崛起。正所谓恰逢其时、满腔热忱,时代发展的客观条件与薪火相传的学术担当使《中国社会学:起源与绵延》应运而生。

三 全书架构——一线四层的概念体系

景天魁认为,中国社会学不可回避的根本问题是中西古今问题,认识中国社会学的学科史首先需要阐明"中国是否具有自己本土的社会学"。为此,景天魁带领研究团队从浩瀚史海中精选了4个基础性概念和30个基本概念,构成了群学概念体系,以此作为证明群学存在性的根据和其历史绵延性的载体。立足于群学概念体系,才能遵照学术积累规律,使中国社会学具备实现中西会通的必要条件,才能明确中国社会学的基因和特色,才能形成和彰显中国社会学的独特优势。

著作推介

《中国社会学：起源与绵延》共有三编六章，第一编《总论》包括《中国社会学的源流问题》和《中国社会学的基础性概念》两章；第二编《中国社会学的基本概念——合群与能群》包括《修身》和《齐家》两章；第三编《中国社会学的基本概念——善群与乐群》包括《治国》与《平天下》两章。在论述群学概念体系之前，该书首先明确了中国社会学起源问题的根本性，认为倘若否认了中国社会学的本土起源，就无法面对群学的学问、无法解释群学与社会学内容相似的事实，其连带效应关乎着国民文化自信。该书认为，"中国社会学（群学）的概念体系，具有复杂的层次结构"。如何确立这一层次结构？中国的本土文化、本土学术、本土概念在表达和理解中国实践方面具有得天独厚的优势。由此，该书从《礼记·大学》篇中选取了"诚正修齐治平"的层次框架，并在此基础上区分出基础性概念与基本概念。自第二章开始，该书开始展开对群学概念体系的论述。

所谓基础性概念，即"群""伦""仁""中庸"。群学概念体系的层次结构就建立在这四个基础性概念上。荀子群学从人与物、人与天的关系出发，强调了"群"的社会性和之于天地的能动性；"人何以能群"则引入了起明分作用的"伦"；借助于"伦"的整合性，"群"形成了完整的差序结构，依靠"仁"实现各层次的贯通；"中庸"则起到了化"天道"为"人道"的方法论作用。与之相应，中国社会学具有四个基本特质：人本性、整合性、贯通性、致用性。这四个基本特质综合起来，则构成了中国社会学（群学）作为一个学科的基础性。

中国社会学的基本概念体系可划分为两个范畴：一是合群和能群，包含修身和齐家两个层次；二是善群和乐群，包含治国和平天下两个层次。四个层次间相互重叠又层层递进，蕴含着传统文化"内圣—外王"的实践路径。具体而言，在修身层次的基本概念中，"身""己""性"属于主体范畴，经由"气"这一能够贯通形神、群己、天人的概念，就可以过渡到客体范畴，修身由此进入"社会心态""人与社会""人与天""人与自然"等关系向度。齐家是治国及明德于天下的基础，从个体到"群"，血缘纽带的联结即为

"家",它凝聚着"义""利""信""孝""礼",而"宗族"可看作由"家"扩展的社会结构。治国层次的基本概念围绕着"国家构成""国家治理方式""治理制度和手段""治理目标"四个方面,可展开为"国与民""国土""士";"王道与霸道";"贤与能""科举""公与私";"秩序""位育"。"平天下"是该逻辑体系的最高层次,要达到这一境界,首先要能洞察和把握天下大势;其次要善于权变(权衡和应变);再次要实行和合之道,具有多元一体的胸怀;最后要坚持世界大同的理想。

一言以蔽之,《中国社会学:起源与绵延》的目的在于通过对中国社会学概念体系历史资源的研究,证明如下观点:一是中国社会学(群学)的历史存在性;二是中国社会学(群学)的历史绵延性;三是以上两点如可成立,也就证明了中国社会学自有本土的起源,也就否定了所谓"中国社会学史就是西方社会学在中国的传播史"的成见;四是由以上三点可以推知,中国社会学的崛起,不是依靠西方社会学在中国的推广和应用所能达成的,必须立足于中国土壤,通过古今贯通、中西会通,才能形成融通古今中西的中国社会学概念体系。

四 重要价值——从学科建设到文化自信

《中国社会学:起源与绵延》不仅指明中国社会学有悠久的历史,而且一直在绵延发展。从学科建设的角度来说,群学是春秋战国社会巨变的产物,是世界历史上罕有的百家争鸣的结晶,是先秦中华学术高峰的理论硕果。而《中国社会学:起源与绵延》延续了康有为、严复、梁启超、拉德克利夫-布朗以及费孝通等先辈关于"荀子群学就是中国古典社会学"的论断,从而纠正了一百多年来所谓"中国本无社会学"的旧说,使中国社会学学科的建设不再是"无根之木、无源之水"。具体而言,该书的重要价值可归结为以下几点。

首先,该书将"群学"释义为合群、能群、善群、乐群之学,包含了解释中国社会之所以繁盛不衰的密码。继承和发扬群学,对于建设中国特色、中国风格、中国气派的社会学具有重要意义,也为实现中华民族伟大复兴提供了学理支撑。

其次,群学所体现出的方法论原则,坚持人与物、外在与内在、理性与感性、分析与综合等方面的统一,一反西方社会学素有的二元对立,是完整的、全面的、注重平衡的"科学人文主义"社会学。

最后,自清末开创的融通和担当两大传统,铸就了中国社会学的基因特质,也是社会学人的特质。从"经世致用"到"修身齐家治国平天下",代代知识分子薪火相传,不断丰富着中国上下五千年的文明宝库。在新的时代条件下,中国社会学者依然需要这种责任担当。《中国社会学:起源与绵延》使中国社会学者看到了中国社会学发展的希望,更增强了中国社会学者的文化自信。

景天魁主编《中国社会学史（第一卷）：群学的形成》

鲁 霜[*]

《中国社会学史（第一卷）：群学的形成》是中国社会科学院学部委员、社会学研究所研究员景天魁主持的中国社会学史研究的第二部著作。在此之前，《中国社会学：起源与绵延》尝试贯通中庸、仁、礼等中国特色概念与秩序、规范、治理等西方社会学概念，力求全面展示中国古代社会学（群学）的源流与特点。而《中国社会学史（第一卷）：群学的形成》则通过建构群学命题体系展现群学元典形态，以期进一步证明群学就是中国古典社会学。

一 写作背景：欲兴其学，先正其史

自"社会学"一词传入中国后，学界普遍形成了一种观点：社会学只是舶来品，中国古代没有社会学，中国社会学史只能从西方社会学的传入写起。然而，清末民初的康有为、梁启超、严复以及后来的潘光旦、费孝通等，都肯定过战国末期荀子创立的群学就是中国古已有之的社会学。"欲兴其学，先正其史"，想要构建中国社会学的话语体系，必须先梳理中国社会学的学科发展史。2017年，景天魁带领研究团队出版了《中国社会学：起源与绵延》一书。该书在学术界产生了重要反响，很多同仁鼓励景天魁及其团队重新书写中国社会学史。

景天魁将中国社会学区分为中国古典社会学和中国近现代社

---

[*] 鲁霜，云南师范大学法学与社会学学院2020级社会学硕士研究生。

学,其中,由荀子创立并绵延2000多年的群学属于中国古典社会学,而自清末民初西方社会学传入中国后的社会学属于中国近现代社会学。《中国社会学史》计划写作六卷,前四卷属于中国古典社会学部分,后两卷属于中国近现代社会学部分。《中国社会学史》的第一卷,通过阐述群学形成的社会基础和思想基础,旨在论证群学是先秦中华文明高峰的结晶,是中国社会学话语体系的第一个版本。

二 写作方法:命题演进史

以往学科史大多按照年代和人物的历史记述法书写,尤其是胡适的《中国哲学史大纲》和冯友兰的《中国哲学史》,内容繁多,传播广泛,并获得了中西方的一致认同,使得学术界有了先入之见——某人或某著作就是典型的哲学家或哲学著作。为了避免与其他学科史产生对人物和著作的争论,《中国社会学史(第一卷):群学的形成》以群学命题演进史为主线写作,即让人物和著作随着命题走,出现在对命题来源和背景的叙述中,并通过详细论述108个命题的演进过程,体现群学作为合群、能群、善群、乐群之学的主线,进而展现群学2200多年的绵延和发展历程。

三 具体内容

《中国社会学史(第一卷):群学的形成》主要分为五个部分。

第一部分的核心问题是"论群学复兴"。该部分从严复将"sociology"翻译成为"群学"的原因开始论起,认为荀子群学与斯宾塞代表的西方社会学在词义、概念义、学科义、学科性质和功用、学科地位等方面都相同,在研究对象和领域、研究方法和特征等方面都相似,在此基础上提出四点群学新命以推动中国社会学实现崛起,早日解开严复"心结"。

第二部分主要介绍了群学得以创立的社会基础和思想基础。一方面,中国文明的特点、春秋战国社会剧变和士阶层的崛起、稷下学官的客观条件与荀子人生际遇的主观条件共同构成了群学创立的社会基础，回答了中国在战国末期具备哪些社会历史条件使得作为中国古典社会学的群学得以诞生的疑问；另一方面，从文明先祖中存在的群学悠远源头、诸子之学中群学的思想资源、先秦诸子的"四群"论述以及荀子集成和继承前人的综合思想四个维度展开论述了群学创立的思想基础，回答了荀子何以能够比孔德早2000多年创立作为中国古典社会学的群学的疑问。

第三部分主要论述源于群学基础性概念（群、伦、仁、中庸）的19个基础性命题。其中，群是人类的存在形态，共包含5个具有实体性的基础性命题；伦是群的基本结构，共包含5个具有关系性的基础性命题；中庸是群的和谐之道，共包含4个具有行动性的基础性命题；仁是群的建构理念，共包含5个具有关系性的基础性命题。这些命题之间相互补充、环环相扣，体现了"合群""能群""善群""乐群"的要旨。

第四部分围绕合群、能群、善群和乐群4个层次，梳理出了群学的89个基本命题。首先，从参天地（合群的前提）、修身为本（合群的根基）、修身以礼（合群的原则）、修身入群（合群的方法）和修身以学（合群的途径）5个层面论述了合群（修身）的24个基本命题，解释了人类与鸟兽动物的不同在于人类有合群之性。其次，从家（能群的基础）、各循其礼（能群的规则）、齐家有道（能群的方法）、家齐而国治（能群的归宿）4个层面论述了能群（齐家）的20个基本命题，全面阐述了群之所以存在的影响因素及作用。再次，从以民为本（善群的基础）、礼法并重（善群的方略）、尚贤使能（善群的关键）、富民强国（善群的手段）、修养政德（善群的保证）5个层面论述了善群（治国）的26个基本命题，系统回答了治国者如何在国家治理实践中达成善群目标。最后，从公天下（乐群的理念）、和为贵（乐群的基础）、和而不同（乐群的原则）、兼爱相利（乐群的手段）、天下大同（乐群的理想）5个层面论述了乐群（平天下）的19个基本命题，回答了群的存在主要是受哪些理想价值所指引的问题。

第五部分是该书的总结。首先,《荀子》提出了群学的合群、能群、善群、乐群4个层次的命题,形成了最主要、最基本的群学概念体系和命题体系。其次,纵向上的合群、能群、善群、乐群主线,与横向展开的修身、齐家、治国、平天下四个层次形成了群学元典"一线四层"的基本格局。最后,群学命题体系能够环环嵌套在于其贯通逻辑,这使得群学有了不逊于西方社会学的严整结构和严密逻辑。

四 重要价值

《中国社会学史(第一卷):群学的形成》阐述了群学形成的社会基础和思想基础,论证了群学是先秦中华文明高峰的结晶,是春秋战国社会剧变的产物,是先秦崛起的士阶层的智慧集成,是世界历史上无与伦比的百家争鸣的硕果,由此证明了严复、梁启超、卫惠林、拉德克利夫-布朗和费孝通等关于荀子创立了中国社会学的论断,论证了群学就是中国古典社会学。该书从浩瀚的文献中梳理和筛选出100多个群学命题,构成群学元典形态,并概括出群学"一线四层"的基本格局、环环相扣的原本结构和整合—贯通的演进逻辑,使之成为今天构建社会学话语体系和学科体系的历史基础。

具体而言,该书的重要价值如下。

第一,该书首次采用命题演进史的写作方式书写中国社会学史,为实现中国社会学的崛起奠定了深厚的学科史基础。100多年来,对于"中国社会学"的"学科史",均以严复将西方社会学传入中国之时为"开端",都自觉和不自觉地把清末民初以前的社会学(群学)仅仅称为"社会思想"。该书首次明确将战国末期荀子群学作为中国社会学的开端,以命题演进史的形式将群学创立以来2200多年的发展史作为"学科史"来书写,有助于确立中国社会学的本土起源,从而为建立中国特色社会学话语体系、学科体系提供历史基础。

第二,该书的命题体系相当于"群学概论",构建了属于中国社会学的话语体系。该书区分了源于基础性概念(群、伦、仁、中庸)

的"基础性命题"和展开群学内容的基本命题——合群（修身）命题、能群（齐家）命题、善群（治国）命题、乐群（平天下）命题，形成了一线四层、环环相扣的命题体系。

第三，该书作为《中国社会学史》的首卷，论证了荀子创立的群学元典形态，在中国社会学史的写作中具有定型和引领作用。该书梳理的群学命题体系是此后2200多年来由群学元典形态向群学近现代形态演进的历史根基，是构建中国特色社会学话语体系的基础性工作。这一基础性工作的完成，标志着《中国社会学史》的书写循着群学命题体系的历史脉络继续前进，力促早日实现中国社会学的崛起！

会议综述

"学科自信：走进世界的中国社会学"学术研讨会综述

苑仲达[*]

当今世界正处于百年未有之大变局，中国发展仍处于并将长期处于重要战略机遇期。中国社会学得逢其盛，繁荣可期。正当此时，中国社会学人一方面高度关注中国经济社会发展中的重大理论和现实问题，另一方面致力于充分凝练中华民族5000多年历史文化中独特的学科体系、学术体系、话语体系。有鉴于此，2019年9月7—8日，中国社会科学院社会政法学部在北京举办"学科自信：走进世界的中国社会学"学术研讨会，旨在立足于中国社会发展的历史与现实，推进与国际社会学乃至世界多元文化的对话与会通，提升中国社会学的国际话语权，既不断增强中国社会学学科自信，又努力促进中国社会学走进世界。根据会上发言情况，择其要点综述如下。

一 探讨中国社会学学科自信问题的学术意义

正如中国社会科学院学部委员、社会学研究所研究员景天魁指出的，我们第一次以专题讨论的形式谈论社会学学科自信的问题，吹响了增强中国社会学学科自信的号角，这是对费孝通先生1997年所提出"文化自觉"的积极响应。中国社会学学科自信的问题从西方社会学传入中国就已形成，迄今已存在120年了。清末民初时期，中国人的民族自信丧失殆尽，民国时期也解决不了这个问题。新中国成立后，社会学停滞发展27年，也没有机会解决这个问题。中国社会学

---

[*] 苑仲达，中国社会科学院中国社会科学杂志社编辑。

从恢复重建到今天（2019 年）40 年了，由于一直忙于与西方"接轨"，也没有提出过解决这个问题。如果我们不承认中国自古就有自己的社会学传统，那么我们就难以建立起与西方平等对话的中国特色、中国风格、中国气派的社会学。我们开展关于中国社会学学科自信的研究，上要对得起祖宗，下要对得起子孙，这既是一个根本性的问题，也是一个历史性的责任。

中国社会科学院学部委员、考古研究所研究员冯时认为，"学科自信"的问题，其实也是一个"文化自信"的问题；"走进世界的中国社会学"，强调了一个"中学西渐"的问题。我们过去强调"西学东渐"，但是在有着 5000 多年文明史的背景下，我们是可以理直气壮地谈"中学西渐"的，因为我们历史上向外传播的东西太多了。

中国人民大学社会与人口学院教授、社会学理论与方法研究中心主任刘少杰强调，追根溯源是学科确立学科自信的基本行为，它在哲学社会科学各学科、各流派中是一种普遍表现。比如，西学言必谈古希腊，中学言必谈先秦。中国社会学对学科源头已有追问，也有很多关于中国社会学史、西方社会学史的研究。中国学者谈西方社会学始于孔德，谈中国社会学始于 20 世纪二三十年代由西方留学回来的中国青年学者开展的社会学调查研究。无论是对西方社会学的认识，还是对中国社会学的认识，都是一种自我限制，甚至是带有自残性质的认识。正是这样的认识，使中国社会学的学术事业、调查研究、理论追求、学科自信都受到了严重影响。对西方社会学认识的短视与片面表现为：既间隔了西方思想史对西方社会学深远而直接的影响，也忽视了孟德斯鸠、卢梭、马克思等的社会学贡献，更淡化了非实证社会学的思想理论研究。对中国社会学认识的近视与狭隘表现为：仅仅承认由西方社会学移植而来的思想理论，放弃了对中国学术传统的继承与发扬，学科自信和理论自觉通常会流于空谈。中国社会学对本学科历史发展的自我限制，是中国社会学学科不自信的一个非常重要的原因。

吉林大学哲学社会学院院长田毅鹏教授指出，我们谈学科自信的前提是学科失信的问题。中国的学术在古代是成体系的，是按照经史子集的体系建构起来的,且具有极强的绵延性。中国社会思想的体系是有自己的脉系的,但这个脉系在"西学东渐"之后被打破了,其结构和体系完全被肢解。中国的传统思想和学术按照西学的逻辑进行了重组,重组之后我们会有一些意外的发现,但是有很多东西在这个重组的过程中被损耗掉了。

山东大学哲学与社会发展学院社会学系主任林聚任教授认为,增强中国社会学学科自信,既是中国社会学的本土化以及学科体系、学术体系、话语体系的构建问题,也是这个学科走向成熟的重要标志和创新发展的必由之路。

二 树立中国社会学学科自信的前提基础

中国人民大学社会学理论与方法研究中心洪大用教授认为,社会学作为对中国哲学社会科学发展起着重要支撑作用的一个学科,在学科建设、科学研究、人才培养和社会服务等方面取得了显著进展,已经成为影响广泛并日益制度化的学科。在此发展过程中,我们的学科自信日益增强。第一,学科自信源于我们对于西方社会学的"祛魅",这是长期文化和学术交流的一个客观结果。我们已经非常明确社会学的本质就是关于社会的一种学说,是用科学的方法来探究社会现象规律性的一门经验性学科。对于这样一种学科的建设,我们有自己的文化资源和实践基础,我们可以做到有自信的"平视",而无须仰视和盲目崇拜西方社会学。第二,学科自信源于我们对西方社会学自身不足的不断认识。现有的西方社会学,不仅在解释包括中国在内的发展中国家的崛起方面显得捉襟见肘,其对技术进步、环境变化、全球社会和全球挑战的回应也是比较老套、苍白的。西方社会学不是包治百病的万能药。第三,学科自信源于中国社会学的不断积累和快速发展。中国社会学自身取得的显著进步是我们增强学科自信的重要源泉。我们对中国社会学史、中国社会思想史的研究在不断加强,这样更加促进了社会学与中国文化的融合,夯实了中国社会学持续发展的根基。第四,学科自信源于中华优秀传统文化的博大精深和持续坚韧的生命力。中华文化总是在社会与环境的发展变化中不断丰富自己、发展自己,形成了独具特色的关于个人、家庭、社会、组织、制度、福利、国家、发展等方面的丰富思想。对于中华优秀传统文化的深入发掘和传承弘扬,实现创造性转化和创新性发展,必将焕发中国社会学的勃勃生机,彰显中国社会学的鲜明特色。第五,学科自信源于中国人民在社会变革实践中的伟大创造。只要我们不断强化实践自觉,直面中国社会巨变,在中国变革自身的逻辑中寻找理论灵感,我们就一定能够创造出新时代的中国社会学,并为世界社会学发展作出贡献。第六,学科自信源于我们始终坚持马克思主义指导,特别是坚持以马克思主义中国化最新成果为指导。只要我们在学术实践中坚持以习近平新时代中国特色社会主义思想为指导,增强"四个自信",我们就会更加坚定学科自信,更有成效地推动中国社会学取得兼具中国特色与世界影响的新发展。

在中国社会科学院科研局/学部工作局局长马援看来,中国社会学恢复重建的40年,恰恰是改革开放以来社会变革最剧烈的时期,这为社会学发展提供了最宝贵的土壤,也提出了最丰富的课题和最深刻的挑战。跟上时代发展的步伐,解决时代提出的问题,体现社会学的经世致用功能,是中国社会学恢复重建40年来最鲜明的特点。在此基础上,中国社会学能够建立起具有本学科特色的理论概念、研究方法、话语体系。

哈尔滨工业大学人文社科与法学学院教授王雅林指出,具有现代形态的社会学形成于西方,西方社会学包含西方率先走向现代社会所凝聚起来的思想学术成果,这是可资我国社会学发展借鉴的学术资源,我们完全另起炉灶是不可能的。然而,西方社会学的总体脉络主要是按照科学主义、工具理性和某些自然科学的方法,在欧洲的文化背景下建立起来的,其各个流派总体上是以现象与本质、主体与客体"二分"为基础的。在对社会结构体系的认识上,"生活"被抽离化、外在化,形成了一个被称为"遗忘生活"的理论体系。这表明已有的占支配地位的社会学概念解释框架,已与当今时代的发展诉求很不合拍,不能为今天的社会实践提供合理解释。在解释中国发展的议题上，恰恰是中华传统思想文化可为中国社会学理论体系创新和本土化发展提供文化脉络和学术资源。因此，对中华传统文化价值的衡量，不能以是否符合西方社会学理论框架为准绳，而是以能否有助于回答新时代之问、创新地构建本土化学术话语体系为标准。"本土化"是一个很重要的概念，它强调的是一种理论观照现实的方式。从人类历史上看，"轴心时代"产生的"直至今天仍是我们思考范围的基本范式"的精神巨人的伟大思想，包括中国的老子、孔子、庄子等诸多学说构成的人类"群星璀璨"的时代景观，正是基于世界各地不同的本土语境而向人类奉献出的各具特色的理论思想。而今，中国社会学本土化的发展，即构建中国化的社会学学科体系、学术体系、话语体系的目标，就是要形成"中国社会学"学术生态体系。在学术思想开放的条件下，我们有两大优势，一是改革开放40多年取得伟大成就的"中国经验""中国实践"，二是中华民族5000多年创造的辉煌文化和积累的学术资源。

清华大学社会科学学院社会学系原主任沈原教授认为，学科自信是一个很重要的历史范畴，它在学科发展的不同阶段有不同的含义。在学科恢复重建之初，学科自信最主要是不要自卑。到了学科制度构建成形、学科队伍发展壮大之时，学科自信的意思是不要自大。

冯时一针见血地指出，对于有着数千年文明的中国而言，我们反复叮嘱自己要"自信"，这本身就是一个奇怪的问题。但是确实有历史背景，晚明以后的"西学东渐"只是对西方文明的借鉴；自1840年国门被西方列强的炮舰打开后，国人开始怀疑和否定本土文化，我们渐趋失去"自信"。如果我们数千年文明和如此大的国度都没有对自身文明的认知，那么我们怎样凝聚在一起不断发展？如果我们自认数千年的文化不好，那么我们何谈自信？我们拥有其他文化无法比拟的优秀成分，这是我们的自信基础。

北京大学社会学系原主任谢立中教授认为，"中国本土社会学"的概念是有特殊含义的。在西方社会学引入中国之前，在中国历史上由荀子等古代中国学者加以构建，由严复、梁启超等近代学者以"群学"名称加以确认的一套研究人的社会关系、社会行动、社会制度、社会规范的学说，是一套源自中国本土的、与后来引进的西方社会学完全不同的社会学。我们说"中国没有社会学，西方才有社会学"的时候，这个"社会学"是指现代科学意义上的一门关于"社会现象"的学科。这种现代科学意义上的"社会学"，在中国古代是不存在的。景天魁老师提出，我们可以把中国社会学区分为"本土社会学"和"现代社会学"。前者按照严复的说法可以叫作"群学"，后者是现代科学意义上的社会学。景老师认为，"社会学"的"学"可以有别的含义。所谓"学"，可以指"学术""学问""学科"。倘若将其称为"科学"的话，那么"科学"的含义也应该是不一样的。科学、学术既有中国浑然一体的综合形态，也有西方分门别类的分析形态。西方学术长于分析，中国学术长于综合。我们对"社会学"的理解，既可以是关于社会的所有学说，也可以是特指以经验事实为基础的关于社会的经验科学。如果社会学的"学"泛指"学问"，那么可以把所有关于社会的学说都叫作"社会学"；如果现代社会学是以经验事实为基础的科学，那么我们中国古代的一套关于社会的学说是不符合这个标准的，它按照孔德的分类属于"形而上学"。从中国古代的学问里，能否形成一套与西方近代意义上经验科学不同的经验科学，目前还是一个疑问。即使我们把现代社会学理解为经验科学，那么我们从中国古代的那套学问里可否提炼出与西方经验科学和"形而上学"不同的中国化的经验科学？如果可以这样，那么确实有两套社会学，一套是西方话语体系的西方社会学，另一套是我们中国话语体系的社会学。由此，"中国本土社会学"的含义就可以进一步扩展，也会有很多进一步的工作可做。

在刘少杰看来，把中国社会学的源头追溯到先秦是合理的。社会学与其他学科一样，就学科化而言都是近现代的现象，但是任何一个学科都没有把自己的历史仅仅限制在近现代。我们经常看到古代法学、古代政治学，无论是古希腊的还是中国先秦的，唯独在中国的社会学文献中看不到古代社会学，这是对我们古代学术渊源的切割和藐视。中国近代社会学，对古代学术已经给予了高度重视。比如，严复、康有为和梁启超对群学的承继，梁漱溟、费孝通等人对儒学与中国社会的认识。同时,群学的感性教化已经深深烙印、融汇在中国社会之中。将先秦以降的社会学思想搁置一边去理解中国社会,就一定会走向浅薄和平庸。以先秦群学作为中国社会学的最初形态,是有其充分依据的。群学研究的宏阔视野与深远意义在于以下几个方面。第一,突破传统局限,以充分的文献根据和深入的理论分析向国内外展示了先秦群学是中国社会学的第一形态。第二,对先秦以降的中国社会学的历史变迁、学派分化和思想发展做出系统梳理和概括总结,这是既有必要性又有开创性的。如果没有这样的功夫,中国社会学就难以达到自信和自觉。第三,群学研究为当代中国社会学继承传统、形成特色、增强自信,从学术底蕴和思想理论等方面提供了有力支持,因为大部分中国社会学研究者对从先秦到晚清的群学思想是陌生的。第四,对在传统与现实、理论与经验的复杂关系中,认识和理解中国社会历史变迁,具有重要的学术价值和现实意义。如果对中国社会、中国学术史、中国历史没有从概念、理论上清楚的自觉,我们想对当今中国的现实——无论是哪个层面上的社会矛盾或社会问题——有清醒的认识,都是难以做到的。对中国几千年的文明史、学术史、社会学史做出细致的梳理,也能使我们进一步理解中国当前的矛盾和任务。

中国社会科学出版社社长赵剑英研究员强调,以群学为源书写中国社会学史,努力构建中国社会学的学科体系,体现了高度的理论自觉和强烈的学术担当。基于"中西会通"的原则,努力创建区别于西方的中国社会学,本着"古今会通"的原则,深入挖掘荀子的群学思想,并构建群学的概念体系和命题体系,可以为重新书写中国社会学史奠定坚实基础。

林聚任指出,中国社会学需要回应的是"中西古今"问题。这个问题既涉及空间问题,又涉及时间问题,实际上是把中国社会学追根溯源的问题框定在时空背景下来理解。学术话语与时空场景关系密切,这表明了关注时空问题的重要性。关于学科自信,我们需要理论基础和实践基础。从理论基础来说,涉及学科话语体系、理论体系的构建问题。任何一个体系的发展、理论的创新,都需要进行话语的构建。在当前既有的西方社会学话语体系下，我们面临如何构建自己话语体系的问题。理论基础所解决的是如何通过构建自己的话语体系来形成自己理论上的学科自信，话语权的提升和话语体系的构建是在理论层面形成学科自信的重要基础。从实践基础来说，我们面临如何把社会学研究放在中国社会发展的时空中去解决学科自身发展的问题，中国改革开放40多年以来的发展经验和发展模式为构建中国社会学的学科体系打下了良好基础。

三 增强中国社会学学科自信的路径选择

吉林大学哲学社会学院教授、东亚社会学会会长邴正指出，中国社会有其自身独特的结构、特征、发展道路和发展模式，我们仅有西方学术渊源的影响是远远不够的，还要立足于中国实际，总结出具有中国特色的社会发展规律和特点，探索出属于中国的社会学理论、框架、体系。

对于增强中国社会学学科自信，马援提出如下三点建议：一是社会学学科需要加强对当代问题的关注，研究真问题、大问题；二是鉴于目前我国社会学这门学科的独特性、独立性不强，因此亟待加强社会学学科自身建设，尤其是大力倡导理论创新，加快构建当代中国社会学的学科体系、学术体系、话语体系；三是大力倡导老老实实做学问，如今做学问的条件比以往要好得多，因此极有可能形成更多更好的成果。

王雅林认为，构建中国社会学的学术话语体系，需要有高度的主体意识、创新意识和学科自信，现在已由倡导阶段进入具体的学术实践和探索日程。学术话语体系的构建由范畴概念、理论命题、主旨意趣和独特体悟方式组成，其中最为基础的是我们要对基本范畴概念作出合理的定义和解释。想要作出合乎当代中国实践的解释，需要注重以下三个方面。第一，对"社会"概念的解释。建立一个生活本体论的"社会"概念解释框架，可以反映历史的脉络、社会存在的根据和社会发展的深层动力。第二，把"生活"提升到一个基本范畴的地位。由于当代的社会发展和社会理论对"生活"概念的需要、理论对实践的需要,与本身的理论建构形成巨大的反差,因而需要把"生活"概念范畴化。第三,构建"中国话语"可以采取三种途径,即本土概念的现代转换、西方概念的本土会通和对"草根"话语的提炼。

田毅鹏强调,对于作为"舶来品"的社会学如何恢复自信,我们可以从两个层面进行反思。一是找回中国传统学术思想的东西。我们不是用它来挑战西学,而是解释自己。二是必须解决学科体系和话语体系问题。依据不同的标准,我们可以看到学术思想、学科体系不同的风景。按照现代学科体系、学术体系建立的标准,将孔德作为这个学科的奠基人,我们承认这样的体系;但是换另外一种角度观察,我们可以看出新的起点。我们提出中国社会学学科起源的问题,并不是要替代而是要建立一种对话的机制。虽然西方的现代学术具有先在性,即时间在先、理论在先、体系在先,但是今天我们已经到了一个与这种体系对话的阶段,我们具备了对话权。因为很多西方的学术,还在"欧洲中心论""美国中心论"里打转。当中国人既掌握了中学又掌握了西学之后,我们一定会为世界学术的繁荣发展作出更大贡献。

林聚任建议,中国社会学可以采取如下措施实现学科自信。在理论层面,需要构建自己的话语体系,具体做法是注重挖掘利用中国自身的话语资源、积极构建有效的话语影响路径、培养独立的话语意识。在经验层面,既应在中国成功的实践经验基础上,构建具有中国特色和中国立场的有生命力的话语体系,从而逐步确立起中国的话语地位,又应立足于本土社会,发掘可利用的社会文化资源,加快实现中国社会学理论体系的创新性发展。总之,中国社会学话语体系的构建,既是一个理论自觉的过程,也是一个话语构建的过程。

四 发挥交叉学科建设的功能作用

中国社会科学院民族学与人类学研究所所长王延中研究员指出,

从社会学的视角看待民族问题，就会理解民族问题是社会问题的一部分，因此对民族问题的研究，不应离开社会学的学科依托。民族学研究既是多元性的，也是综合性的。"民族学"曾被称为"民族问题研究"，指代一个研究领域。而这个学科不是简单的基于民族学的研究，如民族经济问题的研究基于经济学、民族政治问题的研究基于政治学、民族社会问题的研究基于社会学。将民族学作为一个研究领域来看的时候，其学科背景和话语体系的内部差异就非常大，远远大于其他学科的一致性。其他学科无论叫作什么"学"，至少在理论和方法上是自洽的。而虽然民族学的理论和方法也是一致的，但在研究问题的角度上差异很大。民族问题的研究不是单一学科的研究，而是需要各个学科和领域共同研究的。因此，社会学也应当加强对民族问题的研究，用社会学的整体视角来看民族问题，这是社会学的一个优势。

冯时认为，从商代的甲骨文和西周的金文来看，荀子的群学并不是凭空产生的。虽然目前我们可以将群学作为中国社会学的起源，但实际上我们还可以向上寻找。因此，建议我们应当客观认识中国文化的三个方面，即"格物致知"的认识论、"天人合一"的宇宙观与"中和守正"的哲学观，从而进一步坚定中国的文化自信。

中国传媒大学政治与法律学院社会学系主任冯波教授指出，中国社会学、人类学的学科自信，一定是从学术自信、理论自信而来的。中国社会学、人类学的学术自信、理论自信与中国社会的实践密切相关。在中国社会实践的土壤上，才能长出属于中国社会学、人类学的学术果实、理论果实。投入中国社会实践，建构中国社会学、人类学的学术思想和理论，是中国社会学人、人类学人的使命与责任。

此次会议由中国社会科学院社会学研究所承办，北京市陆学艺社会学发展基金会协办，由中国社会科学院社会学研究所所长、中国社会学会副会长陈光金研究员，社会学研究所副所长王春光研究员等主持。中国社会科学院学部委员、社会政法学部主任李培林研究员，韩国社会福利学会会长、崇实网络大学校长郑茂成教授特意致信向会议举办表示祝贺。来自中国社会科学院、清华大学、北京大学、中国人民大学、吉林大学、山东大学、哈尔滨工业大学等的70余位专家学者和在校师生参加会议,并围绕如何增强中国社会学学科自信、提升该学科的国际话语权等议题展开了广泛交流与深入讨论。

《群学年鉴》创刊仪式暨"中国社会学：历史、当代与未来"学术研讨会综述

徐珺玉*

立基于中国社会发展的时空特性，挖掘适合中国国情的概念，建设能够解释中国发展的社会学话语体系，力求摆脱中国社会学对西方理论的依附地位，一直是中国社会学人心系所在。为此，2022年11月5—6日，中国社会科学院社会学研究所、中国社会科学院大学中国古典社会学（群学）研究中心、云南师范大学法学与社会学学院、云南师范大学群学研究院在昆明共同举办"《群学年鉴》创刊仪式暨'中国社会学：历史、当代与未来'"学术研讨会。此次会议的主题为"中国社会学：历史、当代与未来"。会议采取线上线下相结合的方式召开。

此次会议由云南师范大学法学与社会学学院、云南师范大学群学研究院具体承办，云南师范大学法学与社会学学院院长尤伟琼教授主持。来自中国社会科学院、中国社会科学院大学、北京大学、中国人民大学、南开大学、吉林大学、山东大学、厦门大学、武汉理工大学、西南大学、中国传媒大学、中央财经大学、北京工业大学、国家开放大学、中共北京市委党校、云南大学、贵州民族大学、中华女子学院、广西师范大学、闽南师范大学、云南师范大学、《社会学研究》编辑部、《中国社会科学院大学学报》编辑部和中国社会科学出版社等30余家单位的50余位专家学者与会。根据会议议程和会上发言情况，择其要点综述如下。

---

* 徐珺玉，云南师范大学法学与社会学学院副教授。

一 发扬"融通担当"的学术传统

中国社会科学院学部委员、社会学研究所原所长、中国社会学会中国社会思想史专业委员会荣誉理事长景天魁研究员指出,"融通担当"是中国社会学人早已有之的学术传统,严复、梁启超、费孝通、丁克全、潘光旦等诸位先贤都曾以他们的卓越学识践行该传统,作为晚辈学人,理当向诸位先贤看齐,继承并发扬"融通担当"的学术传统。

云南师范大学党委委员、副校长武友德教授介绍了云南师范大学的历史和西南联大的社会学传统——自1897年严复将英国社会学家斯宾塞的《社会学研究》翻译为《群学肆言》以来,群学(社会学)便因其以科学方法探究社会治乱兴衰原因之魅力吸引着不少致力于为国家谋出路的学人纷纷投入社会学领域,积极探索社会学的中国化路径,先后产生了潘光旦、李景汉、吴文藻、费孝通、瞿同祖、林耀华等一批享誉国内外的知名社会学家。西南联大堪称当时中国社会学的中心。社会学者们在从事教学工作的同时先后创建了清华大学国情普查研究所、南开大学边疆人文研究室和经济研究所,对西南边疆社会进行了大量调查,开展了一系列具有开拓性的研究工作,取得了一批在国际社会学界产生重要影响的学术成果。回溯往昔,在国难危机之时,西南联大社会学人的教学研究同国家之命运、民族之前途紧密联系,形成了"从实求知"的优秀传统,为中国社会学的建设发展作出了长足贡献;立足当下,中国社会学人应当认真体悟中国社会学的担当和使命,继承中国社会学的优良传统,不断拓展新的学术视野,在不同文明冲突碰撞的"新战国时代",立足中华文明,为实现中国式现代化和中华民族的伟大复兴作出有益贡献。

山东理工大学法学院社会学系主任牛喜霞教授介绍了山东理工大学社会学系关于群学的科目设置,汇报了山东理工大学在教学实践中将群学作为必修课的过程:遵从"欲兴其学,先正其史"的学科传统,围绕中国有没有社会学,中国社会学开端于何时,中国社会学经历了怎样的百年发展，中国百年社会学的反思，中国社会学本土化发展，中国社会学理论研究的进展，中国社会学的学科自信、学科自觉及学科特色等一系列问题进行了专题讲授。她提到，课程激发了同学们的强烈兴趣，引起了同学们的广泛讨论，同学们一致认为需要肩负起传承中国古典社会学的使命和担当。

二 明确群学研究第二阶段战略布局

景天魁研究员指出，群学研究已进入"扩展领域、扩充队伍、扩大影响"的第二阶段，明确群学研究第二阶段战略布局至关重要。《群学年鉴》与"群学论坛"应在新的阶段相互配合、相互支援、相互策应、相辅相成，共同弘扬群学、复兴群学。具体包括三个方面。

一是办好《群学年鉴》。《群学年鉴》的目标就是要让中外社会学界承认和接受群学就是中国古典社会学。具体地说，其一是承认中国本有社会学，其二是接受群学的精义是合群、能群、善群和乐群，其三是接受群学的历史是从群学元典形态—群学制度化形态—群学民间化形态—群学心性化形态—群学转型形态的形态演进史，其四是确认群学复兴与中华民族伟大复兴具有历史一致性，其五是确认群学是人类命运共同体建设的重要学理支撑。为此，《群学年鉴》必须高扬反思精神、批评精神、自主精神、包容精神，设置学术专栏引领群学研究，设置综述评论再创新局，同时对群学研究相关情况及时跟进报道，以期为扩大群学影响造成舆论并形成引导。

二是办好群学论坛。建议中国社会学会中国社会思想史专业委员会、中国社会学会社会福利专业委员会、中国社会学会时空社会学专业委员会设立一些与群学结合的讨论主题，支持在中国社会学年会专设"群学论坛"。"群学论坛"和相关讨论会的参会论文在《群学年鉴》发表，可以为《群学年鉴》提供有保障的、有特色的、专供性质的稿源，从而形成"群学论坛"与《群学年鉴》比翼双飞的局面，合力推动群学研究扩展领域、扩充队伍和扩大影响的"三扩"大业。

三是明确成功举办标准。在十年左右的时间内，有相当一部分高校采取必修课、选修课或讲座、读书会等形式，从荀子群学开始讲授中国社会学史；每年的国家社科基金项目设有一定数量的群学方面的课题；有相当数量的研究生将群学研究作为学位论文选题方向；全国C刊每年发表一定数量与群学相关的研究论文；涌现一批在群学研究方面崭露头角的年轻学者。这样就可以据此判断中外社会学界已经初步承认和接受群学就是中国古典社会学，就可以据此判断《群学年鉴》和"群学论坛"举办成功。

三 把握群学研究的核心精要

中国社会学会中国社会思想史专业委员会理事长、南开大学周恩来政府管理学院王处辉教授指出，中国社会学的核心是中国古典社会学理论和当代中国社会学理论的有机结合，群学在若干年后必将成为中国社会学的理论主体，鉴于此，必须明晰荀子群学的立论基础和核心要旨。荀子将"人生不能无群"作为立论基础并展开其群论思想，将人性论和欲望论作为群论的前提，认为人是群体性动物，必须过群体生活；与此同时，人性本恶且人欲多种多样，会产生"争""乱"等情况，需要"明分使群"，而"分"能行靠"义"，"义"可以推动社会和谐，社会和谐又能使人产生统一的、强大的力量。这条典型的线性发展逻辑的背后就是群学的核心——"分""辨""礼""义"。王处辉教授认为，荀子群学有三个典型特征。一是角色至上。荀子群论的目标是建构良好社会秩序，采用的手段是"分""辨""礼""义"。"分"和"辨"的目的是辨别人的身份（社会角色），"礼"和"义"则是通过外在的社会制约确定角色，逐步形成角色之外无我的理念。二是上位者优先。社会按照礼义规范确定角色，并在君臣、父子、兄弟、夫妇、老幼、少长等角色关系中，遵循"上位者优先"的原则——居上位者的权力大一些，居下位者的义务多一些。一方面，"上位者优先"以角色分别来建构社会秩序，能够降低建构成本；另一方面，"上位者优先"与允许社会地位流动的社会现实并行，在长时间段内实现社会平等——这种平等不是一个主体与另一个主体之间对等的回报,而是建基于社会角色转换基础上的平等,比如,多年儿媳熬成婆。三是以和共生。中国传统社会强调爱有差等,而非普遍之爱。从中国社会的演进历程来看,爱有差等更切合中国社会的实际,其建构起的社会秩序也更具中国特色。爱有差等暗含群体优先之意,该社会秩序建构理念在现代社会依然行之有效。总而言之,荀子群学的目标是构建秩序良好的群体生活。研究群学,要特别注意挖掘群学的立论基础、群学实现群体和谐的手段、群学的社会秩序建构理念和终极目标,使其与现实社会和西方理论对话,才能真正实现古今贯通和中西会通。

中国人民大学社会学理论与方法中心刘少杰教授指出,《群学年鉴》创刊是中国社会学界乃至中国人文社会科学界的一件大事,期待群学研究能够以《群学年鉴》为平台再创辉煌。此外,刘少杰还就中国社会学的学术传统和研究范式创新问题展开讨论。他认为,中国社会学已经形成了中国群学、实证社会学与马克思主义社会学三大学术传统交汇并存的崭新格局。三大社会学传统各有其基本立场、理论追求和方法原则。实证社会学强调社会客观事实,追求揭示社会的本质规定和必然规律;中国群学重视社会伦理道德,旨在通过道德教化稳定秩序;马克思主义社会学重在揭示矛盾和批判弊端,以期推进社会发展。构建中国特色的社会学,应当汲取三大社会学传统的学术精华,在比较、交流和借鉴中扬长避短,把辨析事实、道德教化和追求发展融合为面临新时代的中国特色社会学研究方式,实现中国社会学研究中的学术创新。

教育部高等学校社会学类专业教学指导委员会委员、南开大学周恩来政府管理学院副院长赵万里教授结合马克思主义中国化时代化探讨了社会学理论的创新发展问题。他认为,习近平总书记关于"坚持和发展马克思主义,必须同中国具体实际相结合、同中华优秀传统文化相结合"的论述,对群学研究具有指导意义。一方面,群学思想是中国优秀文化的重要组成部分,群学的一些基本理念迄今仍然在中国社会中存在并且发挥作用,对于群学思想的系统发掘既有历史价值又有时代价值,是马克思主义中国化时代化的重要实践;另一方面，群学研究也应着眼创造性发展，从当代视角重新审视、理解、阐释中国传统群学思想，进而使群学思想以某种规范化的方式进入社会学的学科体系、学术体系和话语体系当中。此外，建设新时代的中国特色社会学，还要注意处理好中西古今问题，以实现马克思主义社会学、中国群学和西方社会学的有效结合。总的来说，中华优秀传统文化源远流长、博大精深，诸如天下为公、民为邦本、为政以德、革故鼎新、任人唯贤、天人合一、自强不息、厚德载物、讲信修睦、亲仁善邻等是中国人民在长期生产生活中积累的先进理念，希望未来群学研究能够对这些思想进行深度发掘，使其在新时代爆发出新的生命力。

四 探讨《群学年鉴》持续举办的方法路径

《社会学研究》编辑部副主任张志敏副编审指出，《群学年鉴》是群学研究的窗口和展示平台，唯有关注群学领域最新进展，精选高质量研究成果，才能办出特色。分而论之：一是明晰群学研究进展，可以结合学术综述、主题探讨等形式对上一年度的研究成果和学科发展进行总结；二是关注重要学术事件，对群学领域年度重要学术活动、重要学术成果的出版发表、学术交流等进行宣传；三是注重年度评估工作，在知识整合的基础上对相关研究成果、未来趋势进行评估。通过以上努力，争取把《群学年鉴》办得"全"（收录内容全）、"新"（研究进展新）、"精"（研究成果精）、"便"（方便收藏阅读）。

中国社会科学出版社年鉴与文摘分社姜阿平副社长指出，随着群学研究进入"扩展领域、扩充队伍、扩大影响"的新阶段，《群学年鉴》应运而生。作为群学体系建设的重要组成内容，《群学年鉴》应从以下几点发力：一是坚守基本原则，主要包括"学术规范要严守""学术批评要客观""研究时效要保证""学术评价要全面"；二是重视宣传推广，要通过有效手段向国内外相关学术机构和图书馆有力推介，以扩大《群学年鉴》的知晓度和影响力；三是注重研究综述的撰写工作，必须深刻把握学科进展，有机整合研究文献，在全面客观系统评价既往研究优劣得失的基础上把握学术敏感点，挖掘未来走势，以使《群学年鉴》能够成为群学研究领域的"基本工具"和"方向引导"。唯其如此，《群学年鉴》才能成为传播群学学术信息的权威平台，引导青年学者和学界同仁了解群学研究的学术地图和学术脉络，进而实现助力学术育人、凝聚群学研究共同体的目标。

教育部高等学校社会学类专业教学指导委员会委员、中国社会科学院大学社会与民族学院执行院长赵一红教授对《群学年鉴》的创办表示祝贺，并就如何推进其长期持续举办提出建议。一是要"诚心正意"。号召中国社会学人坚定地立足于中国社会发展的现实、立足于中华文明和中华传统优秀文化，全情投入《群学年鉴》相关工作，为构建中国社会学话语体系努力奋斗。二是要"站位高远"。《群学年鉴》的举办要继承社会学的立言传统，要顺应学术发展大势，要撷取立意高远的选题展开讨论，以保持其长久的生命力。三是要"众人合力"。广泛动员各方力量，吸引更多学界同仁参与，争取扩大《群学年鉴》的学术影响。四是要"守正创新"。既要严守学术底线、严守"融通古今中西"的宗旨，又要不断吸引广大青年学者、新生力量的加入，不断拓展群学研究的新领域，不断发现群学研究的新议题。

云南师范大学法学与社会学学院徐珺玉副教授详述了《群学年鉴》的筹办过程：2019年9月，景天魁研究员通过信件表达了以云南师范大学群学研究院为依托，认真学习领悟吴文藻、潘光旦、费孝通等老一辈社会学家"融通、担当"的优良传统，为群学研究的更上一层楼不断出力的希望；2021年寒假期间，景天魁研究员带领团队自荀子重新写起的《中国社会学史》各卷本陆续进入统稿阶段，写信提出群学研究要进入扩大影响的新阶段；2022年5月，景天魁研究员明确提出了创办《群学年鉴》的指导性意见。自2022年5月以来，景天魁研究员与《群学年鉴》编辑部来往通信十余封，分别从《群学年鉴》的办刊宗旨、指导方向、栏目设置、编选内容、编委阵容乃至封面设计等各个环节给予悉心指导，才使大家能够一睹

《群学年鉴》的"风采"。同时,《群学年鉴》的创办还有赖于31家发起单位的鼎力支持和学界诸多老师前辈的关心帮助。徐珺玉认为,《群学年鉴》要办得好,应当起到旗帜和导向的作用,应该向学术界发出信号,引导学术研究聚焦群学领域;当下以及未来,《群学年鉴》的所有工作人员都不会懈怠,争取在学界同仁的关注和支持下,把《群学年鉴》越办越好。

在嘉宾致辞和主旨发言之后,云南师范大学法学与社会学学院副院长张黎波副教授就《群学年鉴2022》发布致发刊词,明确了《群学年鉴》"融通古今中西,担当群学新命"的宗旨,指出了《群学年鉴》力争为推动中国社会学崛起添砖加瓦的努力方向,表达了欢迎学界同仁不吝赐稿的热忱期盼。

在创刊仪式上,与会专家的真知灼见对于发扬"融通担当"的学术传统、明确群学研究的战略布局、把握群学研究的核心精要、推动《群学年鉴》的持续举办具有重要价值。此次会议的成功举办为推进当代中国社会学与中国古典社会学的古今贯通、推动中国社会学与西方社会学的中西会通作出了应有的贡献。

与会人员合影

群学简报

云南师范大学群学研究院大事概述

陈剑飞*　任发林**

云南师范大学群学研究院自2019年5月16日挂牌成立至2022年年底，先后组织承办了两次高水平的国内研讨会，组织举办了十六期群学读书会，概述如下。

* 云南师范大学群学研究院挂牌成立
* 《中国社会学史》第二卷"群学制度化"研讨会在北京举行
* 《群学年鉴》创刊仪式暨"中国社会学：历史、当代与未来"学术研讨会在昆明举行
* 万溪群学读书会连续举办十六期

云南师范大学群学研究院挂牌成立

2019年5月15日上午，云南师范大学蒋永文校长在呈贡校区办公楼第三会议室主持召开中共云南师范大学第十二届委员会第三十一次校长办公会，会议研究决定：同意按非实体性科研机构成立"云南师范大学群学研究院"，研究院依托哲学与政法学院管理，并自行解决运行经费、办公场地。云南师范大学群学研究院成立后，着力围绕探寻中国社会学崛起的历史基础、挖掘中国古典社会学相关理论概念、吸收西方社会学丰富成果等议题集中组织高水平学术研究及交流活动，努力为中国社会学学科建设奠定学术史基础、为构建中国社会

---

*　陈剑飞，云南师范大学法学与社会学学院2021级社会学硕士研究生。
**　任发林，云南师范大学法学与社会学学院2021级人口学硕士研究生。

学话语体系提供理论支撑。

《中国社会学史》第二卷"群学制度化"研讨会在北京举行

2020年1月19日，云南师范大学群学研究院依托哲学与政法学院与中国社会科学院社会学研究所在北京共同召开《中国社会学史》第二卷"群学制度化"提纲审定及撰稿分工研讨会。

此次会议对提纲与撰稿的总要求是，"上对得起祖宗，下对得起子孙"。其一，充分表现群学内容的丰富性、群学存在的历史绵延性。其二，首次证明中国古代有社会学，荀子群学就是中国古典社会学。

会议还对后续书写与研究提出三点具体要求。第一，要证明群学在中国2000多年的历史上一直存在、而且发挥着重要作用，还要证明群学内容的丰富性。第二，要充分表现群学的学科性、体系性，证明群学不亚于西方社会学，也就是严复所说的"与西学合"。要强化学科意识，时刻想到学科史与社会思想史的区别。第三，要充分表现群学具有形塑中国繁盛社会的作用，具有修齐治平之功。

南开大学周恩来政府管理学院社会学系王处辉教授指出，课题组同仁的写作带有学科立基的性质，任务很重。群学研究需要符合社会学的话语体系，要特别注意社会学的学科性。学科性在于范式，社会学的特征和政治学、伦理学、法学有所不同，需要精心选择拿什么或不拿什么史料。同时，在用史料的时候需要解读出社会学的味道，这是最重要的。社会学是研究社会秩序的，群学就是讲社会秩序如何建构、如何管理，要和社会学的基本理念对接，关键是找到一些概念背后的理念。社会学有三个基本特征。第一是理论取向，尽管做实证研究，但也要有理论取向，概括而言是要建构几组命题。第二是草根取向，社会学关心弱者、关心下层、关心群体。比如"水能载舟亦能覆舟"，政治学关心的是舟别沉，社会学关心的则是水，重心是放在下层、放在群众这里的。第三是具有改良性，比如冲突学派，融入社会学时是强调冲突的正功能和负功能。从草根取向来看，墨子更具有社会学味道。课题组同仁应该找到背后的文化基因,找到群体生活发展绵延的方法。

中国社会科学院学部委员、中国社会科学院社会学研究所景天魁研究员指出,课题组之前的想法是论证"四"群(合群、能群、善群、乐群)的系统化就是群学。这样便于使群学体系化,也便于和其他学科区分开来。现在的难点在于,课题组成员对于中国这套思想的基因并没有真正找准。他勉励课题组成员在写作过程中要多加讨论。他强调,第二卷的命题主要考虑的是秦汉时期与制度建设相关的命题,就是从中国文化的特性讲中国制度的根源。

景天魁研究员最后对命题的写法提出四点要求:第一,命题的出处和含义须交代清楚;第二,厘清命题演进的脉络,写明该命题在群学制度化过程中有何表现、怎么应用;第三,介绍相应的社会史,即在什么样的社会背景下产生该制度;第四,阐明命题在群学制度化过程中的意义。

《群学年鉴》创刊仪式暨"中国社会学:历史、当代与未来"学术研讨会在昆明举行

2022年11月5—6日,由中国社会科学院社会学研究所、中国社会科学院大学中国古典社会学(群学)研究中心、云南师范大学法学与社会学学院、云南师范大学群学研究院共同主办的《群学年鉴》创刊仪式暨"中国社会学:历史、当代与未来"学术研讨会,在云南师范大学呈贡校区圆满举办。30多家单位共50多位专家学者和云南师范大学百余名师生参加会议。

11月5日上午,举办《群学年鉴》创刊仪式。云南师范大学法学与社会学学院院长尤伟琼教授主持会议,云南师范大学党委委员、副校长武友德教授致开幕词,中国社会科学院景天魁研究员、中国人民大学刘少杰教授、南开大学王处辉教授、中国社会科学院大学赵一红教授、南开大学赵万里教授、《社会学研究》编辑部张志敏副主任、中国社会科学出版社年鉴与文摘分社姜阿平副社长、

山东理工大学牛喜霞教授、云南师范大学张黎波副教授、云南师范大学徐珺玉副教授分别就《群学年鉴》创刊发表致辞并寄予厚望与祝福。

武友德副校长致辞　　　　　创刊仪式赠样书

11月5日下午，举办"中国社会学：历史、当代与未来"研讨会专家论坛。中国传媒大学冯波教授、山东大学王向贤教授和北京工业大学鞠春彦副教授，分别作了题为"略论王阳明的心性论和心性化群学思想""父慈：先秦儒家父职与当代亲亲重构""论中国式现代化图景中的'小康'"的专家讲座。与此同时，"当代中国社会学"研讨会顺利召开。中国社会科学院景天魁研究员、山东大学林聚任教授、中国社会科学院李炜研究员、山东理工大学牛喜霞教授等学者，围绕中国社会学理论反思主题进行交流发言；武汉理工大学邓万春教授、厦门大学高和荣教授、中央财经大学王建民教授、中华女子学院郝彩虹副教授、山东大学研究生张文洁等专家学者，针对中国社会学的路径探索作交流汇报。11月6日上午，继续召开"中国社会学史"研讨会，线上线下共40余位专家学者，对《中国社会学史》的写作情况作出汇报并展开讨论。

景天魁研究员发言　　　"中国社会学：历史、当代与未来"研讨会专家论坛

　　会议落幕之际，中国社会科学院景天魁研究员对会议的圆满举办给予高度肯定，并对中国社会学发展提出期望。一是群学研究已进入"扩展领域、扩充队伍、扩大影响"的新阶段，希望各位专家学者在学术和行动上积极筹备，推进下次群学论坛的举办。二是中国社会学需要有自己的特色，中国社会学的崛起需要走自己的道路，希望学界同仁从推动中国社会学崛起的高度进行理论反思和探索，引起学界共鸣，取得学科共识，合力推动中国社会学的崛起！

万溪群学读书会连续举办十六期

　　自2020年12月起，万溪群学读书会定期（每月一次）举办线上线下读书交流活动。万溪群学读书会由云南师范大学群学研究院与云南师范大学法学与社会学学院联合主办，以"领读＋评议＋讨论＋提问"的形式展开，领读者由法学与社会学学院徐珺玉副教授与社会学系研究生共同担任，评议人由社会学各研究领域知名教授、法学与社会学学院社会学系老师、社会学研究生和本科生组成，讨论环节的问题一般在读书会开展前经过社会学专业研究生与本科生共同商讨确定，提问环节的问题则由现场学生根据自身对书目内容的理解提出，由现场老师和学生共同解答。

万溪群学读书会以"读书·思考·交流·共享"为基本宗旨，致力于搭建全校师生学术交流平台、营造多学科学术交流的强烈氛围的同时，引领社会学专业学生学习中西方社会学相关理论知识，并广泛进行跨学科交流。

迄今为止，万溪群学读书会已成功举办了十六期，研读经典著作22部（具体书单见表1），参与人数累计达2000人次以上。

表1　　万溪群学读书会第1—16期书单

期数	时间	领读者	书目	作者	出版社	学生评议	教师评议
第一期	2020年12月	徐珺玉	《社会学的想象力》	米尔斯	生活·读书·新知三联书店	刘娟	徐珺玉
第二期	2021年3月	徐珺玉	《新教伦理与资本主义精神》	韦伯	上海人民出版社	徐佳	何蓉 覃琮 徐其龙
第三期	2021年6月	徐珺玉	《资本论（第一卷）》	马克思	人民出版社	王丹 刘娟	梁文凤
第四期	2021年6月	徐珺玉	《思想史研究课堂讲录》	葛兆光	生活·读书·新知三联书店	鲁霜 张雯焯	徐珺玉
第五期	2021年9月	王媛	《中国社会学：起源与绵延》	景天魁等	社会科学文献出版社	鲁霜 刘娟 韩梦露	张曙晖
第六期	2021年10月	杨梓	《一个中国村庄：山东台头》	杨懋春	江苏人民出版社	王媛 李晨旭	王茂美
第六期	2021年10月	汪晨露	《跨越边界的社区：北京"浙江村"的生活史》	项飙	生活·读书·新知三联书店	徐世兴 徐李沅	王茂美
第七期	2021年11月	张婷	《街角社会》	怀特	商务印书馆	张晓雯 钟小芳	曲凯音
第八期	2021年12月	钟小芳	《自杀论》	涂尔干	商务印书馆	龚敏毓 童雨希	蒋凌月

续表

期数	时间	领读者	书目	作者	出版社	学生评议	教师评议
第九期	2022年4月	鲁霜	《乌合之众：大众心理研究》	勒庞	中央编译出版社	黄蒜蕤 吴姣	徐珺玉
第十期	2022年5月	徐李沅	《个体化社会》	鲍曼	上海三联书店	宋清波 念英 汪晨露	徐珺玉
第十一期	2022年6月	吴姣	《疯癫与文明》	福柯	生活·读书·新知三联书店	滕亚蓉 杨梓 马照萌	刘婷
第十一期	2022年6月	王丹	《规训与惩罚》	福柯	生活·读书·新知三联书店	姜乔慧 徐佳	王茂美
第十二期	2022年6月	徐佳	《狱中札记》	葛兰西	中国社会科学出版社	张辰西 赵菡 王丹	徐珺玉
第十三期	2022年9月	李从荧	《见树又见林：社会学与生活》	约翰逊	中央编译出版社	王锐	李芳
第十三期	2022年9月	杨泽平	《社会理论的核心问题》	吉登斯	上海译文出版社	陈剑飞 陈云鹏	徐珺玉
第十四期	2022年10月	倖金飞	《中国文化要义》	梁漱溟	商务印书馆	杨泽平 陈剑飞	张曙晖 张丽华
第十四期	2022年10月	柳馥亭	《祖荫下：中国乡村的亲属、人格与社会流动》	许烺光	台湾南天书局有限公司	田宜霭 阳福娅 杨乐	尤伟琼
第十五期	2022年11月	付晓凤	《现代性与大屠杀》	鲍曼	译林出版社	杨明月 凤晓仙 李王娇	刘婷
第十五期	2022年11月	张晓凤	《流动的现代性》	鲍曼	中国人民大学出版社	梁华鹏 陈云鹏	曲凯音

续表

期数	时间	领读者	书目	作者	出版社	学生评议	教师评议
第十六期	2022年12月	杨天龙	《大国空巢：反思中国计划生育政策》	易富贤	中国发展出版社	任发林 郑博龄	王茂美
		文潇悦	《光棍危机：亚洲男性人口过剩的安全启示》	赫德森 邓波尔	中央编译出版社	岳静 潘培慧 张晓龙	王茂美

在此，特载一期师生共同探讨群学研究的读书会。

2021年9月28日，万溪群学读书会第五期在云南师范大学呈贡校区明德一号楼举行，此次读书会书目为《中国社会学：起源与绵延》。读书会由云南师范大学法学与社会学学院徐珺玉副教授主持，特邀云南师范大学法学与社会学学院尤伟琼教授、张曙晖教授到会交流。此期读书会由云南师范大学法学与社会学学院硕士研究生王媛领读，云南师范大学法学与社会学学院硕士研究生鲁霜，本科生刘娟、韩梦露担任评议人。共有硕士研究生、本科生150余名参加此期读书会。除社会学专业学生之外，此期读书会还吸引了文学院、历史与行政学院、马克思主义学院、物电学院、信息学院等多个学院的学生到场参加。

在领读环节中，王媛同学首先从《中国社会学：起源与绵延》一书的前言出发，简谈怎样认识中国社会学的历史、怎样对待中国社会学的学科史、怎样探寻中国社会学崛起的历史基础三个问题，由此展开对该书主干部分的梳理。其中，王媛同学重点讲解了"中国社会学不可回避的根本问题"，对中国社会思想史的中西问题、古今问题加以分析论述，加深了同学们对于该书的理解。

在评议环节中，张曙晖老师凭借深厚的社会思想史功底，对中国社会思想史的"源"与"流"展开论述，帮助同学们明确"中国社会学"研究的重要性；徐珺玉老师就该书进行拓展，论证"'中国社会学研究'的主要途径是古今贯通、中西会通"，并从多维视角带领

万溪群学读书会现场

学生认识中国社会思想史，拓展了学生思考的视野；硕士研究生鲁霜，本科生刘娟、韩梦露基于该书及领读人的讲解阐述了自己对于中国社会思想史的思考，展现了社会学的学科素养。

评议之后，提问环节由徐珺玉副教授主持，就学生针对该书提出的四个问题进行现场讨论。同学们积极参与问题的讨论，并结合对问题的理解发表自己的看法，张曙晖老师和徐珺玉老师分别对学生的回答进行归纳点评，解答了同学们关于书中的疑问。最后，法学与社会学学院尤伟琼教授对此期读书会进行总体点评，在对读书会的意义和价值给予肯定和高度评价的同时，亦对读书会的开展形式提出了指导意见。

将群学作为山东理工大学社会学学科人才培养的必修课

牛喜霞* 孙翊铭**

习近平总书记在庆祝中国共产党成立95周年大会上明确提出"四个自信",即中国特色社会主义道路自信、理论自信、制度自信、文化自信。文化自信是最根本的自信。习近平总书记更是一再要求从中国传统文化中汲取治国理政的智慧和经验。近年来,中国社会科学院学部委员景天魁学术团队先后出版了《中国社会学:起源与绵延》(2017年)和《中国社会学史》第一卷(2019年)、第二、三卷(2022年),第四、五、六卷将陆续出版,梳理出了群学的概念体系和命题体系,证明群学是荀子在稷下学宫"三为祭酒"期间所创立,群学就是中国古典社会学,稷下学宫作为当时最先进的学术机构和最高学术殿堂是群学孕育之地,群学是世界历史上罕有的百家争鸣的智慧结晶,融通诸家的荀子是"中国第一位社会学者"。

2021年6月26日,由中国社会科学院社会发展战略研究院、山东理工大学、中共淄博市委宣传部主办的"稷下学宫·社会发展与中国社会学溯源高峰论坛"在山东淄博齐盛国际宾馆国际会议厅顺利召开。景天魁作了题为"稷下学宫定位与中国社会学溯源"的主旨演讲,指出稷下学宫在中国文化史、世界文明史上都具有重要的地位,稷下学宫不仅是战国时期的高等学府,更是光耀千秋的中华文明典范,对于实现中华民族伟大复兴与解决21世纪人类命运问题具有重大启迪意义;稷下学宫"不治而议""开放包容""经世致用"

---

* 牛喜霞,山东理工大学法学院教授,硕士研究生导师。
** 孙翊铭,山东理工大学法学院学生。

"融会贯通"的文明特质则为中国古典社会学的孕育创造了条件；群学创立的直接证据、根本原因、历史机遇、学术基础等都雄辩地证明稷下学宫是群学的产生地。最后，来自中国社会科学院、中国人民大学、吉林大学、复旦大学、南开大学、山东大学等国内多所院校的百余位与会专家学者热烈讨论与严谨论证，一致认为群学即中国古典社会学由荀子在稷下学宫"三为祭酒"期间所创立，稷下学宫为中国古典社会学的孕育之地。

淄博是一座历史悠久的文化名城，是齐国故都、聊斋故里、足球故乡、陶瓷名城。齐国临淄诞生了世界上第一所官办高等学府——稷下学宫，春秋战国时期的"百家争鸣"就是以稷下学宫为中心展开的。

山东理工大学地处齐国故都，源远流长的齐鲁历史文化为该校办学提供了深厚底蕴和先进理念。社会工作专业创办于2001年，2006年获批社会学硕士学位培养单位，是鲁中地区唯一招收社会工作本科、社会学硕士的高校，也是山东省内三所拥有社会学硕士学位授权的院校之一。2017年获得推荐免试研究生资格，2019年该校社会工作专业获批山东省一流本科立项建设，2020年又获批国家级一流本科立项建设。经过20多年的建设，山东理工大学社会学已发展成为教学体系完整、人才培养机制健全、师资队伍结构合理的鲁中地区社会学学科龙头。

山东理工大学非常重视对中国传统历史文化的弘扬和传承，设置中国社会思想史作为本科专业的必修模块课程，设置中国社会学前沿理论作为社会学学科研究生的学位必修课程的首门课程，设置中国社会思想史作为社会学学科研究生的非学位选修课程。作为稷下学宫中国古典社会学的孕育之地唯一拥有社会学专业的高校，该校将荀子所创立的群学这一中国古典社会学作为社会学专业人才培养的重要环节，落实到课程讲授、专业实践和科学研究中。

为此，在2021年的秋季，在给2021级研究生讲授中国社会学前沿理论这门学位课程时，遵从"欲兴其学，先正其史"的学科传统，围绕中国有没有社会学，中国社会学开端于何时，中国社会学经历了怎样的百年发展，中国百年社会学的反思，中国社会学本土化发展，中国社会学理论研究的进展，中国社会学的学科自信、学科自觉及学科特色等一系列问题进行了专题讲授。同学们反响强烈，振奋不已。

作为中国社会学溯源地所在的高校，山东理工大学未来首先拟将群学作为全校研究生的素养课，让全校各个学科的研究生都了解群学的深邃，树立起对中国传统文化思想的自信，从而养成中国文化的自觉；其次，建议《中国社会学史》编写组能将群学针对不同受众做成慕课，以便让更多的人了解中国古典社会学的博大精深；最后，建议将群学课程作为国标纳入高校社会学专业人才培养标准，由此让从事社会学专业的教师和学生从根本上了解中国自古以来就有社会学，社会学不是舶来品。

当前，中国特色社会主义进入了新时代。中国特色、中国风格、中国气派的社会学要实现高质量发展，就必须深化对中国社会学的学科体系、学术体系、话语体系的认识和了解。作为在中国古典社会学的孕育之地唯一拥有社会学专业的高校，山东理工大学将坚定不移厚植于中国本土实践开展社会学研究，加强社会学学科建设，提升社会学人才培养质量，为解决人类面临的共同问题作出应有的贡献。

青年学人持续发力 获批国家社科基金青年项目

张辰西*

2014年以来,中国社会科学院学部委员、中国社会科学院社会学研究所景天魁研究员带领学术团队聚焦中国社会学史研究,尝试以重写中国社会学史的方式构建中国社会学话语体系。为了实现中国社会学的"中西会通",提出具有中国特色、中国风格的基本概念和理论,景天魁带领团队重点探讨了群学概念体系,在此基础上,以群学命题演进史的形式书写中国社会学史。2017年10月,《中国社会学:起源与绵延》一书出版,当年即被评为中国社会科学院重大成果;2019年10月《中国社会学史》第一卷出版,2022年10月第二、三卷完成出版,第四卷至第六卷也将陆续出版。

《中国社会学史》每卷的作者和学术顾问有30余人,六卷共有近百人。团队的青年学者出于对这项事业重大意义的认同,凭借着对学术事业的一片赤诚,激发出高昂的学术创新激情。团队青年学人持续发力,致力于群学研究。2020年,徐珺玉博士主持申报的国家社科基金青年项目"中国古代士阶层的社会福利思想研究"获批立项(项目编号:20CSH021);2021年,徐其龙博士主持申报的国家社科基金青年项目"中国农村社会工作史研究"获批立项(项目编号:21CSH001);2022年,徐磊博士主持申报的国家社科基金青年项目"荀子礼治思想与秦汉社会治理传统研究"获批立项(项目编号:22CSH001)。国家社科基金项目是我国哲学社会科学领域层次最高、资助力度最大的项目。2020—2022年,团队每年皆有青年学者获批

---

* 张辰西,云南师范大学法学与社会学学院2020级社会学本科生。

国家社科基金项目，稳步提升了团队申报课题的能力和水平，亦是推动中国社会学史研究持续向前发展的动力。以下对三项国家社科基金青年项目的研究内容、研究价值稍作梳理。

一 "中国古代士阶层的社会福利思想研究"

2020年，云南师范大学法学与社会学学院徐珺玉博士申报国家社科基金青年项目"中国古代士阶层的社会福利思想研究"并获准立项。

该研究以中国古代士阶层的社会福利思想为研究对象，首次使用阶层分析法梳理和阐述中国古代士阶层的社会福利思想，具体包括：先秦时期士阶层的社会福利思想、秦汉时期士阶层的社会福利思想、魏晋南北朝时期士阶层的社会福利思想、隋唐宋元时期士阶层的社会福利思想、明清时期士阶层的社会福利思想。以中国古代士阶层的社会福利思想为中心，该研究将总体框架的逻辑结构分为七个部分。第一部分为中国古代士阶层的形成与发展，此部分重点分析中国古代士阶层形成的社会条件和发展历程。第二部分至第六部分重点分析五个不同历史时期士阶层社会福利思想的社会背景、代表人物、主要特点和历史价值。第七部分是对中国古代士阶层的社会福利思想的评价，从主要特征、历史意义、历史局限、当代价值四个方面进行评价。最终成果为1本专著：《中国古代士阶层的社会福利思想》（20万字）。

士阶层的社会福利思想是中国古代社会福利思想的重要组成部分，对中国古代社会福利事业的发展发挥了重要作用。构建具有中华文化特色的现代社会福利体系，迫切需要系统研究和认真汲取中国古代士阶层的社会福利思想资源，充分发挥优秀传统福利思想资源的借鉴价值。该研究通过系统梳理，对五个不同历史时期士阶层的社会福利思想进行提炼总结，尽量还原中国古代士阶层社会福利思想的"原貌"，探讨中国古代士阶层社会福利思想的发展轨迹，深化对中国古代士阶层社会福利思想的认识，从而为建设中国特色社会福利体系提供具有中华文化特色的传统福利思想资源。

二 "中国农村社会工作史研究"

2021 年,广西师范大学政治与公共管理学院徐其龙博士申报国家社科基金青年项目"中国农村社会工作史研究"并获准立项。

该研究以中国农村社会工作史为研究对象,以史料为基础,在时空背景下对不同时期的中国农村社会工作的思想、理论、实践情况进行系统总结和梳理,探寻农村社会工作的中国意涵。具体内容包括:中国农村社会工作的古代思想资源和实践、中国农村社会工作的确立与形成(民国)、行政性农村社会工作时期经验(1949—1978 年)、当代中国农村社会工作发展的重建与发展(1979 年至今)。研究以中国农村社会工作专业化进程为线索,以历史上各时期的中国农村问题为逻辑起点,以中国农村社会工作历史实践为观察场域,以中国传统思想文化、现实情境、农村社会工作理论和实践三者的互动关系为思想资源和对话参照体系,对中国传统、民国时期、新中国成立以来农村社会工作以及对近年来农村社会工作出现的不同模式进行分析,反思历史上中国农村社会工作的特征和经验,归纳中国农村社会工作的实践智慧,探寻中国农村社会工作发展的内在理路,以建构完整的"中国农村社会工作"的历史进程。最终成果为 1 篇研究报告:《中国农村社会工作史》(20 万字)。

该研究强调以总体性和历史性的视角思考中国农村社会的历史进程,为当代农村社会工作寻找历史基础,思考农村社会工作的"中国性",提出植根于中国土壤的具有中国价值的农村社会工作话语体系。同时,以史为鉴,吸收借鉴历史上优秀的农村社会工作实践智慧,为推动农村社会工作教育与实务提供知识基础。此外,发展适合国情的农村社会工作,不仅要推动社会工作本土化,还要回到历史和实践,梳理、总结和提炼历史上丰富的农村社会工作思想与经验,才能构建出符合中国实际、具有中国特色的农村社会工作的知识体系和话语体系。

三 "荀子礼治思想与秦汉社会治理传统研究"

2022年,贵州民族大学社会学与公共管理学院徐磊博士申报国家社科基金青年项目"荀子礼治思想与秦汉社会治理传统研究"并获准立项。

该研究认为,荀子礼治思想是中国古代礼治思想的重要组成部分,在探讨治乱盛衰与修齐治平中形成了礼法结合的社会治理传统,并在秦汉时期的社会治理实践中产生巨大影响,其所型构的群己与家国的秩序结构,时至今日仍有重要借鉴价值。具体内容包括:荀子礼治思想形成的社会思想基础、荀子礼治思想与社会治理的关系、荀子社会治理中的群己家国结构、荀子礼治思想与秦汉社会治理传统的形成、秦汉时期群己家国秩序结构的奠基。该研究旨在分析荀子社会治理中的国家与社会关系、社会与个人关系,从而论证秦汉治理格局和礼治社会的形成,强调荀子礼治思想奠基于中国古典社会治理传统,并提出社会善治的可能方案。最终成果为1本专著:《荀子礼治思想与秦汉社会治理传统研究》(25万字)。

该研究具有较高研究价值。目前,荀子研究主要集中在哲学、伦理学等学科,鲜有学者系统关注荀子的社会治理思想。该课题以荀子礼治思想为线索,系统构建中国秦汉时期社会治理传统的思想脉络和实践特征,为弘扬中华民族传统治理思想提供了知识基础,亦为当代中国基层社会治理提供了可能的实践方案。

四 贯通古今、持续发力,全面拓展群学研究领域

景天魁在《中国社会学:起源与绵延》一书中写道:"虽然中国近代以来遭遇数千年未有之大变局,然而奋发图强的力量积蓄了几百年,已到全面爆发之期……在中国的崛起过程中,必有中国社会学的崛起。中国社会学者的使命,就是努力推动和实现中国社会学的崛起。"如今,面对"世界百年未有之大变局",中国社会学已经进入

回答时代命题的新阶段，在这一过程中，青年学人应致力于构建中国社会学的话语体系，贯通古今，持续发力，全面拓展群学研究领域，以"大担当"在新的"百家争鸣"态势下发出中国社会学的最强音，不断贡献具有穿透力的群学研究课题，以勉励更多青年学人致力于中国社会学史的研究！

景天魁关于《中国社会学史》和《群学年鉴》通信选录

一 取其精华 舍其糟粕
——2019年9月19日致《中国社会学史》课题组同仁的信

《中国社会学史》课题组各位学术顾问、各位作者:

我多次强调各卷命题体系构建的重要性,我们这套书的原创性贡献主要是各卷的命题体系。希望你们把主要精力放在命题体系构建上。现把我近来的一些想法整理如下,请你们进一步思考。

(一)各卷要按专论形式而不是"史"(历史叙述)的形式,构建命题体系

我们这套《中国社会学史》虽然是学科史,但抱持的宗旨主要是证明群学的历史存在性和历史绵延性,这是目前的学术发展需要所决定的。因此,我们虽然要客观地书写学术史实,但主要是论证群学的历史存在性和历史绵延性。这就决定了我们不能采取通常的"按照年代和人物叙述史实"的写法,而要采取专论的写法。所谓"专论写法",主要是指不能罗列命题,必须按照严密的逻辑结构梳理和排列命题,使之呈现为一个层次清楚、前后连贯的整体。

等我们这套书出版之后,群学的历史存在性和历史绵延性得到证明并得到学界认同了,后来一代一代的学者可以细致地去研究一个一个的群学代表人物、一本一本的群学著作,写出大量研究专著;进而

写出如唐代群学、明代群学这样的断代史；再进一步写出按照年代和人物书写的全面系统的中国社会学史。我们现在没有条件那样做，而且那也不是目前最紧迫的任务，目前最紧迫的是让学界承认群学。

当然，我们既然书写的是《中国社会学史》，就要有一定的"史"的味道和特征。我们每一卷的第三章要概略地介绍"代表人物和主要著作"，这一章虽然是"略写"，但要尽可能地全面系统，能够提到的人物和著作尽量提到，力争不要有明显遗漏。即使现在没有太大把握的，也要提到，以作为今后讨论的话题。虽然是略写，但提到的代表人物和主要著作比较多，这一章的字数可以多一些。虽然是"略写"，但采取有详有略的写法。代表性强的、可以肯定是社会学的，就详写；不然就略写。这一章提到的代表人物，哪些"是社会学家"，哪些"也可以看作是社会学家"，哪些人"提出了重要的社会学命题"；主要著作中，哪些"是社会学著作"，哪些"也可以看作是社会学著作"，哪些著作"包含了重要的社会学命题"——要有明确的分类。各子课题负责人先提出一个分类，与"提纲审定人"讨论。最后拿到会议上讨论的提纲中要有明确的分类，不能简单罗列。

（二）具体做法

1. 加强各章"引言"和"结语"的分量。"引言"要交代清楚：（1）这一章大概讲的是什么内容；（2）各个命题之间分什么层次，前后是什么关系。"结语"要总结出这一章的主要结论性观点，并与下一章相衔接。

2. 节的标题要更具"说明性"——通过节的标题说明每章每节的内容结构。要让读者只要看看节的标题，就能清楚这一节的要点。为此，节的标题可以更多地使用我们今天的语言，除非古人的原话可以起到这种"说明性"的作用。

3. 也可以视各章各节的具体情况，考虑是否在节下再增加一级小标题。命题在小标题之下［第四章—第一节—（小节）一二三—命题（一）（二）（三）］。小标题本身可以不采取命题的表述形式，可以用或不用古人的话语，总之，小标题主要是起到"说明性""分类和层次性""串联性"的作用。

4. 每一节所包括的命题,都是古人的原话,但也可以"合并"(内容相近的)、"拆解"(内容庞杂的)或重组(部分内容不协调的),以便凸显出清晰的逻辑关系。

5. 将内容同类相关的命题放在每节或"小节"之内。例如,第四卷群学心性化可以将关于同一问题的心学和实学的矛盾命题一起放在同一个节或"小节"之中,让"矛盾"体现在内部、细微处,但在全卷、各章表现出来的整个命题体系还是逻辑一致、结构严整的。

(三)建构命题体系要坚持"取其精华,舍其糟粕""古为今用"的方针

建构命题体系固然要符合历史实际,但是,同样真实的情况是,在历史上,虽然群学制度化的命题体系、群学民间化的命题体系、群学心性化的命题体系就其内容来说是客观存在的,但就其体系而言并不是现成地摆在那里的。内容(命题)确实是历史存在的,但是呈现形式(体系)却是我们建构出来的。当然,我们的建构并不是主观臆造,而是按照群学历史演变的实际情况所做的归纳和整理,在这个意义上命题体系的建构是我们的创新。那么,我们为什么要建构群学演变的命题体系呢?是为了今天中国社会学的发展,是为了实现中国社会学的崛起,是为了给实现崛起奠定历史基础。也就是说,不是为了历史,而是为了现在和未来。现在和未来需要什么?需要对今天和以后还有意义的东西,而不是纯粹的"古董"。这就决定了我们要"取其精华,舍其糟粕""古为今用"。

因此,那些在历史上已经明显被否定了的东西,尤其是那些对今天和未来不仅失去意义而且有消极的相反效果的东西,就没有必要选择出来,建构到我们的体系中。例如,皇帝制度、"三纲五常"之类,它们在历史上确实存在过,而且发挥了很大作用。如果我们的研究目的只是为了重现历史真实,那应该把它们摆在我们建构的体系中,可是,既然我们主要不是为了呈现历史,而是为了社会学的未来发展,那么,把这些不仅已经被历史否定了而且与我们的目的相违背

的东西，再建构到我们面向未来的体系中，就不但没有正面效果，而且只会被世人诟病。

那么，这一类的东西是不是就根本回避呢？也不是。在第一章讲历史基础、第二章讲思想基础、第三章讲代表人物和主要著作的时候，都可以讲到这些东西，甚至也可以客观地肯定它们的历史作用；在各章的引言、结语以及各节的导语中也可以讲到它们；写一些相关命题的历史背景、命题演变过程的时候也可以提到这些东西。

只是在独立的命题表中（在目录中），不作为命题或命题名称的组成部分单独列出来。但是，在讲到"中央集权制度"时肯定会提到皇帝制度，在有关"伦常"的命题中，肯定会提到"三纲五常"，这就够了。其他一些命题如果在历史上确实很重要，尽管在内容上是陈旧的，已经被历史否定了，但是，只要不会有负面的效果，确有必要的也可以列到有关命题体系中。

处理好历史叙述和体系建构之间的关系，"分寸"和"火候"很重要。我们写的是《中国社会学史》，当然历史真实性是最根本的；我们又要建构命题体系，这就不仅是还原历史，还有一个古为今用的问题。如何把握得好，请各位多动脑筋。最低限度，我们建构的命题体系，不能有过分消极的效果，那对于建立学界对群学的认同是不利的，与我们这项研究的目的也是相悖的。我们这套《中国社会学史》要构建群学命题体系，这是与以往的中国思想史、学术史的重要区别。处理好历史叙述和体系建构之间的关系是一个具有创新性的问题，也是一个关键性问题。在这个问题上，我们要有明确的创新意识，而且要集思广益，统一认识。

总之，从 2018 年 6 月到现在，1 年又 3 个月，主要是在资料上花力气，收集到丰富的命题。下一步，必须在命题结构上下功夫，解决好体系化的问题。要解决好体系化问题，必须目的明确、思路清晰，增强整体设计能力。

景天魁

2019 年 9 月 19 日

二 以学问之乐为生活之乐

——2020 年春节致《中国社会学史》课题组同仁的信

《中国社会学史》课题组各位学术顾问、各位作者：

2020 年 1 月 19 日在北京顺利完成了第二卷的提纲审定和写作分工。非常感谢中国社会学会中国社会思想史专业委员会理事长王处辉教授、西北大学中国思想文化研究所张茂泽教授的鼎力支持，非常感谢李存山研究员、楚刃研究员自 2014 年开始写作《中国社会学：起源与绵延》以来一贯地大力支持和积极参与。他们都对第二卷提纲提出了许多宝贵建议，特别令我感动的是都承担了第二卷的写作任务。

在此之前的 1 月 4—5 日，课题组在山东大学召开了第三卷提纲审定和写作分工会议，非常感谢中国社会科学院社会学研究所何蓉研究员和历史研究所杨宝玉、纪雪娟两位研究员的积极参与和大力支持，她们也都承担了第三卷的写作任务。我的老朋友李存山研究员在困难面前拔刀相助，勇于担当，承担写作的命题最多，达 18 个，而且还有其他多个章节的写作任务。

以上各位以及许多学术新锐——吕庆春、邹珺、徐珺玉、刘梦阳、赵春雷、柳小琴、王瑞新、何莹、郝彩虹、赵春燕、景乔雯等，以及杨善民的多位学生，还有先前第一卷的作者们，都积极承担了写作任务。这样，第二、三卷的提纲经过自 2019 年 6 月以来 1 年 7 个月的讨论，终于定下来了；写作分工也顺利落实到人了。这给了我巨大的鼓舞。

我们赶在春节假期之前落实写作任务的重要目的，就是希望大家在假期里抓紧动笔写作。张茂泽教授 20 日在川办招待所已经开始撰写了。大过年的，请大家抓紧动笔，似乎有些不近情理，但我不这么认为。在 2020 年春节期间，能够为应该具有历史价值的《中国社会学史》作出贡献，这比品尝美味佳肴更有滋味。茅台醇美，不过是口舌之福。而写出好文章，体味到的是一种成就感、满足感，其愉悦程度肯定是饮茅台难以比拟的。

我每天早晨还在似醒非醒之际，大脑就开始思考，有了思想火花，就赶紧写到床头的纸片上。因为我这把年纪，如果等打开电脑，就可能把刚刚还很兴奋地想得很清楚的观点和词语忘掉了。天天就这样开始，到晚上脑筋开不动了收工。老伴经常埋怨我，今天吃的什么饭不知道，重要的家务事忘了。我却体会到这是人生与学问的融合——人生融入学问之中，学问融入人生之中。以学问之乐为生活之乐，生活之乐转化为学问之乐。很可能，这是到了我这个年纪，可以不为膏粱谋，不为名利愁，不受家务累，才能充分体会到学术即人生。但是，年轻人有我难以企及的精力，有更大的挥洒空间，其实也可以体味到学术与人生相融合的乐趣。

人的一生追求立德、立功、立言。一般认为，立德需要奉献，立功要有勇气，立言要靠智慧。其实，立言也要甘于奉献，勇于担当。古代学者把自己视为中国文化、中国学术的传人，对学术、对写作有一种神圣感、敬畏感、尊严感。写作之前要沐浴更衣，执笔时要正襟危坐，字斟句酌，反复磨砺，务求对得起先贤，对得起后人。我们现在不必讲究形式，但是我们写的是"上要对得起祖宗，下要对得起子孙"的中国社会学史，先贤的精神是一定要传承的。这是我们共同的志趣。

我把中国社会科学出版社责任编辑姜阿平极其负责而细致地总结出来的两份写作要求转发给各位，请务必认真阅读、多加注意。

请和荣、善民在开学之前，统计一下大家的写作成果，根据"早期收获"情况，确定4月和7—8月的会议计划。

第四、五卷的提纲正在征求意见和修改完善过程中，准备就绪后，亦将尽快召开提纲审定和写作分工会议。

给各位拜个早年，祝大家新春愉快，阖家幸福，庚子年万事顺遂！

景天魁

2020年1月20日

三 孜孜不倦 精益求精
——2020年4月1日致《中国社会学史》课题组年轻同道的信

《中国社会学史》课题组各位年轻同道：

2020年3月30日上午，我发信向李存山教授请教：关于张苍，有何史料？当天深夜23:31，我收到存山的不短的"短信"，尽管他说对张苍"无研究"，仍帮我查到了很多有价值的资料，我很感动。我思忖，如果是我，有人问我并无研究的问题，我会推说我没有研究过，你去问别人吧，也就了事。没有想到31日深夜23:54，竟又收到存山又一封很长的"短信"，他又自谦说对张苍"无研究"，但他请教了山大杨善民，自己又查找了《四库全书》，查阅了大量资料，确证了张苍是荀子的学生，以及有关的史实。

我看了这封"短信"，感动得不能入眠，脑海里总闪动着存山一本一本查找，一页一页翻阅，不辞辛苦的身影。自收到我的短信后，他连续两天都忙到深夜，把查到的资料发给我。如此仁义、如此认真、如此刻苦、如此对待朋友、如此对待学术，不愧为国际儒学研究会学术委员会主任，不愧为孔子研究会副会长！

回想自2014年与存山一起写作《中国社会学：起源与绵延》至今6年来，以及自1996年我们结识至今24年来的往事，我躺在床上，眼前一幕一幕地闪现存山儒雅的神态。开会时，他总是知无不言，言无不尽；不张不狂，不急不躁；经典文献，脱口而出；每有询问，对答如流。学问做到这个程度，使我想起在大学时见过的冯友兰、张岱年，听说人大哲学系有位石峻先生也是张口能说出某个史料在哪本书哪一卷的哪一页。功夫修炼到这个火候，我实在未见几人！

我们课题组有存山，真天佑也！参加第三卷的历史所杨宝玉教授，史料方面也很有专长，真"宝玉"也！我们写《中国社会学史》，需要史学功底。千万不要以为学了社会学，就能做学科史！这是不行的！最主要的就是史料功夫，我们缺少这个专门训练，对此要有清醒的自知之明。做"史"的研究，必须对史料有敬畏感，有偏爱！没有史料，不能乱说乱写。这里说的"史料"是指原典原著，第一手资料。千万不要看了现代人写的文章，就敢下笔写作。一定要看原著，原始史料。写董仲舒，就要读他的原著；写王阳明，就要读他的原著。千万不要从现代人写的文章中去抄，那很危险，很不严肃！那些二手、三手，不知几手的东西，他抄错了，怎么办？他理解错了，怎么办？以讹传讹，非常容易发生！所以，要像李存山这样不惜花费宝贵时间，费很大力气，去查史料、苦读第一手资料。这是硬功夫，是基本训练，我们没有这项训练，必须自觉补课。这里没有什么捷径，唯一像是捷径的，就是虚心向懂行的专家求教，请人家提供线索，免得自己大海捞针。你们几个人，我知道杨善民是肯下苦功夫查找和阅读原始资料的，他在第三卷发掘了不少新资料，这可能是第三卷的亮点。他说有些原始资料自己不读不放心，这很对！这个史料功夫，这个苦读态度，是我专门写这封信请大家向李存山学习的重要考虑。

我们《中国社会学史》的成败，一靠大思路、大框架的原创性和正确性，这个我前一时期讲的很多。现在进入了写作阶段，史料功夫是成败的关键。要求各位高度重视、深刻理解！很明显，我们找到了张苍等荀子的学生参与秦汉制度建设的史料证据，群学制度化就是铁的事实，无可置疑。看看这有多么关键！

睡不着，披衣起来，写这封信。因我视力不佳，早餐后，请老伴逐字逐句将存山发到我手机上的两封信抄录于后。请你们转发给课题组每位同仁。

大家都有李存山这种精神，我们的《中国社会学史》必成、必胜！但我写这封信，不是出于激励大家写好《中国社会学史》这个功利性目的，而是请大家以存山为楷模，做人、做事、做学问！特别是要求我的学生们，希望年轻同仁们都能像存山这样，踏实做人，刻苦做事，一丝不苟，孜孜不倦，精益求精，不懈修炼，成长为中华学术精神的传人、中国文化的托命之人。此为中华学术之福，中华民族之福，亦是对世界学术的贡献！

是为念！

景天魁

2020 年 4 月 1 日

四　增强学科自信　承担历史重任
——2020 年 7 月 10 日致《中国社会学史》课题组年轻同道的信

《中国社会学史》课题组各位年轻同道：

我们自 2014 年正式开始写作《中国社会学：起源与绵延》，估计《中国社会学史》六卷本要到 2024 年才能完成。这十年是我带着你们做的，但这对于中国社会学史这个分支学科而言，只是开了个头，仅为"序幕"，今后长期的、大量的研究任务需要你们继续完成。我强烈地希望你们继承我开创的事业，在今后几十年中国社会学史学科发展的关键时期，积极而专心地、义无反顾地、百折不挠地坚持推进这项事业，将中国社会学史学科建设成为一个硕果累累、具有重要学术地位的古老而新兴的学科。同时，这也是扎扎实实地建构中国的社会学理论的一条可行的道路。

为此，在当前参与中国社会学史写作的同时，就要考虑这个学科今后怎样建设和发展、今天怎样为今后做好各个方面准备的问题。我提出几点建议，请你们深入思考，做好规划。

（一）做好充分准备，迎接关于群学的讨论和辩论

我们这项研究，论证了群学就是中国古典社会学，梳理出了群学概念体系和命题体系。这就推翻了一百多年来关于中国本来没有社会学、社会学只是"舶来品"的"定论"。到目前为止，还没有人站出来与我们公开辩论，不等于今后不会爆发大讨论。我预计，一场大辩论是必将发生的。而到那时，我已垂垂老矣，出场辩论就靠你们了。

为此，就必须对我们的基本观点坚信不疑，而且要有理有据。这就要求你们对我和我们课题组以往的论证要真正理解深透：从社会历史条件、思想文化基础论证群学为什么在战国末期能够由荀子创立；群学概念体系和命题体系为什么能够证明群学不只是一个概念、一个"思想"，而称得上是一个学科；中西之"学"有什么区别，为什么说这些区别只能证明群学具有自己的特色，不能构成否定群学是社会学的理由。诸如此类的重要问题，我的一些论文、《中国社会学：起源与绵延》、《中国社会学史》都有专门论述。请你们真正弄通，做到坚定不移。如有疑问，我们现在还可以内部争论。只有练好"内功"，自己坚定，将来在大辩论中才能说服别人。

辩论的焦点，很可能就是群学到底是"社会思想"还是"社会学"。如果坚持1838年孔德提出的社会学具有唯一性，其他的不管内容如何，都只能算是"社会思想"，那就是彻底的"西方中心论"。世界文明是多元的，中西学术各有自己独立的起源和发展脉络，"唯一性论"是站不住脚的。为什么古希腊的亚里士多德可以创立"政治学"等学科，荀子就一定不能创立作为中国社会学的群学?！另外，"社会思想"与"社会学"虽然有区别，但是截然区分开来也是说不通的。西方社会学中也有"社会思想"，我们读布迪厄、吉登斯等人的有些被称为"社会理论"的书，其中有些部分的"哲学味"也够浓的；哈贝马斯既被称为"哲学家"也被算作"社会学家"。至于马克思，根本不承认"社会学"，却成了"社会学经典大师"之一。这说明"社会学"与"社会思想"既相区别，也相包容。那为什么对于中国学术就必须决然区别开?！社会学就只能是"舶来品"，中国古代的就只能算"社会思想"，群学就不能算作"社会学"?！

问题的严重性在于，如果按照这个逻辑，中国古代不仅不能有"社会学"，还不能有哲学、逻辑学、数学、经济学等几乎所有学科，我们五千年中华文化只能在学科上一片空白。因为在以往占主导地位的理论看来，这些"学科"都诞生在欧洲，都是清末民初从日本转译过来的。这样说来，我们只有陷入历史虚无主义，别无他途。这岂不荒谬至极！

可见，我们要想真正充分论证清楚这个问题，必须在中西文明史、中西学术史上下足功夫。而且，不仅要有理性的论据，还必须有对中华文化的坚定自信。这样，面对激烈辩论，才敢于站出来，才能战而胜之。

（二）做好规划，展开延伸与拓展性研究

不仅需要论证，需要捍卫，还需要开展延伸和拓展性研究。只有研究深化了，学科壮大了，辩论才更有力量。

既然我们将中国社会学史的"开端"由清末民初上溯到了战国末期，这期间两千多年的历史内容极为丰富，需要研究的问题极多。这就好比要到大海中寻宝，必须规划好方向、航线，做好充分的准备。你们每个人可以由自己的博士学位论文再做拓展性研究，当然也可以选择自己感兴趣的新领域。但一定要有长期规划，一旦确定，就要长期坚持，不能蜻蜓点水，浅尝辄止。必须达到该领域专家水平（如家训研究专家、乡约研究专家等）以后才考虑转换研究主题和领域。

（三）对中国社会学的崛起要有高度自觉

我国在20世纪八九十年代，北京大学、清华大学毕业的优秀学生基本上都去美国留学了。那时候，国人对美国向往、崇拜得不得了。这几年，特别是经历了这次新冠疫情，国人的认知不同了：美国的感染率、死亡率都是世界第一，约占全世界的1/4～1/3；总数约相当于中国的40倍，如按人口比例算，那就达到上百倍，而且美国的数据还在直线上升。这就促使我们思考：美国有那么"自由""民主"吗？黑人抗议活动还在持续，美国有那么"公正""平等"吗？再过十年、二十年，你们这个年龄段的人在学术上就要挑大梁了，那时，中国的GDP超过美国了，一些高科技领域在世界领先了，你们面对的国人心态就会大为不同，中美心态对比就可能翻转了。到那时，如果你们还像现在这样天天讲美国社会学，把它视为圭臬，视为典范，视为最高水平，学生能买账吗？！学生们会更喜欢听中国经验、中国理论、中国社会学，因为这些更觉亲切，更有温度，也更有说服力，不会隔着两张皮。我们提出的中国社会学史观点和框架，现在一些人出于"思维惯性"不愿意接受或者接受不了，这没有关系。即使现在听到一些逆耳之言，也不必在意。大家想想看，英国的李约瑟说中国古代科学技术在18世纪以前一直领先世界，这可以相信、能够接受；如果有个中国人这样说，倒有许多中国人会说这是"自傲"。中国人自己倒是愿意相信中国那么灿烂的古代文明竟然在"学科"上一片空白！现在，很多欧洲人都否定欧洲中心论了，许多中国人却在继续坚持；像拉德克利夫-布朗这样的英国大学者都相信中国荀子是"社会学的老祖"，许多中国人却不敢相信。这不是缺乏学科自信又是什么？！这种情况是必须改变也一定能够改变的。

我坚信不出十年、二十年，学术界的情势、心态、潮流就会发生逆转。你们要抓住这十年、二十年时间，锤炼自己，做好充分准备。当大逆转到来时，你们正好可以挑大梁了，那时学术舞台的主角就是你们了，正好可以大展宏图了。

你们多数在高校工作，要积极争取开设中国社会学史课程，大力培养一代一代有学术自信的新人。让中国社会学史专业也像中国哲学史、中国文学史成为哲学系、文学系中的强势专业那样，成为社会学的强势专业。到那时，中国社会学就会依靠中华五千年文明这一雄厚基础，以崭新面貌出现在世界学术殿堂！

总之，不出十年、二十年，你们将登上现在想象不到的大舞台，历史将要求你们承担现在难以预料的艰巨任务。你们如何表现，取决于从现在起能否做好充分的准备。我写这封信的目的，就是提醒你们对此要有高度的自觉。

景天魁
2020年7月10日

五 "十年奋战"感言

——2022年3月28日致《中国社会学史》课题组全体同仁的信

各位同仁：

我们的中国社会学史研究，从2014年开始写作《中国社会学：起源与绵延》，于2017年出版；2019年出版了《中国社会学史》第一卷，第二、三卷2022年出版，第四、五、六卷也将于2023年出版；后续还有一些工作，这样算来，足有十年，比"八年抗战"还长，故称"十年奋战"。

正是依靠各位的大力支持、积极参与和无私奉献，我们才能成就这项艰巨的事业。我们每一卷的作者和学术顾问都有三十多人，六卷加起来有近百人。这项事业开头的四年，我们没有申请课题，全靠各位"自带干粮"，艰苦奋战；2018年虽然申请到了国家社科基金重大项目，看起来经费不少，可由于我们人多，除去会议费等公共支出，平均到个人头上也就寥寥无几。各位实际上是出于对这项事业重大意义的认同，凭借对学术事业的一片赤诚，从而激发了高昂的创新激情。凭此，我们的《中国社会学：起源与绵延》和《中国社会学史》第一卷，分别获评为中国社会科学院重大成果（荣誉性的）。这表明，我们是个特别能战斗的"大团队"。

十年来，我们精诚合作。每一卷的开会次数都不下十次，每次开会，都是占用了大家的周末和节假日；平时研究和写作，更是占用了大家的休息和与家人欢愉的宝贵时间。但不论是线下还是线上，大家都认真准备，踊跃参加，积极发言，热烈讨论，互相启发，无私贡献自己的真知灼见。使得我们的每一次会议都成为一个互帮互学的"大课堂"。这表明，我们这个团队事实上成了人才培养的基地。

十年来，我们亲密团结。尽管各自年龄不同、资历有别、性情各异，但我们能够相互包容、相互理解、相互体谅。大家有争论，没有指责；有批评，没有埋怨。争论和批评都是出于公心，为了把共同的事业做好，所以都转化成了加强团结、密切感情的纽带。这表明，我们这个团队事实上成为了团结温馨的"大家庭"。

十年来,我们明面上的成绩是完成了一系列专著。在我看来,我们更有价值、更值得珍视的成果,是形成了"大团队""大课堂""大家庭"。因此,我内心充满了对各位的感激之情。

为了略表对各位的感谢和对我们"大团队""大课堂""大家庭"的珍视,我想请各位接受我的一点心意。

一、《中国社会学史》六卷本,我不要稿费。每一卷我都有总序、前言,或者写了一些章节,加起来四五万字到六七万字不等,六卷总计应该有四十万字左右。记得三年前我就表示过,将我的稿费,按每位作者写的字数,分给其他作者。因为每一卷作者很多,我的稿费分到每一位作者名下实在微不足道,就算"礼轻情意重"吧,请各位务必笑纳!

二、在课题结束后,我个人捐出一百万元,用于支持后续的群学研究、学术会议和团队活动。由于财务管理上的限制,具体如何操作还要想办法落实。

我们经过以往十年的努力,已经打下了坚实基础,今后还需要扩展研究、扩充队伍、扩大影响。我预计,这"三扩"的任务再有一个"十年"也可以基本完成。希望各位继续巩固、发展和完善我们的"大团队""大课堂""大家庭",把我们共同的事业推向高峰!

景天魁
2022 年 3 月 28 日

六　办好《群学年鉴》　引领群学研究
——2022 年 9 月 11 日致徐珺玉的信

珺玉:

刚给你发去那篇讲话之后,又想起几句话。因为上封信中提到《群学年鉴》的宗旨,这确实很重要。《群学年鉴》不仅仅是一个发表文章的平台,我们刊登一些文章,是发出信号,表明导向,起到引领学术研究和发展的作用。我在 2016 年 1 月庆祝《社会学研究》创刊 30 周年时,给编辑部题词"卓为平台　更作旗帜",就是说一个刊物要办得好,它就应当起到旗帜和导向的作用。选择刊发什么样的文章,不仅仅是考虑文章质量,还是向学术界发出一个信号,引导学术研究聚焦这个方向。我在世纪之交担任《社会学研究》主编时,还通过编辑部的言论("编者的话"),发出引导性意见,每年编辑部集体撰写一篇综述性、评论性文章,综述什么、评论什么,都是要起导向作用。历史上办得好的杂志和年鉴,例如马克思、恩格斯的《德法年鉴》,法国社会学的年鉴,还有陈独秀等人的《新青年》杂志,毛泽东等人的《湘江评论》,吴文藻的《社会学丛刊》等,都是旗帜。杂志和年鉴是他们引领思想和学术的号角,他们也因此成为领袖人物。

办《群学年鉴》也要站在这样的高度,发挥这样的作用。你们写年度研究综述也好,会议综述也好,每一本年鉴的内容选择也好,目录编排也好,都要站到这样的高度,发挥这样的作用。为此,自己平时就要多思考、多积累。要善于把握学术大势,准确判断学术走向。而要做到这样,国内社会学的几个主要杂志(《社会学研究》《社会》《社会学评论》)要注意浏览,一些学术会议如社会学年会要争取参加,以便掌握新情况,抓住新问题,瞄准新趋向。当然,这也不能太着急,人才总是一步步成长起来的。但是,宗旨和目标是必须明确的。

《群学年鉴》表达宗旨、导向的形式可以是多样的。有的可以直白地宣告。但更主要、更稳妥的形式是通过综述、评论、选择文章等办法间接地、隐含地表达出来的。后者更为巧妙,效果也可能更好。

祝中秋节快乐!

景天魁
2022 年 9 月 11 日